일본 노동 정치의 국제 관계사

NIHONRODOSEIJI NO KOKUSAIKANKEISHI 1945-1964:
SHAKAIMINSHUSHUGI TOIU SENTAKUSHI
by Koji Nakakita

ⓒ 2008 by Koji Nakakita
Originally published in 2008 by Iwanami Shoten, Publishers, Tokyo.
This Korean edition published 2017 by Humanitas Publishing Co., Seoul
by arrangement with the proprietor c/o Iwanami Shoten, Publishers, Tokyo.

일본 노동 정치의 국제 관계사 : 사회민주주의의 선택지

1판1쇄 | 2017년 10월 16일

지은이 | 나카키타 고지
옮긴이 | 임영일

펴낸이 | 정민용
편집장 | 안중철
책임편집 | 윤상훈
편집 | 강소영, 이진실, 최미정

펴낸곳 | 후마니타스(주)
등록 | 2002년 2월 19일 제300-2003-108호
주소 | 서울 마포구 양화로6길 19, 3층 (04044)
전화 | 편집_02.739.9929/9930 영업_02.722.9960 팩스_0505.333.9960

블로그 | humabook.blog.me
트위터, 페이스북, 인스타그램 | @humanitasbook
이메일 | humanitasbooks@gmail.com

인쇄 | 천일문화사_031.955.8083 제본 | 일진제책사_031.908.1407

값 25,000원

ISBN 978-89-6437-291-3 93300

이 도서의 국립중앙도서관 출판시도서목록(CIP)은 e-CIP홈페이지(http://www.nl.go.kr/ecip)와
국가자료공동목록시스템(http://www.nl.go.kr/kolisnet)에서 이용하실 수 있습니다.
(CIP제어번호: CIP2017024930)

日本労働政治の国際関係史

1945
1964

사회민주주의의 선택지

일본 노동 정치의
국제 관계사

나카키타 고지 지음 | 임영일 옮김

한울아카데미

| 차례 |

일러두기

1. 이 책은 다음 저서의 한국어 완역본이다.

   中北浩爾, 『日本労働政治の国際関係史 1945-1964 : 社会民主主義という選択肢』(岩波書店, 2008)

2. 한글 전용을 원칙으로 했다. 고유명사의 우리말 표기는 국립국어원의 외래어 표기법을 따랐다.

   그러나 관행적으로 굳어진 표기는 그대로 사용했으며, 필요한 경우 한자나 원어를 병기했다.

3. 옮긴이가 본문에서 첨가한 내용은 대괄호([ ])로 처리했고 긴 설명은 각주로 실었다.

   장별 미주였던 원주는 후주로 처리했다.

4. 단행본·전집·정기간행물에는 겹낫표(『 』)를, 논문·논설·문서·기고문 등에는 큰따옴표(" ")를,

   영화 제목에는 가랑이표(〈 〉)를 사용했다.

한국어판 서문

　지구화의 진전 속에서 미국이 세계 각국에 약육강식의 시장 원리를 강제하고 노동자들을 옥죄고 있다는 비판이 끊이지 않는다. 이런 비판은 결코 틀리지는 않지만, 미국의 또 다른 중요한 측면을 간과해서는 안 된다.

　빈부 격차가 크다고는 해도, 미국의 노동자는 세계적으로 높은 생활 수준을 누리고 있다. 또 노동조합도 꽤 강력해, 전국 조직인 AFL-CIO(미국노동총동맹-산업별노조회의)는 민주당의 최대 지지 단체로 강한 정치적 영향력을 유지해 왔다. 이런 사정 때문에 미국 정부는 국제 공정 노동 기준이라는 개념을 내세워 임금과 노동조건 향상을 세계 각국에 요구했다. 낮은 노동비용으로 만들어진 타국 제품이 자기 나라의 산업과 일자리를 위협하는 것을 우려했기 때문이다.

　이는 일본에도 오랫동안 적용되어 왔다. 1955년 일본이 WTO(세계무역기구)의 전신인 GATT(관세무역일반협정)에 정식 가입했을 때, 아이젠하워 정부가 일본 정부에 최저임금제 도입을 압박한 것이 그 단적인 예다. 1960년대에 들어서서 케네디 정권은 일본의 저임금을 시정하기 위해 일본 정부에 임금 공동 조사를 요구했다. 그리고 현재 일본 최대의 전국 중앙 조직인 연합連合의 결성으로 귀결된 노동 전선 통일을 후원했던 것도 일본의 임금과 노동조건을 끌어올리기 위해서였다.

　현재 국제 노동운동의 중요한 전략적 목표는 기업 주도의 글로벌화에 대항하기 위해 WTO를 비롯한 다자·양자 무역협정에 공정한 노동 기준(사회 조항)을 포함시키는 것이며, 특히 ILO(국제노동기구)의 핵심 노동 기준이 중시되고 있다. 미국의 AFL-CIO는 이에 열심인 노동조합 중 하나이다. 미국·캐나다·멕시코의 NAFTA(북미자유무역협정)에도 노동에 관한 보완 협정이 존재한다. 이는 민주당의 클린턴 행정부가 의회의 비준을 끌어내기 위해 도입한 것이었다.

이런 미국의 움직임을 '은폐된 보호주의'라고 비판하는 시각도 있지만 이는 사실과 다르다. 글로벌화는 "바닥을 향한 경쟁"을 일으키고 있다고 한다. 즉 세계 각국은 국제경쟁력을 유지·강화하고 외국의 직접투자를 유치하기 위해, 임금과 노동조건을 경쟁적으로 낮추지 않을 수 없는 상황에 있다. 이에 맞서고자 다른 나라 노동자들의 생활수준을 향상시키고, 이를 통해 자국의 산업과 일자리를 지킨다는 시도는 공정한 글로벌화에 대한 요구로 평가되어야 한다.

중요한 문제는 그 성과가 미흡하기 때문에 현재 배외주의적인 반세계화 움직임이 확산되고 있다는 점이다. 예컨대 2016년 11월 미국 대통령 선거에서는 "미국 우선주의"America First를 내건 트럼프가 '녹슨 지대'Rust Belt로 불리는 중서부 지역 백인 노동자들의 표를 모아 당선됐다. 트럼프 대통령은 TPP(환태평양경제동반자협정) 탈퇴를 결정하고, NAFTA 재협상도 표명하고 있다. 유럽에서도 같은 해 6월 영국이 국민투표로 EU(유럽연합) 탈퇴를 결정했다.

이 책은 이런 관점에 기초해 1945년 패전부터 고도 경제성장이 절정에 달했던 1964년까지 일본의 노동조합운동을 국제 관계사의 맥락에서 재해석한 것이다. 이를 통해 일본의 노동조합에 미국 등이 가한 국제적 압력은 다양했으며, 따라서 일본 정치에서도 여러 가능성이 존재했음을 주장한다. 일본에 대한 미국의 영향력이 결정적으로 중요했던 것이 사실이지만, 그렇다고 해서 재계와 결탁한 자민당의 지배 외에 다른 선택의 여지는 없었다는 분석은 일면적이다.

지금까지의 통설은 다음과 같다. 미국의 대일 점령 정책은 당초 "비非군사화와 민주화"를 기본 방침으로 하여 노동조합을 적극적으로 육성했다. 이것이 1947년 가타야마 데쓰를 총리로 하는 사회당 중심의 3당 연립 정권 성립의 중요한 원인이었다. 그러나 미소 냉전이 격화되면서 점령 정책은 바뀌었고 노동조합은 억압받았다. 이것이 1952년 점령이 종결된 뒤에도 이어져, 1955년에 시작된 자민당 장기 집권의 배경이 됐다는 것이다.

그러나 이 책에서 밝혔듯이, 냉전 시대 미국의 대일 노동정책은 반공주의의 틀 속에서 두 입장이 경합하고 있었다. AFL(미국노동총동맹)은 강경한 반공주의 입장에서 공산주의자가 주도하는 노조 중앙 조직들을 분열시키고 우파 노동조합운동을 육성하려고 시도했다. 반면 CIO(산업별노조회의)는 공산주의에 대항하려면 노동자의 생활수준을 향상시켜야 한다고 생각해, 일본에서도 노동 전선을 통일시켜 경영자에 대한 협상력을 높여야 한다고 생각했다.

1950년대 들어 냉전이 격화되는 가운데 사회당을 지지하는 일본 최대 노동조합 중앙 조직인 총평이 좌경화하고 중립주의를 주장하게 되자, 공화당의 아이젠하워 정부는 AFL과 제휴해 총평에서 우파를 탈퇴시키고 1954년 전노全勞의 결성을 지원했다. 전노에 대한 지원 정책 중 핵심은 노동조합 지도자들의 미국 연수를 포함한 생산성 프로그램이었다. 더욱이 AFL과 CIO의 통합으로 1955년에 결성된 AFL-CIO에서는 AFL계가 우위를 점했다. 전노는 1964년에 동맹으로 발전해 사회당에서 분열한 민주사회당을 지지하고, AFL-CIO의 AFL계와 협력하면서 아시아에서 반공주의 노동조합운동을 육성했다.

그런데 AFL-CIO 중에서도 사회민주주의적인 성격을 띤 CIO계의 방침은 영국의 TUC(노동조합회의)를 비롯한 유럽의 주요 노동조합의 지지를 얻는 동시에 국제자유노련ICFTU 등 노동조합 국제조직들에도 받아들여지고 있었다. 더욱이 생산성 프로그램도 한 원인이 되어 일본 산업의 국제경쟁력이 높아지자, 미국 측에서도 일본의 임금과 노동조건의 향상을 통해 노동비용을 높임으로써 미·일 무역마찰을 완화할 수 있으리라는 생각이 커졌다.

1960년대에 들어서자 민주당 케네디 정권은 총평과의 대화를 추진하면서 일본 정부에 임금의 공동 조사 실시를 요구해 받아들이게 했다. CIO계도 총평을 중심으로 노동 전선의 통일을 압박하면서 미국, 유럽의 노동조합으로 구성된 임금공동조사센터 설립을 제창했다. 이를 배경으로 1964년에는 IMF-JC(국제금속노련 일본협의회)가 결성되어 금속 산업 노동조합들의 결집이 이뤄졌다. 이것이 이후 우여곡절을 겪으면서도 총평과 동맹 등의 합류를 통해 연합 결성으로 이어진 것이다.

이런 내용을 가진 이 책이 한국어로 출판되는 것은 필자에게는 아주 큰 기쁨이다. 일본과 한국은 동아시아에 위치하는 이웃이자 제2차 세계대전 이후 미국의 강한 영향력 속에 있었다. 이 책에서는 한국에 관한 언급은 적고, 동맹이 AFL계와 협력하면서 한국노총을 지원한 점을 기술하는 것에 한정되었는데, 이는 미국의 동아시아 정책의 일단을 밝힌 것으로 한국의 독자들도 흥미롭게 읽을 수 있으리라 확신한다.

미국·일본·한국의 삼국 간 관계 속에서 노동조합의 국제 관계가 어떻게 이루어지고 있었는지에 대한 실증적인 역사 연구가 향후 한국에서도 진전되기를 기대하고 있다. 동아시아, 널리 말하면 아시아·태평양 지역은 현재 글로벌 경제를 이끌고 있다. 이 지역에서 공정한 글로벌화를 요구하는 움직임을 높이기 위해서도 과거의 경험에서 배우는 것은 중요하다고 생각한다.

마지막으로, 다망한 가운데 치밀한 번역 작업에 힘써 주신 임영일 선생에게 진심으로 감사드리고 싶다. 인터넷의 발달 등을 배경으로 일본에서는 학술 서적 출판이 해마다 더욱 힘들어지고 있다. 한국도 같은 사정이라고 한다. 그런 시류에 맞서서 후마니타스가 이런 기회를 준 데 감사드린다.

나카키타 고지

서론

일본 노동 정치의
국제 관계사

미국 노동계와 CIA

미국 서부 지역 최대의 발행부수를 자랑하는 일간지 『LA 타임스』 1966년 5월 22일자에 충격적인 인터뷰 기사가 실렸다. 노동조합총연맹인 AFL-CIO(미국노동총동맹-산업별노조회의)가 미국 CIA(중앙정보국)와 긴밀한 협력 관계를 유지하고 있다는 내용이었다. 그런 소문은 과거에도 있었다. 그러나 이 기사의 인터뷰에 응한 사람은 AFL-CIO 가입 조직인 전미全美자동차노조의 국제부장 빅터 루더였다. AFL 계열이 요직을 차지한 AFL-CIO에서 CIO 계열은 소수파였지만, 전미자동차노조는 150만 조합원을 가진 최강의 산별노조이자 시민권 운동을 지원하는 리버럴한 기조를 가지고 있어서 크게 존경받는 조직이었다. 이 기사에 따르면 AFL-CIO에서 조지 미니 위원장의 두터운 신임을 받고 있었던 제이 러브스톤 국제부장이 CIA와의 관계를 전담하고 있었다. 루더는 과거 미국공산당 서기장을 지냈던 러브스톤이 그 당시 몸에 익은 비밀공작의 수법을 그대로 노동조합운동으로 가지고 들어왔다고 비판했다.[1]

그로부터 1년여가 지난 1967년 5월 7일, 『LA 타임스』는 다시 미국 노동계와 CIA의 관계를 폭로하는 인터뷰 기사를 실었다. CIA의 앨런 덜레스 부국장(나중에 국장이 됨)의 보좌관이었던 토머스 브레이든이 국제 공산주의 세력에 대항하기 위해 미국 노조들에 자금을 지원하는 프로그램을 마련해, CIA 국제조직과장이었던 그가 직접 지휘했다고 증언한 것이다. 후회하는 고백은 아니었다. 그렇게 하지 않았다면 유럽, 특히 프랑스와 이탈리아는 공산화되었을 것이므로 도의적으로 부끄럽지는 않다고 브레이든은 강조했다. 그는 구체적으로 프랑스의 공산당 계열 항만 노동자들을 매수하기 위한 공작에 (구)AFL이 협력했다고 밝혔다. 이는 빅터 루더가 비판했던 러브스톤의 개입을 뜻하는 것이었다.

그러나 이 기사에서 그보다 더 주목을 끈 것은 자동차노조의 월터 루더 위원장이 디트로이트에서 5만 달러의 공작금을 받았고, 이 자금이 친동생인 빅터 루더를 통해 서독의 노동조합에 흘러갔다는 대목이었다. 브레이든은 AFL-CIO와 CIA의 관계를 비판했던 루더는 위선자이고 부끄러운 줄 알아야 할 것이라고 빈정댔다.[2]

처지가 뒤바뀌어 비판의 화살에 직면한 루더 형제는 그들답게 대응에 나섰다. 그들은 자금을 제공한 사실을 깨끗이 인정했다. 5월 7일 자동차노조는 성명을 발표해, 자금이 제공된 장소는 (디트로이트가 아니라) 프랑스의 파리, 받은 사람은 당시 유럽 주재 CIO 대표였던 빅터 루더였다고 기사의 오류를 정정하고, 부족한 대외 활동 자금 추가분은 CIA로부터 지원받아 유럽에서 노동교육과 조직화에 사용했다고 밝혔다. 물론 그들 역시 변명을 덧붙였다. 자금 지원은 유럽이 공산주의 세력의 위협을 받던 시기인 15년 전에 단 한 번 이뤄졌고, 그 뒤로 국제 활동 자금은 모두 자력으로 충당해 왔다고 이 성명은 강조했다. 덧붙여서 빅터 루더는 브레이든으로부터 자금 지원을 받았을 당시 CIA의 요원이 되라는 요구도 받았으나 이를 단호히 거부했다고 밝혔다.[3] 루더 형제가 떳떳한 자세를 보인 것은 CIA와 그 이상의 관계는 없었다는 자신감이 있었기 때문이다. 결국 그 이후 자동차노조와 CIA의 밀접한 관계를 보여 주는 증거는 제기되지 않았다.[4]

의혹의 중심인물은 AFL-CIO의 국제부장이자, 통합 이전 AFL의 대외 활동 조직인 '자유노동조합위원회'의 사무국장이었던 러브스톤이었다. 브레이든은 주간지 『새터데이 이브닝 포스트』 5월 20일자에서 CIA가 러브스톤과 그 부하 어빙 브라운에게 계속 자금을 지원했다고 폭로하고, 브라운이 서명한 1만5천 달러짜리 영수증을 공개했다. 그러나 이 서명은 브라운이 비밀 활동을 위해 사용했던 '노리스 그랜보'라는 이름으로 된 것이라 결정적인 증거는 되지 못했다.[5] 5월 8일, AFL의 위원장이었고 당시 AFL-CIO의 위원장이었던 조지 미니가 기자회견을 열어, 자기가 아는 한 AFL이나 AFL-CIO는 직접적으로든 간접적으로든 CIA로부터 한 푼도 받은 바 없고, 러브스톤과 브라운은 이 일과 무관하다고 강력히 반박했다. 그는 "얼토당토않은 거짓말"이라는 표현을 쓰면서 브레이든의 증언을 전면 부정했다.[6] 냉전의 투사 조지 미니는 과연 진실을 말하고 있었던 것일까?

오늘날 그 답은 분명히 나와 있다. 1990년 3월 7일 러브스톤은 필생의 염원이었던 소련 붕괴를 목전에 둔 채 사망했고, 그 뒤 AFL-CIO의 조지 미니 기념문서관과 스탠퍼드 대학교의 후버 연구소에서 그의 개인 문서들이 공개되었다. 이를 분석한 앤서니 커루Anthony Carew의 논문에 따르면 AFL의 자유노동조합위원회는 1949년부터 1958년까지 지속적으로 CIA의 자금 지원을 받았다. 의혹은 사실이었음이 실증된 것이다. 게다가 그 총액은 46만4,167달러에 달해, 노동조합의 자체 자금과는 비교되지 않는 큰돈이었다. 그중에서 일본에서의 활동에 들어간 돈이 6만6,902달러였다. 이와는 별도로 AFL의 자유노동조합위원회 유럽 대표로서 파리를 거점으로 활동했던 브라운은 CIA로부터 직접 현지 통화로 자금 지원을 받았다. 그리고 CIA와 러브스톤, 브라운 등의 관계는 자유노동조합위원회가 해산되어 조직적인 관계가 해소된 1957년 이후에도 계속되었다.[7] 거액의 CIA 비밀 자금이 냉전 시기 내내 러브스톤 등의 손을 거쳐 노동계에 흘러들어 반공 공작에 사용되고 있었던 것이다.[8]

냉전과 노동조합

이런 사실은 냉전 시기 미국의 외교에서 노동조합이 매우 중요한 위치에 있었음을 여실히 보여 준다. 이는 다음에 보듯이 냉전의 구조 자체에 기인한 일이기도 했다.[9]

냉전이란 제2차 세계대전 후 미국과 소련이라는 초강대국을 맹주로 하는 동서 두 진영이 전쟁으로 이어질 수 있을 정도로 치열하게 대치했던 국제 정세를 말한다. 제2차 세계대전 말기부터 부딪히기 시작한 미소 양국의 관계는 1947년 3월 트루먼독트린과 6월 마셜플랜(유럽부흥계획) 발표, 10월 코민포름 창설, 1948년 2월 체코슬로바키아 쿠데타, 6월 베를린봉쇄와 독일의 분단, 1949년 1월 코메콘 결성 등 유럽을 무대로 긴장이 계속 고조되어 '철의 장막'이라 불린 분단 상황이 조성되었다. 이런 상황이 동아시아로도 확산되어 1948년 8월과 9월의 한국과 북한의 성립, 1949년 11월의 중화인민공화국 건국, 1950년 2월 중소 우호동맹상호원조조약, 6월 한국전쟁 발발 등 계속 격화되었다. 초강대국을 중심으로 한 두 진영의 대립, 즉 양극체제였다는 점에서, 냉전은 과거의 전통적인 세력균형 체제와는 전혀 달랐다.

서유럽의 NATO(북대서양조약기구)와 동유럽의 바르샤바조약기구로 대표되는 양 진영의 치열한 군사적 대립은 냉전의 한 특징이었다. 미소 양국의 전면전은 냉전이 끝날 때까지 발발하지 않았고, 그런 의미에서 냉전은 어디까지나 냉전이었다. 그러나 냉전의 역사를 살펴보면, 국지전이기는 하지만 미국과 중국의 열전으로 비화된 한국전쟁, 전면적 핵전쟁이 발발하기 일보 직전까지 갔던 쿠바 사태 등이 있었다. 주지하듯이 이런 냉전의 군사 대립을 규정한 것은 강력한 파괴력을 지닌 핵무기의 존재였다. 미국에 뒤이어 소련이 1949년 8월 핵무기 실험에 성공한 뒤 미소 양국은 경쟁적으로 핵 무력 확대에 나섰고, 그 일환으로 수소 폭탄과 탄도유도탄 등을 개발했다. 요컨대 핵무기에 의한 '공포의 균형', 존 개디스가 말한 초강대국 사이의 '장기 평화'[10]를 만들어 낸 것에 불과했다. 그리고 미국과 소련이 핵무기 보유에서 압도적 우위에 있었으므로 두 나라를 정점으로 하는 2개의 군사 블록도 존립할 수 있었다.

군사력과 더불어 이데올로기 역시 중요한 역할을 했다. 서구 진영은 자유주의(혹은 자본주의), 동구 진영은 마르크스·레닌주의, 즉 공산주의를 정통 교의로 삼고 있었다. 물론 이데올로기가 냉전의 모든 것을 설명하지는 못할뿐더러, 국가이익이 그에 우선하는 경향이 강했던 것도 사실이다.[11] 그러나 냉전이 절대적 가치 체계를 둘러싼 대립에 기초해 성립했기 때문에 두 진영의 화해는 어려울 수밖에 없었고, 양극체제는 재생산되고 있었다. 그리고 이데올로기는 국가이익과는 달리 국경선을 넘어서서 힘을 발휘하는 것이다. 따라서 냉전은 제3세계를 포함한 세계 전체로 확대되는 한편, 각 나라의 내정에도 커다란 영향을 미친다. 국경을 넘어 내부로 침투하는 경향은 이데올로기에 대한 억압이 상대적으로 덜한 자유주의 진영 나라들에서 두드러졌다. 서구 나라들에서는 소련을 조국으로 삼는 공산당이 보수정당과 사회민주주의 정당에 맞서면서 국내 냉전이라 불리는 상황을 만들어 냈다.[12] 이 점에서도 냉전은 국가를 단일 주체로 하는 전통적 세력균형 체계와는 크게 달랐다.

이런 성격의 냉전 체제에서 소련을 정점으로 하는 국제 공산주의 세력은 서방측의 노동조합들로 적극 침투했다. 이는 마르크스·레닌주의가 노동자계급을 혁명 세력으로 규정한 데 따른 것이다. 물론 노동조합 자체가 혁명의 주체는 아니다. 그러나 혁명의 전위를 자처하는 공산당은 노동자의 지지와 노동자 운동을 기반으로 해야만 하고, 노동조합은 그런 영향력 행사의 장으로 규정된다. 프롤레타리아독재를 표방하는 공산당의 조직 기반은 이론상 노동조합을 바탕으로 해야 한다. 한편, 자유주의 진영 내부의 적지 않은 노동자들이 자본가의 착취로부터 해방되기 위한 매력적인 이론의 하나로 공산주의를 받아들이고 있었다. 러시아혁명으로 탄생한 소련은 세계 노동자의 조국으로 간주되고, 국내 계급투쟁에서의 승리는 국제적으로는 동구 진영에 연결된다는 의미로 받아들여졌다. 소련은 노동자의 국제 연대를 내세우는 공산주의 이데올로기로 서방의 노동조합들에 침투해, 한정적으로나마 자신의 영향력 아래 둘 수 있었다.

그러므로 자유주의 진영의 노동조합은 '철의 장막'에 더해 냉전의 또 다른 전선이 되었다. 만일 조직노동자들이 매우 주변적인 세력에 불과했다면 공산주의가 침투한다 해도 냉전의 구도에 미치는 영향은 미미했을 것이다. 하지만 제1차 세계대전 이후 제2차 세계대전을 거치면서 노동조합의 영향력은 사회의 모든 방면에서 커지고 있었다. 무엇보다 노동조합의 지지와 협력이 없었다면 총력전 상황의 전시경제는 미국에서조차 성립될 수 없었을 것이다. 노조 조직률이 크게 높아지고 경제에 대한 규제력도 커지면서 자본주의를 바꾸어 가고 있었다. 정치적으로도 노동조합은 지배당하는 입장에서 지배하는 입장으로 바뀌었다. 종전 시점에서 미국과 더불어 강대국이었던 영국에서는 클레멘트 애틀리가 이끄는 노동당이 총선에서 압승해 내각을 조직했다. 물론 노동조합의 이런 득세는 동시에 그 제도화와 온건화를 수반하는 것으로, 의회 민주주의의 틀 내에서 자본주의의 개혁을 지향하는 사회민주주의가 많은 나라에서 다수 노동자들의 지지를 얻고 있었다. 하지만 그 역시, 특히 전쟁 직후의 시기에는 불안정했다. 앞서 말한 CIA의 비밀공작은 그런 상황 속에서 시작된 것이었다.

노동조합을 둘러싼 냉전이 첨예하게 전개된 곳은 유럽에서도 특히 프랑스와 이탈리아였다. 두 나라에서는 공산주의자들이 통일 중앙 조직인 CGT(프랑스노동총동맹)과 CGIL(이탈리아노동총동맹)을 실질적으로 지배해, 이를 배경으로 공산당이 사회민주주의 정당보다 우위에 섰다. 미국 정부는 이 유럽 양대 대국이 공산화될까 우려해 강경한 방침으로 기울어, 국무부와 CIA가 AFL과 협력하면서 공산주의 세력을 약화시키기 위한 분열 공작에 착수했다. 그리고 마셜플랜 발표를 계기로 우선 프랑스에서 CGT가 분열해 사회민주주의 계열의 CGT-FO(프랑스노동총동맹-노동자의힘)가 결성된다(1947년 12월). 또 이탈리아에서도 1948년 7월 이후 CGIL로부터 탈퇴하는 조직이 계속 나타나, 결국 기독교민주주의 계열의 CISL(이탈리아노동조합동맹), 사회민주주의 계열의 UIL(이탈리아노동연합)이 결성되었다. 미국의 노골적인 개입은 노동자들의 적극적 지지를 얻을 수 없어서 그 뒤에도 공산당 계열의 총연맹이 우위를 지켰으나, 이미 노동 전선이 분열한 탓에 공산당의 영향력은 크게 약해졌다.[13]

1949년 1월에는 세계노련(세계노동조합연맹)이 분열했다. 반파쇼 공동전선을 배경으로 1945년 10월 결성된 세계노련은 영국의 TUC(노동조합회의), 미국의 CIO, 소련의 AUCCTU(전소련노동조합중앙평의회) 등 사회민주주의 계열과 공산주의 계열이 결집한 사상 최초의 국제 노동 조직이었다. 그러나 CGT 출신의 루이 사이앙 서기장을 시작으로 점점 공산주의자들의 영향력 아래 들어가게 되었다. 그리고 마셜플랜에 대한 찬반을 둘러싸고 두 세력은 회복되기 어려울 정도로 대립했다. 그러던 중 세계노련에 가입하지 않은 강경한 반공주의 노조 AFL이 공산당 계열을 배제한 국제 노동 조직을 결성하자고 주창하고 나섰다. 여기에서도 미국 국무부는 AFL과 협력해 공산당 주도의 통일적 국제 노동 조직의 분열을 꾀했던 것이다.[14] 이후 1949년 1월의 세계노련 집행위원회를 계기로 TUC와 CIO 등이 차례로 세계노련을 탈퇴하고, 그해 12

월 AFL과 함께 국제자유노련을 설립했다. 서기장으로 취임한 올덴브록 국제운수노련 서기장은 제2차 세계대전 중 CIA의 전신인 OSS(전략 정보국)와 협력한 전력이 있었고, AFL과도 전부터 긴밀한 관계였다.[15]

노동을 둘러싼 국제 관계의 다원성

이렇게 볼 때, 냉전에 따른 양극화가 진전되는 과정에서 미국 정부가 AFL의 협력을 얻어 반공주의 노동 외교를 전개하는 한편, 서방 진영의 노동조합 재편을 추진했음을 알 수 있다. 그러나 이는 역사의 한 단면일 뿐이다. 최근 서구의 연구들은 상황이 좀 더 복잡했음을 말해 준다.[16] 노동을 둘러싼 냉전기의 국제 관계는 다양한 행위자들의 다양한 상호작용으로 진행된 것이었다.

우선 미국 정부는 만능의 존재가 아니었고, 따라서 미국 노조들과도 대등한 입장에서 협력을 구해야 했다는 점을 지적해야 한다. 미국의 노동조합은 정부로부터 상대적으로 독립적인 위치에서 자신들의 이익과 목적을 추구한다. 그 때문에 양자는 종종 갈등을 일으킨다. CIA와 AFL의 관계 역시 마찬가지다. AFL의 자유노동조합위원회를 이끌었던 러브스톤은 반공 노조운동의 전문가라는 자부심을 지닌 인물로, 그런 경험이 없는 CIA 직원들이 자금의 용도에 참견하는 것을 싫어했다. 이에 대해 관료 조직인 CIA는 자유노동조합위원회가 회계 처리를 말끔히 하지 않는 것이 불만이었다. 또 CIA 내부에서는 노동조합인 AFL이 반공 공작에서 중요한 역할을 하는 데 비판적인 의견이 강하게 존재했다. 반대로 AFL은 CIA가 라이벌인 CIO를 비밀공작에 끌어들일까 경계하고 있었다.[17] 정부와 노동조합의 관계는 결코 한 덩어리가 아니라 그때 그때의 이해관계에 일치하는지에 따라 움직이는 불안정한 것이었다.

정부와 노동조합 각각의 내부에서도 의견이 일치되지는 않았다. 미국 정부에서는 국무부, 노동부, CIA 외에도 경제협력국·상호안전보장국·대외활동본부·국제협력국·국제개발국 등으로 이름을 바꿔 갔던 대외 원조 기관들이 노동 외교에 관여했다. 각 기관들은 저마다 다양한 방침에 따라 서로 조정되지 않은 정책을 추진해 그 효과가 줄어드는 일이 잦았다. 또 공화당·민주당 양당의 정권 교체로 정책이 바뀌어 노동 외교에 큰 영향을 미치기도 했다. 노동조합의 경우를 보면 2개의 총연맹 사이에 대립이 심했다. 대외 정책을 둘러싼 AFL과 CIO의 대립은 국제자유노련이 결성되어 두 조직이 참여함에 따라 완화되고, 이를 배경으로 조지 미니 AFL 위원장과 월터 루더 CIO 회장의 주도로 1955년 12월 양 조직은 통합해 AFL-CIO가 출범했다. 하지만 통합 후에도 AFL계와 CIO계의 대외 정책 차이는 해소되지 않았다.[18] 그리고 AFL이 국무부와 노동부의 노동관* 프로그램에,[19] CIO가 대외 원조 기관의 생산성 프로그램에 각각 발판을 구축하는 등, 정부와 노동조합의 내부 대립이 서로 엮이는 경우도 비일비재했다.

국제적으로 보면 미국의 영향력은 한계가 있었고, 영국이 무시할 수 없는 역할을 하고 있었다. 제2차 세계대전 후 군사와 경제 분야를 시작으로 여러 분야에서 영국의 영향력은 감퇴했다. 하지만 노동당 정권을 탄생시킨 정치력, 유럽 최대의 조직력, 19세기 중반으로 거슬러 올라

◆ 아타셰attaché는 문화·군사 등 특정 전문 업무를 담당하는 대사관의 직책. 미국이 노동관labor attaché 프로그램을 처음 도입한 것은 1942년이며, 전후 냉전기에 들어서면서 노동문제 혹은 노동 세력의 중요성이 커짐에 따라 해외 대사관에 파견된 노동관의 수도 빠르게 늘어, 1953년에는 33명의 노동관이 각국 대사관에 파견되었다. 국무부와 노동부가 담당하고, 주로 노조가 추천하는 노동 전문가를 별정직으로 채용했다.

가는 역사적 전통 등 TUC는 강력한 위상을 지닌 조직이었고, 따라서 노동 분야에서 영국의 영향력은 비교적 잘 유지되고 있었다. 국제 노동 운동계에서의 반미 감정과 옛 식민지 노동조합들의 네트워크 등도 배경으로 작용했다. 국제자유노련을 위시한 국제 노동 조직들에 대해 영국이 미국 못지않은 영향력을 지니고 있었다는 점이 중요했다. 미국의 AFL과 CIO는 TUC 조합원의 1.5배였고, 대외 활동에 필요한 풍부한 자금력을 지닌 조직임이 분명했다. 하지만 국제 노동 조직의 인원 구성을 보면 TUC를 리더로 하는 유럽 노동조합들이 압도적 비중을 차지했다. AFL과 CIO의 대립도 미국의 영향력을 축소시킨 요인이었다. 이런 정황 때문에 국제자유노련의 올덴브록 서기장은 취임 후 TUC와의 관계를 중시해 AFL을 실망시켰다.

이런 행위자의 다양성은 접근 방식의 다양성으로 이어졌는데, 이는 AFL과 CIO 사이에서 전형적으로 나타났다. CIO는 세계노련을 탈퇴하고 내부의 공산당계 노조들을 축출한 뒤 AFL과 마찬가지로 반공주의를 분명히 했으나, 그럼에도 여전히 무시할 수 없는 중요한 차이를 보였다. 즉 같은 반공주의라고 해도 그 편차는 컸다.

AFL은 소련의 노조인 AUCCTU라는 존재 때문에 세계노련에 가입하지 않았다. 이것이 말해 주듯 AFL의 반공주의는 매우 강경했다. 전체주의적이고 침략적인 공산주의와의 평화공존 따위는 불가능하고, 이는 나치에 대해 유화주의 정책을 취하자는 것과 다름없으며, 봉쇄만으로는 충분치 않으며 반격해 쳐부숴야만 하고, 세계에는 자유주의와 공산주의 외에 다른 길은 없고 중립주의는 공산주의의 별칭에 불과하다는 것들이 AFL의 입장이었다. 이는 1920년대에 미국공산당 서기장을 지녔으나 스탈린에게 배제당했던 러브스톤의 지식과 경험으로 뒷받침된 확신이기도 했다. 이렇듯 강경한 반공주의에 입각한 AFL은

CIA의 자금 지원을 꺼리지 않았다. 그만큼 공산주의의 위협을 절박하게 받아들인 것이다. 원조를 제공해 경제를 안정시켜 공산주의를 저지한다는 방법은 AFL로서는 너무 한가로워 보였다. 프랑스와 이탈리아의 경우처럼, 공산주의자가 지배하는 노총을 분열시키고, 우파 노조운동을 육성하는 것이야말로 AFL의 전형적인 수법이었다.

급진적 조직인 CIO는 달리 인식했다. 경제적·사회적 불만이 컸기에 공산주의 세력이 침투할 수 있었으므로, 이를 막으려면 경제성장을 촉진해 노동자의 생활수준을 향상시켜야만 한다고 보았다. 이 때문에 CIO는 미국의 대외 원조 기관이 실시했던 생산성 향상 프로그램에 적극적으로 참가했다. 그것이 찰스 메이어가 말한 '생산성의 정치'인데, 생산성 향상에 따른 경제성장으로 투자와 임금의 제로섬 관계를 해소하고 계급 대립을 극복하려는 시도였다.[20] 그러나 생산성 향상을 위한 노사 협력은 경영자에게는 이익이 되지만 곧바로 임금과 노동조건 향상으로 이어지지는 않는다. 생산성의 정치가 계급 간 이해 대립을 실제로 없앨 수는 없다. 따라서 CIO는 생산성 향상의 성과를 확실하게 배분할 수 있는 단체교섭을 중시하고, 여기에서 경영자에 대한 교섭력을 높이기 위해 노동 전선의 통일을 지향했다. 따라서 노동자계급의 연대를 중시하는 CIO는 AFL의 분열 공작과 거리를 두는 한편, 공산주의자와의 대화 가능성을 부정하지 않고 중립주의에도 어느 정도 공감을 표시했다.

TUC, DGB(독일노동총동맹), LO(스웨덴전국노동조합연맹) 등 대부분의 서구 노조들은 사회민주주의 경향을 보인 CIO의 노선에 친근감을 지녔다. 이와 대조적으로 매카시즘을 연상시킬 정도로 강경한 반공주의를 표방하는 AFL의 노선은 미국식 실리 조합주의business unionism로서 기피되었다. 유럽 노동조합 중에서 AFL 친화적인 입장을 지닌 조직은 AFL로부터 비밀 자금을 받은 프랑스의 CGT-FO와 이탈리아의 CISL

등 소수에 불과했다.[21] 그리고 이런 대립은 국제자유노련 내에도 투영되었다. 1949년 말에 결성된 국제자유노련을 주도한 것은 미국의 AFL과 CIO, 영국의 TUC 세 조직이었으나, AFL과 CIO 및 TUC 사이에 의견 불일치는 심각했고, 이것이 국제자유노련의 활동을 제약했다. 국제자유노련 본부는 후자, 즉 CIO 및 TUC의 입장과 가까웠다. 이런 의견 불일치는 결국 1968년 5월 CIO 계열의 전미자동차노조가 AFL-CIO에서 탈퇴하고 이듬해 2월에는 AFL-CIO가 국제자유노련에서 탈퇴하는 등의 사태로 이어졌다.[22]

일본 노동 정치의 국제 관계사

AFL과 CIO로 대표되는 두 노선의 대립은 프랑스와 이탈리아 이상으로 일본에서 더 두드러졌다. 왜냐하면 일본에서는 1950년대 이후 공산주의도 반공주의도 아닌 중립주의자들이 일본 최대의 총연맹인 총평의 주도권을 장악하고 있었기 때문이다. 원래 총평은 한국전쟁이 일어나고 2주 뒤인 1950년 7월 11일, 공산당의 노조 지배를 타파하기 위해 연합국군최고사령관총사령부GHQ/SCAP(이하 총사령부)의 지원 아래 결성된 조직이다. 그러나 총평은 한국전쟁에 따른 양대 진영의 군사적 대립 격화를 배경으로 "닭에서 오리로"라고 표현된 바와 같은 자기 전환의 과정을 거쳐, 서방측의 입장을 저버리고 중립주의를 내걸었다.◆ AFL의 입장에서 보면 미국의 냉전 정책에 반대하는 총평은 공산주의

◆ 총평은 결성 당시 반공주의 색채가 강했으나 이듬해 제2회 대회에서부터 급속히 좌경화·반미화되었고, 당시 언론이 이를 "닭에서 오리로"라고 표현했다.

세력의 동반자로서 해체되어야 할 존재에 불과했다. 그리고 총평에서 분열해 1954년에 결성된 전노야말로 파트너가 될 수 있는 총연맹이었다. 한편, 중립주의와 공산주의를 동일시하지 않는 CIO, TUC, 국제자유노련 등은 총평이 대표하고 있는 노동 전선 통일은 유지되어야만 하고, 총평의 노선을 바꿔 서방측으로 이끌어야만 한다고 생각했다. 나누어 보자면, 미국 공화당의 아이젠하워 정권은 전자, 민주당의 케네디 정권은 후자에 가까운 입장이었다.

총평의 중립주의는 국제 관계에도 적지 않은 영향을 주었다. 아시아 유일의 공업국인 일본의 노동조합이 이 지역의 비공산주의 나라들 중에서 가장 강력한 조직을 과시하고 있었을 뿐만 아니라, 아시아·아프리카의 연대라고 하는 이념을 주도하고 있었기 때문이다. 총평의 방침은 일국 평화주의라고만은 말할 수 없는 것이었다. 총평은 국제자유노련 지역 조직의 틀 밖에서 '아시아·아프리카 노조회의'를 조직해, 이를 기반으로 냉전 구조를 적극적으로 타파하고자 했다. 이 지역의 신흥 독립국들이 어떻게 움직일지는 베트남에서 전형적으로 나타났듯이 냉전의 핵심적인 관심사였고, 탈식민화 과정에서 고조되었던 아시아·아프리카 나라들의 민족주의에 어떻게 대응할지는 서방측 냉전 정책의 아킬레스건이었다. 그리고 서구의 제국주의에 대한 비판을 기반으로 일본뿐만 아니라 아시아·아프리카 전체를 중립화하려고 했던 총평의 방침은 자유주의 진영의 냉전 전략을 뿌리째 흔들 수 있는 것이었다. 따라서 일본의 노동조합을 둘러싼 국제적인 노선 대립은 점점 더 심각해질 수밖에 없었다.

중요한 점은, 프랑스와 이탈리아 두 나라에서는 공산주의자들의 우위가 장기간에 걸쳐 무너지지 않고 있었던 데 비해, 일본 노동조합은 서방 진영으로 편입되고 있었다는 사실이다. 여기에는 냉전의 경제적 측면이 큰 영향을 미쳤다. 미국은 공산주의 세력의 침투를 저지해야 했기 때문에 GATT를 주축으로 무역자유화를 추진하는 한편, 마셜플랜 등을 통해 서구 나라들에 경제원조를 제공했다. 일본에 대해서도 아이젠하워 정권 시기인 1955년부터 생산성 프로그램을 실시했다. 생산성 프로그램은 총평에 대항하는 전노를 후원하는 역할을 하는 한편, 일본의 국제경쟁력 강화를 위한 것이었다. 전투적 노동조합들을 포함한 노동 전선 통일을 실현해 일본 노동자의 생활수준을 향상시킬 필요성에 대해서는 영국과 미국 모두 절감하고 있었다. 영국은 제2차 세계대전 이전의 사회적 덤핑social dumping[277쪽 참조]이 재현될까 우려했고, 미국은 심각한 실업 문제를 안고 있었기 때문이다. 그런데, AFL-CIO는 CIO 계열의 주도하에 케네디 정권의 협조를 얻어, 국제자유노련 및 국제금속노련 등과 함께 전노보다는 총평을 중시하는 방침을 취하고 있었다. 그러던 중 1964년, 총연맹 구도를 가로질러 금속 산업 노조들을 모두 통합하는 IMF-JC가 결성되기에 이르렀다.

이 책에서는 이런 과정을 해명함으로써, 첫째, 노동 정치의 시각에서 일본을 둘러싼 국제 관계사를 다시 파악하려 한다. 미국 정부의 대일 정책에 편중된 기존 연구들과는 달리 영국도 포함시키고, 또 영미 정부들뿐만 아니라 노동조합도 분석의 대상으로 한다. 노동조합에 대해서는 세계 각국의 총연맹이 가입한 국제자유노련, 각국 산별노조들로 구성된 국제 산별 조직[23]도 다룬다. 이를 통해 냉전 시기에 일본을 둘러싼 국제적 환경은 다양성을 지니고 있었음을 밝히고자 한다. 이 책에서 특히 강조하려는 점은, 사회민주주의의 길을 선택하라는 압력이 이 시기 일본에 가해지고 있었다는 사실이다. 서방측 입장에 서서 생산성 향상에 협력하면서도 노동자의 생활수준 개선을 강력히 추진하는 전투적·통일적 노조 총연맹을 지지해 그것의 성립을 지원한다는 의미에서의 사회민주주의적 외압은 미국으로부터도 주어졌다. 미국의 대일 정책에 관한 통상적인 인식, 즉 점령 정책의 전환 이후 미국은 보수 세력을 육성하는 데 전념했고, 그에 따라 자민당 정권이 장기 지속할 수 있었다는 인식[24]은 수정되어야만 한다.

둘째, 이 책에서는 일본 노동 정치의 역사를 국제 관계의 시각에서 재해석한다. 지금까지의 연구들은 노동조합운동의 역사를 좌파와 우파의 대립이라는 시각에서 묘사해 왔다. 이를 좀 단순화해서 보면, 총평은 공산당의 노조 지배에 대항하는 우파 총연맹으로 1950년 출범했으나, 이후 점차 좌경화하여 중립주의를 내걸게 되었다. 이에 반발한 우파들이 1954년 전노를 출범시켰고, 1964년 전노가 동맹으로 재편되고 IMF-JC도 결성되어 기업주의적인 우파가 패권을 장악했다는 구도였다.[25] 하지만 이 책에서는 국제자유노련과 세계노련에 대해 조직적으로 중립적인 입장을 취한 좌파의 총평, 그리고 AFL과 손잡은 우파 전노(→동맹), 이 양자 사이에 CIO, TUC, 국제자유노련, 국제금속노련 등과 연계된 사회민주주의의 흐름이 존재했음을 밝히려 한다. 출범 당시의 총평, 그리고 IMF-JC가 이에 해당한다. 이 흐름은 노동 전선 통일 운동을 거쳐 연합連合의 결성에 이르게 된다. 기존 연구들이 이 제3의 흐름을 파악하지 못한 것은 IMF-JC가 국제금속노련의 가입 단위임에도 이를 줄곧 기업주의 조직으로만 파악하는 등, 일본 국내의 노사 관계에만 관심을 집중하고 국제적 영향력을 무시했기 때문이다.[26] 유감스럽게도 일본 노동조합을 둘러싼 국제 관계 분석은 지극히 드물었다.[27]

이 책에서는 이런 문제의식 아래 제2차 세계대전이 끝난 1945년부터 1950년 총평의 결성, 1954년 전노의 발족을 거쳐 IMF-JC와 동맹이 결성된 1964년까지를 분석 시기로 한다. 제1장에서는 우선 AFL 출신의 제임스 킬렌이, 이어 CIO 출신의 발레리 부라티가 총사령부 노동과를 주도해 공산당의 노조 지배를 뒤집으려 했으나, 결과적으로는 총평의 중립주의화로 귀착된 과정을 밝힌다. 제2장에서는 다카노 미노루가 이끄는 총평이 더욱 좌경화하던 가운데, AFL과 아이젠하워 정권이 전노의 결성을 지원해 생산성 프로그램을 개시했으나, 오타·이와이 라인이 등장했음에도 총평의 중립주의 노선이 계속된 과정을 분석한다. 제3장에서는 중립주의를 채택한 총평을 둘러싸고 한편으로는 아이젠하워 정권과 AFL, 다른 한편으로는 영국 정부와 국제자유노련, 국제금속노련, CIO, TUC 등이 대립하고 있었으나, 일본의 국제경쟁력이 강화되고 미·일 무역마찰이 격화됨에 따라 후자의 입장이 점점 강화되고 국제 공정 노동 기준 개념이 대두한 과정을 분석한다. 마지막으로 제4장에서는 케네디·라이샤워 노선이 등장한 이후 IMF-JC의 결성과 전노(→ 동맹)의 국제자유노련 일괄 가입으로 일본의 노조운동에서 서방 지향의 기반이 구축된 과정을 해명한다.[28]

제1장

총평의 결성과
좌경화

1. 공산당의 노조 지배와 킬렌

초기 대일 점령 정책과 공산당의 노조 지배

제2차 세계대전에서 일본을 패배시킨 미국은 노동조합 육성을 일본 점령 정책의 주요 기둥 가운데 하나로 삼았다.[1] 1945년 9월 22일 발표된 "항복 후 미국의 초기 대일본 방침"은 "산업과 농업 모두에 걸쳐 민주주의의 기초 위에서 조직된 노조 조직의 발전을 장려하고 지지해야" 한다고 강조했고, 10월 11일 최고사령관 맥아더는 노동조합의 결성을 장려하는 내용의 '5대 개혁 명령'을 발표했다. 그러던 중 일본 정부는 후생성 밑에 '노무법제 심의위원회'를 설치해 노동조합법 제정 작업을 진행했다. 1945년 12월 22일 공포되고 이듬해 3월 1일부터 시행된 노동조합법에 따라 일본 노동자들은 처음으로 노조 결성의 자유를 법적으로 인정받았다. 총사령부의 노동정책은 경제과학국局 노동과課가 담당했는데, 노동과는 이 노동조합법 제정을 높이 평가했다. 이런 흐름과 더불어 패전 후의 경제 혼란과 국민 생활의 궁핍화, 그리고 기존 질서의 동요가 겹치면서 전국 각지의 공장과 사업장에서 노동조합이 결성되었다.

미국이 노동조합 육성에 나선 이유는 무엇일까? 점령 초기 노동정책을 확립했다고 평가된 1945년 12월 28일의 국무부·전쟁부[지금의 육군부]·해군부의 '3부 조정위원회'swncc의 문서인 SWNCC92/1 "일본 노동자 조직에 대하여"*는 다음과 같은 인식 아래 집필되었다. 즉 '전쟁 전 일본의 국제경쟁력은 부당하게 높았는데, 이는 반봉건적이고 가부장주의적인 노사 관계 때문이었다. 노동조합을 육성해 노동자의 생활수준을 향상시키고 근대적 노사 관계를 발전시킨다면, 일본 경제는 저임금에 의존한 수출이 아니라 국내 소비에 기초한 경제로 바뀌고 기존의 군국주의적인 성격에서 벗어날 수 있을 것이다. 군국주의와 맞서 왔던 노동조합을 육성하는 것은 민주화에 기여할 뿐만 아니라, 더 나아가 일본 경제의 구조변화를 이끌어 점령 정책의 목표인 비非군사화를 촉진할 것이다.' 요컨대 전근대적인 노사 관계가 사회적 덤핑을 가능하게 했고, 이것이 침략주의적인 일본의 정치·경제를 있게 한 배경이었다는 인식이 노동조합 육성책의 배경이었다.[2] 그리고 일본의 저임금 기반 수출 경제 문제는 미국의 대일본 노동정책의 기본 인식으로 오랫동안 자리 잡고 있었다.

노동조합의 결성은 공장과 사업장 수준만이 아니라 산업별·지역별로, 그리고 전국 조직 수준에서도 진행되었다. 총연맹을 설립하려는 움직임은 종전 후 곧 시작되었으나, 그 흐름은 둘로 나뉘었다. 첫째, 전쟁 전의 합법적 노동조합운동의 흐름이 있었다. 우파인 (구)총동맹의 마쓰오카 고마키치가 중심이 되고 여기에 좌파인 (구)전평全評의 다카노 미노루 등이 합류해 1946년 8월 1일 총동맹의 결성대회가 열렸다.** 둘째, 전쟁 전에는 치안유지법에 따라 공산당은 비합법이었는데, 재건 공산당의 지도하에 8월 19일 산별회의가 결성되었다. 당시 산별회의의 조합원은 163만 명으로 86만 명인 총동맹보다 우위에 있었다. 공산당

◆ 3부 조정 위원회의 영문명은 'The State-War-Navy Coordinating Committee'로, 제2차 세계대전 종결을 앞두고 추축국(독일·이탈리아·일본)의 정치·군사적 문제를 다루고자 1944년 설치된 정부 위원회이다.

◆◆ (구)총동맹은 1912년 설립된 일본 최초의 노동조직인 우애회友愛會가 공제회의 성격에서 벗어나 노동조합으로 발전하면서 1921년 이름을 바꾼 '일본노동총동맹'의 약칭이다. 1931년 만주사변 이후 노조운동이 우경화되는 데 반발한 좌파 운동가들이 1934년 '일본노동조합 전국평의회'를 결성했는데 이것이 (구)전평이고 1937년 말 해산되었다. 패전 후 재건된 총동맹은 '일본노동조합총동맹'의 약칭이다.

은 국철총련을 위시해 전국 중앙 조직에 가입하지 않은 중립계 노조 여러 곳에서도 프랙션fraction* 활동을 통해 강한 영향력을 확보하고 있었다. 패전 후의 상황 속에서 노동자들은 전투적인 성향을 보였기 때문에 미국의 노조 육성 정책은 사회민주주의자들보다는 공산주의자들이 활동하는 데 유리한 조건이 되었다.

그러나 공산당의 노조 지배는 미국의 점령 정책과 점점 더 마찰을 일으켰다. 그리고 양자의 대립은 이른바 '2·1 총파업'으로 최고조에 이르렀다. 도쿠다 규이치가 이끄는 공산당은 민간 부문 노조들을 중심으로 한 10월 투쟁에 뒤이어 전관공청全官公庁 공동투쟁위원회 중심의 총파업을 1947년 2월 1일에 전개하기로 계획해, 이를 통해 요시다 시게루 내각을 타도하고 민주 인민정부를 수립하려고 했다. 그러나 총파업이 초래할 혼란을 우려한 총사령부가 이에 개입해, 결국 1월 31일 맥아더는 점령 정책 위반을 이유로 중지 명령을 내렸다. 총파업은 실패로 돌아갔다. 그러나 그 뒤에도 공산당의 노조 지배는 뒤집히지 않았다. 그뿐만 아니라 약 한 달 뒤인 3월 10일에는 산별회의·총동맹과 여러 중립 노조들이 모여 전노련全労連을 결성했다. 420만 조직원으로 구성된 전노련은 느슨한 연락 조직에 불과했으나 차차 공산당의 영향력이 강해졌다.

세계노련 대표단이 일본에 방문할 즈음 노동 전선 통일의 분위기가 고조된 것도 전노련이 결성된 배경이었다. 세계노련은 제2차 세계대전 중에 있었던 반파시즘 공동전선의 경험을 기반으로 영국의 TUC, 프랑

---

* 정당(정치조직)이 대중조직 내에 활동가를 파견해 영향력을 확보하는 활동.

스의 CGT, 소련의 AUCCTU 등 56개 나라의 65개 조직, 6천7백만 조합원을 포괄해 1945년 10월 3일 발족한 조직이다. 이 세계노련이 일본의 경제·사회 정세와 노동조합의 실태를 조사할 대표단 파견을 계획했다. 세계노련의 대표단은 루이 사이앙 서기장을 단장으로 하여 CIO의 윌라드 타운센트, AUCCTU의 미하일 타라소프, TUC의 어니스트 벨 등으로 구성되어 1947년 3월 17일부터 21일에 걸쳐 일본을 방문해 전국 각지를 시찰했다. 이 대표단 파견은 장래 일본의 조직화에 주목해 이뤄졌다고 추정된다. 그래서 사회민주주의 계열과 공산주의 계열 양자를 결집해 세계노련에 가입하고자, 총동맹과 산별회의가 보조를 맞춰 전노련을 결성한 것이다. 사이앙 단장은 방일 중에, 세계노련에 가입하려면 노동 전선의 통일이 불가결하다는 점을 거듭 강조했다.[3]

이런 정세에 강한 위기감을 느낀 것이 AFL이었다. 조직 내에 공산당원들을 안고 있었던 CIO는 세계노련에 가입했지만, 강경 반공주의의 보수 노조인 AFL은 참여를 거부하고 자신의 외곽 단체인 자유노동조합위원회를 활용해 독자적인 세계 전략을 펼치기 시작했다. 그리고 AFL의 국제노동관계위원장이기도 한 매슈 월 부위원장과 더불어 이 자유노동조합위원회를 지도한 것은 사무국장인 제이 러브스톤이었다. 러브스톤은 미국공산당 서기장을 지냈으나 부하린Bukharin 일파라는 이유로 스탈린으로부터 내몰린 경험을 가진 인물이었다. 공산당(반대파)을 이끈 이후, 그는 미국국제부인복노조의 데이비드 두빈스키 위원장의 후원으로 국제부 책임자가 되었고, 1944년에는 그 상급 단체인 AFL이 설립한 자유노동조합위원회의 사무국장으로 취임해, CIA의 전신前身 정보기관들*과 협력하면서 반공주의 국제 노동운동을 활발하게 전개했다.[4] AFL에는 아시아 최대의 공업국인 일본의 노동 정세야말로 커다란 관심사였다.

AFL의 킬렌 파견

AFL은 처음에는 일본 노동운동의 앞날에 대해 낙관적이었다. 자유노동조합위원회의 기관지 1946년 4월호에는 미국국제부인복노조의 찰스 크레인들러 부위원장의 글이 실려 있다. 그는 이 글에서 전쟁 전인 1940년에 45만 명이 노동조합으로 조직되어 있었음을 지적하면서, "일본에서 자유로운 노동운동이 부활할 가능성은 높다."고 말하고, "일본의 곰퍼스◆◆"로 불리던 마쓰오카 고마키치 등이 AFL을 모델로 총동맹을 만들어 가고 있음을 높이 평가했다.[5] 8월호도 AFL의 상근 간부로서 총사령부 노동자문위원회의 일원으로 일본에 온 존 머피의 보고를 인용해, 1946년 4월 말에는 190만 명이 노조로 조직되고, 총동맹과 산별회의가 양대 세력으로 자리 잡았다고 보도했다. "일본의 노동조합이 연합국의 통치하에서 급성장하고 있다"라는 글 제목에서 보듯이, 아직은 공산주의에 대한 경계심은 별로 없었다.[6] 그러나 『국제자유노동조합 뉴스』의 논조는 연말로 가면서 급속히 변했다. 12월호는 선거에서 겨우 5퍼센트를 얻었을 뿐인 공산당이 산별회의를 실질적으로 지배해 자신들의 목적에 이용하고 있다고 말하면서 위기감을 드러냈다.[7]

AFL이 구체적 행동에 나설 계기를 준 것은 미국국제부인복노조의 마크 스타 국제부장의 권고였다. 첨언하자면, 미국의 산별노조에 '국

◆ 1942~45년에 존재했던 OSS, 그 후신으로 1946년 설립된 국가정보위원회National Intelligence Authority, NIA를 일컫는다. CIA는 1947년 창설되었다.

◆◆ Samuel Gompers(1850~1924). 미국의 노동운동가. 1886년 AFL 창립을 주도해 1924년까지 그 회장(위원장) 자리에 있었다. 미국의 보수적·실리주의적 노조운동을 대표하는 인물.

제'라는 이름이 붙은 경우, 이는 캐나다까지 조직 대상으로 아우른다는 의미이다. 그런데 노동교육 전문가(컨설턴트)로서 1946년 8월 27일 일본에 온 스타는 시오도어 코헨 노동과장과 리처드 디버랄 노동교육계장의 협력을 얻어 도쿄·교토·오사카·후쿠오카 등 일본 각지에서 조사를 실시해, 9월 30일 맥아더 총사령관 앞으로 보고서를 작성했다. 여기에서 그는 소수파 공산주의자들의 노조 지배를 배제하고 미국식의 자유·민주적인 노동조합을 육성한다는 목표를 세우고, 총사령부 노동과의 지도 방식 개선, 그리고 노동성 설치 등을 제안했다. 주목해야 할 점은, 전간기 독일◆의 쓰라린 경험을 토대로, 미국의 노동조합은 패전국에 민주주의가 뿌리내리도록 협력을 아끼지 않아야 한다는 점을 강조하면서, 각종 정보를 제공하고 조직 활동 전문가를 파견하는 등 구체적인 방안을 제시하고 있었다는 점이다.[8] 스타의 이 보고서는 AFL에 제출되어, 공산당이 주도하는 노동의 공세가 격화될수록 AFL이 대일 방침을 수립하는 데 커다란 영향을 미쳤다.

AFL의 매슈 월 국제노동관계위원장은 12월 11일 맥아더 총사령관에게 서한을 보내 스타의 권고에 대해 언급하면서 일본에 대표를 파견할 용의가 있다고 전했다. 이 서한은 조지프 키넌을 노동력과장으로 받아들인 독일 점령 당국을 따라서 AFL의 대표를 총사령부 직원으로 채용할 것을 요청했다. 이는 AFL의 자금난 때문이었다. AFL의 자유노동조합위원회는 유럽을 중심으로 반공산주의 활동을 전개하고 있어서 일본에 자금을 배정할 여력이 거의 없었다.[9] 대통령 선거에 출마할 생

◆ 제1차 세계대전과 제2차 세계대전 사이의 기간으로, 이 시기 독일에서는 패전과 경제공황의 여파 속에서 히틀러의 나치주의가 득세했다.

각이었던 맥아더는 월의 요청을 받아들여 1947년 1월 7일 AFL에 인선을 의뢰했다.[10] 노동교육 등에 대해 노동과에 조언하는 노동고문 직책을 마련해 6개월 이상 채용하겠다는 조건이었다.[11] 게다가 스타는 일본에 인재를 파견하는 것 이상을 AFL에 권고했다. 그는 일본의 우호적 노조 대표들을 AFL 대회에 초대할 필요가 있다고 주장했다. 윌리엄 그린 위원장은 재정 문제를 이유로 이를 받아들이지 않았고, 우선 대표를 총사령부에 파견해 노동교육을 강력히 추진하겠다는 목표를 세웠다.[12]

그사이 일본 노동운동은 10월 투쟁에서 2·1 총파업으로 급진화해,♦ AFL을 우려하게 만들었다. AFL이 무엇보다 불안하게 생각한 것은 1947년 3월 세계노련 대표단의 일본 방문이었다. 앞서 말했듯이 이 대표단에는 프랑스의 CGT, 소련의 AUCCTU뿐만 아니라 미국의 CIO와 영국의 TUC도 참가하고 있었지만, 비회원인 AFL이 보기에 그들은 공산주의자들의 꼭두각시에 불과했다. 월은 맥아더에게 편지를 보내 "세계노련의 대표단이 일본을 향하고 있으나 우리가 보기에 그들은 소련 외무부의 5열(간첩)에 불과하다."고 경고했다. "그들의 목적은 일본 노조 전체를 세계노련에 가입시키는 것이고, 만일 그렇게 된다면 일본의 민주주의는 위험에 빠질 것이다. 서독에서는 세계노련의 그런 책동을 성공적으로 저지했는데, 그것은 AFL의 대표가 독일 점령 당국에 배치되어 있기 때문이다." 이렇듯, AFL의 국제노동관계위원장 월은 AFL이 노동고문을 파견할 필요성을 거듭 역설했다.[13]

♦ 10월 투쟁은 1946년 가을 산별회의 산하 12개 산별 조직들이 해고 반대, 최저임금제 도입, 처우 개선, 산별 통일 단체협약 체결, 요시다 내각 타도를 내세우고 결행한 공동 투쟁. 2·1 총파업은 관공청(공무원·공기업) 노조를 중심으로 1947년 2월 1일 결행하기로 한 파업 투쟁이나, 맥아더의 중지 명령으로 무산되었다.

세계노련 대표단의 방일을 허가했던 맥아더는 그 결정을 번복하려 했다. 그러나 전쟁부와 국무부는 이미 대표단이 유럽을 떠났고, 이 방문이 극동위원회◆ 구성 국가들의 노동조합들이 조직했다는 점 등을 감안해 예정대로 일본 입국을 허용하기로 했다. 이에 깜짝 놀란 AFL은 3월 13일 전쟁부와 국무부가 세계노련 대표단의 일본 입국을 허용한 것을 비난하는 성명을 발표했다. 이 성명도 사이앙이 이끄는 세계노련은 크렘린(소련)에 의해 조종되고 있다고 강조했다. 그러나 세계노련 대표단의 입국이 시간문제인 상황에서, AFL은 다음 두 가지를 요구하고 나섰다. 첫째, 일본의 노조들을 세계노련에 가입시키려는 사이앙의 의도를 미국 정부는 전력을 다해 차단해야만 하고, 둘째, AFL의 성명서를 일본어로 인쇄해 이 문제의 중요성을 일본 노동자들에게 알린다는 것이었다.[14] 실제로 세계노련의 방일을 앞둔 3월 10일 결성된 전노련에는 우파인 총동맹도 참가했다. 그래서 일본의 노동조합은 국제 공산주의의 위험성을 잘 모르고 있다고 생각한 것이다.

그러던 중 AFL은 인선을 서둘렀고, 많은 대상자들 중에서 미국국제펄프제지노조 부위원장 제임스 킬렌이 선택되었다.[15] 킬렌에게 요구된 것은 갓 태동한 일본의 노조운동을 공산주의라는 전체주의로부터 지켜내 평화주의적인 민주주의로 이끄는 일이었다.[16] 그 임무에 그는 적격이었다. 킬렌은 1937년부터 미국국제펄프제지노조의 전임자로 캐

◆ 극동위원회Far Eastern Commission는 일본에 승리한 연합군이 일본을 점령·관리하기 위해 만든 정책 기구. 1945년 12월 처음 워싱턴에 개설되었을 때에는 미국·영국·소련만 참가했으나, 1949년 11월 중국·프랑스·네덜란드·캐나다·오스트레일리아·뉴질랜드·인도·필리핀, 그리고 미얀마·파키스탄까지 추가되어 연합국의 최종 의결 기구가 되었다. 그 산하에 총사령부를 두고 맥아더가 초대 최고사령관이 되었다. 샌프란시스코강화조약이 발효된 1952년 4월까지 명실공히 일본의 최고 통치 기구로 존속했다.

나다 브리티시컬럼비아주에서 일본계 노동자들의 조직화 사업을 경험했다. 또 제2차 세계대전 중에는 전시생산국 임산물과林産物課의 노동문제 주임으로 근무해, 정부 기관에 대한 지식도 지니고 있었다. AFL 산하 노조의 부위원장이라는 지위도 위신을 유지하기에 충분할 것이었다. 킬렌은 AFL 소속의 반공주의자로서 CIO의 좌익적이고 전투적인 경향에 비판적이었지만, 그와 동시에 노동조합주의자로서 확고한 신념을 갖고 뉴딜New Deal을 지지하는 자유주의자이기도 했다.[17] 코헨 노동과장은 공산주의자와 맞설 지적 능력을 지닌 노동조합 지도자를 찾고 있었는데,[18] 킬렌은 그에 부합하는 인물이었다.

킬렌은 4월 14일 일본에 도착해 곧바로 맥아더 총사령관을 면담했다.[19] 킬렌에게 기대된 것은 어디까지나 AFL 대표의 역할이었고, 노동고문 직위는 그에 맞춰 부여해 준 것이었다. 킬렌의 역할에 대해서는 그를 받아들인 총사령부 역시 같은 생각이었다. 그러나 맥아더의 중지명령으로 겨우 2·1 총파업을 중단시킨 이후 코헨 노동과장이 이를 책임지고 경제과학국의 경제고문으로 전출됨에 따라,[20] 도착하자마자 곧바로 맥아더의 신임을 얻은 킬렌이 그 자리를 대신 맡게 되었다. 코헨 역시 킬렌을 "노동정책의 본래의 길을 지킬" 인물로 생각했다. 하지만 노동과장으로 취임해 AFL 대표로 행동하기란 곤란한 일이기도 했다.[21] 그렇지만 킬렌은 총사령부의 노동과장이면서 AFL의 대표라는 이중의 입장을 잘 조율하면서 일본 노조운동에서 공산주의 세력을 배제하는 역할을 수행했다.

킬렌 노동과장과 AFL의 대일본 활동

일본에 온 뒤 킬렌이 우려한 것은 노동조합의 조직과 운영의 미숙함이었다. 일본 전체에서 450만 명이 노조로 조직되어 있었으나 그중에는 회사의 어용 노조도 있었고 좌파가 좌지우지하는 조직도 있었다. 킬렌은 노동교육계장인 디버랄과 더불어 팸플릿 배포와 강연 등을 통해 노동교육에 전력을 기울였다. 그리고 킬렌은 그 못지않게 경제적 혼란에도 주목하고 있었다. 상품의 4분의 3이 암시장에서 2~3배 가격으로 판매되고 있었다. 생산은 전쟁 전의 30퍼센트 수준으로 떨어지고, 회복은 더뎠다. 정부 정책은 전혀 소용이 없었고, 노동자들이 2~3배 임금 인상을 요구하는 경우도 있었다. 하지만 실질임금은 낮아지고 노동자 생활수준은 악화일로였다. 킬렌은 일본에 온 지 열흘째인 4월 23일 AFL 자유노동조합위원회의 러브스톤 사무국장에게 보낸 편지에서, 수요와 공급의 균형을 회복하지 못하는 한 유일한 선택은 혼란이냐 좌익 혹은 우익 전체주의냐, 둘 중 하나일 뿐이라고 절망적으로 말하고 있었다. 경제 안정이 이루어지지 않는 한 노동조합주의는 작동할 수 없고, 혼란이 심해질수록 총파업, 정치 행동, 정권 타도 등 급진주의자들의 호소가 설득력을 키워 갈 것이다.[22]

킬렌은 이렇듯 공산당의 영향력을 배제하려면 경제 부흥이 불가결하다고 생각했으나, 이미 총사령부도 경제 재건의 중요성을 강하게 인식하고 있었다. 2·1 총파업을 금지한 이유의 하나는 그것이 일본 경제에 타격을 주고 나아가서는 미국의 대일 원조를 늘려야 하는 결과를 빚을 것이기 때문이었다. 그 5일 후인 2월 6일에는 공산당 계열 노조들의 총파업 전술에 반대하는 총동맹의 주장에 따라 생산 부흥을 목표로 하는 노사 협력 조직인 '경제부흥회의'가 결성되었다. 여기에는 동우회同友會, 그리고 경단련經団連의 전신인 일산협日産協 등 경제 단체◆ 외에, 산별회의도 노동운동의 주도권을 확보하고자 참가했다. 총사령부는 경제부흥회의를 강력히 지지했다. 예컨대 킬렌의 전임자인 코헨 노동과장은 3월 1일 경제부흥회의 대표와 회담해 "GHQ(총사령부)는 이 운동을 전면적으로 지지한다."고 말했다. 6월 1일에는 사회당의 가타야마 데쓰 위원장을 수반으로 하는 사회당·민주당·국민협동당의 3당 연립 정권이 들어서서, 경제부흥회의와 협력하면서 생산 부흥 운동을 전개했다. 노동과를 시작으로 총사령부의 경제과학국은 사회당과 총동맹이 중심이 된 경제 부흥을 지원했다.[23]

이런 상황에서 공산당의 노조 지배에 대한 비판이 구체화되기 시작했다. 1947년의 2·1 총파업이 총사령부 개입으로 중단되어 실패로 돌아가자, 국철총련, 신문통신방송노조, 게다가 산별회의 내부에서도 공산당 비판이 고조되었다. 그리고 4월 총선거에서 공산당 의석이 줄어들고, 이어서 산별회의는 5월 14일에 열린 집행위원회에서 자기비판을 결정했다. 킬렌이 디버랄의 협조를 얻어 작성[24]한 6월 27일자 문서 "일본 노동운동에서 공산주의자의 활동에 대항하기 위한 프로그램"은 이런 움직임에 주목해 "비공산당 그룹들을 지지하고 격려할 필요가 분명히 있다."라고 강조했다. 공산당의 영향력을 배제하는 과업을 "노조 스스로 수행해야만 한다."는 것이 킬렌의 기본적인 생각이었다. 강력한 외부 압력이나 직접 개입으로는 성공한다 해도 일시적일 뿐이다. 노

◆ 전후 총사령부가 재벌 해체 등 경제민주화를 추진하자, 이에 대한 재계의 입장을 정리하기 위해 개인 가입 체제로 설립된 모임이 경제동우회(1946년 4월 40일 창립)였다. 경제민주화에 적극 협조하고 노사 협동체를 추진할 것 등을 표방했고, '수정자본주의'를 주창해 우파가 반발하기도 했다. 1946년 8월 대기업 중심의 경제단체연합회(경단련)가 창립되고, 경단련이 노동문제에 대응하기 위한 조직으로 1948년 4월 일본경영자단체연맹(일경련)을 별도로 설립했다. 1928년에 설립된 중소기업 연합체인 일본상공회의소와 더불어 경제 4단체로 불렸다. 그러나 현재 일경련은 경단련으로 통합되어, 경단련·동우회·상공회의소가 일본의 경제 3단체로 존재한다.

조의 열성 활동가를 공산당원과 동일시하지 말고 그들 속에서 공산당의 노조 지배 타파를 이끌 사람들을 찾아야 한다고 주장하면서, 킬렌은 자기비판의 움직임에 주목했다.

물론 공산당의 노조 지배는 하부 조직이나 지방조직뿐만 아니라 중앙 조직에서도 여전히 견고했다. 노동학교 운영, 소련이 제공하는 정보를 기반으로 한 출판 활동, 노조 교육 프로그램 장악 등을 통해 소수의 공산당 세포들이 비민주적인 방법으로 노조를 계속 지배하고 있었다. 그렇다면 다양한 방법으로 노조 내 민주적 경향을 강화해 가야 한다는 것이 이 문서의 주장이었다. 킬렌은 이를 위해서는 노동교육이야말로 중요한 방법이라고 여겼다. 노동조합의 민주적 운영 방법을 가르치는 『노동조합 핸드북』을 배포하고, 서구 사정에 밝은 노동 전문가를 초청하는 방법 등이 구체적으로 열거되었다. 그 외에도 노사정 관계자들을 비공식적으로 접촉해 노동조합법을 개정해, 비밀투표를 통한 임원 선출과 같은 노조 민주주의 제도를 도입하는 방법도 생각하고 있었다.[25] 이런 방법들을 조합해 사용해서 공산당에 대항하는 그룹을 육성하자는 것이 킬렌의 생각이었다.

킬렌은 대외적으로는 세계노련의 움직임을 경계했다. 킬렌이 일본에 왔을 당시, 체코의 프라하에서 6월 6일부터 열릴 예정인 세계노련 집행위원회에 일본의 대표단도 초대받았다. 이에 따라 공산당 색깔이 강한 여러 노조들이 총사령부에 출국 허가를 요청해 왔다. 킬렌은 허가하지 않는 것이 현명한 일이라 생각했다. 그들은 사이앙(세계노련 대표단장)의 방일 중에 긴밀하게 연락을 취했던 공산당 계열 노조 지도자들이고, 프라하 대표단도 공산당원이나 그 동조자가 다수를 점하고 있다고 봤기 때문이다. [출국을] 허가하면 일본 노동조합에 대한 공산주의자들의 영향력만 더 커질 것이 분명하다고 판단한 킬렌은 그 대신 AFL의 그린 위원장에게 편지를 보내 일본과 미국 노조들의 국제 교류를 적극 추진할 것을 요청했다. 그렇게 하면 일본의 노동자들은 미국 노동조합 운동의 성과를 알 수 있고, 미국 노조들도 민주적 노동조합주의를 일본에 소개할 수 있을 것이었다. 킬렌은 이런 생각에서 10월 샌프란시스코에서 열리는 AFL의 제66회 전국대회에 일본 대표들을 초대하라고 제안한 것이다.[26]

맥아더는 프라하 세계노련 집행위원회에 관심을 보이며 킬렌과 장시간에 걸쳐 의논했다. 과장급이 맥아더와 직접 만나는 것은 그야말로 이례적인 일이었는데,[27] 이 자리에서 둘은 프라하 출국 허락은 일본 노동조합에 좋지 않은 영향을 줄 것이라고 의견을 모았다. 킬렌을 신뢰하게 된 맥아더는 세계노련에 가입한 CIO보다는 AFL에 동조하게 되었고, 따라서 총사령부는 세계노련 본부가 총사령부에 허가를 요청하는 절차를 밟지 않았다는 이유로 출국을 불허했다.[28] 그러나 그것으로 일본 노조를 둘러싼 국제 관계가 안정될 수는 없었다. 그래서 킬렌은 샌프란시스코에서의 AFL 제66차 전국대회에 맥아더를 초빙하도록 AFL 본부에 요청해, 7월 19일 그린 위원장의 초대장을 전달받았다. 이 계획은 총사령관의 일정 때문에 성사되지 않았지만, 킬렌과 맥아더의 긴밀한 관계를 상징적으로 보여 주는 일이었다. 맥아더는 7월 31일의 답장에서 킬렌의 유능한 활동을 칭찬하고 그가 AFL 대회에 참가하도록 허가했다.[29]

킬렌은 10월 6일부터 16일까지 열린 이 대회에 참석해 연설도 했다. 그는 우선 맥아더가 보낸 축사를 대독하고, 일본의 상황을 자세히 설명한 뒤, 노동과의 목표는 노동조합을 육성하고 이에 필요한 법·제도를 정비하는 것이라고 역설했다. 킬렌은 공산당의 위협을 강조하는 것도 잊지 않았다. 강화조약이 조기에 체결되어 미군이 철수할 가능성이 그런 우려를 더해 주고 있었다. '강화 후 일본이 철의 장막의 어느 쪽에 설지는 점령 정책에 달린 문제다. 노동과는 자유롭고 민주적인 노동조합운동과 단체교섭을 보급하는 교육 프로그램을 실시하고 있는데, AFL과 미국 노동부가 보내 주는 팸플릿 등이 큰 역할을 하고 있다. 공산당이 식량 부족 등의 혼란에 편승해 급진주의적 방침을 취하고 있는 이상, 모쪼록 유럽에서와 같이 일본에도 원조를 해주기 바란다.' AFL 대회는 이런 킬렌의 요청을 수락해 일본에 관한 결의안을 채택하고, 일본의 노조들에 정신적·물질적 지원을 다할 것을 표명했다. 아울러 이번 대회에서는 이뤄지지 못한 일본 노조 대표의 초대도 다음 전국대회에서는 실현될 것이라고 약속했다.[30]

킬렌은 이렇듯 일본에 좌우의 전체주의에 대항하는 노조운동을 정착시키려면 AFL을 위시한 국제적인 지원이 필요하다고 생각했다. AFL 대회에 초대하는 것 외에도 다음과 같은 제안을 그는 준비하고 있었다. 우선 AFL이 일본에 사절단을 보내는 것이다. 이는 세계노련의 대표단에 맞서는 의미를 지닌다. 둘째, AFL이 일본의 노동문제에 관한 성명서를 그때그때 발표하는 것이다. 이는 미국 국내의 진보 세력을 계몽하는 효과와 함께 일본 노조운동을 후원하는 효과도 가질 것이다. 셋째, 세계노련의 권력적 지배를 싫어해 대항 관계에 서있는 국제 산별 조직들에 일본의 노조들을 가입시키는 일이다. 국제 산별 조직과의 관계가 세계노련이 분열된 원인 중 하나였음을 생각할 때, 흥미로운 제안이 아닐 수 없다. 넷째, 일본 노조 지도자들의 방미 프로그램 실현이다. 미국 정부의 자금으로 노동조합의 조직과 운영을 공부하게 하자는 것이 그의 생각이었다.[31]

킬렌은 미국 체재 중인 11월 11일에 AFL의 국제노동관계위원회에 출석해, 일본 공산주의 세력의 확대와 세계노련 대표단의 충격에 대해 언급한 뒤, AFL 대표단을 일본에 파견할 필요성을 강조해 동의를 얻어 내는 데 성공했다.[32] 그리고 국무부의 조지 케넌 정책기획부장과 노동부의 필립 카이저 국제노동부장을 면담해, 일본 노조 지도자들의 방미 프로그램을 구체화하고자 애쓰기도 했다. 킬렌은 이를 위해 전쟁부의 자금을 사용할 것을 생각하고 있었고, 얼마든지 맥아더의 양해를 구할 수 있다고 자신했다.[33] 맥아더의 지지가 있는 한, AFL 대표이자 총사령부 직원이라는 킬렌의 지위는 결코 모순되지 않고, 공산주의 세력의 영향력을 배제하는 데 집중할 조건이 되었다. 국제 산별 조직들과 제휴하는 문제에서도, 오랜 전통과 강력한 조직력을 과시하는 국제운수노련과 일본의 노조들(해원조합, 국철노조)의 결합을 시도했다.[34] 세계노련의 틀 밖에 있었던 AFL은 국제 산별 조직들과의 관계 강화를 대외 활동의 기본 방침으로 했고, 킬렌의 정책은 그에 따른 것이었다.

이 무렵 일본 국내의 노동 정세는 킬렌이 기대한 방향으로 가고 있었다. 2·1 총파업 실패로 조직적 동요에 직면한 산별회의는 자기비판이 불가피해 7월 10일 임시 전국대회를 열었다. 이를 주도한 사람은 사무차장 호소야 마쓰타 및 그를 중심으로 한 공산당의 사무국 세포들이었다. 그러나 공산당의 산별회의에 대한 영향력은 압도적이어서 도쿠다 서기장의 뜻에 따라 자기비판은 없던 일이 되었다. 그러자 호소야 등은 1948년 2월 산별민동(산별회의민주화동맹)을 결성해, 공산당에 공공연히 반기를 들었다. 이미 그 이전인 1947년 10월, 2·1 총파업의 중추 조직이었던 국철노조에서 공산당의 프랙션 활동을 배격하기 위한 국철반공연맹(이후 국철민동으로 바꿈)이 결성된 바 있다. 이런 흐름의 배경에는 1947년 가을 이후 총사령부 노동과의 활동이 자리 잡고 있었다.[35] 산별민동은 공산당의 파업 일변도 방침을 비판하고 '생산 부흥 투쟁'을 내걸며 총동맹과 손을 잡았다. 총동맹도 산별민동, 국철민동과

협력하는 한편, 1948년 6월 28일에 공산당 계열이 주도권을 쥐고 있던 전노련을 탈퇴했다.[36]

킬렌 노동과장 밑에서 노동교육을 맡고 있었던 디버랄 노동교육계장은 (산별회의) 민주화 운동을 적극적으로 옹호하고 다녔다. 예컨대 1948년 6월 15일 효고兵庫현에서 열린 노동교육대회에서 '노동조합의 민주화 운동'이라는 제목으로 강연하면서, "프랙션이 있는 정당이라고 한다면, 중앙에서는 매일 침략 모의를 하고 있는 겁니다. 중앙의 강력한 힘으로 전국적 단체로부터 지방으로 확산시키고, 그리고 다음으로는 개별 공장들에 프랙션을 침투시켜 지령을 내리는 겁니다."라고 공산당의 프랙션 활동을 비판했다. 디버랄은 이어서 "우리는 노동교육과 건전한 일반 조합원의 활동으로 프랙션 활동을 완전히 없앨 것을 믿습니다."라면서 민주화 운동을 '건전'하다고 평가해, 전면적으로 지지하겠다는 뜻을 밝혔다.[37]

공산당의 노조 지배에 대항하는 민주화 운동이야말로 킬렌이 고대한 바였다. 그는 1948년 5월 13일 매슈 월에게 보낸 편지에서 "노동과는 예나 지금이나 민주화동맹을 맡고 있는 사람들과 계속 연락하면서 될 수 있는 한 그들을 격려하고 원조하고 있다."라고 쓰고 있었다. 그런데 산별민동에는 문제점이 많았다. 가장 큰 약점은 자금 부족이었다. 활동하는 데 필요한 종이 등의 물자를 암시장에서 사야만 했는데, 산별민동은 조직 기반이 약해 충분한 비용을 조달하지 못했다. 물론 노동과가 자금과 물자를 지원하는 것도 생각할 수 있었지만, 그건 아니었다. 왜냐하면 "지원을 통해 확실한 성과를 낼 만한 구체적인 활동을 찾을 수 없었기 때문"이라고 킬렌은 말했다. 일상적 활동의 비용을 보조한다는 명목으로는 관료 조직인 총사령부의 결재를 얻을 수 없었다. 그러나 민주화 운동의 어려운 처지를 방치한다면 공산당의 노조 지배를 뒤

집을 좋은 기회를 놓치게 될 것이다. 그래서 킬렌은 AFL에 원조를 요청하기로 했다.[38]

킬렌의 요청은 곧바로 5월 27일의 자유노동조합위원회에서 검토되고 결정되었다. 민주화 운동을 촉진하기 위해 5개월에 걸쳐 월 2백 달러를 지원한다는 내용이었다.[39] 단, 이는 어디까지나 초기 지원이며, 만족할 만한 결과가 나오고 일본의 노동조합과 직접 관계를 구축하게 되면 물심양면으로 더 많은 지원을 할 용의가 있다고 러브스톤은 킬렌에게 편지를 보냈다.[40] 그사이 킬렌은 가장 필요하다고 생각한 종이 구입을 추진했다. 미국국제펄프제지노조 출신인 킬렌은 종이 1톤에 1백 달러로 계산할 때 월 2백 달러면 월 2톤의 종이를 확보할 수 있다고 판단했다. 그와 더불어 킬렌은 호소야에게 편지를 보내 어떤 지원이 필요한지를 물었고,[41] 현금보다는 물자 원조가 필요하다는 답을 받았다.[42] 이리하여 AFL은 산별민동을 파트너로 정하고 지원에 착수했다. 당시 AFL은 프랑스와 이탈리아에서 공산당 계열의 CGT, CGIL로부터 이탈해 나온 노조들을 지원하고 있었다. 산별민동 지원은 그와 같은 맥락이었다고 할 수 있다.

맥아더의 서한과 킬렌의 사임

민주화 운동은 산별민동이 결성된 것을 계기로 확대되고 있었지만, 1949년에 들어서기까지는 노조운동의 주도권을 쥐지 못했다. 공산당의 산별회의 지배는 강고했고, 산별민동은 산별회의를 탈퇴하고 신산별新産別을 결성할 수밖에 없었다. 국철노조에서도 민동파와 공산계가 일진일퇴의 공방전을 계속했다. 그 원인 중 하나는 가타야마 내각과 경제부흥회의의 노력에도 불구하고 생산 부흥이 인플레이션을 가라앉힐 정도에 이르지 못한 것이다. 상대적 저임금을 강요받던 관공 노동자들은 물가앙등과 공산당의 지도를 배경으로 2·1 총파업의 좌절을 딛고 다시 일어나 전투성을 회복하고 있었다. 가타야마 내각은 공무원의 생활 보조금 지급 문제가 계기가 되어 1948년 2월 10일 총사퇴했다. 민주당이 주도하는 중도 연립내각이 들어선 3월에는 공무원 기본급 2,920엔 안에 반대해 산별회의 산하 전체全遞 등이 3월 투쟁을 전개했다. 이 투쟁은 윌리엄 마켓 경제과학국장의 각서로 일단 진정되었지만, 곧이어 관공노조는 5천2백 엔 기본급을 요구하며 여름 투쟁을 시작했다.[43]

그러던 중 국가공무원법 개정을 둘러싸고 총사령부 내에서 민정국 공무원과와 경제과학국 노동과가 첨예하게 대립했다.[44] 블레인 후버 공무원과장은 공무원을 민간 노동자와 명확히 구분하고 미국과 마찬가지로 단체교섭권과 파업권을 모두 박탈해야 한다고 주장했다. 사용자인 국민에 대해 단체교섭으로 압력을 가하고 파업을 하는 것은 비민주적이고, 그런 권리가 부여된 지금의 상황은 공산주의 세력의 활동을 조장하고 있다는 것이 공무원과의 의견이었다. AFL 출신의 킬렌 노동과장은 노조의 권리를 옹호하는 입장에서 다음과 같은 반론을 폈다. '헌법에 보장된 노동기본권은 공무원에게도 해당되어야 하고, 공공의 복지와 국민주권을 위협하는 파업은 이미 노동관계조정법으로 금지되어 있다. 또 영국 등에서는 공무원에게도 이런 권리들을 보장하고 있고, 이를 박탈하면 국제 여론의 반발을 살 것이다. 나아가 노조운동을 탄압하면 오히려 급진화를 불러올 수 있다.' 킬렌의 제안은 모든 공무원에게 단체교섭권을 부여하는 것을 기본으로 했다. 쟁의권에 대해서는 비현업非現業 직원들은 배제하고 현업 직원들에게는 조건부로 부여하되, 강제중재 제도를 강화하자는 것이었다.

총사령부의 방침을 결정하기 위해 7월 6일 맥아더가 지켜보는 가운데 후버와 킬렌의 토론이 장장 7시간에 걸쳐 진행되었다. 결과는 킬렌의 패배였다. 맥아더가 관공노조의 투쟁을 위협적인 것으로 보고, 정부의 대처 능력을 넘어서는 위기 상황이 발생하지 않을까 우려했기 때문이다. 2·1 총파업 시도의 기억이 여전히 선명했고, 전체가 중심이 된 관공노조는 다시 여름 투쟁을 전개하고 있었다. 맥아더는 민주화 운동이 진전되기를 기다리지 않고 국가공무원법 개정이라는 법적 수단을 통해 그것을 힘으로 억누르려고 결심한 것이다. AFL을 배려한 것은 미국 대선에 출마하려는 야심 때문이기도 했지만, 출마는 현실적으로 불가능했다. 킬렌은 비현업·철도·우정郵政 등 공무원의 쟁의행위를 점령 종결까지 한시적으로 금지하자는 양보안을 제시했으나 받아들여지지 않았다. 킬렌은 공무원의 단체교섭권이 부정된 마당에 이제 2~3개월 잔무 처리를 마치고 사표를 제출할 생각이었다.[45] 맥아더의 지지를 잃게 되자 총사령부 노동과장과 AFL 대표라는 두 위치 사이에 모순이 발생해, 일본을 떠나야 한다는 압박이 커졌다. 노동과장 대리인 폴 스탠치필드 역시 킬렌의 뒤를 밟았다.

맥아더는 1948년 7월 22일 아시타 히토시 총리에게 편지를 보내 국가공무원법 개정을 지시했다. 민정국 공무원과의 제안을 기초로 공무원의 단체교섭권과 쟁의권을 부정하는 내용이었다. 단, 우정을 제외한 철도·전매 등의 정부 사업은 공기업으로 해서 공무원법 적용에서 제외해, 단체교섭권은 인정하되 강제중재 제도를 도입해 쟁의행위는 금지한다는 것이다. 정부 사업 중에서도 관공노조의 중심축인 전체가 조직하고 있는 우정 사업은 공기업화하지 않는다는 데서 이 편지의 정치적 성격이 단적으로 드러나고 있다. 일본 정부는 이에 따라 7월 31일에 정령政令[내각의 행정명령] 201호를 발표해, 공무원의 단체교섭권과 쟁의권을 부정했다. 킬렌은 전날인 7월 30일 열린 외국인 기자들과의 회견에서 총사령부의 방침을 비난했고, 그 때문에 예정보다 빨리 8월 12일에 일본을 떠나야만 했다. 그는 미국으로 돌아간 뒤에도 맥아더 서한을 비판하는 활동을 적극적으로 전개해, AFL을 위시한 노조 지도자들은 물론 국무부·노동부·육군부 등 정부 관계자들과도 접촉해 총사령부의 노동정책을 계속 경고했다.[46]

이런 그의 활동도 영향을 미쳐, 미국 국내에서는 맥아더 서한에 대한 비판이 커졌다. 노동부는 이에 관한 정보를 취합해 국무부·육군부와 협의하는 한편, 존 깁슨 노동차관(장관 대리)이 각의에서 우려를 표명했다. 그리고 노동부와 국무부는 육군부에 대해 미국과 극동위원회의 정책에 어긋나는 정령 201호를 수정하도록 함께 연명으로 공식 전문을 보내자고 제안했다. 육군부는 이를 거부했으나 노동부와 국무부의 의견을 총사령부에 전달하기로 했다. 그리고 영국과 소련의 항의도 있어서, 육군부는 노동부·국무부와 의견을 모아 9월 2일 신문에 그 내용을 공표했다. 공무원의 단체교섭권과 쟁의권에 관한 입법안은 사소한 것이라도 국회에 제출하기 전에 워싱턴에 보고해야 한다는 내용이었다.[47] 노동조합들의 반대는 더한층 분명했다. AFL과 CIO의 대표가 참가한 노동부의 노동조합자문위원회는 9월 9일 회의에서 국방장관이 총사령부에 방침 철회를 권고할 것, 총사령부의 방침을 허가하기 전에 노동부와 먼저 협의할 것, 이 문제에 관해 노동조합의 대표를 일본에 파견해 줄 것 등을 국방장관에게 공문으로 요청하기로 했다.[48] AFL과 CIO는 이후에도 반대 운동을 계속했다.[49]

이런 사실들, 특히 정부 기관의 반대는 맥아더의 서한이 미국 본국의 냉전 정책에 토대를 둔 것이 아니었음을 시사한다. 그러나 동시에 그것이 냉전의 격화를 배경으로 한 점령 정책의 전환에 따른 것이었음도 분명하다. 1948년 1월 6일 케네스 로열 육군장관은 일본을 공산주의에 대한 방벽으로 만들어야 한다고 발언했고, 3월 20일에는 윌리엄 드레이퍼 육군차관이 이끄는 '존스턴 사절단'◆이 일본을 방문해, 일본의 전쟁 배상금을 대폭 낮추어 주면서, 인플레이션을 안정화하고자 단일 환율제를 도입해 일본 경제를 부흥시키라고 권고했다. 일본 국내에서는 외자 도입을 기대하는 경영자들이 노사 관계의 안정을 위해 공세적으로 전환해, 4월 12일에는 일경련을 결성했다. 총사령부는 노조 활동을 장려하기 위해 경영자단체의 전국 조직 결성을 꺼려 왔으나, 방침을 바꾸어 이를 승인했다. 이렇게 결성된 일경련은 경영권 확립을 위해 노동자 측에 유리한 단체협약의 개정을 추진하는 한편, 노동법규의 개정을 위해 정부를 강하게 압박했다. 7월 22일 맥아더의 서한은 이런 경영자 측의 요구와 궤를 같이하는 것이었다.

킬렌은 1948년 9월 9일 AFL의 국제노동관계위원회에 출석해 일본의 국가공무원법 개정은 공산주의에 대항하려는 것이 아니라 단체교섭권을 제한해 노조운동을 억압하려는 것이라고 단언했다. 그리고 일본의 경영자들은 노동기본권의 제약을 공무원뿐만 아니라 민간 노동자들에게도 확대하려 하고 있다고 비난했다.[50] 그러나 그 뒤에도 일본에서 이런 경향은 더욱 빨라졌다. 10월 7일 사회당·민주당·국민협동

◆ 퍼시 존스턴Percy Johnston은 뉴욕 케미컬뱅크의 회장으로 드레이퍼 육군차관과 함께 사절단을 이끌고 1948년 3월 20일 방일해, 일본 경제의 실정을 시찰하고 점령 정책의 전환을 촉구하는 보고서를 5월에 제출했다. 일본 경제의 부흥을 최대 목표로 하고, 무역 확대, 배상금 삭감, 재벌 해체 정책의 완화 등을 주장했는데, 이를 위해 균형재정 확립, 공무원 감축, 보조금 삭감 등을 제안했다. 군국주의를 해체하고자 일본 경제를 약체화하려 했던 총사령부의 기존 정책에 대해, 냉전에 대비해 일본을 반공 거점으로 만드는 쪽으로의 전환을 요구한 것이다. 이 제안은 1948년 말 '경제 안정 9원칙'으로 집약되고, 이듬해 '도지 라인'으로 구체화되었다.

당 연립 정권의 아시다 히토시 내각이 총사퇴하고 19일에는 자유당의 요시다 내각이 부활했다. 요시다 내각하에서 11월 30일에는 국가공무원법 개정안이, 12월 20일에는 공공기업체 노동관계법안이 국회를 통과했다. 그 이틀 전인 12월 18일, 총사령부는 NSC13/2에 따라 '경제 안정 9원칙'을 발표해, 단일환율제 실시를 목표로 한 긴축정책을 실시해 인플레이션을 잡겠다고 밝혔다. 이 경제 안정 9원칙은 고전적 자유 경제론 신봉자인 디트로이트 은행장 조지프 도지에 의해 집행되었다. 강력한 균형예산을 중심으로 한 이 '도지 라인'Dodge Line은 심각한 불황을 유발시켜 인원 정리와 임금 인하가 진행되었다.

킬렌은 이런 흐름에 대항하기 위해 1948년 11월 15일부터 열린 AFL 67회 전국대회에 출석해 맥아더 서한을 비판하는 연설을 했다. "억압과 압박이 아니라 자유로운 노동조합운동과 참된 민주주의가 노동자들에게 얼마나 중요한지에 대한 정보, 교육, 지식, 그리고 올바른 인식이야말로 공산주의 세력과 효과적으로 싸울 수 있게 하는 것"이라고 그는 주장했다. 그리고 기대할 수 있는 움직임은 민주화 운동의 진전이며, 이것이 공산당의 노조 지배를 전복해 갈 것이라고 말했다. 그는 산별민동을 위해 캐나다의 한 회사로부터 신문용지를 조달한 사례를 소개하면서 그들이 물자와 자금을 지원하기를 바라고 있음을 환기시켰다. 이 연설에서 킬렌은 AFL이 유럽뿐만 아니라 일본에도 대표를 파견해 노동조합과 지속적으로 직접 관계를 맺을 것을 제안했다. 정부 직책으로는 활동의 제약을 벗어날 수 없다는 것이 그 이유였다.[51] 실제로 맥아더 서한을 둘러싸고 총사령부와 AFL의 관계는 결정적으로 악화되고, 킬렌의 뒤를 이어 산별민동과의 연락을 담당했던 존 해럴드, 새뮤얼 로머, 레온 베커 등[52] AFL 출신의 노동과 직원들도 차례로 사임했다. AFL은 대일 정책을 다시 짜야만 했다.

AFL에서 CIO로

러브스톤은 이미 약 1개월 전인 10월 7일 자유노동조합위원회 모임에서 일본 노조 지도자들과 직접 접촉할 뜻을 밝히면서 그들에게 크리스마스 선물로 생필품 꾸러미*를 보낼 예정이라는 점 등을 보고했다.[53] 생필품 꾸러미는 실제로는 산별민동의 호소야 등에게 보내져 그들의 관심을 끄는 등 중요한 역할을 했는데,[54] 러브스톤은 그와 더불어 AFL의 주일 대표부를 설치할 준비를 진행했다. 대표로 선정된 사람은 노동교육계장으로 킬렌을 도와 공산주의 세력을 견제하는 데 힘쓰다가 1948년 10월 총사령부를 사임한 디버랄이었다. 과거 전미자동차노조의 교육부장을 지냈으나 강경한 반공주의자였던 그는 이후 AFL에 접근했고, 일본에 머무는 동안에는 정기적으로 노동 정세를 분석해 러브스톤에게 보낸 바 있다. 또 그는 일본 노조 지도자들을 잘 알았고 일본어도 구사할 줄 알았다. AFL의 국제노동관계위원장 매슈 월은 1949년 5월 3일 맥아더에게 서한을 보내 디버랄을 대표로 하는 AFL 사무소를 도쿄에 설립할 것을 허가해 달라고 요청했다.[55]

흥미롭게도 이 AFL 주일 대표부는 산별민동에 대한 지원을 주된 목적으로 했다. 러브스톤과 호소야는 1948년 9월 26일 이후 디버랄을 통해 자주 편지를 교환했는데,[56] 러브스톤은 1949년 5월 26일 호소야에게 보낸 편지에서 디버랄이 7월까지는 일본에 입국할 수 있을 것이

◆ 1945년 설립된 미국의 구호단체인 유럽구제협회Cooperative for American Remittances to Europe, CARE가 기아에 시달리는 전후 유럽인들에게 'CARE package'로 표기된 긴급 구호물자 소포를 보낸 데서 유래했다. 음식물이나 생필품이 담긴 선물 소포로, 일본에 보내진 적은 없다.

라고 말하고, 새로운 전국 중앙 조직 설립을 지원할 뜻을 전했다.[57] 그리고 호소야는 6월 27일의 편지에서 자금 지원을 요청했다. AFL이 전년에 수립한 산별민동에 대한 지원 계획은 킬렌의 사임에 따른 혼란 등으로 결국 실현되지 못했었다. 1949년 8월에서 9월에 걸쳐 공산당 계열과 민동파의 대결이 예상되고 있었고, 국철노조, 전산電産, 도시바東芝 노련 등 주요 산별 조직과 단위(기업) 노조들에서는 이미 싸움이 시작되고 있었다. '수천 달러의 추가 자금이 확보되면 10여 명의 유능한 조직 활동가들을 채용해 출판 활동을 강화할 수 있다.'[58] 러브스톤은 호소야의 이런 요청에 부응하고자 애썼으나 디버랄의 일본행이 뜻대로 잘 안 되기도 해서 계속 그 실현이 지연되고 있었다.[59] 혹시 AFL의 주일 대표부가 이때 설치되어 산별민동에 대한 지원이 이루어졌다면, 공산당에 대항할 새로운 전국 중앙 조직은 더 보수적인 성격을 띠었을지 모른다.

디버랄의 일본 입국이 불가능했던 것은 총사령부 노동과가 강력히 반대했기 때문이다. 첫째, 조직상의 이유였다. AFL의 주일 대표부 설치를 허가하면 미국에서 경쟁 관계에 있는 CIO는 물론이고 극동위원회 구성 국가인 소련 등의 노조들이 요구할 때도 받아들여만 하고, 그러면 그들 사이의 갈등이 일본 노조운동에도 혼란을 초래해 불안을 조성할 것이다. 또 AFL의 지도자가 노동과에 배치되는 것은 문제가 없지만 그 주일 대표부가 따로 설치되면 조직 간 분쟁을 야기해 일본 노조운동에 바람직하지 않은 영향을 줄 가능성이 있다는 것이다. 둘째, 디버랄의 개인적 자질 문제였다. 디버랄은 노동교육계장으로 일하던 당시 다른 직원들과 협력해 일하는 능력이나 의지가 없었고, 생각이 다른 사람에게 적의를 품는 등 총사령부 내외에서 중상과 비방을 일삼았다는 것이다. 결정된 방침도 이행하지 않고 상사의 명령을 따르지도 않는 등 한마디

로 믿을 수 없는 인물이라는 것이 노동과가 반대한 이유였다.[60]

디버랄의 입국이 불허된 배경에 노동과 내부의 AFL과 CIO의 알력이 존재했다는 점이 중요하다. 킬렌이 사임하기 직전인 1948년 8월 1일 노동과에 들어간 캐럴 에드가는 "내가 보기에 주위의 미국인들은 거의 전부 CIO 출신인 듯하다."라고 AFL에 보고했다. 에드가에 따르면 노동과에서 CIO가 미치는 영향력이 강해 AFL과 같은 직능별 조직이 아니라 CIO와 같은 산별노조가 따라야 할 모델이 되고 있는 듯했다.[61] 이런 표현은 다소 과장되었고 CIO가 노동과의 직책들을 독점하고 있었던 것도 아니지만, 킬렌이 사임하자 노동과에서 AFL이 약화되고 CIO의 영향력이 커지고 있었음은 분명한 사실이었다.[62] 객관적으로 봐도 '도지 라인' 아래 보수 정권과 경영자들이 노동 측에 공세를 가하고 있는 상황에서, AFL보다는 CIO의 전투적 경향이 더 요구되고 있었다. 그러던 중 CIO의 뉴잉글랜드 지구평의회 홍보부장 등의 경력을 지닌 발레리 부라티가 1948년 10월 일본에 왔고, 그는 총평의 결성에 지대한 역할을 하게 된다.[63]

2. 총평의 결성과 부라티

도지 라인과 민주화 운동

민동파와 공산파는 1949년 들어 노조운동의 주도권을 잡고자 일진일퇴의 공방을 벌이고 있었다. 민동파는 전노련과 산별회의에 맞서기 위해 시급히 통일적 중앙 조직을 건설하는 데 나서지 않을 수 없었다.

그 첫 시도가 총동맹·산별민동·국철민동이 1949년 2월 12일 결성한 '전노회의全勞会議준비회'였다. 그런데 부라티는 2월 15일 [총사령부 경제과학국 노동과 산하에 있는] 노동관계·교육계係의 로버츠 애미스 앞으로 보낸 메모에서 총사령부 노동과가 이 결성식에 축사를 보낸 것을 비판했다. "주지하듯이 총동맹의 보수적 성격은 일본 노동운동 전체가 혐오하는 대상이다."라는 것이 그 이유였다. 실제로 탄노炭勞·사철총련私鉄総連·해원조합·전산·전체 등은 이 조직과 거리를 두고 있다. 그럼에도 총사령부가 [이 조직에] 호의적 태도를 보이면, 이런 진보적 노조들이 실망할 것이다. CIO 출신인 부라티는 AFL과 긴밀한 관계였던 마쓰오카 고마키치가 이끄는 총동맹[64]에 비판적이었다. 그는 노동과가 '전노회의준비회'를 지지하는 것은 미국 노동부가 보수적인 AFL을 지지하는 것과 마찬가지인 셈이라고 썼다.[65] 결국 부라티의 지적대로 전노회의준비회는 총동맹·산별민동·국철민동 세 조직 외에는 더 조직을 넓히지 못해 노동 전선 통일의 모체가 될 수 없었다.

민동파는 통일적 중앙 조직이 없는 상태였음에도 1949년 중반 이후 산별 및 단위 노조 차원에서 공산파에 대한 우위를 굳혀 갔다. 도지 라인에 따라 진행된 기업 정리整理와 행정 정리*가 이를 촉진했다. 가장 잘 알려진 사례가 국철노조다. 국철노조에서는 국철민동이 공산파 및 그에 동조하는 혁동파革同派와 대립하고 있었다.** 그래서 전국대회 때

◆ 전후 인플레이션이 심각해지자 1949년 3월 7일 경제 안정 목적으로 시행한 재정·금융 긴축정책을 '도지 라인'이라 한다. 총사령부 경제고문으로 일본에 온 미국 디트로이트 은행장 조지프 도지Joseph M. Dodge 가 제안했다. 이에 따라 초래된 불황을 '도지 불황'이라 한다. 정리整理는 '구조 조정'의 의미이나, 주로 인원 정리, 즉 대량 해고를 의미한다.

◆◆ 국철노조 내 공산당계와 대립한 우파 세력이 국철민동(국철민주화동맹)을 결성했고, 공산당계와 거리를

마다 집행부는 좌우로 뒤바뀌었다. 그러던 중 7월 상순부터 행정 정리가 개시되었다. 해고자 중에는 17명의 중앙투쟁위원회 위원들이 포함되어 있었는데, 그중 공산파가 12명, 혁동파가 5명이고 민동파는 전무했다. 가토 에쓰오 위원장은 이 기회를 틈타 '지침 0호'를 발령해, 8월 15일에 중앙위원회를 개최해 민동파의 패권을 확립했다. 같은 관공노조로서 산별회의의 중심 산별이었던 전체에서는 9월 13일 열린 중앙위원회에서 민동파가 퇴장해 '정통파 전체'를 결성했고 이후 다수파가 되었다. 이런 식으로 민동파가 주도권을 장악한 산별들은 차례차례 전노련과 산별회의를 탈퇴했다. 1949년 들어 전노련은 탄노, 사철총련, 전광全鑛, 국철노조, 정통파 전체, 일교조가 탈퇴해 2백만 명 전후까지 그 세력이 위축되었고, 산별회의 역시 전일통全日通, 정통파 전체 등을 잃어 125만 명이었던 조직이 76만 명까지 줄었다.[66]

총사령부는 이런 상황을 불안한 마음으로 지켜보고 있었다. 부라티의 상관인 애미스 노동관계·교육계 계장은 국무부 극동국의 필립 설리번 노동고문과의 회담에서 민동파 노조들이 공산당계 노조들과 마찬가지로 상명하복 방식으로 운영되고 있기에, 결코 민주적이라고 생각할 수는 없다고 말했다. 그의 말에 따르면 민동파의 몇몇 지도자들은 분명히 반동적이었다. 그리고 애미스는 민동파가 기존의 노동조합을 분열시키는 경향에 우려를 표했다. 물론 그런 분열은 불가피한 것인지 모르고, 어느 정도 바람직한 결과를 낳을 수도 있다. 하지만 조직의 분열은 노동자 전체의 입장을 약화시킬 뿐만 아니라 강력하고 온건한 노

두면서도 공동 투쟁을 부정하지 않는 세력이 혁동(국철노조혁신동지회)을 결성했다. 국철민동은 사회당을 지지했고, 혁동파는 노동자농민당을 지지했다.

동조합운동을 발전시킨다고 하는 노동과의 목표를 어렵게 만들고 있다.[67] 이런 애미스의 발언에서 분명히 드러나듯, 노동과는 한편으로는 노조운동에서 공산주의 세력을 배제하고자 민동파를 지원하면서도, 다른 한편으로는 도지 라인하에서 보수 정권과 경영자의 노동에 대한 공세에 편승해 경우에 따라서는 조직 분열도 불사하는 민동파의 운동 방식을 우려하고 있었다. 킬렌의 사임 후 노동과 내부에서는 민동우파右派에 대한 경계심이 강해지고 있었음이 분명하다.

노동과의 입장에서는 진보적인 민동파 주도의 노동 전선 통일이 급선무였는데, 노동 전선 통일을 위한 기운을 북돋우는 역할을 한 것 또한 도지 라인이었다. 긴축정책과 불황에 다른 인원 정리와 임금 인하에 직면한 민동파 노조들은 사회당과 협력해 도지 라인을 수정하기 위해 1949년 10월 3일 국회공투國会共鬪를 결성했다. 여기에 참여한 것은 총동맹·신산별·국철노조·탄노·전체(정통파)·전산·사철총련·일교조·전광·유노련硫労連 등 16개 조직에 이르렀다. 국회공투는 발족하자마자 임금 문제를 도지 라인 수정 요구의 중심으로 삼았다. 도지 라인하에서 민동파 방침의 역점은 노사 협력에 의한 경제 부흥에서 정부와 경영자에 대한 임금 인상 투쟁으로 바뀌어 갔다. 즉 생산 부흥 투쟁은 계속되었으나 민동파의 성격은 노동과가 기대한 대로 더 전투적인 쪽으로 변한 것이다. 그 결과, 공산파에 대해 우위를 점하기 위해 보수 정권과 경영자의 노동에 대한 공세에 편승했던 민동파 노조들은 정권·경영의 공세에 맞서 노동자의 이익을 옹호하기 위해 노동 전선의 통일을 지향하는 쪽으로 움직였다.[68]

국제자유노련의 결성

게다가 세계노련의 분열과 국제자유노련의 결성이 민동파 주도의 노동 전선 통일을 더욱 촉진했다. 세계노련 가입을 목표로 전노련이 설립되었듯이, 국제자유노련 가입 문제는 총평이 결성되는 데 중요한 역할을 했다.

1945년 10월 AFL을 제외한 세계 주요 나라 총연맹들이 결집해 설립한 세계노련은 공산주의 세력과 비공산주의 세력의 대립을 내포하고 있었다. 그 대립은 1947년 6월의 마셜플랜 발표를 계기로 드러나게 된다. 미국 CIO와 영국 TUC 등 서방측의 다수 노조들이 이를 지지했으나, 공산권의 노조들 외에도 공산당이 주도하던 프랑스의 CGT, 이탈리아의 CGIL 등도 강력하게 이에 반대했다. 세계노련 사이앙 서기장의 당파적인 리더십 역시 TUC와 CIO의 불만을 샀다. 또 하나의 쟁점은 국제 산별 조직들과의 관계였다. 세계노련은 국제 산별 조직들을 산업별 부문으로 재편성해 조직적으로 통제하려 했으나, 국제운수노련과 국제금속노련 등 오랜 역사와 전통을 자랑하는 국제 산별 조직들은 자립성을 유지하려 했다. 그리고 이 국제 산별 조직들은 마셜플랜에 찬성하는 등, 이 두 쟁점은 서로 엮여 있었다. 1949년 1월 19일의 집행위원회에서 TUC, CIO, 네덜란드노동총동맹이 탈퇴를 선언하면서 국제노련은 결국 분열했다.[69]

국제노련이 분열한 뒤 미국의 두 총연맹인 AFL과 CIO가 먼저 의견을 조율하고 여기에 TUC가 참가해, 이 셋이 주도해 새로운 조직을 추진했다. 우선 제네바에서 열린 제32회 ILO 총회를 이용해 6월 25~26일 '새 세계노련 결성준비회의'를 열어 준비위원회를 구성했고, 7월 25일부터 조직 작업을 시작했다. 그리고 63개 나라 총연맹 대표들의 참가를 이끌어 내어, 11월 28일에서 12월 7일에 걸쳐 런던에서 국제자유노련 결성대회를 열게 된다. 서기장에는 국제운수노련의 올덴브록 서기장이 선출되었다. 눈여겨볼 점은 세계노련이 파시즘과의 투쟁을 제창한 반면, 국제자유노련은 모든 종류의 전체주의에 대한 반대를 표방했다는 사실이다. 공산주의와의 이데올로기 투쟁의 중요성을 역설했던 AFL과 단선적인 반공주의에 부정적이었던 TUC 및 CIO는 이미 설립 초기부터 갈등의 조짐이 있었다. 하지만 국제자유노련은 마셜플랜과 NATO를 지지하는 등, 냉전하에서 자유주의 진영의 노선과 기본적으로 일치하는 모습을 보이고 있었다. 그리고 유럽과 북아메리카뿐만 아니라 아시아·아프리카·라틴아메리카를 포함해 세계적 규모의 조직을 결성하겠다는 목표로 지역 활동을 중시하는 특징을 보여 주고 있었다.[70]

이런 성격을 지닌 국제자유노련으로서는 일본 노조의 가입을 이끌어 내는 것이 매우 중요했다. 영국 TUC에 자리 잡은 준비위원회 사무국이, 일본 대표가 결성대회에 참가할 수 있도록 총사령부와 적극적으로 접촉한 것은 8월 말의 일이었다. 접촉은 두 경로를 통해 이루어졌다. 그 하나는 영국 외무부가 주일 영국 연락대표부의 노동관을 통해 총사령부 노동과와 접촉한 것이었다. 다른 하나는 영국 주재 미국 대사관을 통해 미국 국무부를 거쳐 총사령부와 접촉한 것이었다. 전자가 구체적으로 어떻게 진행되었는지는 알려지지 않았으나, 후자의 경우는 국무부가 노동부 및 전쟁부와 협의해 9월 2일 세 부처 공동 명의의 전문電文을 총사령부로 보내는 형태로 진행되었다. 미국 국무부는 세계노련이 아시아 노동자를 대표하고 있다는 선전을 무력화하는 것, 일본 노조에서 반공주의의 영향력을 강화하는 것, 반공주의 노조들과 그 지도부의 위상을 높이는 것, 반공주의 노조들의 통일 행동을 촉진하는 것,

이 네 가지를 이유로 들면서 일본 대표가 국제자유노련 결성대회에 참가하는 것을 "지극히 바람직스럽다."라고 평가했다.[71]

국무부는 총사령부가 그해 5월 8일부터 인도에서 열린 '아시아노동총동맹' 결성 준비회의에 일본 대표의 참석을 불허한 일을 우려하고 있었다.[72] 이는 인도의 전국노동조합회의를 중심으로 AFL·CIO·TUC 등과 제휴하면서 아시아의 반공주의 노조들을 결집하려는 것으로, 국제자유노련의 지역 조직 중 하나가 될 조직이었다.[73] 국무부와 노동부는 이 조직을 아시아에서 세계노련의 영향력을 차단할 조직으로 간주해, 일본 대표 파견을 허용하라고 총사령부에 요구했다. 그러나 총사령부는 아시아노동총동맹의 목적에는 찬성하면서도 산별회의의 간 마코토 의장이 모스크바에서 4월 15일에 열리는 회의에 참석 허가를 요청한 점, 세계노련의 제2회 대회에 참석하기 위한 출국 허가 요청이 곧 있으리라는 점 등을 감안해 이를 불허했다. 소련이 연합국의 일원인 이상 형평을 잃게 되면 곤란한 문제가 생기고, 일본공산당의 선전·선동에도 이용될 것이었다. 따라서 총사령부는 ILO 등 이론의 여지가 없는 국제회의에 한해 참석을 허용한다는 원칙이었다.[74]

부라티는 국제자유노련 결성대회를 위해 이 원칙을 바꾸려 했다. 그는 9월 8일자 기안起案 문서(비망록)에서 다음 여섯 가지 이점을 제시하면서 일본 대표가 국제자유노련 대회에 참석해야 한다고 주장했다. ① 일본의 주요 노조들이 자유주의적 국제 노동 조직과 결합할 수 있다. ② 대표로 선출된 노조 지도자들의 명성, 영향력, 서방 지향성을 강화할 수 있다. ③ 세계노련의 베이징 회의를 견제할 수 있다. ④ 일본의 반공주의 노조들을 강화하고 통일을 촉진한다. ⑤ 반공주의적 나라 국민들 간의 우호와 친선을 도모한다. ⑥ 미국의 두 총연맹에 대한 지지와 협력을 확보할 수 있다. 요컨대 "극좌로부터도, 극우로부터도 독립적인" 노동조합 중앙 조직 결성을 촉진·강화하면서, 국제자유노련 결성대회에 대표단을 참석시키고, 이어서 여기에 가입시키는 것이 바람직하다는 것이 그의 주장이었다. 문제는 국제자유노련 결성에 맞서서 세계노련이 '아시아·오세아니아 노동조합회의'를 베이징에서 개최할 예정이라는 점이었다. 이에 대해 부라티는 세계노련이 자유롭고 민주적인 노동조합 국제 조직이 아니고 중국의 공산당 정권은 외교적으로 승인되지 않고 있다는 이유로, 일본 대표의 중국 방문을 허가해서는 안된다고 주장했다.[75] 이 비망록이 승인되어 9월 16일 경제과학국장 명의로 국무부·노동부·국방부로 발송되었다.[76]

국제자유노련 결성대회에 파견될 대표단의 조직은 제32회 ILO 총회와 더불어 '새 세계노련 결성준비대회'에 참석한 국철노조의 가토 위원장을 중심으로 진행되었다.[77] 가토의 초청에 따라 9월 3일 '자유세계노련 가입촉진간담회'가 처음 열렸고, 이어 10일에 열린 2차 간담회에서 '자유세계노동조합연맹 준비촉진협의회'를 설립하기로 결정했다. 총동맹, 전일노全日勞, 국철노조, 전산, 탄노, 일교조, 해원조합, 전광, 전체, 일방노日放勞 등이 참가해 전체 조직노동자 650만 중 4백만을 대표했다.[78] 설립 요강에 따르면 그 목적은 발족을 앞두고 있는 국제자유노련에 "일본의 민주적 노조들이 함께 가입할 준비 태세를 갖추는 것"이었다. 그러나 총연맹 단위 가입이 원칙이었으므로, 민동파 노조들은 노동 전선 통일을 급선무로 하지 않을 수 없었다. "새 세계노련과 직결될 형태로 일본 국내의 민주적 통일전선이 필요해지고 있으며, 11월 상순까지 이를 위한 국내 태세를 확립하도록 노력한다."는 방침이 결정된 것은 이 때문이었다.

협의회 간사들은 9월 26일 총사령부를 방문해 노동과장으로 승진한 애미스 및 그 후임으로 노동관계·교육계 계장으로 취임한 부라티와 회담했다. 이 자리에서 부라티는 "이 협의회의 움직임은 일본 노동운동의 귀추를 결정하게 될 것"이라며, "노동조합의 민주적 통일을 향한 이 강력한 노력이 결실을 맺기를 기원한다."라고 격려하면서, "우리는 여러분을 전력을 다해 지지하고 지원할 것"이라고 밝혔다. 이 발언에서 노동과의 기대가 어느 정도였는지 엿볼 수 있을 것이다. 부라티는 10월 7일 CIO의 마이클 로스 국제부장에게 보낸 서한에서도 이 협의회의 구성원들이 개별 노조의 대표 파견에 반대하고 협의회 전체의 대표를 선출하기로 합의한 것을 높이 평가하고, 국제자유노련 결성대회에 대표단을 파견하는 것 이상으로 노동 전선 통일을 촉진해 주고 있는 것은 없다고 강조했다. 그리고 총사령부가 대표단의 여비를 부담할 것을 검토 중이라고 밝혔다.[79] 10월 10일, 애미스 노동과장은 마켓 경제과학국장에게 총사령부 상업계정商業勘定◆에서 비용을 지출해 달라고 요청했다.[80]

그 이후 대표단 파견 준비는 순조롭게 진행되었다. 10월 4일 협의회 서기인 오쿠라 아사히가 TUC의 빈센트 튜슨 서기장에게 보낸 서한에 따라 국제자유노련 준비위원회와 '자유세계노동조합연맹 가입준비촉진협의회'의 직접 연락이 시작되었다. 그러던 중 10월 말까지 전국 중앙 조직을 발족시켜 국제자유노련에 가입하는 것을 목표로 하고 런던 결성대회에는 5명의 대표를 파견한다는 계획이 발표되었다.[81] 국제자유노련 준비위원회는 9월 21~22일에 열린 회의에서 일본에 관한 정보 수집은 AFL의 브라운 유럽 대표에게 위임했으나,[82] 실제로는 CIO

◆ 패전 후 일본의 모든 외환 자산은 1949년 말까지 총사령부가 관리했고, 그중 무역거래 외화자금을 미국 내셔널시티National City은행 도쿄 지점의 상업계정에 예치해 수입 물자 대금 지불에 사용하고 있었다.

의 로스와 총사령부 노동과의 부라티를 통하는 채널, 그리고 'TUC →
영국 외무부 → 주일 영국 연락대표부 노동관 → 총사령부 노동과'로
이어지는 두 채널이 주로 이용되었다.[83] 뒤의 채널이 이용되었다는 점
에서 국제자유노련의 결성, 나아가 전후 국제 노동운동은 정부와의 관
계를 무시하고는 이해될 수 없음을 알 수 있으나, 그와 더불어 AFL보
다는 TUC와 CIO의 방침이 국제자유노련의 대일본 정책에 반영되는
기미 또한 이 단계에서 이미 나타나고 있음이 확인된다.

부라티 역시 자신의 출신 조직인 CIO에 기우는 경향을 보여 자유세
계노동조합연맹 가입준비촉진협의회를 CIO와 결합시키려 애썼다. 부
라티는 9월 26일 협의회 실무자들을 만난 자리에서 국제자유노련 결
성대회뿐만 아니라 10월 31일부터 열리는 CIO의 제11차 대회에도 대
표를 파견하라고 권유했다. 그리고 10월 7일 CIO의 로스 국제부장에
게 보낸 편지에서 CIO가 일본의 노조들에 초청장을 보내고 항공 비용
을 부담해 달라고 요청했다.[84] 이에 대해 협의회는 10월 10일의 총회
에서 신산별의 오치아이 에이이치 서기장의 미국 파견을 결정했다. 그
러나 가장 중요한 CIO의 반응은 꼭 좋지만은 않았다. AFL의 경우처럼
외국의 노조 대표들을 대거 초대하고 싶지는 않다는 것이 CIO의 기존
방침이었다.[85] 또한 CIO의 제임스 케리 서기장은 일본 대표가 온다 해
도 대회장에서 발언하게 할 수는 없다는 뜻을 밝혔다.[86] 일정상으로도
무리가 있었고, AFL과는 달리 세계노련과 국제자유노련이라고 하는
국제 노동 조직을 통해 대외관계를 처리한다는 CIO의 방침 때문에, 일
본 대표의 제11차 대회 참석은 결국 이루어지지 못했다.

AFL에 대한 부라티의 거부감은 총동맹 우파에 대한 혐오로 이어지
고 있었다. 10월 7일 로스에게 보낸 편지에서 부라티는 국제자유노련
가입 문제로 촉진된 노동 전선 통일에 대해 다음과 같이 전망하고 있

다. '노동 전선 통일은 필연적으로 총동맹, 신산별 등 기존 전국 중앙 조직들의 해체를 뜻한다. 그중에서 신산별은 자진 해산할 것이다. 문제는 총동맹의 마쓰오카 회장의 반대가 예상된다는 점이다. 노동 전선의 통일은 총동맹이 분열해 산하 전섬동맹 등 보수적 노조들은 참가하지 않는 모습으로 귀결될 수 있다.'[87] 이렇듯 부라티는 노동 전선 통일에 있어 "왼쪽을 자르고 오른쪽을 자른다", 즉 공산주의 세력과 총동맹 우파를 배제한 전국 중앙 조직을 결성한다는 목표를 가지고 있었다. 이는 노동과의 기본 방침이기도 했다. 애미스 노동과장은 10월 21일 미국 노동부 국제노동부의 아널드 젬펠에게 보낸 정세 보고에서, "우리는 새로운 중앙 조직이 설립되기를 기대하고 있으나, 이는 일본 노동 전선의 약 70퍼센트를 대표하는 것이 될 것이다."라고 지적하고, 산별회의와 총동맹 우파가 나머지 30퍼센트가 될 것이라고 설명했다.[88]

국제자유노련 결성대회에 파견할 대표단을 인선하는 데서 노동과의 이런 방침은 명확히 드러났다. 자유세계노동조합연맹 가입준비촉진협의회는 10월 10일 총회에서 조합원 수에 따른 투표로 대표를 선출했는데, 전광의 하라구치 유키타카 위원장, 총동맹의 마쓰오카 고마키치 회장, 일교조의 아라키 쇼사부로 위원장, 전일노의 모리구치 추조 위원장, 국철노조의 가토 에쓰오 위원장이 선출되었다. 그러나 약 일주일 뒤인 10월 18일에 튜슨에게 보낸 오쿠라의 서한에는 이 5명 중에서 총동맹 출신 대표인 마쓰오카가 빠지고 대신 [총동맹] 산하 전섬동맹의 다키타 미노루 회장으로 바뀌어 있었다.[89] 이는 직접적으로는 마쓰오카의 건강진단 결과 때문이었지만, 이후 재검에서는 문제가 없었음에도 첫 진단의 결과를 우려한 노동과는 그의 런던행을 허가하지 않았다. 애미스 노동과장에 따르면 "그(마쓰오카)는 우리가 육성하려고 생각하는 노동운동, 즉 우익도 좌익도 아닌, 자유주의적이면서 전투적인 노동조합을 대표하는 인물이 아니다."라는 것이 이유였다. 노동과는 이것이 지나친 간섭임을 자각하고 있었으나, 주일 영국 연락대표부의 매슈스 노동관과도 협의한 뒤 이런 조치를 강행했다.[90]

11월 3일부터 열릴 총동맹의 4차 대회에서 그 주도권이 우파에서 좌파로 넘어갈 것이라는 노동과의 전망이 이 같은 개입의 배경이었다. 우파의 청년 조직인 '독립청년동맹'은 공산당에서 전향한 우익 나베야마 사다치카의 이론적 지도를 받고 있었는데, 대회에서 독립청년동맹을 배제하는 안이 다수의 지지로 통과되었다. 나아가 임원 선거에서도 좌파가 압승해 중앙집행위원회 위원 24명 중 우파는 겨우 6명으로 몰락했다. 그 결과 그 전년에 열린 3차 대회에서 사무국장에 해당하는 총주사總主事에 취임했던 다카노 미노루가 이끄는 좌파의 우위가 확립되었다.[91] 부라티는 12월 2일에 방문한 총동맹의 간부에 대해 제4회 대회에서 채택된 새로운 방침을 마쓰오카가 대표하지 못하며, 총동맹 중앙집행위원회는 국제자유노련 결성대회의 대표 선출을 대회가 끝날 때까지 기다려야 한다고 말했다. 부라티는 마쓰오카가 독립청년동맹에 관여하고 있다는 사실을 지적하면서 그는 "극우파 인물"이라고 평가했다.[92] 이를 계기로 노동과는 총동맹 우파를 배제하고 다카노 등 총동맹 좌파를 지원할 것임을 분명히 했다.[93] 총사령부는 국제자유노련 결성대회에 참석할 대표단[의 구성 및 활동 방침]에 대해 철저하게 관여했다. 자유세계노동조합연맹 가입준비촉진협의회는 11월 1일 출국 허가 신청 서류를 맥아더에게 제출해, 17일에 정식 허가를 받았다. 이에 따라 교통비와 숙박비 외에도 [잡비의 일종인] 회식비와 용돈 등을 포함해 총 1만7,795달러 95센트의 지출이 결정되었다.[94] 이는 보기에 따라서는 지원이라고 할 수도 있지만, 결성대회에 제출할 의제를 사전에 승인받도록 한 점은 명백한 개입이었다. 총사령부는 일본 국내 노동정책과 관련된 사항들은 일본이 점령하에 있는 이상 의제로 제출되어서는 안 되며, 강화조약과 어업 구역 등 국제적으로 중요한 문제들에 대해서도 논의해서는 안 된다고 전했다. 이런 의제들을 준비해 온 대표단은 노동과의 요구에 따라 이를 철회할 수밖에 없었다. 게다가 대표단에는 애미스 노동과장이 동행했다.[95] 일행은 11월 28일부터 12월 9일까지 국제자유노련 결성대회에 참석한 뒤 미국을 방문해, 미국 노조 지도자들과 노동부 관료들을 회견한 뒤 귀국했다.

총평의 결성

국제자유노련 결성대회가 있었던 1949년 연말, 자유세계노동조합연맹 가입준비촉진협의회와는 별도로 민동파 노동조합을 결집하려는 움직임이 활발해졌다. 전노회의준비회로부터 거리를 두었던, 부라티가 말한 '진보적인' 노조들이 이를 주도했다.[96] 1949년 11월 1일, 사철총련의 제안에 따라 노동 전선 통일을 위한 회의가 열려 탄노·전일노·전광·유노련·전일통·해원조합이 참가했다. 이어서 14일, 다시 사철총련의 주창에 따라 정식으로 제1회 '전선 통일 간담회'가 열렸다. 앞의 일곱 개 노조 외에 전체逓를 위시한 전노회의준비회의 총동맹·신산별·국철노조 등 모두 19개 조직이 초대되었다. 그리고 21일의 제2회 간담회에서는 "민주적 노동조합의 통일 결집체를 조직할 것"을 목표로 내세워 '전국노동조합 통일준비회'를 발족시키기로 결정했다. 그 뒤 참가 조직의 확대를 꾀하면서 헌장(기본 강령)과 규약 등도 마련해 1950년 3월 11일 '총평 결성 준비대회'가 열렸다. 이 단계에서 총동맹·전일노·국철노조·해원조합·일교조·탄노·사철총련·일방노·전광·전산·전체·자치노협 등 17개 연합체 및 산별 조직(조합원 397만7천 명)이 정식으로 가입하고, 전일통·유노련 등 일곱 개 산별 조직(조합원 15만 명)이 참관 조직으로 참가했다.

자유세계노동조합연맹 가입준비촉진협의회가 노동 전선 통일의 직접적인 모체가 되지는 않았는데, 이는 사철총련·유노련·전체 등 국제 자유노련 가입을 정식으로 결정하지 않은 산별 조직들이 참가하기가 어려웠기 때문이다. 그러나 제1회 '전선 통일 간담회'에서는 "기본 방향으로서, 국내 민주적 노동 전선 통일은 국제적으로는 자유세계노련과 분리해 생각할 수 없다."는 합의가 이루어지고, 제2회 간담회에서도 '통일준비회'를 구성하는 기준으로 "자유세계노련 가입을 정식 기구에서 결정하지 않은 노조는 조속히 정식으로 태도를 결정하도록 노력할 것"을 결정했다. 1950년 1월 21일에는 통일준비회 주최로 국제자유노련 결성식에 참가했던 대표 5명의 보고회가 열렸다. 게다가 탄노의 무토 다케오 위원장은 총평 결성 준비대회의 인사말에서 의장단을 대표해 "국제자유노련과 완전히 결속할 것"을 강조했다. 국제자유노련 가입 문제가 총평 결성을 강력하게 촉진한 요인이었음은 결성 준비대회의 경과보고에서도 확인된다.

물론 총사령부 노동과는 총평 결성에 큰 기대를 걸고 있었다. 총사령부 민사국民事局의 노동담당관 회의가 1950년 2월 2일부터 열렸는데, 부라티는 노동 전선 통일 자체가 노동관계·교육계의 주요 임무이며, 총평 결성이 멀지 않다고 말했다. 그는 이를 자유세계노동조합연맹 가입준비촉진협의회가 활동한 성과라고 생각했다.[97] 또 주일 영국 연락 대표부도 총평의 결성을 높이 평가했다. '총평은 착실히 영향력을 높여 갈 것이며, 그 존재 때문에 일본의 노조운동은 점령이 종결된 뒤에도 무력화되지 않을 것이다.' 이런 인식하에서 개스코인 주일 대표는 본국 외무부 앞으로 전보를 보내 총평 결성 대회에 메시지를 보내도록 TUC

에 요청하고 싶다고 전했다.[98] 총평 결성 준비대회에서는 CIO의 필립 머레이 회장, 전미탄광노조의 존 루이스 회장, TUC의 빈센트 튜슨 서기장의 축사가 발표되었다. 이렇듯 CIO와 TUC는 총사령부의 지원하에서 진행된 총평의 결성을 지지했다.

이에 비해 AFL은 총평의 성격에 비판적이었다. 흥미롭게도, 이런 태도가 신산별의 총평 비판과 결합되어 있었다. 신산별은 규약 작성 과정에서 총평은 합의제로 운영되는 느슨한 연락 협의체 정도가 되어야 하며, 그렇지 않으면 "머리만의 통일은 조직의 관료화를 초래할 것"이라고 비판하며 총평 가입을 유보했다. 신산별의 주장은 고차원의 이념에 따른 것이라기보다는 소규모이지만 전국 중앙 조직이라는 조직적 성격에서 기인한 것이다. 고립된 처지였던 신산별의 호소야 마쓰타 정치부장은 전부터 연락이 있었던 AFL 자유노동조합위원회의 러브스톤 사무국장에게 편지를 보내(3월 25일), 국제자유노련 결성대회 대표단 파견을 시작으로 일본 정부와 총사령부가 노동조합운동에 개입하고 있음을 지적하면서, "총평은 위로부터의 통일전선에 불과하거나, 정부에 의해 만들어진 조직이다", "총평은 현장 활동가들의 자유로운 의사 표명에 의한 통일전선 운동이 아니다."라고 결론을 내렸다.[99] 신산별은 AFL의 국제적 권위를 이용해 일본 내에서 자신의 영향력을 유지하려 했다.

노동계의 반대로 일본 입국을 거부당해 AFL의 아시아 대표 자격으로 인도의 봄베이(뭄바이)에 머물던 디버랄은 이런 소식을 듣고 총평을 비판하는 데 나섰다. 디버랄의 구상은 총동맹 좌파와 긴밀한 관계인 신산별의 호소야를 총동맹 우파의 마쓰오카와 결합시키고, 여기에 국철노조의 가토 위원장을 가세시킨다는 것이었다. 이는 부라티가 비판했던 전노회의준비회의 구상과 같은 구도였다. 디버랄의 상사인 러브스톤 역시 공산당에서 전향한 호소야를 믿고 이에 동의했으며, 디버랄은

4월 25일 마쓰오카·가토·호소야 세 사람에게 메이데이에 즈음한 메시지를 보냈다.[100] 이는 AFL이 그 셋을 지지한다는 의미였다. 무엇보다도 러브스톤 자신이 반공산주의적인 노동조합 중앙 조직인 총평의 결성을 기본적으로 지지하고 있었다. 그는 신산별은 고립에서 벗어나 총평에 참가해야 한다고 생각했다. 러브스톤은 총평이 파괴되는 것이 아니라 이 세 사람이 총평의 주도권을 장악하기를 바랐다.[101] 그런데 호소야는 러브스톤과 디버랄에게 받은 서한에 대해 언급하면서, 마치 AFL이 신산별과 함께 총평의 결성에 반대하고 있는 듯이 선전하고 있었다.[102]

러브스톤은 이런 움직임에 신경을 곤두세우고 있었다. 부라티의 해석에 따르면 민주화 운동의 최대 지도자로서 처음에는 총평의 결성을 강력히 지지했던 호소야가 태도를 바꾼 것은 디버랄의 공작 때문이었다. 디버랄은 이유 없이 노동과를 공격하고, 총평 결성에 반대해야 한다는 생각을 호소야에게 주입했으며, 이에 큰 영향을 받은 호소야는 총평이 총사령부의 지배를 받고 있다고 비판하게 되었다는 것이다. 하지만 이런 부라티의 해석은 모두 전해 들은 말에 의한 것일 뿐 명확한 증거는 없었다. 부라티는 총평을 "도쿄의 노동관료", 즉 총사령부 노동과의 창작물이라고 비난하는 디버랄의 편지가 있다고 말했지만, "그 편지의 사본을 구하려 했지만 지금까지 손에 넣지 못했다."고 인정할 수밖에 없었다.[103] 물론 AFL이 총사령부를 비난한 것은 사실이다. AFL은 총평의 성격에 대해서도 비판적이었다. 그러나 AFL이 총평 결성을 반대한 사실은 없다. AFL을 좋지 않게 여긴 부라티가 호소야의 말에 영향을 받아 오해한 것이다.

어찌되었든 총평의 결성 과정에서 고조된 부라티와 디버랄의 대립은 국제자유노련 아시아 시찰단을 둘러싸고 절정에 달했다. 국제자유노련은 1950년 3월 16일의 긴급위원회에서 남아시아와 극동에 시찰단을 파견하기로 결정해, 5월 25일부터 열린 집행위원회의 승인을 받았다. 파견 목적은 아시아 지역 조직을 설립하기 위해 현지의 노조운동 상황을 파악하려는 것이었다. 영국 TUC의 프레드 달리(단장), 미국 CIO의 존 브로피, AFL의 고든 채프먼, 벨기에노동총동맹의 로제 데키저, 인도전국노동조합회의의 데벤 센, 이렇게 5명으로 구성된 시찰단은 7월 1일 국제자유노련 본부가 있는 벨기에 브뤼셀을 출발해 서파키스탄(파키스탄), 인도, 동파키스탄(방글라데시), 버마(미얀마), 홍콩, 일본, 타이완, 타이, 필리핀, 인도차이나반도, 싱가포르, 말레이시아, 실론(스리랑카), 이란을 방문하고 두 달 뒤인 9월 1일에 돌아왔다.[104] 문제가 된 것은 이 시찰단과 동행할 비서진의 인선이었는데, 구체적으로는 디버랄을 포함할지였다.

시찰단의 파견이 결정되자마자 부라티는 거기에 디버랄을 동행시키기 위한 작업을 개시해, 국제자유노련의 올덴브룩 서기장에게 편지를 보내 강하게 이를 압박했다.[105] 비서 후보자는 2명이었다. 1명은 AFL이 추천한 디버랄, 다른 1명은 CIO가 추천한 제이 크레인이었다. 올덴브룩은 CIO에 근무하는 크레인의 능력을 높이 평가해 국제자유노련 본부에서 근무하도록 권하고 있었다. 올덴브룩이 의중에 둔 인물은, 머지않아 그의 밑에서 국제자유노련 조직부의 중추 역할을 할 크레인이었다.[106] 그러나 유력한 가입 조직인 AFL의 뜻을 무시할 수는 없었다. 올덴브룩은 결국 두 사람 모두를 비서로 기용하는 한편, 인도와 파키스탄을 거쳐 극동으로 가는 제1 그룹과 동남아시아를 순회하는 제2 그룹으로 시찰단을 나누기로 했다. 그리고 AFL의 채프먼과 디버랄을 제2 그룹에 배치해 일본 입국을 막았다.[107] 당연히 러브스톤은 이에 격렬하게 항의했다.[108]

이 같은 국제자유노련의 결정 뒤에는 부라티의 강력한 영향력이 작용했다. 부라티는 국제자유노련으로부터 아시아 시찰단 파견과 관련된 정보를 듣고 디버랄이 동행하는 데 반대하는 노동과의 뜻을 국제자유노련·AFL·CIO 등에 편지로 알렸다. 그에 따르면 '디버랄은 자유주의적 인물들을 공산주의자라고 보는 광신적인 성격의 소유자로, 노동과에서 일할 당시 자기 마음에 들지 않는 동료들을 공산주의자로 몰아 첩보활동을 담당하는 참모 제2부에 밀고했다. 하나같이 개인적인 편견일 뿐 근거가 없는 소문에 불과했다. 디버랄은 동성애자였는데, 자기의 구애를 거부하는 젊은 일본계 미국인들을 공산주의자라고 보고하기도 했다. 더 중요한 것은 디버랄이 총평의 결성에 대해 공격을 가하고 마쓰오카나 호소야와 손을 잡고 있다는 점이다. 그러므로 디버랄이 일본 입국을 신청한다고 해도 허가해서는 안 될 것이고, 만에 하나 시찰단에 동행한다면 재앙이 될 것이다.' 이런 경고가 담긴 부라티의 서한을 받은 올덴브록은 저간의 사정을 이해하고 일본행 시찰단에서 디버랄을 제외했다.[109]

국제자유노련 시찰단은 7월 11일 일본에 와서 그날부터 시작된 총평 결성 대회에 참석해 달리·브로피·크레인 세 사람이 인사를 했다. 이는 올덴브록이 이끄는 국제자유노련의 대일 정책이 앞으로 CIO와 TUC의 주도 아래 총평을 축으로 실시될 것임을 뜻했다. 시찰단은 부라티의 요청에 따라 신산별을 설득해 호소야로부터 총평에 가입하겠다는 약속을 받아 냈다.[110] AFL은 고립되었을 뿐만 아니라 신산별이라는 동맹자를 잃었다. 총평은 "당면의 행동강령"에서 "세계의 민주적 노동조합들에 의해 결성된 국제자유노련 가입을 조속히 실현"할 것을 주창해,[111] 초대 의장으로 선출된 가토 탄노 위원장도 국제자유노련 가입 추진 의사를 시찰단에 표명했다.[112] 한편 국제자유노련 역시 11월 9일부터 열린 집행위원회에서 시찰단의 보고서에 따라 총평의 결성을 환영한 동시에, 가일층 통일을 촉진하고 국제자유노련에 가입할 것을 촉구하는 결의안을 가결시켰다.[113] 국제자유노련에 가입한 진보적·반공주의적 노동조합의 중앙 조직으로서 총평을 육성하겠다는 부라티의 구상은 순조롭게 진행되고 있었다.

미국과 영국 방문 프로그램의 시작

국제자유노련 결성대회에 대표단이 참석함으로써 일본의 노동조합을 자유주의 진영의 노동조합과 결합시킬 계기가 마련되었으나, 이 당시 같은 목적하에서 일본 노조 지도자들의 미국 방문 프로그램도 시작되었다. 이 프로그램은 과거 킬렌 노동과장이 제안했지만 실현되지 않은 상태였는데, 그 필요성은 널리 인식되고 있었다. 1949년 2월 1일 로열 육군장관을 수행해 일본에 온 깁슨 노동차관도 일본 노조 지도자들의 미국 방문 프로그램을 조속히 시작하라고 권고했다.[114] 총사령부는 구체적 검토에 들어가, 우선 육군부가 1950년 회계연도 예산안에 일본과의 문화 교류 프로그램 비용을 포함할 것을 제안했다. 학생 교류 프로그램과 국가 지도자 교류 프로그램을 생각했는데, 후자의 일환으로 노조 지도자들과 정부 노동관계 기관의 직원들을 파견하는 문제가 검토되었다.[115] 또 미국 노동부의 국제노동부도 독일 노조에 대한 프로그램이 반공주의 노조를 육성하는 데 큰 효과를 발휘하고 있다고 지적하면서 이를 일본에서도 실시할 것을 총사령부에 요청했다.[116] 이후 재정은 가리오아GARIOA 원조˙로 충당하도록 바뀌었지만, 총사령부 노동과는 계속 이 구상을 구체화해 갔다.

노동과의 1949년 9월 16일자 문서에 따르면 이 파견 프로그램의 목적은 다음 세 가지였다. 첫째, 노동부와 전국노동관계국NLRB, 법원 등 미국 정부의 노사 관계 기관들의 조직·기능·방법·절차 등을 배울 기회를 제공한다. 둘째, 전국 중앙 조직, 산별 조직, 단위 노조 등 다양한 수준의 노동조합의 조직, 구조, 경영, 운영 방식 등을 학습하게 한다. 셋째, 단체교섭, 고충 처리 등 노사 관계를 견학하게 한다. 요컨대 미국적 노사 관계를 일본에 이식한다는 생각이었다. 중요한 것은 이런 목적이 냉전을 배경으로 하고 있었다는 점이다. 즉 이 프로그램을 통해 미국의 민주적 노조운동에 관한 정보를 일본 노조 지도자들에게 확산하고 공산주의자들의 선전에 대항하게 한다는 명확한 의도가 있었다. 이에 더해 AFL과 CIO 등 미국 노조들과의 접촉을 통해 일본의 노동조합을 반공주의 국제 노동 조직과 제휴하도록 한다는 기대도 있었다. 결국 국제적 냉전의 와중에서 일본의 노동조합을 자유주의 진영에 묶어 놓는 것이 이 프로그램의 목적이었다.[117]

제1차 방미 노동 사절단은 1949년 12월 30일 일본을 출발했다. 여기에는 국철노조의 호시카 가나메 서기장, 전산의 후지타 스스무 위원장, 노동성의 가이테 신고 노동조합과장, 중앙노동위원회의 스에히로 이즈타로 회장, 그리고 총사령부 노동과의 나카와키 후지가 통역으로 참가했다. 그중에서 노동조합 지도자인 호시카, 후지타는 귀국 후 강연회와 글을 통해 방미의 성과를 널리 알리는 한편, 공산주의 세력에 맞서면서 여러 노조들의 내부에 영향력을 키워 갔다. 노동과는 이런 점들

◆ 점령 지역 구제 원조Government Aid and Relief in Occupied Areas. 전후 미국이 점령 지역의 기아와 질병 등으로 인한 사회불안을 방지하고 점령 정책을 원활히 수행하고자 제공한 정부 원조이다. 독일과 오스트리아, 일본이 주 대상이었는데, 일본의 경우 원조액은 1946년에서 1951년까지 약 16억 달러 규모였다. 식량과 비료, 의약품 등 생필품 원조가 중심이었고, 원조 물자의 국내 판매 대금의 일부(약 30퍼센트)는 변제 자금으로 미군정이 활용했다.

표 1-1 | 가리오아 원조에 따른 일본 노조 지도자들의 방미 (1949~51년)

출발	귀국	이름	비고
1949년 12월 30일	1950년 3월 20일	호시카 가나메星加要	국철노조 서기장
		후지타 스스무藤田進	전산 위원장
1950년 5월	1950년 9월	마루사와 미치요丸沢美千代	국철노조 부인부장
1950년 6월 9일	1950년 9월 8일	후지타 도타로藤田藤太郎	사철총련 위원장
		다나카 가네토田中兼人	일본제철 야하타노조 위원장
		모리 요시하루森善治	전일통 위원장
1950년 7월 28일	1950년 10월 27일	무토 다케오武藤武雄	탄노 위원장
		가미나가 이치게神長一毛	전광 부위원장
		미즈노 사시미水野三四三	전국화학 부위원장
		야마와키 요조山脇陽三	고베제강노조 위원장
		시바타 겐조柴田健三	일본화성노조 전 부위원장
		오구치 겐조小口賢三	전잠노련 서기장
1951년 7월	1951년 10월	나카지마 유지中島優治	전섬동맹 후쿠이현 서기국장
		나카지마 히데오中島英雄	일본강관 가와사키노조 부위원장

자료: 労働省編, 『資料労働運動史』 労務行政研究所, 各年版; "List of Persons of Labor Union Concern Visited Overseas," undated, ESS(B)-16603, GHQ/SCAP Records.

을 지적하면서 제1차 사절단은 만족스러운 성과를 이루었다고 평가했다.[118] 뒤이어 1950년 6월 9일에는 사철총련의 후지타 도타로 위원장, 전일통의 모리 요시하루 위원장, 일본제철 야하타노조의 다나카 가네토 위원장 세 사람이 미국에 파견되었다. 그리고 1950년 7월 28일에 출발한 노사정 시찰단에는 총평의 무토 다케오 의장, 전광의 가미나가 이치게 위원장, 전국화학의 미즈노 사시미 부위원장, 고베제강노조의 야마와키 요조 위원장, 일본화성化成노조의 시바타 겐조 전前 부위원장, 전잠全蚕노련의 오구치 겐조 서기장 등 6명의 노조 지도자들이 참가했다(〈표 1-1〉 참조).

방미 노동 사절단의 파견이 모두 순조롭게 진행된 것은 아니다. 진보적 인물들을 공산주의자라고 보는 보수적인 참모 제2부가 자꾸 간섭했기 때문이다. 가장 대표적인 사례가 무토 다케오의 경우였다. 참모 제2부는 일·소日蘇 우호협회에 이름이 올라 있다는 이유로 무토의 방미를 허가하지 않았다. 그러나 노동과는 이를 전혀 믿지 않았다. 무토는 탄노 위원장으로서 공산당의 영향력을 배척하는 데 노력해, 최근의 탄노 대회에서도 대의원의 3분의 1이 공산주의자 및 그 동조자였음에도 중요하지 않은 한 자리를 제외하고는 중앙집행위원회에서 공산주의자 모두를 몰아낸 바 있었다. 무토는 참모 제2부의 결정 직후 총평 의장에 취임했다. 일·소 우호협회에 대해서도, 1949년 7월에 이사 취임을 거듭 권유받았지만 그때마다 거절했다고 밝혔다. 부라티는 애미스 노동 과장을 설득하고 마큇 경제과학국장을 움직여 무토의 방미 허가를 얻어냈다.[119] 하지만 뒤에 말할 도쿠다 치에코의 경우는 방미 자체를 미룰 수밖에 없었다.

같은 시기에 영국도 일본 노조 지도자들의 영국 방문 프로그램을 시작했다(〈표 1-2〉 참조). 영국 노조의 조직을 배울 기회를 제공한다는 목적이었는데, 구체적으로는 노동자들의 조합 활동 현장에서의 임금 인상 요구 등 고충 처리 절차, TUC의 활동과 기능, 노조의 정치 활동, 노동조합의 노동교육 등이 열거되었다.[120] 비용은 영국 정부가 전액 부담하고, 영국 외무부의 정보정책국이 관할했다. 그러나 인선은 주일 영국 연락대표부의 매슈스 노동관이 총사령부 노동과의 조언을 받아 전담했다. 마쓰오카의 국제자유노련 결성대회 파견 문제에서 보았듯이, 양자는 이미 긴밀한 관계에 있었다. 일교조, 국철노조 혹은 사철총련, 탄노, 해원조합에서 1명씩으로 하자는 매슈스의 제안을 토대로 일교조의 오카 사부로 위원장, 국철노조의 사이토 데쓰로 위원장, 탄노의 시바타 게이스케 부위원장, 총동맹의 다카노 미노루 총주사를 노동과에서 추천해, 이 네 사람은 1950년 10월 5일부터 11월 7일까지 영국을 방문했다.[121] 이 방문의 배경에는 총평 결성에 대한 영국 정부의 지지가 있었다(〈표 1-3〉 참조).[122]

표 1-2 | 영국 정부 프로그램에 따른 일본 노조 지도자들의 영국 방문 (1950~64년)

출발	귀국	이름	비고
1950년 10월 9일	1950년 11월 7일	다카노 미노루高野実	총동맹 총주사
		사이토 데쓰로斎藤鉄郎	국철노조 위원장
		시바타 게이스케柴田圭介	탄노 부위원장
		오카 사부로岡三郎	일교조 위원장
1952년 3월 2일	1952년 3월 30일	오노 하루大野はる	전일통 부인부장
1952년 4월 7일	1952년 5월 4일	구노 후쿠조久野福蔵	전요련全窯連 위원장
		니시구치 요시히토西口義人	야하타제철노조 위원장
		나카야마 다다오中山唯男	해원조합 교육부장
1954년 10월 22일	1954년 11월 20일	사카다 사부로坂田三郎	신문노련 부위원장
		이마타 요시유키今田義之	철강노련 위원장
		고바야시 기쿠조小林喜久造	자치노 동북지방연합 의장
		야마모토 요시호山本喜保	사철총련 간사이지방연합 위원장
1955년 10월 8일	1955년 11월 9일	모토이 쇼히치基政七	총동맹 부회장
		스미노 겐지로隅野源次郎	전금동맹全金同盟 집행위원
		오카모토 쥬타로岡本丑太郎	도노련都労連 위원장
1956년 9월 3일	1956년 10월 1일	고야마 요시하루小山良治	총평 정치부장
		하라 시게루原茂	탄노 위원장
		도야마 간이치로遠山寛一郎	일방노 위원장
		시오타니 다케오塩谷竹雄	전기노련 위원장
1958년 2월 4일	1958년 3월 1일	오치아이 에이이치落合英一	신산별 서기장
		가루이시 요시조軽石嘉蔵	일고교高校 위원장
		시무라 후미아키志村文明	동전東電노조 조직부장
		사카모토 후사노스케阪本房之助	전중全中총련 중앙집행위원
1959년 1월 13일	1959년 2월 7일	미야시타 키요코宮下キヨ子	전체 부副부인부장
		하마사키 사이浜崎サイ	국철노조 부副부인부장
		하시모토 마사코橋本マサ子	전잠노련 야마가타山形지부 서기장
1962년 2월 6일	1962년 3월 7일	오가와 테루오小川照男	총평 사무국 차장
		오노 아키라小野明	후쿠오카현 평의회 의장
		오와다 토시오小和田寿雄	자동차노련 중앙집행위원
		와타나베 아키라渡辺章	전국 가스 위원장

자료 : TUC Papers, Mss. 292/952/3-13. MRC Papers, MSS. 292B/952/5, MRC; 労働省編,
『資料労働運動史』, 労務行政研究所, 各年版.

영국의 프로그램은 미국에 비해 소규모였지만 그 의미를 무시할 수 없었다. 다카노가 영국 방문 보고서에 썼듯이, "일본 노동운동 지도자들 사이에서는 미국의 노조운동보다는 영국 노조운동에 대해 훨씬 더 큰 친근감과 신뢰감을 가지고 있다."는 점 때문이다.[123] 일본의 노조 지도자들은 영국 노조운동에 관한 지식을 원하고 있었다. 예컨대 1950

표 1-3 | 주일 영국 대사관의 노동관

이름	임명일	비고
E. G. 윌슨E. G. Wilson	1947년 8월 17일	
G. F. C. 매슈스G. F. C. Matthews	1949년 8월 6일	
제프리 R. 칼버트Geoffrey R. Calvert	1951년 10월 3일	1960년 11월 사망

자료 : LAB 13/604, PRO.

년 5월 6일 영미 합동 면직물사절단의 영국 측 일원으로 영국합동섬유 공장노조 어니스트 손튼 서기장이 왔을 때, 총평의 지도자들은 19일 그와 회담하며 영국을 모델로 일본 노조운동을 만들어 가고 싶다는 말을 반복했다. 사절단의 미국 측에는 노조 대표가 없었으나, 영국 측 대표단의 정식 일원으로 손튼이 온 것은 매우 인상적이었다.[124] 특히 다카노는 귀국 후에도 TUC에, 임금 투쟁과 노조 운영에 대한 정보를 거듭 요구했다.[125] 영국의 TUC, 그리고 그와 가까운 입장이었던 미국 CIO가 총평에 대해 강한 영향력을 가진 것은 노조 지도자들의 이런 생각 때문이기도 했다.

총동맹의 해체와 산업별 정리

1950년 2월 1일, 총사령부 노동과는 "1950년의 노동관계·교육 프로그램"이라는 문서를 만들었다.[126] 부라티가 계장으로 일했던 노동관계·교육계가 작성했으며, 총평 결성에 대한 노동과의 입장을 단적으로 보여 주는 문서이다. 여기에서는 공산당계 노조의 쇠퇴와 민주화 운동의 진전이라고 하는 전년의 변화를 서술한 뒤 아홉 가지 중요 방침을 제시하고 있는데, 그중 다음 네 가지가 핵심이었다. 첫째, 총평 결성으로 노동 전선 통일을 실현하고 뒤이어 국제자유노련에 가입시키는 것이다. 둘째, 화학·금속·철강·조선·전기·건설 등의 산업에서 다수의 노조들이 분립해 있는데, 이들을 산업별로 묶은 뒤 총평에 가입시키는 것이다. 셋째, 단위 노조와 산별을 직결시켜 산별 조직의 구조를 간소화하는 것이다. 넷째, 노조 민주화를 추진하기 위해 현장 활동가들에 대한 노동교육 프로그램을 강화하는 것이다. 이 같은 노동과의 방침은 2월 2일부터 4일에 걸쳐 개최된 총사령부 민사국 노동담당관 회의에서 제시되었다.

이 문서는 국제자유노련의 결성을 배경으로 노동 전선 통일의 움직임이 강화되어 총동맹과 신산별, 전일노 등의 전국 중앙 조직과 이에 가입하지 않고 있는 산별 조직들에 의해 총평 결성이 추진되고 있음을 지적하고 있다. 특히 총평이 강력한 전국 중앙 조직이 되려면 기존 중앙 조직을 해체할 수밖에 없다는 점이 중요했다. 이 단계에서는 신산별과 전일노가 총평 가입을 위해 스스로 해산할 뜻을 보이고 있었다(앞서 말했듯이 신산별은 이후 태도를 바꾼다). 문제는 총동맹이었다. 총동맹은 총평의 결성에는 전향적인 입장이었지만, 여전히 전노회의준비회를 통한 노동 전선 통일을 추구하고 있었다. 그러나 노동과가 볼 때, "중립 노조들이 총동맹 혹은 전노회의로 결집할 가능성은 거의 없다." 그러므로 노동 전선 통일은 총평 결성을 통할 수밖에 없다. 노동과의 문서는 이런 인식 위에서 1950년 말까지 650만의 조직노동자 중 550만을 총평으로 결집시킨다는 목표를 내세웠고, 이는 필연적으로 총동맹의 해체를 압박하는 것이었다.

총동맹의 해체는 총평을 중심으로 산업별로 조직을 정비하기 위해서도 불가피했다. 부라티의 판단으로는 도지 라인하에서 경영자들의 노동에 대한 공세로 말미암아 기업별 노조주의의 경향이 강화되고 있고, 공산주의 세력에 밀릴 위험이 커지고 있었다.[127] 이런 흐름에 맞서기 위해서는 CIO와 같은 산별 조직들을 중심으로 총평을 구축함으로 써 노조운동의 조직 강화를 꾀해야만 했다. 예컨대 화학산업의 노조들 은 총동맹·산별회의·전일노·신산별 산하로 나뉘어 있을 뿐만 아니라 어느 중앙 조직에도 속하지 않는 중립계 산별 조직들도 적지 않았다. 노동과는 기존의 중앙 조직들의 해체를 전제로 이들을 반공주의적인 단일한 산별 조직으로 통합해 총평에 가입시킬 것을 기본 방침으로 했 다. 나아가 이 문서는 도·도·부·현 조직과 지구협의회와 같은, 단위 노 조와 산별 사이의 불필요한 중간 조직들을 폐지해 산별 조직을 강화할 것을 주장했는데, 이 역시 전통적으로 지역 조직을 중시해 온 총동맹의 조직 원칙을 부정하는 것이었다.[128]

총동맹 총주사로서 좌파를 이끌었던 다카노 미노루는 1950년 3월 11일 총평 결성 준비대회가 끝난 뒤, "다카노 플랜 : 조직에 관한 중요 계획과 그 목표"라는 문서를 부라티에게 비밀리에 제출했다. 그 골자 는 총평을 중심으로 노동조합을 결집시켜 이를 강력한 조직으로 만들 기 위해 총동맹 산하 12개 산별 조직들을 재편성하고, 중립계 노조들 과 함께 새로운 산별 조직들을 발족시키며, 이들을 총평에 가입시킨다 는 것이었다. 중소기업 노조 등은 대산별로 조직하지만, 기간산업의 노 조들은 현상을 유지해 중산별로 정리할 것을 원칙으로 했다. 중산별로 정리한다는 것은 금속 산업의 경우 모두 대산별로 일괄하는 것이 아니 라 철강·자동차·전기·조선·금속 등 중규모 산업별로 조직한다는 뜻이 다. 기업별 연합회의 설립과 지방조직의 설치도 언급되고 있었으나, 사 업소 단위의 노조들을 산별 조직에 직결시키고 이를 묶어 총평을 구성 한다는 기본 방침은 분명히 하고 있었다. 그리고 새로운 산별 조직으로 재편성되는 과정에서는 총평과 총동맹의 병존 상태가 계속되지만, 완 성 단계에 이르면 총동맹을 해산하고 총평으로 일원화한다는 일정도

제시되었다.[129]

　다카노의 이런 방침은 1950년 5월 11일부터 열린 총동맹 중앙위원회에 "총동맹 조직개혁에 관한 건"으로 제출되어 가결되었다. 부라티는 이를 크게 환영해 국무부의 설리번에게 "지금 진행되고 있는바, 다카노를 위시한 노조 지도자들은 전국적 산업별노조와 노동 전선 통일이라는 우리의 프로그램을 받아들여 스스로 그것을 추진할 뜻을 분명히 하고 있다."라고 적어 보냈다. 그동안 총동맹의 해체와 산업별 정리는 다카노의 독자적 구상이었고, 부라티와 협의하는 가운데 구체화되었다고 알려져 있었다. 그러나 앞서 살펴본 사실들을 볼 때, 부라티가 자기의 출신 조직인 CIO를 참고해 입안하고 이를 다카노가 받아들인 과정이었음을 알 수 있다.[130] 물론 부라티와 다카노는 모두 총동맹 우파에 대항하려 했었다. 하지만 다카노는 총동맹의 총주사 지위에 있었고, 그가 이끈 좌파가 총동맹을 주도하고 있었다. 따라서 총동맹을 해체하는 일은 다카노에게도 쉽지 않았다. 그러나 총평의 결성을 목전에 두고 다카노는 부라티의 구상을 따라 스스로 나서서 총동맹을 해체하고 총평을 강화함으로써, 총평의 주도권을 잡겠다는 결심을 굳혔다. 부라티도 그에 대한 "전면적인 지원"을 다카노에게 약속했다.[131]

　이후 다카노는 금속과 화학을 중심으로 산업별 정리 작업을 진행해 철강노련과 합화노련 등의 결성을 주도했다. 그리고 다른 한편 부라티와 함께 총동맹 우파의 최대 거점인 전섬동맹에 대한 공작을 추진했다. 1950년 6월 23일의 "부라티 서한"이 그 지렛대 역할을 했다. 문제의 발단은 총사령부 노동과가 다카노의 추천에 의해 전섬동맹 중앙집행위원인 '대일본방적노조 다이잔太山공장지부' 부지부장인 도쿠다 치에코의 미국 파견을 결정했던 일로 거슬러 올라간다. 이는 총동맹 우파가 장악하고 있던 조직인 전섬동맹과 다이잔 지부의 동의 없이 이루어진 결정이었다. 따라서 전섬동맹 면방부회 회장인 대일본방적노조 조합장 다카야마 쓰네오 등은 노동과를 방문해 도쿠다의 방미 취소를 요구했다. 대일본방적의 경영자도 도쿠다의 방미 중지를 요청했다. 이런 작업은 참모 제2부에 대해서도 이루어졌다. 그러자 부라티는 전섬동맹의 다키타 미노루 회장에게 서한을 보내 봉건적인 경영자에게 종속된 비민주적 인물이라고 다카야마를 비난한 것이다.[132]

미국섬유노조에서의 활동 경험이 있는 부라티는 전부터 전섬동맹과 경영자의 유착을 단절해야 한다고 생각하고 있었다. '전섬동맹의 조합 운영은 비민주적이고, 다수를 점하는 여성 노동자들의 목소리를 집행부가 대표하지 못하며, 이것이 회사 노조의 체질을 뒷받침하고 있었다. 이런 상황을 타파하기 위해 섬유산업의 여성 노동자를 방미 프로그램에 넣기로 하고, 알던 사이인 도쿠다를 [방미단의 일원으로] 선정했다. 경영자와 유착하고 있던 전섬동맹 간부에게 추천을 의뢰할 수는 없는 노릇이었다.' 이것이 부라티의 설명이었다. 게다가 다카야마를 위시한 전섬동맹의 간부들은 근거도 없이 도쿠다가 공산주의에 동조한다고 단정해 미국 파견 중지를 요구했다. 대일본방적의 하라키치 헤이 사장도 전적으로 같은 내용으로 애미스 노동과장에게 따지고 들었다. 이런 사실은 노사의 공모를 말해 준다. 경영자는 도쿠다의 방미라고 하는 순수한 노조 활동에 간섭하려 했다. 그럼에도 전섬동맹은 이를 부당노동행위로 규탄하기는커녕 오히려 그에 동조했다. 따라서 6월 23일의 서한을 보낸 것이라고 부라티는 설명했다.[133]

흥미롭게도 전섬동맹에 대한 이런 인식을 영국 TUC도 공유하고 있었다. 1950년 5월 일본에 온 손튼의 보고서는 "불행하게도 섬유산업의 노동조합은 가장 미숙하고 취약한 조직이다."라고 지적했다. 섬유노동자의 80~90퍼센트는 14~25세의 여성 노동자인데, 평균 3년 만에 이직하고 만다. 이에 더해 전통적으로 일본 여성의 사회적 지위가 낮아 문제를 심각하게 만든다. 여성 노동운동가도 나타나고 있지만, 그 속도가 절망적으로 느리다. 전섬동맹의 대의원대회에 참석해 보니 대의원 150명 중 여성은 겨우 2명이었다. 이는 기업 내부에서 상대적으로 높은 지위에 있는 남성들이 전섬동맹을 운영하고 있음을 뜻한다. 사실 상당수의 방적 공장에서는 경영자가 조합 활동에 영향력을 행사하고 있다. 손튼은 일본 섬유산업이 저임금노동력으로 불공정한 국제경쟁력을 유지하고 있음을 우려하고 있었다. 그는 총사령부 노동과가 마쓰오카의 국제자유노련 결성대회 참가를 저지하는 등 '미국적인' 억지스러움을 보이기도 했지만, 전투적인 노동조합을 육성하고자 애쓰는 점은 높이 평가한다고 말했다.[134]

부라티에 따르면 전투적인 노동조합주의자들을 공산주의자라고 비난하는 것은 총동맹 우파와 손잡은 나베야마 사다치카 등 전향한 반동 우익들의 상투적 수단이었다. 반공산주의적이면서도 전투적인 노동조합을 육성하고 싶었던 노동과가 보기에 이는 극히 위험한 행위였다. 따라서 전섬동맹의 노사 유착을 타파할 인물로서 전부터 도쿠다에게 기대를 걸고 있었던 부라티는 다카노와 협력하면서 이 일을 계기로 전섬동맹의 지도부를 타도하기로 결심했다. 사실 "부라티 서한"은 다카노와 협의해 작성된 것이었다. 그 나흘 뒤인 6월 27일부터 개최된 전섬동맹의 제5회 대회에서는, 다카야마의 회장 취임은 무산되었지만, 다키타 회장의 연임 등 집행부의 방침이 관철되었다. 그러나 "부라티 서한"을 계기로 전섬동맹 내에도 다카노파가 형성된 것은 중요했다. 총평 결성에 즈음해 부라티가 우려한 것은 총동맹이 해산해 총평에 합류할 때 우파가 이탈해 독자적인 전국 중앙 조직을 설립할 가능성이었다. 그 관건이 전섬동맹이었다. 전섬동맹 내부의 다카노파가 이 총동맹 우

파를 견제하는 역할을 할 수 있으리라고 기대되었다.[135]

1950년 11월 30일부터 나흘 일정으로 총동맹 제5회 대회가 열렸다. 좌우 양파는 처음부터 격렬하게 충돌했으나, 최대 쟁점은 "부라티 서한"에 관한 총동맹 조사위원회의 보고였다. 이는 전섬동맹 조사위원회의 보고와는 내용이 달랐다. 총동맹 집행부를 장악한 좌파의 주도하에서 진행된 회의 결과, 총동맹 조사위 보고서가 다수표로 가결되었다. 그러자 전섬동맹의 대의원들이 퇴장했고, 이어서 우파 경향의 조선련造船連·일광日鑛·전국식품·전국항만동맹준비회·전국토건동맹 등 각 산별 조직들과 전국화학과 전국금속의 일부, 오사카 등 부·현府·縣연합 대의원들이 일제히 퇴장했다. 잔류 대의원들이 의안 심의를 계속했고, 결국 이듬해 3월 총평 제2회 대회를 앞두고 총동맹을 해산하기로 결의했다. 이로써 총동맹의 분열은 거스를 수 없게 되었다. 우파는 12월 3일 '총동맹 쇄신 강화 운동협의회'를 발족시켜 총동맹의 해산을 결의한 좌파에 맞서 총동맹을 재건하는 데 나서기 시작했다. 좌우 양파는 조금이라도 더 세력을 확보하기 위해 총동맹 산하 산별 조직과 단위 노조들에서 치열한 활동을 전개했다.[136]

좌파의 총수 다카노는 스스로 이 작업을 진행시키는 한편 부라티와 자주 만나 진행 상황을 보고했다.[137] 좌파가 가장 적극적으로 공세를 가한 것은 당연히 전섬동맹이었다. 이를 진보적 좌파와 경영자가 후원하는 우파의 대립이라고 본 부라티는 다카노를 전면적으로 지원했다. 전섬동맹의 상황은 대일본방적에서 그 귀추가 결정될 것이었다. 나라현 다카다高田 공장에서 활동하던 야나기모토 요시오로부터 협력 요청을 받은 부라티는 1951년 1월 11일 CIO 산하 미국섬유노조의 조지 발단지 부회장에게 총평 의장인 무토 다케오, 총동맹 총주사 다카노 미노루, 전섬동맹 회장인 다키타 미노루, 세 사람에게 편지를 보내 좌파 지지를 표명해 달라고 요청했다. 그리고 일본의 주요 산업인 섬유산업 노동조합의 동향은 미국의 노동계뿐만 아니라 산업계 및 자유주의 세력도 주시하는 바이며, 그들의 태도에 영향을 미치게 될 것이라는 취지의 문구를 넣어 달라고 부탁했다. 부라티는 좌파를 지원하기 위해 국제적 압력을 이용하려 한 것이다.[138]

1월 12일에 개최된 전섬동맹 집행위원회는 우파의 쇄신 강화 운동에 참여하기로 결정했지만, 2월 28일부터 3월 1일에 걸쳐 열릴 평의원회에서 과반수의 찬성을 얻어야 한다는 조건부 결정이었다. 좌파의 작업이 효과를 본 것이었다. 전섬동맹 집행부의 가장 큰 관심은 분열을 막는 것이었다. 따라서 3월 19일에 열린 제2회 임시대회에서는 쇄신 강화 운동에 불참하기로 결정되었다. 전년 10월 20일에 열린 제1회 임시대회에서 총동맹 해체 반대와 총평 가입을 동시 결정한 바 있는 전섬동맹은 우파 우위의 집행부였음에도 이로써 사실상 좌파 산별 조직들과 함께 움직일 수밖에 없게 되었다.[139] 3월 29일, 총동맹은 좌파 대의원들만 모인 가운데 해산대회를 열었다. 우파는 이 해산대회의 정당성을 부정하고 6월 1일부터 이틀에 걸쳐 종전 이전 시기부터의 전통을 계승해야만 한다며 총동맹 재건대회를 열었다. 마쓰오카 고마키치가 회장으로, 그리고 기쿠카와 다다오가 총주사로 선출되었다. 그리고 이후 총동맹은 총평과 별도의 전국 중앙 조직으로서의 길을 걸었다. 그러나 그 조직 규모는 공식적으로 30만 명으로, 총평의 10분의 1에도 미치지 못했다.

3. 총평의 좌경화와 국제자유노련

한국전쟁의 발발과 강화조약

1947년 말, 냉전이 격화되면서 이른 시기 강화 체결은 무산되었다. 1949년 9월 13일 미국의 딘 애치슨 국무장관은 영국의 어니스트 베빈 외무장관과의 회담에서 소련이 참가하지 않아도 대일 강화를 추진한다고 합의해 강화조약 체결 노력을 재개했다. 요시다 내각은 되도록 빨리 강화를 실현하기 위해 편면片面 강화(단독강화 혹은 다수강화)를 지지하고, 미군 주둔도 수용한다는 입장이었다.♦ 이에 대해 사회당은 12월 4일 중앙집행위원회에서 "강화 문제에 관한 일반적 태도"를 결정했다. 이에 따르면 비무장·평화를 규정한 헌법의 취지는 '중립'을 의미하며, 따라서 전면全面강화와 외국 군사기지 [설치] 반대가 불가피하다. 사회당 내에서 이에 대해 다른 의견은 없었다. 전면강화, 중립 견지, 군사기지 반대의 이른바 '평화 3원칙'은 좌우 양파가 일치해 정립한 것이었다.[140] 총평도 1950년 3월 11일 결성준비대회에서 전면강화를 포함한 "당면의 행동강령"을 결정했다. "전면강화 체결 촉진과, 자유와 평등이 보장되는 일본의 조속한 독립 달성을 위한 투쟁"이라는 내용이었다.

이 시기 총평의 전면강화론이 유연했다는 점이 중요하다. 결성준비

♦ 소련 등 사회주의 국가들도 포함한 모든 적대국들과의 동시 강화가 전면강화, 미국·영국·프랑스 등 서방 국가들과만의 강화가 단독강화 혹은 편면강화이다. 일본 정부는 냉전 상황에서 전면강화는 불가능하다고 판단해 단독강화를 주장했으나, 다수의 지식인, 언론, 노동계, 좌파 정당들은 전면강화를 주장했다. 샌프란시스코 강화회담은 결국 주요 피해국인 중국과 조선이 배제되고, 강화 이후 미군 주둔과 일본의 재군비에 반대한 소련과 동유럽 국가들, 인도와 버마가 제외된 48개국과의 강화로 귀결되었다.

대회에서 행동강령을 제안하는 이유를 설명한 총동맹의 기타가와 요시유키 주사主事는 "단독강화가 일본 노동자들에게 이익이라고 생각한다."고 말했다. 기타가와는 총동맹 좌파이면서 다카노의 측근인 유명 인사였다. 총평은 5월 13일 제국석유노조와의 간담회에서 기타가와의 이 발언에 대해, "'전면강화는 우리가 가장 바라는 바이나 5년, 10년이 걸려도 그 가능성이 없다면, 단독강화라도 어쩔 수 없을 수 있다.'라고 대답하려 한 것이지만, 나중에 생각하니 적절한 표현은 아니었다."라고 변명했다. 요컨대 총평은 전면강화는 이상적인 목표라고 주장하는 데 그치고, 단독강화를 받아들일 용의가 있었던 것이다.[141] 그 뒤 총평은 7월 11일 시작된 결성대회에서 행동강령을 최종 결정했다. 기타가와는 그 자리에서도 "추상적으로 말하자면 물론 전면강화를 바란다." 하지만 "국제 정세의 변화에 따라서는 행동강령의 해당 요구 내용을 다소 바꿀 수도 있다고 본다."라고 답변했다.[142]

이런 총평의 방침은 총사령부가 수용할 수 있는 내용이었다. 미국의 트루먼 정권은 대일 강화 문제를 초당적으로 해결하기 위해 야당인 공화당의 전직 상원 의원 존 덜레스를 국무부 고문으로 임명했다. 1950년 6월 17일 일본에 온 덜레스는 1주일 후인 24일 총평 대표 4명, 즉 국철노조의 가토 에쓰오 위원장, 총동맹의 다카노 총주사, 전산의 후지타 스스무 위원장, 전일노의 모리구치 추조 위원장과 회견했다. 부라티의 견해에 따르면, 반공주의자로서 총평을 통해 노동 전선 통일을 추진하고 국제자유노련을 지지하는 이들은, 강화 문제에서 되도록 전면강화를 희망하지만 단독강화에 반대하지는 않는다는 입장이었다. 실제로 가토와 모리구치 두 사람은 강화조약을 조기에 체결하기 위해서라면 단독강화도 불가피하다고 말했다. 이에 대해 동서 양 진영의 전면전 발발을 피할 수 없다고 보고 중립을 견지해야 한다고 강하게 주장한 것은 신산별이었다. 그러나 총평이 총사령부의 지배를 받고 있다고 비판한 신산별은 고립된 소수파 조직에 불과했다.[143]

1950년 6월 25일에 발발한 한국전쟁은 처음에는 총평의 서방 진영 지향을 강화하는 역할을 했다. 총평은 7월 25일에 긴급 평의원회를 열어 "이번 한국 사건은 북한 군대의 계획적·침략적 행위에 의해 일어난 것이다. 우리는 한국의 남북통일은 어디까지나 평화적·민주적 수단으로 완성되어야 한다고 보며, 그런 관점에서 북한 군대의 무력 침략에 반대한다." 그리고 "삼팔선의 원상회복과 안전보장을 목적으로 하는 국제연합의 기본 방침과 행동은 세계 평화의 유지 및 민주주의의 입장과 일치한다는 점을 확인한다."는 기본 태도를 정했다. 북한을 침략자로 비판하고 미군이 주력인 국제연합군을 지지한 이 방침은 국제자유노련의 입장과 완전히 일치했다. 총평은 전쟁 포기를 규정한 헌법의 취지에 따라 한국전쟁 개입 반대를 방침으로 하면서도, "한국 사태에 편승해 특정 세력이 고의적으로 반미 선전을 하고, 북한의 무력 공세를 좇는 게릴라 부대가 되어 산업 파괴를 획책하는, 공공연하고 은밀한 일체의 활동에 반대한다."는 것을 당면의 구체적 활동 지침으로 하는 등 반공주의 자세를 명확히 했다.[144]

이 당시 총사령부는 레드 퍼지(공산주의자 숙청)를 본격화하고 있었다.[145] 맥아더는 6월 6일 요시다 시게루 총리에게 편지를 보내 공산당 중앙위원 24명의 공직 추방을 지시했고, 다음 날인 7일에는 공산당 기관지 『아카하타』赤旗의 간부 17명의 추방을 명령했다. 6월 25일 한국전쟁의 발발은 공산당에 대한 총사령부의 태도를 한층 강경하게 만들어, 다음 날인 26일 『아카하타』에 30일간 발간 정지를 지시하는 편지를 보냈다. 이 와중에 총사령부 노동과도 노동조합에 대한 공산당의 영향력을 배제할 방안을 강구했다. 부라티가 6월 27일 작성한 "일본 노동조합 내의 공산주의 세력에 대항할 프로그램"이 그것이었다. 그 중심 과제는 공산당계 노동조합 중앙 조직이고 세계노련 가입 조직인 전노련에 대한 대책이었다. 전노련은 1948년 6월 64개 노조 560만16명, 1949년 6월 40개 조합 378만9,434명에서, 이제는 24개 조합 60만 명으로 그 조직이 약화되고 있었지만, 전노련 가입 조직이 아니면서도 내부에서 소수파 공산당계 조직들이 전노련의 지원을 받으면서 활동하는 경우가 많아 그에 대한 대책이 여전히 중요했다.

부라티가 가장 중시한 것은 반공주의 노동조합 중앙 조직의 육성이었다. "총평의 조직화를 촉진할 것"과 "서방 국가들을 대표하는 국제자유노련에 가입시킬 것"이 처음에 내세운 주요 방책이었다. 그리고 이를 뒷받침하고자 노동조합법을 개정해 미국식의 [배타적] 교섭 단위 제도 도입, 공산주의자들의 폭력행위에 대한 형사처벌, 정부의 노사 관계 직위에서 공산당 동조자들의 배제 등 법·경찰·공직을 이용한 각종 대책이 집약되었다. 동시에 반공주의 분위기를 고조하고, '철의 장막' 너머 세계의 진실을 알리고, 공산주의자와의 투쟁 의욕을 북돋기 위해 현장 활동가들을 주요 대상으로 하는 노동교육을 적극 추진해야 한다고 주장했다. 일곱 쪽에 달하는 이 문서를 자세히 보면, 전력·철강·금속·자동차·조선·화학·탄광·사철·국철·일통日通·전기·관공 등 각 산업에 걸쳐 공산당계의 소수파와 투쟁할 구체적 계획들이 각각 제시되어 있다. 그리고 최종적으로는 통일적인 반공주의 산별노조들을 만들어 총평에 가입시키는 것이 목표로 제시되고 있다.[146]

부라티는 한국전쟁이 발발함에 따라 이 프로그램의 실행이 유력해졌다고 생각했으나,[147] 이후 사태는 노동과의 기대와는 다르게 진행되었다. 즉 7월 18일 맥아더가『아카하타』의 무기한 발행 정지를 지시하고, 7월 24일부터 신문·방송 관련 경영자들이 공산당원 및 그 동조자들을 추방하는 데 나서고, 이를 시작으로 여러 산업에서 공산주의자들이 숙청되었다. 그리고 8월 30일에는 전노련의 해산과 주요 간부 12명의 공직 추방 명령이 내려졌다. 전노련 해산 명령은 민정국, 특히 그 공직심사과가 극비리에 계획했고, 경제과학국 노동과는 사전 협의를 받지 못해 애미스 노동과장도 당일에야 이를 알았다.[148] 한국전쟁 발발 후 총사령부는 노동과가 주장하는 총평 육성이라는 간접적 방식보다는 노조 내부의 공산주의자들을 직접 탄압하는 방침을 채용하기로 한 것이다. 총평 지도자들은 산업 수준에서 진행되는 공산주의자 숙청에 강하게 반대하지는 않았지만, 전노련이라는 전국 중앙 조직이 한 차례 명령으로 해산되는 것을 보고 큰 충격을 받았다.[149]

한국전쟁 발발 후의 일본 국내 정세는 레드 퍼지에서 보듯이 전쟁 이전 상황으로 되돌아가는 듯한 우려를 자아냈다. 7월 8일 맥아더가 요시다 총리에게 경찰예비대를 창설하고 해상보안청을 증원하라고 지시해 사실상 재군비가 시작되었다. 경제문제를 보면, 한국전쟁은 도지 라인에 따른 디플레이션 불황에 허덕이던 일본 경제에 전시 특수特需를 가져왔으나, 그 반면 인플레이션 격화(물가앙등), 임시공·사외공社外工 증가, 노동재해의 증가, 잔업과 노동강도 강화 등 노동조건의 악화 문제가 심각했다. 이에 따라 총동맹은 11월 30일 열린 제5회 대회에서 조직을 해체하고 총평에 본격적으로 결합하기로 결정하는 한편, "계급 간 힘 관계의 격차는 자본의 반동 공세와 우리의 패퇴 속에서 더더욱 벌어졌다."라고 지적하는 운동방침을 채택하고, 노사 협력에 의한 생산 부흥 투쟁은 끝났다고 선언했다. 이 운동방침은 노동자의 생활수준 하락을 초래하는 소모적인 대미 종속의 군사 경제화가 진행될 위험을 지적하고, 이를 피하기 위해 전면강화를 실현해, 중국과의 무역을 축으로 하는 확대재생산적인 평화적 자립 경제를 건설해야 한다고 주장했다.[150] 전면강화론은 한국전쟁을 계기로 초기의 유연성을 잃고 노조의 경제투쟁과 결합되었다.

강화 문제를 둘러싼 첨예한 대립이 표면화된 것은 우선 사회당에서였다. 총동맹 우파와 밀접한 관계였던 사회당 우파는 한국전쟁으로 미소 대립이 결정적으로 격화되고 전면강화는 불가능해졌다고 판단해, 강화 방침을 변경하는 한편 자위권을 확립하자고 주장했다. 그러나 1951년 1월 19일에 열린 사회당 제7회 대회는 한국전쟁에 말려들지 않기 위해서라도 전면강화가 필요하다고 주장하는 좌파의 주도로 전면강화와 중립 견지, 군사기지 반대의 평화 3원칙을 재확인했다. 이와 더불어 재군비 반대도 결정해, 이를 묶어 평화 4원칙을 확립했다. 위원장에는 좌파를 이끄는 스즈키 모사부로가 선출되었다. 그는 취임 연설에서 "청년이여, 총을 들지 말라. 부인들이여, 남편과 자식을 전장으로 보내지 말라."고 호소했다. 사회당 대회의 이 결정은 노동조합들에 큰 영향을 주었다. 총평 산하 유력 산별 조직인 일교조와 국철노조는 1월 24일과 25일에 열린 중앙위원회에서 각각 평화 4원칙을 채택했다. 이리하여 총평이 전면강화론을 수정하기는 점점 더 곤란해졌다.

부라티는 이전부터 전면강화론을 비현실적이라고 여겨 무토 다케오 총평 의장의 자문역인 오쿠라 아사히를 통해 단독강화를 지지하도록 노조 지도자들을 설득하고 있었다.[151] 그리고 이 작업은 막후에서 상당한 진전을 보였다. 1951년 1월 부라티의 메모에 따르면 총평의 양대 지도자인 무토와 다카노는 오쿠라와 더불어 의논한 끝에, 전면강화를 지지한다는 공식 발언에도 불구하고, 사회당의 방침과는 달리 단독강화를 수용하기로 뜻을 모았다. 그 과정에서 다카노는 재군비는 찬성할 수 없지만 단독강화는 불가피하다고 인정했다. 그리하여 무토와 다카노는 미군 점령하에서 도입된 민주주의를 견지하고, 노동조건을 유지해 공산주의자들의 침투를 방지하려면 일본에 경제원조가 계속되어야 한다는 두 사항이 보장되면 단독강화를 지지하겠다고 합의했다. 그들은 일본의 주권과 대외관계에 제약을 가하는 강화조약에는 반대하기로 하고, 소련에는 쿠릴열도千島列島의 반환을 요구하기로 하는 한편, 일본 주권을 유지한다는 전제로 미군의 오키나와 조차租借를 인정했다.[152]

부라티는 총평 간부들의 이런 친서방적 입장을 굳히는 데 1월 25일의 덜레스 방일을 활용했다. 2월 9일 총평의 무토 의장, 시마가미 젠고로 사무국장 등이 덜레스를 회견했고, 무토, 다카노, 오쿠라, 그리고 해원노조의 가게야마 히사시 위원장, 국철노조 전前 위원장 가토 에쓰오, 일교조 위원장 오카 사부로 등을 칵테일파티, 작별 파티에 초대했다. 무토와 다카노는 2월 2일 일미협회의 오찬회에 참석했다. 부라티가 아는 한, 그들은 모두 개인적으로는 사회당의 평화 3원칙에 반대했다. 흥미롭게도, 부라티가 무토와 다카노 두 사람을 덜레스와 따로따로 만나게 하는 것이 좋으리라는 이야기를 듣고 있었다는 사실이다. 함께 만나면 총평의 기존 방침 때문에 속내를 털어놓을 수 없을 것이기 때문이었다.[153] 실제로 무토 총평 의장은 2월 9일 시마가미 사무국장과 함께 덜레스를 만났는데, 그 자리에서는 평화 4원칙을 담은 요청서를 전달하기만 했다.[154] 전면강화론을 수정하기란 결코 쉽지 않았다.

게다가 총평 내부에서는 국제자유노련 가입 열기가 수그러들고 있었다. 2월 27일 부라티가 국제자유노련의 올덴브록 서기장에게 보낸 편지에 따르면, 그 원인의 하나는 신산별과 사회당의 강경한 중립주의의 영향이었다. 총평 가입을 유보하던 신산별은 1950년 11월 24일에 열린 제2회 대회에서 "전면강화를 위한 평화운동의 추진"을 위해 총평 가입을 결정한 바 있다.[155] 게다가 산별회의에서 민주화 운동의 불을 댕겼던 호소야 마쓰타의 위상은 총평에서도 절대적이었다. 또 하나의 원인은 국제자유노련이 서구와 북미 중심으로 운영되어 아시아를 경시하고 있다는 불만이었다. 총평의 제2회 대회에서는 국제자유노련을 지지하는 다수파와 이에 반대하는 신산별이 각각 제출한 두 안건 중에서 전자의 안건이 채택되었지만, 국제자유노련에 가장 충실했던 노조들에서도 과거와 같은 열정은 사라지고 있다고 부라티는 지적했다. 그리고 그는 올덴브룩에게 도쿄에 국제자유노련 사무소를 설치하라고 요구했다.[156] 부라티는 점점 초조해지고 있었다.

총평 제2회 대회와 부라티의 귀환

총평의 제2회 대회는 1951년 3월 10일부터 사흘간 일정으로 열렸다. 최대 쟁점은 평화 문제로 압축되었다. 즉 강화 문제에 관한 행동강령의 규정에 의해 헌법의 취지에 따라 평화 4원칙을 주장하는 A안, 평화 4원칙을 계급적인 입장에서 강력히 주창하는 B안, 기존의 맥락에 따라 전면강화를 주장하면서도 평화 4원칙을 명확히 내걸지 않는 C안의 세 개였다. 전광이 제출한 A안은 총평 집행부의 의견을 따른 것으로 총동맹 좌파의 지지를 얻고 있었다. 신산별의 B안은 국철노조·일교조·사철총련 등이 찬성하고 있었고, 총동맹 우파의 일광이 제출한 C안은 해원조합이 지지했다. 표결 결과 A안 86표, B안 108표, C안 27표로 어느 안도 규약상 필요한 대의원 총수의 3분의 2에 미달했다. 이에 따라 전체가 제안한 'A + B 절충안', 자치노협이 제안한 'B + C 절충안'을 놓고 표결해 202표 대 39표로 전자가 이겼다. 이에 따라 평화 4원칙이 총평의 기본 노선으로 확립되었다. 그러나 C안의 표가 얼마 안 되고, 게다가 A안보다 B안이 더 많은 표를 얻었기에, 총평이 평화 4원칙을 수정하기는 매우 어려워졌다.

평화 문제와 더불어 또 하나의 최대 쟁점은 국제자유노련 가입 문제였다. 국제자유노련에 총평이 일괄 가입하자는 의견은 탄노·해원조합·전광·총동맹 등이 지지하고 있었다. 이 노조들은 총평이 결성 당시부터 국제자유노련 가입을 기본 방침으로 내세웠던 것, '국제자유노련 가입조합협의회'의 모든 조직들이 총평으로 결집한 것, 국제자유노련에 적극 참가해 아시아의 목소리를 대표해야 한다는 것, 일본 국내의 투쟁에 있어서도 국제 연대가 불가결하다는 것 등을 지적하며 이를 주창했다. 신산별·전통·전산 등은 국제자유노련 가입을 결정하지 않고 있는 조직들이 다수 존재하는 한, 그 자율성을 존중하는 동시에 국제 연대보다 일본 내의 노동 전선 통일을 중시해야 한다면서, 서방 진영을 지지하는 국제자유노련의 방침은 총평의 방침과 맞지 않는다고 지적하며 일괄 가입에 반대했다. 일괄 가입 안은 두 번에 걸쳐 의결에 부쳐졌는데, 각각 142표와 149표로 과반은 되었으나 3분의 2에는 미달해 채택되지 못했다.[157]

이에 대해 부라티는 국제자유노련의 올덴브룩에게 보낸 편지에서 이는 "국제자유노련의 극동에서의 후퇴"라고 말하고, 일괄 가입에 반대한 국철노조·일교조·전체 등 관공노조와 신산별을 강하게 비판했다. 그러나 그와 동시에 그는 이 제2회 대회에서 신산별의 반대를 물리치고 간사회를 만장일치제에서 4분의 3 다수결제로 바꾸고 회비도 1.3배 인상하기로 하여 총평이 느슨한 협의체에서 강력한 중앙 조직으로 바뀌고 있음을 보여 준 것, 또 총동맹의 해체와 산별 조직들에 대한 총평의 직할제를 주장한 다카노가 사무국장에 취임한 것 등은 총평의 리더십 강화를 뜻한다고 높이 평가했다. 의장으로 재선된 무토 탄노 위원장과 다카노 사무국장은 국제자유노련의 열렬한 지지자이고, 대회 이틀 뒤 열린 집행위원회에서는 일괄 가입에 반대하는 국철노조와 일교조 위원장을 심하게 비판했을 뿐만 아니라, 국제자유노련 일괄 가입을 실현시키기 위해 임시대회를 5월이나 6월에 열 것을 검토하기도 했다. 이런 총평의 움직임을 지원하기 위해 부라티는 올덴브록에게 보낸 편지에서 [국제자유노련의] 도쿄 사무소 설치를 다시 요구했다.[158]

그러나 사태는 부라티가 원하는 쪽으로 움직이지 않았다. 1951년 메이데이 때 고쿄마에皇居前 광장 사용 문제로 일본 정부와 총사령부가 본격적으로 보수화되었기 때문이다. 요시다 내각이 총평의 고쿄마에 광장 사용 신청을 거부하고, 애미스 과장은 경제과학국장 대리인 윌리엄 라이더 대령의 뜻에 따라 요시다 내각을 지지하는 보수적인 참모 제2부에 동조했다. 부라티는 총평에 광장 사용을 허가해 주도록 열심히 노력했지만, 요시다 총리는 총사령부의 뜻에 반해 허가를 내줄 수 없다는 강경 방침을 고수했다. 그는 "노동조합의 데모를 경찰이 진압할 수 있는지 아닌지 보고 싶다."며, 부라티와 긴밀한 관계였던 노동성의 가이테 신고 노동조합과장을 좌천시켰다. 부라티의 상사인 애미스 과장도 총사령부의 요직에 있는 군인 출신자들의 뜻에 따라 부라티를 너무 노조 편향적이라고 비판하며 사임하도록 압박했다.[159] 광장 사용 허가를 얻지 못한 총평은 5월 3일 고쿄마에 광장에서 열린 헌법 기념 축제에서 항의 행동을 감행해 무토 의장과 다카노 사무국장을 포함한 37명의 간부가 구속되는 사태를 일으키고 말았다.◆

◆ 고쿄마에 광장은 도쿄 일본 왕궁 앞 광장이다. 1951년 메이데이 집회를 여기서 열기로 했으나 일본 정부가 이를 불허했다. 당시 좌파들은 이 광장을 '인민광장'이라 부르며 개방할 것을 요구했고, 당일 집회 중에 경찰과 시위대 사이에 대규모 충돌이 일어나 다수의 사상자가 발생했고 시위대 1명이 사망했다. 경찰은 1,232명을 체포하고 261명을 기소했다. 총평은 광장 사용 불허 처분에 항의해 소송을 제기했고, 5월 3일 정부가 주최한 헌법기념식장에서 시위를 전개해 다수 간부가 구속되었다.

이런 분위기 속에서 부라티는 7월에는 일본을 떠나기로 이미 마음 먹고 있었다. 그는 CIO의 영향력이 강했던 필리핀 사절단의 노동과장 으로 전출되기로 내정되어 있었다. 그러나 이 고쿄마에 광장 사건은 부 라티에게도 충격적이었다. 부라티는 "기업별 노조주의자들과 정부 협 조자들로 가득한 사회당 우파"에 부정적이었지만 사회당 좌파의 평화 4원칙에도 비판적이었고, 총평이 사회당과는 거리를 두고 국제자유노 련에 일괄 가입하는 등 친서방 노선을 굳혀 가기를 기대하고 있었다. 그런데 [맥아더의 후임인] 리지웨이 최고사령관이 점령하에서 제정된 법 규의 재검토 권한을 일본 정부에 부여한다고 메이데이 당일 성명에서 발표한 것, 그리고 군국주의와 억압적 정부, 신성한 천황제 등 종전 이 전으로 회귀하는 듯한 조치로 보이는 고쿄마에 광장 사용 금지를 총사 령부가 지지한 것 등은 총사령부가 요시다 내각의 보수적 정책에 동조 함을 보여 준 것으로 부라티를 크게 실망시켰다.[160]

부라티는 5월 21일 총평 모임에 참석해 "경찰 2천 명이 여기 있지 않 을까 예상했는데, 회의장에 들어오면서 뭔가 허전한 느낌입니다."라고 말해 고쿄마에 광장 사건에서의 대규모 경찰 투입을 비꼬았다. 이어 미 국으로 귀환할 예정임을 말하고, "점령 보호하에서 부여된 기본적 인권 과 [권리] 보장을 뺏으려는 시도에 맞서고 있는 총평의 투쟁을 지지해 달라고, 많지는 않지만 미국의 친구들에게 요청하려고 합니다."라고 연 설했다. 점령 정책을 비판하는 것으로 보이는 이런 발언들로 말미암아 부라티는 책임을 추궁당했다. 노동과 내의 그의 자리는 폐지되고, 6월 8~12일 사이로 예정되었던 귀국 일정도 6월 1일로 앞당겨져, 그는 반 강제적으로 배에 태워졌다. 부라티 자신도 느낀 바지만, 이는 국가공무 원법 개정에 반대했다가 추방당하듯이 일본을 떠나야 했던 킬렌의 경 우와 매우 흡사했다. 또 하나 비슷했던 것은, 그를 따르는 일본 노조 지도자들이 많았다는 점이다. 부라티는 CIO 혹은 국제자유노련의 대표로서 다시 일본에 돌아올 수 있기를 바라며 귀국길에 올랐다.[161]

요시다 총리는 5월 1일 리지웨이의 성명에 따라 정령자문위원회를 설치해 노동조합법·노동관계조정법·노동기준법 등 노동법규의 수정에 착수했다. 총사령부 노동과에 따르면 이는 "진보적 노동법제의 뼈대 허물기"와 "노동성의 [위상을 낮춰] 노동청으로의 전환"이라는 방향성을 명백히 하고 있었다.[162] 총평은 이런 정부의 움직임에 대항해 6월 19일 중립계 노조들과 함께 '노동기준법 개악 반대 투쟁위원회'를 결성하고 8월 15일에는 이를 '노동법규 개악반대 투쟁위원회'(노투)로 개칭하는 등 반대 운동을 적극적으로 전개했다. 중요한 것은 총평이 강화 문제와 노동법규 개정 문제를 결합시켜 운동을 전개했다는 점이다.[163] 총평의 인식에 따르면 억압적 노동정책으로의 전환은 전시경제를 위한 정지 작업의 일환이었다. 그리고 총평은 7월 28일 사회당, '종교자 평화운동협의회', '일본 생활협동조합연합회', '전일본 청년부인회' 등과 함께 평화 4원칙을 슬로건으로 하는 '일본 평화추진국민회의'를 결성해 강화조약 조인과 비준을 위한 평화운동을 강력히 펼쳤다.[164] 총평의 좌경화는 가속 페달을 밟고 있었다.

민노연, 노동자동지회, 위원장그룹

제2회 대회 이후 총평 내에서는 좌파가 우위인 가운데 좌우 양파의 분화가 진행되고 있었다. 1951년 6월 5일 열린 국철노조 제10회 대회에서 평화 4원칙이 채택되고, 이를 계기로 국철민동이 분열해 해산한 것은 그 상징적인 사건이었다. 전면강화, 중립 견지, 군사기지 반대, 재군비 반대의 평화 4원칙을 내건 좌파에 대해, 전면강화는 바람직하나 실현 가능성이 없어 단독강화도 부득이하고, 공산주의 세력의 무력 침공이 예상되는 이상 국가로서 당연히 자위력을 보유해야 한다는 것이 우파의 입장이었다. 총동맹 재건파와 국철노조 및 전섬동맹 우파 등은 5월 4일부터 연이어 모임을 갖고 9월 7일 '민노연'(민주노동운동연구회)을 발족시켰다. 한편, 제2회 대회에서 총평의 좌선회를 주도한 국철노조의 이와이 아키라 공투부장, 전체의 다카라기 후미히코 기획부장, 일교조의 히라가키 미요시 조직부장 3인의 이른바 '3각 동맹'은 신산별·전산·전국금속·합화노련 등으로부터 참가자들을 모아 '수요회'를 조직하고, 9월 24일 '노동자동지회'로 정식 출범시켰다. 다카노 사무국장은 회원이 아니었으나 측근 인물을 참가시켜 그를 통해 밀접한 관계를 유지했다.

그러던 중 부라티가 없는 총사령부 노동과는 평화 4원칙에 반대하고 단독강화를 지지하는 국철신생민동, 총동맹, 전섬동맹, 해원조합 등 우파 조직들에 대한 기대를 키우고 있었다.[165] 이들 다수는 과거 노동과가 반동적 혹은 보수적이라고 여겨 철저히 배격한 조직들이다. 우파들이 6월에 재건한 총동맹은 총평 내에서 동조하는 조직을 찾아 고립상태를 벗어나는 동시에 노동과의 지지도 회복하는 성과를 이룬 셈이다. 예컨대 애미스 노동과장은 8월 16일 회견에서 총평의 무토 의장과 다카노 사무국장에게 "소련에 유리한 결과가 된다."며 평화 4원칙을 비판하는 한편, 닷새 뒤에 면담한 총동맹의 구마모토 도라조 부회장, 전섬동맹의 다키타 미노루 회장 등에게는 "그대들 조합의 태도는 현실적이다. 그 생각을 총평에서도 관철하도록 노력하길 바란다."고 격려했다.[166] 특히 노동과는 공산당의 영향력이 총평 내에서 커지고 있다는 참모 제2과의 견해에는 동의하지 않았다. 하지만 노동과가 총평을 공산주의자들의 조직이라 보지 않은 첫째 이유는 우파들이 평화 4원칙을

반대하고 있다는 점이었다.[167]

좌우 양파의 대립은 평화 문제를 둘러싸고 점점 격화되고 있었으나, 이는 국제자유노련 문제와도 연관되었다. 국제자유노련은 7월 4일부터 12일에 걸쳐 이탈리아 밀라노에서 열린 제2회 대회에서 "자유주의 나라들이 침략을 저지하고자 군사 방위를 강화하는 것을 지지하고, 일본·서독·오스트리아와의 강화조약 혹은 그와 동등한 조약의 체결을 촉진한다."라고 주장하는 "평화와 민주주의를 위한 투쟁에 관하여", 그리고 "한국에 대한 공격을 잔인한 침략으로 비난하는 동시에 이를 성공적으로 저지하고자 자유주의 진영을 신속히 동원하려는 국제연합의 행동을 지지한다."는 내용의 "전체주의에 관한 결의"를 채택했다.[168] 이에 따라 민노연은 (창립)취지문에서 공산주의와의 대결을 분명히 하고 "국제자유노련의 전열에 있어 그 사상적 입장을 선명히 하고, 조직적 연계를 명확히 하지 않으면 안 된다."라고 표명했다. 우파는 자유주의 진영을 지지하는 입장에서 국제자유노련 가입을 주장하고, 그에 반대하는 좌파를 비판했다.

이에 대해 좌파들은 국제자유노련에 대해 소극적이었다. 그렇다고 해서 국제자유노련 가입 노조들에 탈퇴를 요구하거나, 국제자유노련의 존재를 부정하는 것도 아니었다. 하물며 세계노련에 가입해야 한다는 주장은, 공산당의 조합 지배에 반대해 온 민동 좌파 중에는 존재하지 않았다. 국제자유노련을 노동자 국제 연대 조직으로 평가하지만, 현재의 그 방침에 대해서는 비판적인 자세를 취하면서 일본 노조의 입장을 이해시켜 간다는 것이 이 당시 좌파들의 생각이었다.[169] 사실, 노동자동지회의 (창립)취지문은 "국제자유노련에 대해 자주적 입장을 견지하면서 세계 노동자계급의 단결을 위해 그 발전을 꾀한다."라고 강조했다. 자유 진영과 공산 진영의 대립, 국제 노동운동에서 국제자유노련과 세계노련의 대립이 미묘하게 겹쳐 있어서 구분하기가 쉽지 않았다. 그 때문에 좌파의 중립주의가 꼭 국제자유노련을 부정하는 것도 아니고, 총평이 국제자유노련에 일괄 가입할 가능성 또한 여전히 살아 있었다.

또한 좌우파의 양극화도 이 단계에서는 아직 결정적이지 않았다. 7월 노동과의 월례 보고는 "서로 대립하는 두 입장 사이에, '평화 3원칙'이 이상적이라 지지하지만 이를 현실화할 수는 없다고 인식하는 노조들이 많다."고 지적하면서 탄노·전광·사철총련 등을 예로 들고, 이 노조들은 공식적으로는 평화 4원칙을 지지하지만 비공식적으로는 되도록 많은 나라들과 즉시 강화조약을 체결할 것을 적극 지지하고 있다고 평가했다.[170] 이들이 결집하도록 분주하게 움직인 이가 무토 총평 의장의 측근으로 부라티와도 긴밀한 관계였던 오쿠라 아사히였다. 오쿠라가 8월 24일 부라티에게 보낸 편지를 보면, 탄노의 무토 위원장, 사철총련의 후지타 도타로 위원장, 전산의 후지타 스스무 위원장, 전광의 하라구치 유키타카 위원장 등이 모두 네 차례 만나 ① 평화 4원칙의 실현을 희망하지만, ② 총평의 주요 과제는 평화 문제가 아니라 일상의 경제문제와 노동법 개정과 같은 정치 문제이며, ③ 무토를 중심으로 힘을 합쳐 총평의 분열을 조장하는 편향에 단호히 반대한다는 등의 내용에 합의했다.

부라티가 온 힘을 기울여 결성하고자 했던 총평이 통일을 유지할 수 있을지 여부가 이른바 '위원장그룹'의 동향에 달려 있었다. 무토로부터 멀어져 노동자동지회에 접근하고 평화운동을 강력하게 추진하고 있었던 다카노에 대해 오쿠라는 비판적이었다. 민주화 운동 과정에서 부라티가 강력히 지원했던 호소야·다카노·무토 세 사람 가운데 "무토만 지금껏 올바른 길을 걷고 있다."는 것이 오쿠라의 판단이었다.[171] 그리고 이 위원장그룹의 배후에는 국제자유노련이 있었다. 위원장그룹은 좌우 대립을 격화시키고 있는 평화 문제가 아니라 전체 노조들이 크게 일치할 수 있는 경제문제와 노동법 개정 문제를 중시함으로써 총평의 통일을 유지하려고 했다. 국제자유노련 역시, 다음에 자세히 살펴보겠으나, 평화 문제에 대한 방침의 차이를 강조할 것이 아니라 경제투쟁과 노동법규 개정 반대 투쟁을 지원함으로써 국제자유노련에 대한 총평의 신뢰를 높여, 일괄 가입을 이끌어 내려 했다. 총평 입장에서도 국제적인 연대는 국내 투쟁을 위해서도 여전히 중요했다. 다카노도 이를 충분히 인식하고 있었다. 그는 총사령부의 통역으로 부라티의 신뢰를 받고 있던 이케하라 후지에게 국제자유노련이 일본에 대표부를 설치할 것을 강하게 바란다고 말했었다.[172]

그러나 총평 내의 좌우 대립은 격화되어 사회당에까지 파급되었다. 9월 8일, 소련과 중국 등을 제외하고 강화조약이 체결되고, 미군의 일본 주둔을 규정한 미·일안보조약이 체결되었다. 이에 따라 사회당은 국회에서 두 조약의 비준에 어떤 입장을 취할지 최종적으로 결정해야만 했다. 좌파는 이 두 조약에 반대하고, 중간파는 강화조약에 찬성하지만 안보조약에는 반대하고, 우파는 두 조약 모두 찬성하는 등 첨예하게 대립했다. 총평의 다카노 사무국장과 노동자동지회는 좌파에 두 조약의 반대를 관철하라고 요청하고, 민노연은 찬성을 주장하며 우파를 격려했다. 이 와중에 '통일 간담회'를 통해 제휴하고 있던 우파와 중간파는 강화조약 찬성 및 안보조약 반대에 합의해, 이 안이 10월 5일 중앙집행위원회에서 채택되어 제8회 임시대회에 제출된다. 민노연은 통일 간담회의 태도는 소극적이라고 비판했으나, 노동자동지회는 양 조약 반대를 요구하며 다카노가 이끄는 총평 기관지를 통해 "사회당이여, 순리에 따르라."라고 호소했다. 23일 열린 당대회는 두 조약에 관한 결정을 놓고 혼란에 빠져 24일에 산회했다. 사회당은 좌우 양당으

로 분열했다.[*] 이것이 노조운동에도 다시 영향을 미쳐 좌우의 대립은 더욱 격화되었다.[173]

총평에 대한 국제적 지원

3월 10일 총평 제2회 대회에서는 국제자유노련에 큰 충격을 주는 결과가 나왔다. 올덴브록 서기장은 1951년 4월 16일 부라티에게 보낸 편지에서 국제자유노련 일괄 가입안이 폐기된 데 "실망을 감출 수 없다."라고 고백했다. 게다가 국철노조와 일교조 등 국제자유노련 가입 노조들이 일괄 가입안에 반대한 것은 올덴브록에게도 뜻밖의 일이었다. 그러나 희망이 사라진 것은 아니었다. 부라티의 편지는 총평의 리더십이 강화되고 있고, 무토와 다카노 등 집행부가 국제자유노련을 지지하고 있음을 강조하고 있었다. 올덴브록은 여기에서 크게 용기를 얻었다고 말하고, 4월 18일부터 브뤼셀에서 열리는 세계교육자회의에 참가할 예정인 일교조 대표와 전반적인 문제에 대해 협의하고 싶다고 전했다.[174] 그리고 그 자리에서 국제자유노련이 일본에 대표를 파견하는 문제 등을 타진했고, 일교조의 이마무라 아키라 부위원장은 공무원 노동기본권의 제약에 항의하는 서한을 일본 정부에 보내 달라고 요청했다.[175]

1950년 11월의 집행위원회에서 일본의 가입조합협의회의 제안에 따라 노조운동의 자유와 공무원 노동기본권 제한의 철폐를 요구하는

---

[*] 분열한 두 사회당은 공식적으로는 모두 사회당이라는 당명을 사용했으나, 서로 구분하고자 각각 '좌파사회당', '우파사회당'으로 불렸다. 1955년 두 당은 다시 사회당으로 통합되었다.

"일본에 관한 결의"가 채택되는 등, 전부터 요시다 내각의 억압적 노동 정책에 대한 우려를 표명해 온 국제자유노련[176]은 일교조의 이런 요청에 응했다. 1951년 5월 18일, 올덴브록은 요시다 총리에게 편지를 보내 공무원의 노동기본권 제약을 비판하고, 메이데이에 고쿄마에 광장 사용을 금지하고 노동법규를 개정하려는 것 등을 지적하면서 노동조합에 대한 억압정책을 중단하라고 요구했다.[177] 또 같은 날 올덴브록은 영국 TUC를 위시한 극동위원회 회원국들의 가입 노조들에게 편지를 보내 일본 정부에 항의 의견을 표하도록 요청했다.[178] 노조운동의 자유는 점령하에서 진행된 민주화 정책의 중요한 부분으로 이를 제약하는 데 대한 우려가 전승국들 사이에 강했고, 국제사회 복귀를 앞둔 일본 정부에 대해 그것은 효과적인 방법이라고 생각되었다.

　외무성은 국제자유노련이 보낸 편지를 내정간섭이라고 여겨 답변하기를 꺼렸지만, 결국 요시다 내각은 노동성의 주장에 따라 데라모토 고사쿠 노동사무차관 이름으로 회신을 보냈다.[179] 1951년 6월 22일부로 보낸 이 회신은 매우 추상적이었는데, 자유롭고 민주적인 노동조합운동의 발전과 노동자에 대한 최소한의 노동조건 및 생활수준의 보장은 일본 정부의 변함없는 목표로 점령 종결 후에도 변하지 않으리라는 내용이었다.[180] 그렇더라도 보수적인 요시다 내각으로서도 국제자유노련을 무시하지 못해 그 이념에 지지를 표명할 수밖에 없었던 점은 중요한 의미를 지닌다. 나아가 이런 국제자유노련의 행동에 대해 총평도 호의적인 반응을 보였다. 기관지 『총평』은 올덴브록의 편지 두 통을 1면 톱으로 올렸다.[181] 또 다카노 사무국장도 주일 미국 대사관 정치고문부政治顧問部의 존 밸루 노동관에게 "올덴브록의 편지는 노조들이 국제자유노련에 가입하도록 이끌 것이다."라고 말하고, 총평이 국제자유노련에 일괄 가입할 수 있도록 가을에 임시대회를 열 계획이라고 전했다.[182]

강화조약 체결의 움직임에 따라 요시다 내각이 정책을 추진할 자율성도 커지는 흐름 속에서, 총평은 국제자유노련의 지원이 점점 더 필요해졌다. 6월 5일 다카노는 올덴브록에게 보낸 편지에서 올덴브록이 4월 30일자 편지에서 제시한 다음 세 가지 제안에 찬성한다고 전했다. 첫째, 국제자유노련의 선전 활동을 강화하고 일본 노조들과의 연대를 강화하기 위해 대표를 파견하는 것이다. 둘째, 노동법규 개정 저지를 위해 강화조약과 관련된 나라의 정부들과 연락해 기본적 인권과 노동조합의 권리를 보장하는 조항을 강화조약에 명시하도록 요청하는 것이다. 셋째, 6월 7일부터 제네바에서 열리는 제33회 ILO 총회에서 일본이 ILO에 가입하려면 민주적 노동정책을 도입해야 한다는 조건을 표명하는 것이다.[183] 올덴브록은 7월 2일 열린 집행위원회에서 일본에 대표를 파견하고 강화조약에 노동 조항을 넣는 데 대한 총평의 요청을 보고하고 승낙을 받았다.[184]

총평은 7월 11일 국제자유노련 앞으로 "대일 강화조약 초안에 관한 성명"을 보냈다. 이 문서는 노동기본권의 보장이 조문에 포함되지 않았다며 강하게 비판하고 있었지만, 주안점은 "우리 총평의회는 그동안 전면강화, 영세중립, 재군비 반대 등의 정책을 내세워 이를 실현하고자 노력해 왔다." 하지만 "이번 영미의 대일 강화조약 공동 초안을 보면 우리의 그동안의 주장과 희망에 비춰 볼 때 전혀 만족할 수 없다."는 점에 있었다.[185] 평화 4원칙을 지지하지 않는 국제자유노련은 노동 조항의 누락 문제를 부각시키면서 총평을 지원했다.[186] 즉 올덴브록은 9월 1일 샌프란시스코 강화회의에 참가한 각국 정부 앞으로 각서를 보내, "샌프란시스코 강화회의에 제출된 조약 초안이 일본의 민주주의 유지를 보장한다는 점을 더 명확히 규정하지 않고 있는 것을 유감으로 생각한다."는 뜻을 전달하고, 일본 정부에 대해 민간 노동자와 관공 노동자 모두에게 노동기본권을 부여하고, 자유롭고 민주적인 노동조합 운동을 약화시키지 않겠다고 약속하라고 요구했다.[187]

요시다 내각의 노조 억압정책에 대한 비판은 국제적으로 폭넓은 지지를 모았는데, 그중 가장 중요했던 것이 영국 정부와 TUC의 지지였다. TUC는 올덴브록의 서한을 접수하고 1개월 반 뒤인 7월 2일, 허버트 모리슨 외무장관에게 의견서를 보내, 노동법규의 개정과 메이데이 당시 고쿄마에 광장 사용 금지 등 노동조합에 대한 일본 정부의 억압정책을 중지하게끔 영국 정부가 영향력을 행사해 달라고 요청했다.[188] 이에 모리슨은 9월 8일의 샌프란시스코 강화회의 연설에서 "전쟁 이전 일본은 고도의 기술과 산업 경쟁력을 지니고 있었음에도, 낮은 노동 기준과 노동조합의 저발전, 반동적인 사회 상황이 이와 비정상적으로 결합되어, 우리 영국인들이 많은 어려움을 겪었습니다. …… 이런 경향이 앞으로 지배적이 되면 중대한 문제가 될 것입니다."라고 경고했다.[189] 또 모리슨은 조인식 후 요시다 총리와 가진 회담에서 노동문제를 첫 주제로 제기하면서 "영국에서는 저임금, 장시간 노동과 (시장을 둘러싼) 경쟁이라는 전쟁 전의 상황이 부활하지 않을까 우려하고 있다. 일본 국민들에게도, 두 나라 관계에서도, 그런 일이 일어나지 않게 하는 것이 매우 중요하다."라고 말했다.[190]

영국에서는 노사정을 불문하고 전쟁 전 일본의 사회적 덤핑에 대한 기억이 강하게 남아 있었다. 그리고 점령 종결 후 일본에서 노동조합이 다시 억압되고 저임금노동에 기초한 강력한 국제경쟁력이 되살아나면, 영국의 산업이 위협받고 실업자가 대량으로 생기지 않을까 하는 우려가 커지고 있었다. 9월 19일, 이번에는 조지 클러턴 주일 영국 외교사절 대리가 귀국한 요시다 총리와 회담하면서, 영국을 필두로 세계 각국이 일본 정부가 노사 관계와 노동 기준을 둘러싸고 어떤 정책을 실시할

지 주시하고 있다고 경고하며 다음과 같이 말했다. "전쟁, 그리고 영국의 신민臣民과 권익에 대해 일본이 손해를 끼친 기억은 빠르게 희미해지고 있으나, 1930년대 일본과 경쟁한 결과에 대한 기억은 랭커셔 조선업 관련자들에게 지금도 선명하다. 그 시기에 실업의 피해를 당한 사람들은 일본의 저임금노동 착취와 불공정한 무역 관행 탓에 비참을 겪었다고 여기고 있다."[191] 영국이 노조 친화적인 대일 정책을 취한 배경에는 현대 민주주의에서는 노동조합이 필수적인 요소라고 보는 인식에 더해 이런 경제적 배경도 자리 잡고 있었다.

그런데 요시다 내각은 노동법규 개정 작업을 멈추지 않았다. 이에 영국 정부는 주일 영국 외교사절인 에슬러 데닝의 11월 27일 제안에 따라 두 가지 방책을 취했다.[192] 첫째, 영국 의회의 질의응답을 이용해 영국 정부가 강화조약 후에도 일본 노동조합의 정당한 권리에 관심을 두고 있음을 보여 주는 것이다. 이는 12월 7일에 곧바로 실행되었다.[193] 둘째, 미국과의 공동 행동을 위해 덜레스와 협의하는 방법이었다. 1952년 1월 5일, 데닝은 "노동과 노동조합에 대한 일본 정부의 태도"라는 제목의 각서를 방일 중인 덜레스에게 전달해, 이 문제의 중요성을 환기했다. 주목되는 것은 노동조합을 민주주의의 불가결한 요소로 규정한 동시에 국제자유노련과 ILO를 구체적으로 언급하면서, 영국 정부는 이들의 반응을 무시할 수 없다고 강조한 점이다.[194] 영국은 10월 26일에 노동당 애틀리 정권이 보수당 처칠 정권으로 바뀌고 외무장관도 모리슨에서 이든으로 바뀌었으나, 대일 정책에 관한 한 친노조적인 자세는 달라지지 않았다.

그러나 단독 행동을 피하려 한 데서 드러나듯이, 영국의 영향력 행사는 커다란 한계를 지니고 있었다. 1952년 2월 16일, 국제자유노련의 올덴브룩 서기장은 전년도 6월에 일본이 ILO에 복귀한 사실을 언급하면서 노동법규 개정 움직임을 비판하는 서한을 요시다 총리에게 다시 보냈다.[195] 이를 전해 받은 TUC는 4월 1일과 5월 5일 두 번에 걸쳐 외무장관에게 서한을 보내 일본 정부에 영향력을 행사해 달라고 요청했다.[196] 그 사이 요시다 내각은 3월 29일 각의에서 파방법(파괴활동방지법)안을 국회에 제출하기로 의결했고, 이에 대해 총평을 중심으로 4월 12일 1차 노투(노동법규 개악반대 투쟁위원회) 파업이 진행되었다. 그러나 이든 외무장관은 5월 20일 TUC에 보낸 답신에서 구체적인 조치를 취하지는 않으리라고 통보했다. 그 이유는, 4월 28일 강화조약이 발효되어 일본이 주권을 회복한 이상 내정간섭으로 받아들여질 위험성이 있다는 점, 그리고 일본의 노동비용을 증가시켜 일본과의 무역 경쟁 압박을 완화시키려는 책략에 불과하다는 여론이 일본에서 형성될 우려가 있다는 점이었다. 이 단계에서 영국 정부의 간섭은 역효과를 부를 뿐이라는 것이 이 답신의 주장이었다.

하지만 영국 외무부도 요시다 내각의 움직임을 방치해도 좋다고 생각한 것은 아니다. 이든은 5월 20일의 답신에서 국제자유노련을 필두로 한 서방측 노조운동 자체가 일본 정부에 대해 효과적으로 영향력을 행사할 수 있으리라고 지적했었다.[197] 요컨대 국제자유노련을 측면에서 조용히 지원한다는 것이 영국 정부 방침이었다.[198] 물론 국제자유노련은 일본 정부에 대한 작업을 계속했다. 2월 16일 보낸 편지의 답신을 받지 못한 올덴브록은 5월 17일 요시다 총리에게 세 번째 편지를 보내, 제33회 ILO 총회에서 일본 정부 대표와 국제자유노련 대표가 회담을 갖자고 제안했다. 일본 정부가 이에 응해, 6월 23일 데라모토 고사쿠 노동사무차관과 올덴브록이 만났다. 그러나 데라모토는 30쪽에 달하는 문서를 읽는 등 일방적인 태도로 일관해 회담은 아무 진전 없이 결렬되었다.[199] 국제자유노련의 영향력에도 명백한 한계가 있었던 것이다. 하지만 이런 국제자유노련의 행보를 총평은 호의적으로 받아들였다. 다카노 사무국장은, 다음에 상술하겠지만, 국제자유노련 일괄 가입에 대해 전향적인 태도를 보여 자기들이 집필한 운동방침 중에 이를 포함시켰다.[200]

국제자유노련은 이런 움직임과 더불어 일본에 특사를 파견할 준비를 하고 있었다. 당초 그 후보자로 거론된 사람은 미국지방공무원조합 서기장인 고든 채프먼, 총사령부 노동과장을 지낸 제임스 킬렌 등 AFL계 인물들이었다.[201] 그러나 최종적으로는 1947년 3월 세계노련 대표단의 일원으로 일본을 방문했던 CIO의 미국합동운수노조 위원장인 윌라드 타운센트를 파견하기로 결정했다. 타운센트는 일본에 4개월 체류하면서 총평의 제3회 대회에 참석하기로 되어 있었다. 타운센트의 파견 목적은 파방법 제정에 반대해 '노투' 파업을 진행하고 있었던 총평을 지원하고, 나아가 총평의 국제자유노련 일괄 가입을 촉진하기 위함이었다. 그리고 국제자유노련 아시아 지역 조직의 다이안 문가트 서기장과 그 서기국 직원으로 옮겨 있었던 오쿠라 아사히는 타운센트의 파견을 계기로 항구적인 대표부를 일본에 설치할 것을 제안했다.[202] 타운센트는 이런 사명을 띠고 7월 15일 일본으로 왔다.

총평 제3회 대회와 디버랄

총평의 제2회 대회 후, 무토 의장 등 '위원장그룹'과 다카노 사무국장과의 거리는 점점 벌어졌다. 1951년 말에서 1952년 초에 걸쳐 주일 미국 정치고문부의 밸루 노동관에게 이런 정보가 계속 쌓였다. 다카노에 대한 무토의 비판은 다음 두 가지였다. 우선, 다카노의 급진적 지도 방식인데, 그 배후에는 관공노조가 있다. 쟁의권이 없는 관공노조가 무모하게 민간 노조와 같은 파업을 통해 노동법규 개정 반대 투쟁에 나서는 데 대해 무토는 강한 불만을 느끼고 있었다. 다른 하나는 강화·안보 조약을 둘러싼 사회당의 분열 이후 다카노가 좌파사회당을 일방적으로 편들고 있었다는 점이다. 다카노가 총평의 공식 우편 봉투와 사무국장이라는 직함을 자유롭게 이용해 좌파사회당 지지 활동을 펼치는 데 대해, 무토를 위시해 전산의 후지타 스스무 위원장, 해원조합의 가게야마 위원장, 사철총련의 후지타 도타로 위원장, 전광의 하라구치 위원장 등은 불만을 드러내고 있었다. 그래서 위원장그룹이 차기 총평 대회에서 다카노를 사무국장에서 배제하기로 한 것 아니냐는 말들이 있었다.

그렇더라도 다카노를 몰아내기란 결코 간단치 않았다. 다카노는 관공노조를 중심으로 하는 좌파의 강력한 지지를 얻고 있었고, 총평 대회는 다카노 지지파와 반대파의 팽팽한 대결장이었다. 또한 총평의 분열을 막으려면 대회 전에 미리 잘 정리해 체면을 구기지 않는 방식으로 다카노를 물러나게 해야만 했다.[203] 밸루는 이런 문제들에도 불구하고 총평 차기 대회에서 다카노를 배제하려는 움직임이 커지고 있고 또 실현 가능성이 있다고 예상해, 친밀한 관계인 부라티에게 그 내용을 편지로 알렸다.[204] 강화조약 발효와 더불어 정치고문부는 대사관으로 통합되었는데, 그 내부에는 밸루, 그리고 통역인 이케하라 후지를 필두로 부라티의 인맥이 여전히 남아 있어서 위원장그룹을 배후에서 계속 지원했다. 총평의 제3회 대회는 7월 22일부터 열렸는데, 그 당일 미국 대사관은 국무부 앞으로 전보를 보내 '노동자동지회'를 극좌파로, '민노연'은 극우파로 규정하고 "우리 대사관은 중간 집단인 '위원장그룹'이라는 꽤 큰 규모의 가장 강력한 파벌과 깊이 친교하고 있다."라고 썼다.[205]

그런데 총평 제3회 대회를 앞두고 위원장그룹은 이미 재기 불능에 가까운 타격을 입었다. '노투' 파업 과정에서 무토 다케오가 물러났기 때문이다. 즉 3월 29일 각의에서 '파방' 법안의 국회 제출이 의결된 뒤 총평은 31일 '노투'와의 합동회의에서 4월 12일 1차 파업, 18일 2차 24시간 파업 방침을 결정했다. 이를 우려한 요시다케 에이치 노동장관은 4월 11일 무토와 다카노 등 '노투'의 대표자들을 불러 노동조합의 정당한 행위를 규제하지 않을 것을 법안에 명기하겠다는 타협안을 제시했다. 무토와 다카노는 의견이 갈렸다. 그날 밤, 무토가 불참한 가운데 열린 총평과 '노투'의 합동 전술회의에서는 기존 방침을 고수하기로 결정했으나, 무토가 위원장으로 있었던 탄노의 중앙투쟁위원회는 1차 파업을 18일로 연기하기로 했고, 하라구치의 전광도 이를 따랐다. 그 때문에 1차 파업의 규모는 예정보다 축소되었다. 그뿐만 아니라 기무라 도쿠타로 법무총재[법무청의 최고 고문]의 반대로 요시다케 노동장관의 타협안이 누락된 법안이 17일에 국회로 송부되었다. 따라서 노동운동사상 전례가 없는 대규모의 노투 2차 파업이 탄노와 전광도 참가한 가운데 전개되었으나, 4월 23일 탄노의 제4차 임시대회에서는 무토의 책임 문제가 크게 불거졌다.

밸루와 이케하라에 따르면 이 탄노 임시대회에서는 노동자농민당·좌파사회당·산별회의·노동자동지회 등의 활동가들이 모여 무토의 퇴진을 요구하는 대규모의 선전 활동을 전개했다. 무토를 옹호한다면서 단상에 오른 다카노도 통일 행동의 필요성을 역설해 암암리에 무토를 비판했다. 그 와중에 좌파 대의원들은 앞 대회에서 결정한 사항을 위반하고 계급적 연대를 방기해 1차 파업에 참가하지 않기로 한 무토 등을 강력히 비판했다. 결국 불신임안이 가결되어 무토와 그 집행부는 퇴진할 수밖에 없었다. 다카노가 그 반사이익을 얻었다. 탄노 집행부가 좌파 쪽으로 넘어갔을뿐더러 탄노 위원장에서 물러난 무토가 총평 의장도 사임할 수밖에 없었기에, 다카노 사무국장의 주도권이 더욱 굳어진 것이다. 이케하라는 4월 22일, "일본이 독립을 회복한 것을 틈타 일본 정부가 반동적인 움직임을 보여 무토·하라구치·후지타 등 온건한 노조 지도자들이 현재 지극히 곤란한 상황에 처해 있다."라는 내용의 편지를 부라티에게 보냈다.[206]

다만 다카노는 노동자동지회에 더 많이 의존하면서도 '노투'를 지원하는 국제자유노련에는 호의적인 태도를 보이고 있었다. 다카노는 5월 27일 로버트 머피 주일 미국 대사와 회견해, 국제자유노련을 통해 자유주의 노조들과 적극 제휴할 의사를 전했다.[207] 밸루 노동관도 다카노의 뜻에 따라 관공노조 지도자 여럿이 총평의 국제자유노련 일괄 가입 찬성으로 돌아섰다는 정보를 듣고 있었다.[208] 이는 총평 제3회 대회에 제출된 운동방침안에도 반영되었다. 즉 다카노가 작성한 운동방침 1차·2차 시안은 총평 결성 후 국제자유노련과의 연대 관계를 언급하면서 "서방 노동자의 80퍼센트를 포괄하는 통일된 무대 위에서 아시아 노동자의 주장을 제기하고, 이를 통해 민주적 평화세력이 결집해야 한다."는 관점에서 "총평의 국제자유노련 일괄 가입 방침을 승인한다."라고 명기했다. 제3회 대회를 앞두고 총평 내에서는 앞 대회에서 보류된 일괄 가입의 분위기가 고조되고 있었다.

그런데 5월부터 6월에 걸쳐 열린 각 산별 조직들의 대회에서는 '노투' 파업을 배경으로 좌파의 주도권이 강화되어 국제자유노련에 대한 비판이 커졌다. 그리고 7월 4일에 설치된 총평 대회 의안작성 소위원회는 노동자동지회 소속 위원들의 주장에 따라 국제자유노련 일괄 가입을 부정하는 방침을 정했다.[209] 저간의 사정에 대해 해원조합의 니시마키 도시오 국제부장은 국제자유노련에 다음과 같이 보고했다.

다카노가 집필한 올해 운동방침 1차 시안은, 앞서 보고했듯이, 우리를 충분히 만족시킬 정도는 아니지만 총평의 국제자유노련 일괄 가입을 여전히 분명하게 지지하는 것이었다. 더욱이 다카노는 영미 양국 대사관의 노동관들을 자주 방문해, 진심으로 국제자유노련 가입을 바라고 있으며 이를 위해 적극 노력하고 있다고 선전했다. "차기 총평 대회를 크게 기대하고 있다."고 보고한 것은 그 무렵이었다. 다카노는 그가 영향력을 가지고 있던 노동자동지회 회원들을 일단 설득했는데, 좌파사회당과 노동자농민당의 지도자들이 강하게 요구함에 따라, 이윽고 이들이 다시 태도를 바꾸어 국제자유노련을 비판하고 나섰다. 따라서 다카노는 '국제자유노련 가입' 항목을 초안에서 삭제할 수밖에 없었다.[210]

총평의 제3회 대회는 7월 22일부터 사흘 일정으로 열렸다. 국제자유노련 일괄 가입 문제가 최대 쟁점이었다. 전광·해원조합·전섬동맹의 세 산별 조직은 "국제자유노련의 경과 및 그에 대한 비판들을 고려해, 가입 문제는 각 노조들의 자유로운 의사를 존중한다."는 운동방침안에 반대해 일괄 가입안을 공동으로 제출했다. 그러나 이 제안은 세 조직 외에는 도시교통만 찬성해 164 대 42로 부결되고 원안이 결정되었다. 규약상 필요한 3분의 2에 미달한 것은 물론, 과반수의 찬성을 얻었던 앞 대회에 비해서도 압도적인 차이로 부결되었는데, 이는 총평의 국제자유노련 일괄 가입 가능성이 완전히 사라졌음을 뜻하는 것이었다.[211] 타운센트도 이 대회에 참석해 첫날 국제자유노련 일괄 가입을 열렬히 호소하는 연설을 했지만, 전혀 효과가 없었다. 타운센트가 이 대회장에서 목격한 것은 국제자유노련과 미국에 대한 강한 반감, 그리고 "타운센트 고 홈!", "트루먼의 개, 타운센트"라고 쓰인 벽보들뿐이었다.[212] 점령 종결 후 뚜렷이 고조된 반미 감정이 미국의 AFL과 CIO가 주요 가입 조직인 국제자유노련에까지 미친 것이다.

이 제3회 대회를 계기로 총평 내에서 노동자동지회를 중심으로 하는 좌파의 패권이 확립되었다. 즉 다카노 사무국장이 재선되었을 뿐만 아니라, "평화 4원칙을 지지하고 양[강화·안보] 조약에 반대하는 입장의 후보자들 중 다수를 국회에 보내기 위해 사회당 좌파를 중심으로 제 정당과 긴밀히 연락해 선거투쟁을 전개한다."라고 하여, 좌파사회당에 대한 배타적 지지가 운동방침으로 결정되었다. 또한 재군비 반대, 노동법규 개정 반대와도 관련해 저임금 타파를 내세운 "임금강령"이 정식으로 결정되어, 이론생계비(장바구니market basket)◆ 방식에 따라 최저 수령액 7만 엔 실현, 전쟁 전 임금수준인 평균 수령액 2만5천 엔 즉시 회복, 8천 엔의 최저임금제 실시 등 급진적인 요구가 제기되었다. 이는 "국민경제력과의 정합 관계"를 중시하는 기본 강령의 방침과 결별하고 경영자와의 대결을 분명히 한 것이었다. 11월 25일의 평의원회에서 (구)전노련 계열의 전항만과 전자동차全自動車의 가입이 승인되었다. 평화 4원칙에 입각한 노동자동지회는 제3세력론, 중립주의 입장에 섰으나 총평은 공산주의자들에게 점차 문호를 개방해 갔다.

위원장그룹의 유력 회원이었던 전광의 하라구치 위원장은 10월 27일 부라티에게 보낸 편지에서, "처음에 나와 다카노, 무토는 완전히 같은 의견이었으나 점차 다카노는 우리와 거리가 멀어졌다."고 회상했다. 그리고 부라티가 일본을 떠난 뒤 일어난 사태에 대해 다음과 같이 적었다.

◆ 가계 조사에 근거한 실체생계비와 달리 이론적·과학적으로 설정된 '표준 가구'에 필요한 재화와 서비스의 양을 산정하고, 이를 시장가격으로 환산하는 생계비. 그 산정 방법 중 하나가 장바구니 방식이다.

내가 무토, 사철의 후지타와 함께 총평의 극좌적이고 정치적인 성격을 바꾸려고 했을 때, 다카노는 자신의 지위를 유지하고자 특정 집단을 이용하기 시작했다. 그것이 노동자동지회. 노동자동지회가 막 결성되었을 때만 해도 그다지 나쁜 조직이 아니었다. 그러나 서서히 좌경화되어 공산주의 지도자들을 포함하게 되고, 급기야 산별회의, 그리고 총평에 비판적인 중립계 노조 소속원들을 환영하기에 이르렀다. …… 극단적으로 말해 총평은 또 하나의 전노련이 되어 갔다.[213]

반공주의 노조 중앙 조직으로서 부라티의 대대적 지원을 받아 결성된 총평은 한국전쟁이 발발한 뒤 다카노와 노동자동지회의 주도 아래 좌경화되어, 제3회 대회를 계기로 친親공산주의로 기울어 갔다.

한편, 총평 제3회 대회를 앞둔 7월 1일, AFL의 아시아 대표로서 디버랄이 일본에 왔다. 부라티 당시부터 총사령부 노동과로부터 철저하게 배척당했던 디버랄은 점령이 종결되면서 비로소 일본에 입국할 수 있었다. 그에 앞서 3월 28일 디버랄의 상사인 러브스톤은 일본 부임을 앞두고 있던 머피 대사를 만나, 요시다 내각의 반동적인 노동정책에 대한 우려를 표시하고 공산당의 노조 침투를 저지할 필요성을 역설하며, 디버랄과 긴밀히 협력하라고 당부했다. 러브스톤은 일본 노조의 다수는 중립주의자들과 공산당 동조자들에게 장악되어 있다고 생각했다.[214] 중요한 점은 AFL이 국제자유노련과 별도로 도쿄에 대표부를 설치하고 독자적인 활동을 하고 있었다는 사실이다. AFL과 국제자유노련은 여러 문제들을 둘러싸고 갈등을 드러냈고, 미국 국무부도 디버랄과 타운센트의 대립을 우려하고 있었다.[215] 하라구치 등 위원장그룹과 긴밀한 관계였던 타운센트와는 달리 디버랄은 총동맹을 지지하고 있었다.

제2장

전노의 결성과
생산성운동의 개시

1. 다카노의 총평 지도와 국제자유노련

국제자유노련과 민노련의 결성

1952년 7월 22일부터 열린 총평 제3회 대회에서 국제자유노련 일괄 가입안이 부결되자, 가입안을 공동 제안했던 전섬동맹·해원조합·전광의 세 산별 조직은 총평과의 관계를 재검토할 수밖에 없었다. 그중에서 전섬동맹과 해원조합은 총평의 운영을 책임지지 않는다는 이유로 총평 본부에 임원을 파견하지 않았다. 그리고 전섬동맹은 7월 28일 제7회 대회를 열고 "민간 산업 노조의 통일에 관한 건"을 채택해, 노동전선 재편에 나서겠다는 결의를 표명했다. 이 결의는 "민간 산업에서 진짜 민주적인 노동조합"이면서 또 "국제자유노련의 강령·규약·결의에 찬동하고 이를 지킬 노동조합들"을 결집시키자는 취지였다. 그러나 해원조합·사철총련·전광 등 총평 산하 산별 조직들에 더해 조선련·전금동맹全金同盟·전화동맹全化同盟·전국식품·일광 등 총동맹 산하 산별 조직들도 대상으로 열거한 것은, 총평의 좌경화와 더불어 일본 노조운동의 좌우 양극화 경향을 여실히 보여 준다. 총동맹은 8월 22일 열린 제7회 대회에서 전섬동맹의 이 방침에 찬성하고 적극적으로 협력하기로 결정했다.[1]

하지만 전섬동맹의 구상에서 결집 축으로 상정되었던 국제자유노련은 이에 비판적이었다. 아시아 지역 조직의 문가트 서기장은 8월 1일, 다카노 총평 사무국장의 전술이 국제자유노련 가입 조직들을 본래 의도보다 더 우경화시켜 극우파인 총동맹과 손잡게 하고 있다는 사실을 우려하고 있다고 본부의 크레인 지역활동과장에게 편지를 보냈다.[2] 일본에 머물고 있던 타운센트도 총평이 분열해 그와 대립하는 전국 중앙 조직이 출현하는 것은 바람직하지 않고, 국제자유노련에 충실한 노조들이 극우에 휘둘릴 위험에 주의해야 한다고 생각하고 있었다. 올덴브록 서기장도 같은 의견이어서, 좌우파의 대립을 억제하기 위해 가입조합협의회를 폭넓은 조직으로 유지해야 한다고 타운센트에게 전달했다(8월 16일). 국제자유노련에는 전섬동맹, 해원조합, 전광, 그리고 일교조, 국철노조, 탄노, 전체, 사철총련, 일방노가 아직 가입해 있었다. 총동맹은 미가입이었다. 올덴브록은 총평의 결정이 산별 조직의 국제자유노련 가입을 가로막지 않게 될 것을 희망하고 있었다.[3]

또 전광의 하라구치 위원장도 "고색창연한 총동맹의 추락한 지도부를 포함하는 블록을 형성하려는 구상"에 반대했다. 국제자유노련의 아시아지역 서기국에서 일하고 있었던 오쿠라 아사히 앞으로 보낸 편지에 따르면, 총평이 국제자유노련에 일괄 가입할 가능성은 거의 사라졌으나 거기에 머물러 있는 현재 상황에 반대할 수밖에 없다는 것이 하라구치의 의견이었다. 그리고 그는 그 시도가 실패로 끝나 총평이 사실상 전노련으로 변하기 시작한 지금은 가입조합협의회를 강화해 전국 중앙 조직으로 전환할 수밖에 없다고 생각했다.[4] 민간 노조를 결집시킨다는 전섬동맹의 방침은 총평 제3회 대회에서 협력했던 전광의 동의조차 얻지 못했다. 하라구치는 10월 중순 미국 대사관의 프랭크 워링 참사관과 회담해, 총평을 건전한 통일 조직으로 만드는 노력이 우선이고 총평을 분열시켜 새로운 중앙 조직을 결성하는 것은 졸속이라고 말한 뒤, 해원조합·전광·사철총련의 세 산별 조직이 다음 대회까지 총평의 내부 개혁을 하는 데 노력해 전섬동맹의 지나친 행동을 억제하는 한편, 관공노조의 좌파적 정치 편향을 바로잡아야 한다는 데 의견이 일치했다고 말했다.[5]

전섬동맹 집행부도 이견이 있어 총평과 총동맹의 관계에 대해 충분한 합의는 없었다. 전섬동맹의 핵심 세력인 우파 중 온건파였던 다키타 미노루 회장은 11월 14일 워링과의 회담에서 전섬동맹이 지금의 총평보다는 총동맹과 이념적으로 친근함이 있다고 인정하면서도, "민간 산별 조직들을 결집시키려 한 것은 총평을 분열시키자는 것이 아니라 1940년대 말 민동파가 추진했던 민주화 운동을 부활시키자는 것"이라고 말했다. 또한 다키타는 "이 구상을 실현하기 위해 총동맹의 협력을 구하자고 주장하는 간부들도 전섬에는 있지만, 나는 그에 반대하고 있다."고 덧붙였다. 대부분의 노동운동가들은 총동맹을 '회사 노조의 연합체'라 보고 있어서, 그와 협력하면 현장 활동가들의 오해를 사게 될 것이기 때문이라고 그는 말했다.[6] 경영자와 유착하는 체질을 지닌 총동맹에 대한 불신은 과거 그 산하 조직이었던 전섬동맹에서도 뿌리가 깊었다. 전섬동맹을 총평에 묶어 두고 총동맹으로부터 떼어내기가 결코 불가능한 일은 아니었다.

타운센트는 국제자유노련의 특사로 7월 15일 일본에 온 이후 도쿄에 사무소를 두고 『자유노련주보』라는 주간 소식지를 발간하는 한편, 노조 지도자들을 광범위하게 접촉했다. 그 활동을 지원한 것은 미국 대사관의 밸루 노동관, 통역인 이케하라 후지, 전광의 하라구치 위원장 등 CIO의 부라티가 구축한 인맥들이었다.[7] 총평의 분열을 방지하고 국제자유노련에 결합시키는 것이 그들의 공통의 목표였으나, 무엇보다도 국제자유노련에 대한 오해를 풀 필요가 있다고 타운센트는 생각했다. 국제자유노련이 강화·안보 조약에 찬성하고 재군비를 지지하고 있다는 세계노련과 공산당의 선전은 좌파 노조 지도자들뿐만 아니라 우파들조차도 폭넓게 받아들이고 있었다. 국제자유노련은 세계 지배를 획책하는 제국주의자들의 앞잡이이고, 그 방침은 소련과 중국 등 공산주의 나라들에 대해 제3차 세계대전을 일으키려는 것이라는 발언을 타운센트는 계속 듣고 있었다. 그는 9월 25일 열린 국제자유노련 지역활동기금위원회에 중간보고를 제출해, 대일 활동을 강화하기 위해 도쿄에 상설 사무소를 설치하고 일본 노조 지도자를 소장으로 앉힐 것을 제안하면서 후보자로 하라구치를 추천했다.[8]

타운센트의 최종 보고서는 12월 1일부터 5일 동안 뉴욕에서 열린 집행위원회에 제출되었다. 그 요지는 다음과 같다. '즉 총평은 급진 좌파가 지배하게 되어 다카노 사무국장은 공산당 노선을 따르고 있는 듯하다. 총평 제3회 대회가 국제자유노련 일괄 가입안을 부결시켰으므로, 공산당계 노조들이 총평 가입 의사를 밝히고 있다. 이것이 현실화되면 총평은 과거의 전노련처럼 될 것이다. 그러나 총평의 운명은 아직 결정되지 않았다. 지금 해야 할 일은 총평을 건전한 조직으로 만들고자 투쟁하는 것이고, 총평을 탈퇴해 따로 중앙 조직을 꾸리는 것은 시기상조일 뿐만 아니라 오류이다. 회사 노조의 오명을 등에 지고 있는 총동맹은 총평에 대항하는 중앙 조직이 될 수 없고, 전섬동맹이 과도하게 총동맹에 접근하는 것은 막아야만 한다. 해원조합·전광·사철총련 등 민간 산별 조직들은 차기 대회까지 총평의 개선을 위해 노력할 것이라고 전망한다. 이에 더해, 국제자유노련에 대한 오해를 해소하려면 대일 활동을 적극적으로 실시할 필요가 있고, 그렇게 하면 커다란 변화가 기대된다. 이런 이유로 도쿄에 상설 사무소를 설치하고 평판이 높은 일본 노조 지도자를 소장에 앉혀야 한다.'[9]

타운센트 보고서는 12월 5일에 논의되어 해원조합 국제부장 니시마키 도시오 집행위원도 적극 찬성해 전원 일치로 채택되었다.[10] 니시마키는 12월 9일 미국 국무부의 설리번 등과 가진 회담에서 이 결정은 자기들의 견해와 일치한다고 말했다.[11] 그러나 그로부터 약 1개월 전인 11월 12일, 해원조합의 와다 하루오 조직부장은 미국 대사관의 워링과 가진 회담에서 전섬동맹이 주장하는 민간 노조 결집 구상은 총평의 분열을 목표로 한 것이 아니라 지금의 총평 지도부에 비판적인 총평 내외의 노조들을 모으려는 것이라고 설명하면서도, "이런 노력이 실패로 끝난다면, 이 운동은 총평 탈퇴, 새로운 중앙 조직 결성으로 이어질 것이다."라고 말했다.[12] 요컨대 니시마키가 전광에 가까운 입장을 지녔던 데 비해 와다는 전섬동맹에 가까운 입장이었다. 해원조합은 니시마키가 부재했던 11월 30일에 제11회 대회를 열고, "국내 노동 전선 통일에 관하여"라는 의안을 채택해, 민주적 노동조합주의와 국제자유노련과의 연대라는 결성 당시의 2대 원칙으로 총평이 복귀하도록 노력하면서, 총평에서 탈퇴할 필요성이 있다면 이를 결정할 권한을 전국평의회에 부여하기로 결정했다.[13]

총평 내부의 좌우 양극화 경향은 전산과 탄노를 주축으로 하는 가을 투쟁을 지나면서 더 격화되었다. 후지타 스스무 총평 의장이 위원장이었던 전산은 이론생계비 방식에 따른 대폭 임금 인상을 요구하면서 9월 24일의 제1차 단전斷電 파업을 실시했으나, 경영자의 강경한 자세, 여론의 비판, 제2 노조 결성 등의 난관에 직면했다. 탄노도 10월 13일에 24시간 파업, 17일에는 무기한 파업에 돌입하고, 11월 11일부터 갱내의 안전 유지 보안 요원을 감축하는 전술을 사용했으나, 그 사흘 뒤인 11월 14일, 전위원장인 무토 다케오가 이끄는 조반常磐[상반]지방연합회가 파업에서 이탈해 12월 20일에 '상탄련'을 결성했다. 17차에 걸친 단전·정전斷電·停電 파업과 63일에 이른 탄노 파업이, 급진적 전술을 펼쳤음에도 아무런 경제적 성과를 얻지 못하고 끝나자, 전섬동맹과 해원조합은 일방노, 전영연과 함께 12월 26일 "총평 지도 방침 비판 : 민주적 노동조합의 입장에 서서"라는 제목의 공동성명, 이른바 '4산별 비판'을 발표했다. 여기에서 이들은 "현실을 무시한 투쟁 지도", "정치

투쟁의 행동 부대 편향", "공산당과 대동소이한 선전"을 문제점으로 열거하면서 총평은 그 기본 강령 노선으로 복귀해야 한다고 주장했다.

1953년 1월 7일, 전섬동맹·해원조합·일방노·전영연 등 총평 산하 네 산별 조직들은 총동맹, 상탄련과 더불어 민노련民労連 결성에 합의해, 1월 21일 준비회를 거쳐 2월 14일 설립을 마쳤다. 국철신생민동 등에서 개인적으로 가입한 사례는 있었지만, 민노련은 과거 민노연民労研과는 달리 단체 가입을 기본으로 했다. 창립 취지문은 총평 기본 강령의 준수를 강조해, "총평이 그 편향을 개혁하여 창립의 정신으로 돌아가, 민주적 노조들의 일대 거점으로서 명실상부하게 준비된 조직이 될 것"을 요구했다. 그런 의미에서 총평의 내부 개혁은 단념되지 않고 있었다. 서기장·사무국장에 해당하는 상임간사에 취임한 해원조합의 와다 조직부장도 3월 5일 미국 대사관의 알렌 테일러 부副노동관과의 회담에서, 민노련은 총평에 대항하는 중앙 조직을 직접 결성할 의도가 없고, 차기 대회에서도 총평을 분열시키지는 않을 것이라고 말했다. 그러나 총동맹과 상탄련 등 총평 외부 노조들과 조직적으로 결합했다는 것은 사실상 새로운 전국 중앙 조직의 결성을 준비하는 것이었다. 와다도 총평 내에서 지지 확대가 불가능할 경우 총평 탈퇴를 생각할 수밖에 없으리라고 말했다.[14]

국제자유노련 도쿄 사무소의 설치

국제자유노련은 1952년 12월 집행위원회 회의 후 도쿄 사무소 설치를 진행했다. 가장 중요한 문제는 그 책임자 인선이었다. 후보자는 둘로 압축되었다. 한 사람은 전광 위원장으로 국제자유노련 아시아지역위원인 하라구치 유키타카, 다른 한 사람은 해원조합 국제부장으로 국제자유노련 집행위원인 니시마키 도시오였다. 민노련 결성이 진행되고 새로운 중앙 조직이 결성되리라는 말이 나돌던 가운데, 이 인선은 국제자유노련의 대일 정책 방향을 결정한다는 의미를 지닌 것이었다. 해원조합의 니시마키는 전광의 하라구치보다 총평 집행부에 더 비판적이었고, 그가 소장이 되면 도쿄 사무소는 반좌파 경향이 뚜렷해질 것이다. 국제자유노련이 총평과의 관계를 개선하고 노동조합들과 폭넓게 접촉할 수 있으려면 하라구치가 낫다는 것이 중론이었다.[15] 앞서 말했듯이 니시마키는 개인적으로는 민노련 결성에 비판적이어서 해원조합의 방침과 부대끼고 있었다. 그가 보기에도 '4산별 비판'에 참여하지 않고 밖에서 간접적으로 그것을 지원한 전광의 하라구치가 더 적절하다고 생각되었다. 니시마키는 1953년 1월 9일 올덴브록에게 보낸 편지에서 이런 취지를 설명하고 하라구치를 추천했다.[16]

하라구치는 아시아 지역 조직의 문가트 서기장과 본부의 올덴브록 서기장에게 거듭 편지를 보내 민노련 결성에 관한 자기 생각을 설명했다. 지금 총평의 잘못된 지도 방침을 비판하는 데서는 전섬동맹·해원노조·일방노·전영연의 네 산별을 전적으로 지지하지만, 총동맹을 위시한 총평 밖의 극우 세력과 회사 노조, 제2 노조에 휘둘려 총평을 분열시키는 데는 단호히 반대한다는 것이었다. 하라구치는 국제자유노련도 자기들의 입장을 지지할 것으로 생각한다고 말하고, '4산별 비판'을 정독하고 혹 발언할 일이 있으면 노동 전선 통일의 필요성을 강조하라고 요청했다.[17] 2월 9~10일에 열린 지역활동기금위원회는 하라구치와 니시마키의 보고를 듣고 도쿄 사무소 소장 인선에 들어갔다. 이 자리에서 올덴브록은 총평의 분열에 대해서는 타운센트는 물론 자기도 반대이며, 그 관점에서 니시마키보다 하라구치 쪽이 좋겠다고 역설해 결국 그렇게 결정되었다.[18] 국제자유노련은 민노련을 지원한다는 좌파의 비판과는 달리 민노련과 거리를 두고 있었다.

국제자유노련 도쿄 사무소는 3월 4일 문가트가 일본에 와서 준비 작업을 한 뒤 4월 1일 개소했다. 여기가 부라티 인맥의 결집처였다는 점이 중요하다. 소장에 취임한 하라구치는 미국 대사관에서 일하던 이케다 후지, 인도 캘커타의 '아시아지역 서기국'에서 서기로 일하던 호쿠라 아사히를 불러들였다.[19] 반공주의를 띠면서도 전투적인 노조들을 결집시키겠다는, 총평 출범 시의 정신은 기본 강령으로 복귀하라고 주장하는 민노련보다 전광의 하라구치 등으로 이어지고 있었다. 도쿄 사무소는 가입조합협의회의 사무국이 아니라 벨기에 브뤼셀의 국제자유노련 본부가 직할하는 사무국이었다. 도쿄 사무소는 일본의 노동 정세를 본부 서기국, 아시아지역 서기국에 보고하는 동시에 국제자유노련의 목적과 활동에 관한 정보를 일본의 노조들에게 제공해, 국제자유노련 가입 조합들은 물론이고 미가입 총평 노조들과도 서로 이해를 높이는 역할을 담당했다. 주요 활동은 출판과 선전이었다. 타운센트 사무소가 발행하던 『자유노련 주보』를 이어받아 월 3회, 1만1천 부 발행했고, 기타 팸플릿, 리플릿, 포스터, 강연회 등도 활용했다.[20]

국제자유노련이 일본 노조들의 믿음을 얻으려면 투쟁을 지원해 국제 연대의 필요성을 인식시키는 방법이 가장 효과적이었다. 63일 파업을 실시한 탄노에 1천 파운드의 자금을 지원[21]했던 국제자유노련은, 일교조의 '의무교육학교 직원법(안)' 반대 투쟁에 대해서도 국제자유교원조합연맹의 어빈 쿠엔즐리 위원장을 일본에 파견해 적극 지원했다. 또 1952년 말의 휴가투쟁 등을 이유로 국철노조의 야마토 요이치 등 노조 3역이 공노법公勞法(공공기업체 등 노동관계법) 위반으로 해고되었는데, 국철노조의 요청에 따라 문가트가 노동성과 국철 당국을 방문해 항의했다. 도쿄 사무소 개소 1주 전인 3월 24일, 하라구치는 올덴브룩에게 편지를 보내, 일교조가 기관지에서 국제자유노련의 지원을 대대적으로 다룬 뒤 총평의 기관지가 쿠엔즐리에 관한 기사를 게재하는 등, 이런 행동이 얼마나 크게 환영받고 있는지를 설명했다. 그리고 투쟁을 지원하고 억압적인 노동정책에 반대하는 의견을 표명하는 것이 일본 노조들이 국제자유노련을 더 잘 이해할 수 있게 하는 기회가 되리라고 말했다.[22]

그러나 국제자유노련을 둘러싼 정세는 다시금 악화되고 있었다. 미국 대사관은 1952년 12월 16일의 국무부에 보낸 전보에서 일본 노조 중 전섬동맹·해원조합·일방노·전광·사철총련의 5개 산별 64만7천 명이 국제자유노련에 충실한 우파이고, 일교조·국철노조·전체·탄노·도시교통의 5개 산별 129만 명이 국제자유노련에 비판적인 좌파라고 분류했다.[23] 대체로 타당한 분석이었다. 그런데 1953년 4월 1일 문가트가 올덴브록에게 보낸 편지에는 다음과 같은 분석이 담겨 있었다. '전섬동맹·해원조합·일방노·전광은 국제자유노련을 전적으로 지지하기에 탈퇴할 가능성은 전혀 없다. 사철총련과 탄노는 국제자유노련에 비판적인 조합원이 적지 않아 앞선 대회에서 탈퇴안이 제출된 바 있다(결과는 부결). 도시교통은 좌파이지만 하라구치와 니시마키의 노력으로 작년에 겨우 가입했다. 일교조·국철노조·전체는 국제자유노련 비판 세력이 많아 차기 대회에서 탈퇴할 가능성이 있다.'[24] 요컨대 도쿄 사무소 개소 당시 사철총련은 좌파로 바뀌고 전섬동맹·해원조합·일방노는 민노련 결성으로 나가고 있어서, 국제자유노련의 방침을 완전히 따르는 조직은 전광뿐이었다. 가입조합협의회라는 발판이 공중분해 될 위기에 처해 있었던 것이다.

게다가 총평은 다카노의 지도하에 더 좌경화되어 갔다.[25] 중립주의를 주창하며 동서 양대 진영에 대응해 제3세력을 결집시킨다는 입장에서 국제자유노련의 서구 편향을 비판한 총평은, 제3회 대회에서 채택한 운동방침에 '아시아 노조회의'의 개최를 포함시켰다. 그리고 1953년 1월 6일에서 15일에 걸쳐 버마(미얀마)의 랑군(양곤)에서 열린 '아시아 사회당 회의'에 다카노 사무국장이 참석해 이 구상을 제안하고, 아시아 사회주의정당의 지도자들 및 중국공산당 관계자들과도 접촉했다. 그리고 2월 10일 총평 평의원회는 9월에 일본에서 ILO의 '아시아 지역회의'가 열리는 데 발맞춰 아시아 노조회의를 개최하기로 결정했다. 이 평의회에서는 아이젠하워 정권의 '롤백roll back 정책'◆을 비판하고, 한국전쟁의 즉각 정전을 주장하는 성명도 결정되었다. 이 성명을 다카노로부터 전달받은 CIO의 월터 루더 회장은 3월 23일 답장을 보내 한국전쟁을 일으킨 북한과 이를 지원하고 개입한 중국의 책임을 묵과해서는 안 되고, 소련의 팽창주의를 생각할 때 중립주의란 항복주의에 불과하다는 등 비판을 가했으나,[26] 총평의 태도를 변화시킬 수는 없었다.

공산당이 지배하는 중국과 총평의 관계가 깊어지고 있었음에 유의해야 한다. 중국 억류 일본인의 인수 교섭을 위해 1953년 1월 31일 일본 적십자사를 중심으로 하는 대표단이 중국으로 갔다. 여기에 일교조의 히라가키 미요시 서기차장이 총평의 메시지를 가지고 참가한 것을 계기로 중화전국총공회와의 교류가 시작되고, 그 뒤 총평 산하 노조 간부들이 귀환선에 동승해 방문함으로써 중국과의 관계는 긴밀해졌다. 그리고 이런 흐름에는, 3월 5일 스탈린이 사망하면서 한국전쟁 휴전 움직임이 본격화된 것이 결정적 계기가 되었다. 한국전쟁에 참전한 중

◆ 1952년 취임한 아이젠하워 대통령과 덜레스 국무장관이 주창한 미국의 적극적인 대소련 강경 정책. 전쟁 외의 다양한 방식(심리 선전전, 경제원조, 정보기관의 비밀 개입 등)을 통해 소련권 나라들을 이탈 및 분리시키려는 정책이었다.

국과의 관계가 개선될 가능성이 열림과 동시에, 휴전에 따라 줄어들 것으로 예상되는 미국으로부터의 수요를 중국과의 무역이 대신할 수 있으리라는 기대가 커졌다. 총평은 대미 종속에 따른 소모적인 군사 경제화를 비판하고, 중국 무역을 주축으로 확대재생산적이고 자립적인 평화 경제를 건설할 것을 주장하며, 중국 등 공산주의 나라들과의 관계 개선을 강조해 왔는데, 이런 방침을 더욱 강화하게 되었다.

그러던 중, 총평 내부에서 동서 어느 진영에도 의탁하지 않는 중립을 고수한다는 종래의 제3 세력론을 넘어서서 중소 양국 등을 평화를 바라는 세력으로 보는 평화세력론이 대두했고, 이는 국제자유노련 가입 노조들에게 심각한 영향을 미쳤다. 노동자동지회가 대표하는 제3세력론자들은 국제자유노련보다 세계노련에 대해 더 비판적이었고, 국제자유노련은 노동조합 국제 연대의 장이 될 수 있다고 평가하고 있었다. 일교조·국철노조·전체·탄노 등 좌파 산별 조직들은 이를 서구 편중적이라고 비판하면서도 국제자유노련 가입 및 우호 관계를 유지하고자 노력해 왔다. 이에 비해 평화세력 논자들은 국제자유노련에서 탈퇴할 것을 주장했다. 한국전쟁에서 유엔군의 행동을 지지하고 재군비와 강화·안보 양 조약에 찬성하는 국제자유노련은 미국을 필두로 하는 전쟁 세력과 연계된 국제 노동 조직이라는 이유에서였다. 공산주의 및 그 동조자들은 전부터 국제자유노련에 대해 이런 태도를 취해 왔으나, 총평의 주류였던 민동좌파의 일부가 이에 동조하고 나선 것은 무시할 수 없는 변화였다.[27]

국철노조는 6월 12일부터 5일간의 일정으로 제12회 대회를 열었다. 그 분위기는 전년도의 대회와는 크게 달랐다. 전에는 심한 야유를 받았던 공산주의자의 연설도 경청되고, 중화전국총공회를 중심으로 아시아 노동자와 연대해 미국 등 서방 진영에 맞서야 한다는 주장이 강하게 대두되었다. 그러던 중, 공산당에 가까운 입장이었던 혁동파는 국제자유노련 탈퇴를 주장하는 긴급동의를 제출한다. 미국의 AFL과 CIO가 주도하는 국제자유노련은 서구에 치우친 조직에 불과하고, 강화·안보 조약과 재군비, 그리고 한국전쟁에서의 유엔의 군사행동을 지지하고 있는 등 국철노조와 방침이 다른 이상 즉시 탈퇴해야 한다는 주장이었다. 이에 대해 민동좌파는 국제자유노련에는 비판적인 입장이지만 국제적 연대를 유지하기 위해 탈퇴해서는 안 된다는 기존 주장을 반복했다. 그러나 민동좌파의 일부가 혁동파에 합류해 188 대 156으로 국제자유노련 탈퇴가 가결되었다. 도쿄 사무소장인 하라구치는 공산당 동조자들이 민동좌파에 대항하는 거대 세력으로 대두해 민동좌파는 상대적으로 중도파가 된 셈이라고 올덴브록에게 보고했다.[28]

이 국철노조의 결정은 사철총련에도 파급되었다. 사철총련도 7월 2일부터 나흘간 열린 제13회 대회에서 국철노조와 마찬가지로 국제자유노련 탈퇴를 요구하는 긴급동의가 제출되어, 찬성 211표, 반대 128표로 가결되었다. 그와 동시에 국철노조보다 한 걸음 더 나아가 국제운수노련 탈퇴도 227표의 다수가 찬성해 가결시켰다. 하라구치에 따르면 사철총련의 이 결정은 국제자유노련을 충분히 이해하지 못한데다가 국철노조 탈퇴에 따른 정서적 영향이 더해진 결과였지만, 이 두 조직이 차례로 탈퇴한 것은 반미 감정의 고조와 세계노련의 선전, 언어 소통의 어려움으로 말미암은 것이기도 했다. 하라구치는 국제 노동 조직과의 연대를 완전히 단절한 사철총련은 다시 국제적 연대를 모색해 국제자유노련에 가입하려 할 수 있다고 보았지만, 그것은 극히 주관적인 희망에 불과했다.[29] 일교조·전체·탄노 등 국철노조와 사철총련 외의 다른 가입 노조들은 1953년의 노조 대회에서 국제자유노련에 잔류하기로 결정했으나, 도쿄 사무소는 잇단 탈퇴 행렬을 막을 효과적인 방법을 찾지 못하고 있었다.

국제자유노련과 국제금속노련

브뤼셀의 국제자유노련 본부는 이런 대일 정책의 위기를 타개할 유력한 방법 중 하나로, 국제 산별 조직들의 활동에 주목했다. 국제 산별 조직들이 대일 활동에 적극 나서도록 요청하자는 것은 집행위원회와 지역활동기금위원회에서 전부터 제기되고 있었다. 국제자유노련은 1953년 3월 31일과 4월 1일에 걸쳐 국제금속노련·국제운수노련·국제관공종업원조합연맹·국제자유교원조합연맹의 4개 조직 대표들을 초치해 회의를 했다.[30] 회의 초두에 취지 설명에 나선 크레인 지역활동과장이 일본 노조운동의 안정화를 위해 국제 산별 조직들이 큰 역할을 해달라고 역설한 데서 보듯이, 국제자유노련의 목표는 총평 내외의 산별 조직들을 국제 산별 조직들에 가입시킴으로써 일본의 노조들을 서방 진영으로 이끄는 것이었다. 국제자유노련은 각국의 총연맹들로 구성된 조직이지만, 국제 산별 조직들은 각 나라의 산별 조직들이 가입하는 산업별 국제조직이었는데, 국제자유노련이 출범한 이후 양자는 긴밀한 관계를 유지하고 있었다.

앞서 말했듯이 국제 산별 조직들을 통제하려 한 것이 세계노련이 분열한 원인 중 하나였다. 이후 국제 산별 조직들은 국제자유노련 결성에 깊이 관여했다. 예컨대 국제자유노련 서기장은 국제운수노련 올덴브록 서기장이 맡았다. 국제자유노련의 창립 규약은 국제 산별 조직들에 대해, 직접 가입 대상이 아니라도 대회에 참가해 토론할 수 있으나 표결권은 없다고 규정하고, 나머지는 사후 협의에 따르기로 했다. 그 뒤 국제 산별 조직의 대표 2명이 국제자유노련 집행위원회에 출석할 권리를 주었고, 또 국제자유노련 사무국에 국제 산별 조직들을 담당하는 연락위원회를 설치했다. 국제자유노련과 국제 산별 조직들과의 관계가 공식화된 것은 1951년 7월에 열린 국제자유노련 제2회 대회에서였다. 양자는 모두 국제 노동운동의 일부이며, 국제 산별 조직들은 국제자유노련의 일반 정책을 받아들이고, 국제자유노련은 산별 조직들의 자주성을 인정한다는 내용으로, 대회 개최지의 이름을 따 '밀라노 합의'라고 부른다.[31]

국제 노동 조직들은 서구와 북미 지역에 편중되었다는 약점이 있었다. 아시아, 아프리카, 남미 등 후진 지역에서의 조직 확대는 양자가 손잡고 일할 최적의 사안이었고, 그중에서도 일본의 위치는 각별했다. 1953년 3월 31일 시작된 국제자유노련과 네 산별 조직들의 회합에는 아시아지역 서기국의 오쿠라 아사히가 준비한 문서가 참고 자료로 배포되었다. 이 문서에 따르면 국철노조·해원조합·사철총련·도시교통·일본교통공사노조가 가입해 있는 국제운수노련, 전체가 가입해 있는 국제우편전신전화노련, 전섬동맹이 참가하고 있는 국제섬유피복노련, 탄노가 소속된 국제광부연맹을 제외하면 국제 산별 조직들의 활동은 일본에서는 거의 알려져 있지 않으며, 이후 조직을 확대할 여지가 크다고 되어 있다. 오쿠라가 가장 주목했던 것은 1백만 명의 노동자 중 76만2천 명을 조직하고 있던, 그럼에도 국제자유노련이나 국제 산별 조직에 가입하지 않고 있던 금속 산업이었다. 오쿠라는 "혹시 국제금속노련이 금속 노동자들에게 접근할 특별 프로그램을 마련하면 성공 가능성이 크다."라고 결론을 내리고 철강노련·기기전기機器電機노련(전기노련의 전신)·전조선의 세 산별 조직과 우선 접촉하라고 권고했다.[32]

이 회합에서 국제관공国公종업원조합연맹의 마틴 볼레 서기장은 이해 여름 3~4개월 동안 공무원의 노조 활동 권리 등을 조사할 사절단을 일본에 파견할 예정이라고 말했다. 국제자유교원조합연맹의 대표는 요시다 내각의 억압적 노동정책에 반대하는 일교조의 투쟁을 지원하고 있다고 말했다. 국제운수노련의 오머 베쿠 서기장은 국제 산별 조직이 협력해 사무소를 설치한 뒤, 일본 노조들과 직접 접촉할 필요가 있다고 주장했다. 그리고 국제금속노련의 콘라드 일그 서기장은 전에 열렸던 ILO 산업별위원회 자리에서 일본의 노동조합과 접촉한 바 있으나,[33] 그 이후로는 전혀 연락이 없다고 말머리를 열고, 일본의 노조들과 직접 관계를 맺기 위해 다음 집행위원회에서 대표 파견을 제안하고 싶다고 말했다. 그는 그 이유로, "일본의 철강과 금속 산업은 유럽의 경쟁 대상이 될 가능성이 있고, 가까운 장래 우리의 노동조건에 영향을 미치게 될 것이다. 그러므로 동일한 노동 기준을 확립하기 위한 조정의 필요성이 크다. 또 일본 노동자들의 생활 조건 개선은 우리가 적극적으로 모색해야 할 중요한 과제다."라고 말했다.

이처럼 모든 참석자들이 국제자유노련의 요청에 전향적인 반응을 보였는데, 가장 환영받은 것이 국제금속노련의 반응이었다. 국제자유노련 아시아 지역 조직의 크레인 지역활동과장은 문가트 서기장에게 보낸 4월 3일자 편지에서 이 회합이 큰 성과를 거두었다고 보고했다. 참가한 국제 산별 조직들이 전과 달리 대일 활동의 중요성을 느끼게 된 것을 이유로 들었다. 특히 국제금속노련이 적극 관심을 보인 것의 의의를 강조했다.[34] 이 회합 이후, 국제자유노련의 올덴브록 서기장은 수차에 걸쳐 국제금속노련의 일그 서기장에서 편지를 보내 5월 29일 전기노련 결성에 관한 정보를 전하는 한편, 유럽 주재 CIO 대표인 빅터 루더와 연락을 취했다.[35] 그의 친형인 월터 루더 회장이 이끄는 전미자동차노조가 국제금속노련의 최대 회원 조직이었기 때문이다. 앞서 말했듯이 월터 루더는 한국전쟁의 즉각적인 정전을 호소하는 총평의 성명을 비판했을 뿐이었는데, 일본의 노동 정세를 우려한 그는 국제자유노련의 요청에 적극적으로 응했다.

기록을 보면, 국제금속노련이 이 문제를 처음 의논한 것은 그해(1953년) 7월 15일부터 이틀간 열린 중앙위원회에서였다. 취지 설명에 나선 일그 서기장은 일본의 금속 산업 노조들을 국제금속노련에 가입시키고자 일본에 1년간 대표를 파견할 것을 제안했다. 일본의 노동조합들이 공산당의 강한 영향 아래 있어서, 서방측에 적대적인 태도를 취하고 있다는 것도 이유 중 하나였다. 국제자유노련의 도쿄 사무소와 협력해 공산주의의 위협에 대항하지 않으면 안 된다고 일그는 역설했다. 또 다른 이유는, 일본의 임금을 인상하고 노동조건을 향상할 필요성이었다. 대량의 실업자가 존재하는 일본은 중국 등 극동 지역에서 시장을 확보한다 해도 저임금을 무기로 서구 나라들의 강력한 경쟁 상대가 될 것이다. 일본의 노동자들과 연대하기 위해서뿐만 아니라 국제금속노련으로 모여 있는 서구 노동자들에 대한 임금 인하 압박을 완화하기 위해서도 일본에서의 조직화는 불가피하다고 일그는 강조했다.

이어서 전미자동차노조의 찰스 레빈슨 대의원이 이 제안의 지지 연설에 나섰다. 그는 국철노조가 국제자유노련을 탈퇴하고 중화전국총공회를 포함하는 아시아 노조회의 설립을 결정했음을 언급하면서, 국제자유노련의 대일 활동을 뒷받침하기 위해 국제금속노련을 지원하고 싶다고 말했다. 구체적으로는 전미자동차노조와 그 상급 단체인 CIO가 국제금속노련의 대표를 일본에 파견할 비용을 모두 부담한다는 제안이었다. 당시 국제 노동운동은 자금을 어떻게 조달할지가 가장 큰 문제의 하나였다. 미국 노조들이 국제 노동운동에서 발언권이 강했던 것은 조직 규모뿐만 아니라 풍부한 자금력 때문이기도 했다. 특히 AFL의 디버랄을 아시아 주재 대표로서 일본에 보냈듯이, CIO가 자신의 대표를 일본에 보낼 수도 있었다. 하지만, 레빈슨에 따르면, 일본의 산별 조직과 연락을 취하는 적절한 주체는 국제 산별 조직이라는 이유에서 그러지 않았을 뿐이다. 일본 파견자는 어디까지나 국제금속노련의 대표여야만 했다.

CIO는 그 후보자를 이미 정해 두었다. 바로 발레리 부라티였다. 이 제안은 만장일치로 결정되었다.[36] 총사령부 노동과에서 근무했었고 일본어에도 정통한, CIO 출신의 부라티가 적임자였다. 또한 협력 상대인 국제자유노련 도쿄 사무소는 그의 과거 동지들이 운영하고 있었다. 그러나 필리핀 마닐라 근무를 끝내고 미국으로 귀국해 있었던 부라티는 모친의 병환으로 부득이 이 제안을 거절했다. 그런데 일본에서는 부라티가 다시 일본에 온다는 정보가 나돌아 두 방향에서 강한 반발이 일었다. 하나는 총평에 대항할 전국 중앙 조직 설립을 꾀하던 민노련이었다. 해원조합의 니시마키 국제부장 등은 국제자유노련 도쿄 사무소를 방문해 하라구치를 만난 자리에서 이에 관한 정보를 요구하면서 반대 운동을 시작할 뜻을 밝혔다. 또 하나는 아이젠하워 정권 이후 한층 보수화되어 가던 미국 대사관으로, 부라티를 저지해야 한다는 압력을 가했다. 하라구치는 이런 움직임에 강하게 반발했다.[37]

국제금속노련은 10월 9일부터 확대자문회의를 열었다. 이 자리에서 부라티를 대신할 후보자를 검토했으나 적당한 후보를 찾지 못해 모든 가입 노조들에 후보자 추천을 의뢰하기로 했다.[38] 그런데 올덴브룩과 함께 일본을 방문한 경험이 있었을 뿐인 DGB의 알빈 칼 부회장이 일본 노조들의 반미 감정을 고려할 때 지금 미국인을 파견하는 것은 현명하지 못한 처사라고 주장했다. 이에 따라 유럽에서 대표를 선정하기로 합의되었다. 부라티는 10월 29일 빅터 루더에게 편지를 보내 조만간 일본에 갈 수 있으리라고 말했지만, 그것이 불가능해졌다는 답변을 들었을 뿐이다.[39] 실의에 빠져 일본을 떠났던 부라티는 일본으로 돌아올 절호의 기회를 잃은 것이다. 국제금속노련은 그 뒤 1954년 3월 1일 열린 중앙위원회에서 이 문제를 다시 협의했다. 루더가 CIO는 여전히 파견 비용을 부담할 뜻이 있다고 말했지만, 유럽에서 적절한 후보자를 찾기는 어려웠다.[40]

총평의 평화세력론과 아시아 노조회의 구상

사철총련이 국제자유노련 탈퇴를 결정한 직후인 1953년 7월 8일, 총평 제4회 대회가 나흘 일정으로 열렸다. 다카노 사무국장이 중심이 되어 집필한 운동방침(안)은 7월 27일로 예상되는 한국전쟁의 휴전을 기점으로 세계 평화의 가능성이 높아지고 있고, MSA(상호안전보장법) 원조를 통해 재군비 경제를 확립하고자 하는 미·일 양국 정부와 독점자본에 대항해 세계 각국의 노동자들과 아시아의 민족 독립운동 등 평화세력과의 연대를 촉진하지 않으면 안 된다는 취지의 내용이었다. 중립 견지를 주창하면서도 기존 운동방침의 핵심이었던 제3세력론은 폐기되고, 중소 양국을 높이 평가하는 등의 평화세력론이 그 기조였다. 국제 노동운동에 대해서도, "국제자유노련과 우호 관계를 취한다."면서도 "자유노련에도 세계노련에도 가입하지 않고 있는 중립 노조들, 그리고 아시아 최대의 노동조합인 중화전국총공회 등과 정보를 교환한다."라고 말하고, 9월에 도쿄에서 열릴 ILO 아시아 지역회의를 계기로 아시아 노조회의를 개최한다는 방침을 확인했다.[41]

민노련에 참가한 전섬동맹·해원조합·전영연·일방노의 네 산별 조직들은 이 운동방침이 기본 강령에서 일탈했다고 비판하며 전면적인 대안을 제출했다. 특히 중요한 점은, "일본이 독립을 완성하고 독립의 기초로서 경제 자립을 달성하기 위해서는", "자유민주주의 나라들의 편에 서"야만 하고, "자유민주주의 나라들의 평화 애호 진보 세력들과의 연대와 협력을 부단히 강화하는 것이 올바른 방향이다."라는 주장이었다. 대미 종속을 심화시키는 요시다 내각과 반동 세력에 맞설 필요성을 지적하면서도 대미 관계의 중요성을 강조하고, 또 해고와 노동강도 강화 등 자본가 중심의 합리화에 대한 반대 투쟁을 주장하면서도 산업의 사회화와 기업의 민주화를 통해 일본 경제를 재건하자고 주창했다. 국제 노동운동에 대해서는 "국제자유노련의 활동에 전면적으로 협력해야 하며, 일본의 노조들은 여기에 가입해야 한다."라고 역설했다. 아시아 노조들과의 연대는 국제자유노련 아시아 지역 조직을 통해 실현해야 하며, 총평의 방침은 국제 노동운동에서 고립되거나 세계노련에 종속되는 결과를 초래한다고 비판했다.[42]

무토 다케오는 '노투 파업' 과정에서 탄노 위원장과 총평 의장 자리에서 밀려나고, 63일 파업 와중에 탄노를 이탈해 '상탄련'을 결성한 뒤 민노련에 참가했었다. 무토와 민노련 상임간사인 와다 하루오 또한 총평 제4회 대회가 열리기 1개월쯤 전에 미국 대사관의 테일러 부노동관을 만나 총평의 분열은 불가피하다는 생각을 전했다. 그들은 앞서 언급한 네 산별 조직의 대안 역시 채택될 가능성은 없다고 전망했다.[43] 결국 분열을 정당화하는 문서에 불과한 네 산별 조직의 공동 제안은 본회의 표결에서 36표를 얻는 데 그쳐 폐기되고, 약간의 수정이 이루어진 원안이 222표를 얻어 통과되었다. 해원조합은 긴급동의로 동독 노동자들의 봉기*을 지원하자는 결의안을 제출하고자 했으나, 본회의 전에 의사議事운영위원회 단계에서 저지당했다. 인선에서도 다카노 사무국장이 세 번째로 연임했다. 이렇게 완전히 패배한 민노련은 7월 21일 간사회의를 열어 새로운 전국 중앙 조직을 결성할 때가 되었다는 인식을 공유하고 네 산별 조직들이 총평 탈퇴를 공식 결의하도록 노력하자고 합의했다.

그런데 국제자유노련은 여전히 총평에 대한 기대를 버리지 않았다. 9월 14일부터 26일까지 ILO 아시아 지역회의가 도쿄에서 열렸고, 그 뒤 9월 28일부터 사흘 일정으로 국제자유노련의 제2회 아시아 지역회의가 역시 도쿄에서 열렸다. 여기에 참석한, 본부의 올덴브록 서기장과 아시아 지역 조직의 문가트 서기장은 민노련의 동향을 사실상 묵살하는 한편, 후지타 도타로 의장, 다카노 사무국장 등 총평 간부들과 거듭 회담을 가져 국제자유노련에 대한 오해를 풀려고 노력했다. 그리고 9월 27일 올덴브록과 후지타의 회담에서 다음과 같은 합의에 도달했다. '총평은 국제자유노련에 가입해 있는 산하 조직들에 탈퇴를 요구할 권한이 없다. 정치 문제에 얼마나 관여할지는 노조들이 스스로 판단해야 한다. 한국전쟁이 북한의 공격으로 시작되었음을 인정한다. 국제자유노련이 일본의 재군비와 강화·안보 조약에 찬성하는 성명을 발표한 사실은 없다. 국제자유노련은 아시아 여러 나라의 생활수준을 향상할 필요성을 인식하고 있으며, 국가 간의 경제적 착취와 정치적 지배에 반대하고 있다.' 그러나 이런 합의 사항들은 공표되지 않았고, 국제자유노련에 대한 이해를 증진하는 효과는 거의 없었다.[44]

총평과 국제자유노련 사이의 거리는 메워지기는커녕 오히려 더 커졌다. 총평은 ILO 아시아 지역회의 무렵에 아시아 노조회의 개최를 추진했는데, 각국 대표들의 찬성을 얻지 못했다. 그러나 그 뒤에도 총평

◆ 1953년 6월 17일 동베를린에서 생산량을 달성하지 못한 건설 노동자들이 임금 삭감에 항의하며 일으킨 봉기가 대규모 대중 봉기로 확산되었다.

은 이 구상을 고수해, 11월 30일부터 열린 국제자유노련 집행위원회는 대책을 협의했다. 이 자리에서 올덴브록은 국제자유노련의 아시아 지역 활동을 방해하고 나아가 해체할 가능성이 있다는 이유에서 "국제자유노련에 대한 선전포고와 같다."고 비판했다. 아시아의 미래는 세계 전체의 흐름과 밀접히 엮여 있다. 아시아 노조회의의 구상은 "아시아인을 위한 아시아"라고 하는, 일본이 전쟁 이전에 내걸었던 슬로건의 재판에 불과하다. 이렇게 생각한 올덴브록은 총평 산하의 국제자유노련 가입 노조들은 당연히 이에 반대해야 하고, 힘을 합하면 그럴 수 있으리라고 말했다. 국제자유노련 집행위원이자 일교조 부위원장인 미야노하라 사다미쓰는 인근 나라의 노동자들과 연대할 필요성을 말했으나, 결국 올덴브록의 발언에 따라 가입조합협의회에 지시를 내리기로 했다.[45]

미야노하라는 귀국 후 총평 산하 국제자유노련 가입 조합인 일교조·전체·탄노·도시교통·전광 등 다섯 산별 조직 대표와 협의해 집행위원회의 결정을 전달하고 이해를 구했다. 그 결과, 5월 12일의 가입조합협의회에서 국제자유노련의 아시아 지역 조직을 지지하고, 그에 대항해 아시아 노조회의를 결성하려는 모든 시도에 반대한다는 결의가 채택되었다. 또한 실현할 수 없는 구상을 추구해서는 안 된다는 관점에서, 총평이 이 구상을 단념하도록 설득하자는 안도 결의되었다. 미야노하라에 따르면 아시아 노조회의 개최에 관한 총평의 기관(공식 기구) 결정에 구속되어 총평과 국제자유노련 사이에 끼인 처지가 된 다섯 산별 조직으로서는 이 정도가 한계였다. 또 미야노하라는 브뤼셀의 집행위원회를 마치고 귀국하던 중에 '아시아 사회당 회의'의 중심지인 버마에 들러, 국제자유노련의 입장을 설명하고 중화전국총공회가 참석하는 회의를 열지 않겠다는 답변을 얻었다. 1954년 5월 24일 열린 국

제자유노련 집행위원회는 이런 미야노하라의 보고를 승인했다.[46]

또 국제자유노련의 하라구치 도쿄 사무소장은 7월 12일 열린 총평 제5회 대회를 앞두고 후지타 총평 의장에게 편지를 보내, 국제자유노련이 "너무나도 서구 편중적이다. …… 일본의 강화·안보 조약을 지지하고 있다. …… 일본의 반공 방위군을 지지하고 있다. …… 한국전쟁에 대한 유엔군의 행동을 지지하고, 일본 노동자들에게 이에 협력할 것을 요구하고 있다."라고 지적한 전년도 운동방침을 비판했다.[47] 그 결과, 총평 제5회 대회에서 채택된 운동방침은 국제자유노련에 대한 비판적 표현을 삼가고, "국제자유노련과의 사이에 가로놓인 오해를 없애고 우호와 연대를 한층 강화한다."라고 강조했다. 인사人事에서는 다카노 사무국장이 4선, 국제자유노련 집행위원인 미야노하라가 부의장 겸 국제부장으로 선출되었다. 올덴브록은 이를 관계 개선을 위한 움직임으로 보고 환영했다.[48] 그러나 양자의 거리가 그렇게 간단히 메워질 수 있는 것은 물론 아니었다. 미야노하라 자신도 이를 잘 알고 있어서, 9월 4일 올덴브록에게 보낸 편지에서, 국제자유노련 집행위원회와 총평 국제부장의 입장 사이에서 곤경에 처할 것 같다고 말했다.[49]

실제로, 국제자유노련과 총평의 갈등은 세계노련 및 그 가입 노조들과의 교류 문제로 한층 심각해졌다. 세계노련은 비공산권의 미가입 노조들에 가입을 요구하기보다는 지역회의에 이들을 초대하는 등 접촉을 늘려 영향력을 키우는 방식으로 전환했다. 1953년 10월 10일 시작된 제3회 대회에서는 노동자들의 통일된 행동과 국제 연대 강화를 주창해 통일전선 방침을 내세웠다. 그리고 탄노·국철노조·일교조 등 총평 산하 산별 조직의 조합원들이 이 대회에 참가한 것을 시작으로 세계노련과 총평의 교류는 질적·양적으로 점점 확대되어, 1954년 들어서는 6월 26일부터 개최된 세계노련 권리헌장 기초起草위원회에 다카노 사무

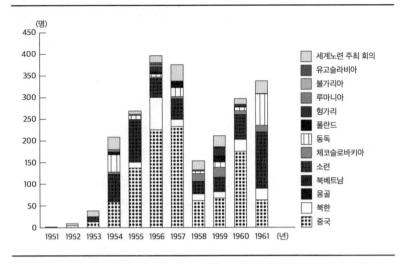

그림 2-1 | 일본 노조 지도자들의 공산권 방문자 수(1951~61년)

자료 : Tokyo to the Department of State, July 13, 1962, No. A-66, 894.062/7-1362, CUSSDJ, 1960-1963, Reel 16.

국장의 출신 노조인 전국금속의 사다케 고사쿠 집행위원이 참석했고, 세계노련의 산업별 국제조직 회의에 전자동차 등이 대표를 파견했다(〈그림 2-1〉, 〈그림 2-2〉 참조). 가장 주목되는 것은 세계노련 소속 프랑스의 CGT와 이탈리아의 CGIL의 초대였다. 앞서 말한 미야노하라가 올덴브록에게 보낸 편지에 따르면, 총평은 이것이 세계노련 본부의 초대가 아니고 세계 각국의 노동자들과의 교류는 바람직하다는 이유에서 적극적으로 호응했다. 그래서 가미야마 세이키 부의장을 단장으로 하는 15명의 프랑스 방문단과 아이자와 시게아키 부의장이 단장인 20명의 이탈리아 방문단이 9월 19일과 20일에 파견되었다.

이 두 방문단을 파견함으로써 총평이 세계노련 가입 조직과 처음 접촉했는데, 국제자유노련은 이에 큰 충격을 받았다. 올덴브록은 9월 14일 미야노하라에게 전보를 보내, 이는 총평 제5회 대회에서 제시된 국

그림 2-2 | 공산당계 노조 지도자들의 일본 방문자 수 (1955~61년)

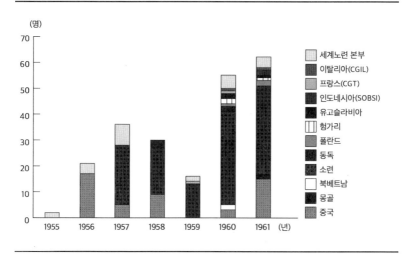

자료: Tokyo to the Department of State, July 13, 1962, No. A-66, 894.062/7-1362, CUSSDJ, 1960-1963, Reel 16.

제자유노련에 대한 우호 방침을 위배해 양자 관계를 위태롭게 하는 일이라고 지적하고, 이를 "심각하게 우려하고 있다."고 강조했다.[50] 올덴브록은 9월 20일에도 미야노하라에게 편지를 보내 CGT와 CGIL이 모스크바의 자금을 지원받고 있음은 잘 알려진 사실이며, 소련이 대가 없이 여행 비용을 지불할 리는 없다고 강한 어조로 경고했다.[51] 다른 한편, 국제자유노련 본부는 가입 조직인 프랑스의 CGT-FO와 이탈리아의 UIL과 연락해 총평 대표단에 대한 정보를 제공해 달라고 요청하고, 혹시 만나자고 하면 적극적으로 나서서 현지의 실제 상황을 전달하라고 부탁했다.[52] 올덴브록이 경고한 대로 대표단은 프랑스와 이탈리아에 도착한 뒤 중국으로 향해 중국 국경절에 참석하고, 이어 소련에 가서 혁명기념식에 참석했다.

이 문제는 11월 24일부터 열린 국제자유노련 집행위원회에서 다루어졌다. 미야노하라는 모스크바와 베이징 방문으로 세계노련을 더 잘 공감하게 된 것은 아니라고 변명했으나, 국제자유노련의 베쿠 회장과 AFL의 부라티 유럽 주재 대표는 세계노련의 초대에 따른 여행 및 공산주의 나라들에 대표단을 파견하는 일도 위험했다고 말했다. 격한 비판 앞에서 미야노하라는 침묵할 수밖에 없었다.[53] 1개월 전쯤 미야노하라는 미국 대사관의 조지 모건 참사관과 회담하며 다음과 같이 말했다.

> 일본의 노동조합은 점령되던 당시 미국의 노동조합에 대해 많은 것을 배웠으나, 공산주의 나라의 노동조합에 대해서는 귀국한 방문자들에게 듣고 공산당의 선전문을 읽는 것 외에는 알 수가 없어 실제 상황을 직접 보고 싶었다. 또한 무료 여행 제안도 매력적이라 거절하기 힘들었고, 동시에 그 여행이 서방측 노조 지도자들의 반발을 사리라고는 생각하지 못했다.[54]

국제자유노련은 세계노련 쪽으로 기울고 있는 총평에 효과적으로 대응할 방법을 찾지 못하고 있었다.[55]

2. 전노의 결성

디버랄의 대일 활동

총사령부 노동과로부터 배척당해 3년 넘게 인도의 봄베이에 머물러야 했던 리처드 디버랄은 1952년 7월 1일 바라던 대로 일본에 올 수 있었다. 그의 직함은 AFL의 아시아 주재 대표였으나, 직접적으로는 그

대외 활동 조직인 자유노동조합위원회의 러브스톤에게서 지시를 받았다. 자유노동조합위원회는 1949년부터 비밀리에 CIA의 자금 지원을 받고 있었다. 러브스톤은 CIA 자금을 이용해 디버랄뿐만 아니라 파리에 있는 유럽 주재 대표 어빙 브라운, 인도네시아에서 로마로 옮긴 해리 골드버그, 디버랄의 후임으로 봄베이로 부임한 모한 다스 등 세계 각지에 대표부를 배치했다. 그리고 프랑스의 CGT-FO와 이탈리아의 CISL에 자금을 제공해 반공주의 노동조합운동을 지원하는 한편, 대사관 경로로는 입수할 수 없는 현지 정보도 수집했다. 이렇게 수집된 정보는 자금 제공의 대가로 CIA에 제공되었다. 디버랄은 세계적인 러브스톤 네트워크의 일부였다.[56]

디버랄은 가톨릭주의에 뿌리를 둔 강력한 반공주의자로서, 일본에 오자 정력적인 활동을 펼쳤다. 그 한 축이 출판·선전 활동이었다. 우선 1952년 9월부터 월간 『노동 퍼시픽』을 발행해, 미국을 위시한 서구 나라들의 노동 사정, 중국과 소련의 강제노동 실태 등을 보도했다. 창간사에서는 "AFL 조합원 노동자들의 돈으로 발행된다."고 강조했는데, 물론 그것은 꼭 진실은 아니었다. 창간호는 2천 부를 인쇄해 노조 중심으로 배포했다. 그 뒤 예산 제약 탓에 격월간으로 바뀌었지만, 발행 부수는 7천 부로 늘었다. 그 밖에도 『인민 중국 : 중공의 진상』 등 공산주의 나라들의 내막을 폭로하는 팸플릿을 작성해 배포했다.[57] 또한 디버랄은 노동과에 재직할 당시에 구축한 네트워크를 이용해 많은 노조 지도자들과 회담하고 정보를 수집했으며, 홋카이도에서 규슈까지 전국 각지를 돌며 조사 작업을 실시해 뉴욕에 있는 러브스톤 사무소에 매주 대량의 보고서를 보냈다. 보고 문서가 책상을 뒤덮어 러브스톤이 요점만 써보내라고 거듭 지시했을 만큼 디버랄은 헌신적으로 일했다.

디버랄이 지지한 노동조합은 물론 총동맹이다. 7월 1일 하네다 공항에 도착해 총동맹 간부의 영접을 받은 디버랄은 바로 다음 날 중앙집행위원회에 참석했다. 마쓰오카 고마키치 총동맹 회장은 이 자리에서 디버랄이 일본을 떠난 뒤 애미스와 부라티가 다카노 등 좌파를 지지하고 총동맹 분열에 앞장선 결과, 지금처럼 좌파가 총평을 지배하게 되었다고 토로했다. 총사령부의 역대 노동과장 중 여전히 호감을 지니고 있는 인물은 킬렌 한 사람뿐이라고 마쓰오카는 토로했다.[58] 강경한 반공주의자이자 독실한 기독교인인 두 사람의 의견은 완전히 일치해, 킬렌 노동과장 시절의 총동맹(우파)과 AFL의 협력 관계가 부활했다. 디버랄은 8월 22일부터 시작된 총동맹 제7회 대회에 참석해 연설하며, 국제자유노련에 가입할 것을 권유했다.[59] 이는 총동맹이 총평에 대항하는 전국 중앙 조직으로서 국제적으로 인정되었음을 의미했다. 이미 7월 11일 열린 중앙위원회에서 가입 수속을 결정했던 총동맹은 이후 검토를 거쳐 1953년 2월 1일 '국제자유노련 가입조합협의회'에 가입을 신청했다.

그렇다고 해서 디버랄이 국제자유노련의 대일 정책을 지지하고 있었던 것은 아니다. 디버랄은 1950년 아시아 시찰단의 일원으로 일본을 방문하려 했지만 부라티의 요청을 받은 올덴브룩 서기장의 결정 때문에 성사되지 못했고, 따라서 국제자유노련에 대해 극히 비판적이었다. 주일 영국 대사관의 제프리 칼버트 노동관의 정보에 따르면, 디버랄은 1952년 7월 22일 일본의 한 신문과의 인터뷰에서 다음과 같이 말했다.

AFL은 CIO에 비판적이다. [CIO가] 아시아 문제에 무관심하기 때문이다. 또 국제자유노련에도 비판적이다. 국제자유노련이 결성 당시의 원칙에 반해 영국의 지도를 받고 있기 때문이다. 이런 이유로, AFL은 일본 노동조합들이 국제자유노련에 가입하기보다는 오히려 미·일 양국 노동조합이 직접 협력을 강화하는 방안을 생각하고 있다.[60]

국제자유노련, TUC, CIO에 대한 디버랄의 불신은 뿌리가 깊었다.

국제자유노련은 결성되었을 당시 지역 활동을 중시하겠다는 것을 한 축으로 제시했지만, 디버랄의 일본 파견에서 보듯이, AFL은 자유노동조합위원회의 국제 네트워크를 유지·확대해 단독 행동을 계속했다. 그런 점에서, 대일 정책을 둘러싼 AFL과 국제자유노련의 대립은 구조적이고 필연적인 것이었다. 게다가 이 같은 디버랄의 발언이 보도된 때가 총평 제3회 대회의 첫날이었기에 양자는 더욱 날카롭게 대립했다. 앞서 말했듯이 국제자유노련은 총평의 일괄 가입을 실현시키고자 CIO의 타운센트를 특사로 파견했다. 전광·해운조합·전섬동맹의 세 산별 조직이 공동으로 발의한 일괄 가입안이 부결된 것이 디버랄의 발언 때문이라고는 할 수 없지만, 타운센트의 활동을 크게 어렵게 만든 것은 사실이다. AFL이 국제자유노련의 가입 조직이고 타운센트의 파견이 조직의 공식 결정을 따른 것인 한, 이는 있을 수 없는 일이었다. 국제자유노련 의장인 영국 TUC 서기장 튜슨이 타운센트의 최종 보고서가 제출된 12월 1일부터 집행위원회에서 암암리에 AFL을 비난한 것도 당연한 일이었다.[61]

앞서 인터뷰 기사에서도 말했듯이, 디버랄은 튜슨이 이끄는 TUC가 국제자유노련을 지배하고 있다고 생각했다. TUC, 그리고 TUC를 추종하는 CIO가 주도하는 국제자유노련 아시아 시찰단이 일본에 온 이후, 좌파가 주도하는 총평은 반미·친영국·친소련 성향을 띠게 되었다는 것이 디버랄의 분석이었다. '공산주의 중국과 외교 관계를 맺고 있었던 영국은 무역 경쟁국인 일본을 영국의 세력권이던 동남아시아에서 몰아내 중국·소련으로 향하게 하고, TUC는 이를 통해 완전고용을 유지하려 하고 있다. 이런 영국의 방침은 동남아시아를 일본의 당연한 시장으로 보는 미국의 대일 정책과 정면으로 대립한다. 또 TUC는 영국을 사회주의라고 미화하는 한편 미국을 자본주의라고 비난하며, 미국의 노조는 정치에는 무관심한 경제적 실리주의에 불과하다고 비방하고 있다. 그러나 영국은 사회주의의 가면을 쓰고 홍콩과 마카오 등에서의 식민주의를 은폐하고 있다.'고 그는 보았다.[62]

AFL의 디버랄과 CIO의 타운센트는 좌경화된 총평을 둘러싸고 첨예하게 대립했다. 타운센트는 총평의 내부 개혁이 가능하다고 생각해 분열은 바람직하지 않다고 주장했으나, 총동맹을 지지하는 디버랄은 총평을 바로 분열시켜 공산주의자들을 배제한 새로운 전국 중앙 조직을 만들어야 한다고 역설했다. 타운센트에 따르면, 총평을 분열시키려고 지나치게 노골적으로 나서고 있는 디버랄의 언동은 분열이 불가피하다고 여기는 이들조차 기분 나쁘게 만들고 있으며, 총동맹을 노조운동의 중심으로 이끌려는 행위는 그 지도자들조차 불편하게 만들었다.[63] 한편, 공산주의자와 타협할 수는 없다고 굳게 믿는 디버랄은 총평의 분열에 반대하는 타운센트가 다카노와 같은 공산당 동조자들에게 농락당하고 있다고 생각했다. 이는 1947년 세계노련 대표단의 일원으로 일본에 온 타운센트 자신의 잘못을 반복하는 것이고, 또 같은 CIO 출신 부라티가 다카노를 총평 지도자로 앉혔던 전철을 밟는 것이기도 했다.

타운센트의 디버랄 비판에는 충분한 근거가 있었다. 즉 해원조합의 와다 하루오 조직부장은 미국 대사관의 워링 참사관에게 『노동 퍼시픽』 발행은 높이 평가하지만 디버랄의 무책임한 행동이 미·일 양국 노동조합의 상호 관계에 악영향을 미치고, 지원의 손길을 내민 사람들에게도 오히려 상처를 입히고 있다고 불쾌한 기색을 숨기지 않고 말했다.[64] 디버랄의 솔직 대담한 언동은 와다 같은 이지적인 노조 지도자에게는 너무 조잡해 보였다. 이에 비해, 전섬동맹의 다키타 미노루 회장의 디버랄 비판은 구체적인 방침과 관련한 것이었다. 디버랄이 국제자유노련에 반대한다는 이야기를 들은 다키다 회장은, 만일 그게 사실이라면 일본 노조에 도움이 되는 사람은 아니라고 워링에게 말했다. 그리고 그는 자기가 들은 대로 디버랄이 총동맹을 총평에 대항할 전국 중앙 조직으로 육성하고 싶다고 생각한다면, 그 역시 잘못이라고 덧붙였다.[65] 디버랄은 그 광신적인 반공주의 때문에 적을 늘리고 아군은 줄이고 있었을 뿐이었다.

정작 디버랄은 타운센트의 배후에 미국 대사관이 있다고 의심하고 있었다. 그가 미국 대사관이 CIO, 구체적으로 부라티의 강력한 영향 아래 있다고 여겼다는 점이 중요하다. "도쿄의 미국 대사관에는 부라티의 일본인 하수인 2명, 그리고 말할 것도 없이 적어도 1명의 CIO 출신자가 일하고 있다. AFL 출신의 노동관 존 밸루는 부라티에게 완전히 사로잡혀 있다는 소문이다."[66] 여기에서 말하는 CIO 출신자란 미국 해외공보국의 노동정보관인 토머스 콜로시모, 일본인 하수인은 통역자인 이케하라 후지 등을 가리킨 것이다. 디버랄은 미국 대사관이 이케하라를 통역으로 계속 두는 등 타운센트에게 다양한 편의를 제공했다고 화를 냈다. 미국 내에서는 CIO보다 조직적으로 더 우위에 있는 AFL의 디버랄이었지만 [일본에서는] 그런 대접을 받지 못했다.[67] 디버랄은 1952년 8월 3일 자유노동조합위원회의 매슈 월 회장에게 보낸 활동보고서에서 미국 대사관을 'CIO 대사관'이라고 매도하면서, AFL과 CIO를 공평하게 대우하고 국제자유노련의 대일 활동에 개입하지 말 것을 국무부에 요청해 달라고 부탁했다.[68]

미국 대사관에 대한 디버랄의 공격은 이케하라에게 초점을 맞춘 것이다. 이케하라의 주요 직무는 통역일 뿐이었지만, 디버랄이 입수한 정보에 따르면 대사관의 최고 정책 결정 과정에 참석하기도 하고, 총사령부 노동과의 상사였던 부라티와 연락하고 있었다. 또한 일본의 노동 사정에 어두운 타운센트를 지도하는 역할도 맡았고, 다카노를 위시한 좌파 노조 지도자들과의 관계도 밀접했다.[69] 디버랄은 이케하라 자신이 부라티의 영향을 받은 반反AFL 네트워크의 배후라고 판단했다. 이케하라가 부라티 인맥의 주요 인물이었음은 분명하지만, 그를 배후 핵심으로 본 것은 빨갱이 사냥 식의 편집증에 불과한 것이었다. 그러나 디버랄을 전폭적으로 신뢰한 러브스톤은 8월 22일 머피 주일 대사에게 편지를 보내, 좌파 사회주의자이고 공산당 동조자인 직원[이케하라]이 타운센트를 잘못된 방향으로 이끌고 있다고 경고하고, 그자를 제거하고 AFL과 협력해 달라고 요구했다.[70] 압력을 받은 머피는 조사위원회를 구성해 이케하라를 심사했으나 물론 결과는 무혐의였다.[71] 그 뒤 이케하라는 미국 대사관 통역직을 사임하고 1954년 4월 1일 문을 연 국제자유노련 도쿄 사무소에서 일하게 되는데, 그녀와 대사관에 대한 디버랄의 공격은 집요하게 계속되었다.

미국 정부와 전노의 결성

미국 대사관에 대한 디버랄의 우익적 공격과 보조라도 맞춘 듯, 미국 정부의 대일 노동정책도 보수화되어 갔다. 그 근본적 원인은 1953년 1월 20일 공화당 아이젠하워 정권의 등장이었다. 반공 투사로 잘 알려진 상원 의원 리처드 닉슨이 부통령으로 발탁되고, 대일 강화조약을 담당했던 덜레스가 국무장관에 취임했다. 아이젠하워 정권은 한국전쟁의 휴전을 추진하는 한편, 트루먼 정권의 '봉쇄' 정책 대신 '만회'

(롤백) 정책을 내세우는 등 반공주의를 선명히 하고 있었다. 군인 출신으로 정보활동과 심리전에 정통했던 아이젠하워 대통령은 냉전 정책에서도 그런 수단을 중시해, 국무장관의 동생인 앨런 덜레스를 CIA 국장에 기용하고 선전·홍보 활동을 총괄하는 해외공보처United States Information Agency, USIA◆를 국무부 외곽 기관으로 설립했다. 그리고 정권 교체에 따라 주일 대사도 머피에서 존 앨리슨으로 바뀌었다. 극동담당 국무차관보였던 앨리슨은 1953년 4월 28일 부임했다.

주일 대사관의 노동관 밸루가 1952년 11월에 병으로 귀국하고 부노동관 테일러가 직무를 대행하는 상황이었는데,[72] 영국 주재 미 대사관의 초대 노동관 경력을 지닌 새뮤얼 버거가 앨리슨 대사보다 1개월 앞서 부임했다. 거물 노동관인 버거는 결코 러브스톤 추종자는 아니었으며, 미국교원조합에 가입한 경험도 있는, AFL에 가까운 인물이었다. 그는 AFL 유럽 대표 브라운과 협력해 세계노련의 약화 공작을 하는 등, 전부터 자유노동위원회와는 관계가 좋았다.[73] 러브스톤은 버거에 대해, 의견이 같고 다른 점은 있으나 지적이며 선하고 정열적인 인물이고 기본적으로 우리에게 우호적이라고 디버랄에게 전달했다.[74] AFL은 노동관 선임에 큰 영향력을 지녀, CIO의 빅터 루더 국제부장의 말을 빌리면, 주요 직위들의 "최대 지분"을 행사했다.[75] 그런 점에서 주일 대사관에 대한 AFL의 영향력이 커진 것은 필연적이었다.

버거는 부임하고 2개월을 지나면서 총평의 다카노 사무국장이 큰 위협 요소라는 결론을 내렸다. 그는 5월 27일 국무부 극동국의 설리번

◆ 1953년 설립되어 1999년 해체되었다. 냉전 체제에서 소련의 대외 홍보에 맞서 미국적인 가치와 이념을 세계 각국에 전파하고자 연간 20억 달러 규모의 예산을 사용한 대규모 조직이었다.

노동고문에게 보낸 편지에서, 다카노는 공식적으로는 부정하고 있지만 공산주의자들과 손잡고 있고 중국공산당의 자금도 지원받고 있다고 말했다. '일본공산당도 총평과 좌파사회당을 공격하고 있으나, 결코 다카노 개인을 향한 비판이 아니다. CIO와 국제자유노련은 다카노를 달래려 했지만 성과는 기대 난망이고, 오히려 공격으로 돌아서야 한다. 다카노의 정치투쟁 우선주의, 파업 편중 방침에 대한 비판이 점점 커지고 있다. 이런 상황에서 지금 민노련은 다카노에 대한 불만을 충분히 이용하고 있지 못하지만, 새로운 세력의 결집으로 나아가야 한다. 노동전선 통일을 바라는 목소리가 여전히 높으므로 민노련은 한동안 총평에 머물면서 투쟁해야 할 것이다. 그러나 혹시 다카노가 지금의 방침을 계속 고수하면, 민노련은 총평에 대항할 중앙 조직 결성에 나설지도 모른다.' 이렇듯, "다카노를 최대한 빨리 배제시킨다."는 목표를 정한 버거는 총평의 분열이 바람직하다고 주장했다.[76]

버거의 이런 생각은 AFL 자유노동조합위원회의 생각과 거의 일치했다. 러브스톤 사무국장은 5월 11일과 6월 9일 디버랄에게 보낸 편지에서 총평에 대해 다음과 같이 말했다. '총평 집행부는 완전히 공산당에 장악되었고, 그 주류는 모스크바의 해외 기관들과 비밀리에 협력하면서 조직적·재정적으로 의존하고 있다. 이제 총평은 비당파적 노동조합이 아니며, 프랑스 CGT나 이탈리아 CGIL과 전혀 다를 바가 없다.' 그리고 이런 인식 위에서 러브스톤은 다음과 같이 분명히 말했다. "되도록 빨리 염소와 양을 잘 구분해 민주주의적이고 반공주의적인 노동조합 중앙 조직을 결성하는 것이 좋겠다." 물론 러브스톤은 전부터 이런 생각을 가지고 있었다. 그것이 최근 총평의 동향을 보며 더 확고해졌다고 그는 말했다.[77] 결국 1953년 2월 14일 결성된 민노련이 총평에서 탈퇴하고자 움직이던 중에, AFL과 미국 대사관은 이를 지지하기로 의견을 모으고 있었다.

아이젠하워 정권은 6월 25일의 국가안전보장회의National Security Council 에서 새로운 대일 정책문서 NSC125/6을 결정해, "일본 노동조합에 대한 공산주의자들의 침투에 대항하기 위해 일본 노동운동 내의 반공분자들을 격려·지원한다."고 명시했다.[78] 다소 불명확한 점이 있긴 하지만, 이는 버거와 러브스톤의 인식과 마찬가지로 일본 노조 내부의 공산주의 세력과의 대결을 내세워, 총평에 대항하는 민노련을 지원한다는 취지였다. 민노련은 1953년 7월 8일부터 열린 총평 제4회 대회에서 운동방침(안)에 반대해 대안을 제출했으나 부결되었고, 그러자 7월 21일 간사회에서 총평 탈퇴에 합의해, 집행부 교체가 있었던 일방노를 빼고 해원조합·전영연·전섬동맹의 세 산별 조직이 차례로 대회를 열어 총평 탈퇴를 결정했다. NSC125/6 보고서는 뒤에서 "주일 미국 대사관은 일본 정부와 노동 지도자들에 대해 노동조합 내부의 공산주의 분자들을 고립시켜 약화시키라고 조언하고, 온건파가 총평으로부터 분열하도록 눈에 띄지 않게 격려해 갔다."라고 썼다.[79] 아이젠하워 정권은 다카노가 총평을 지도하는 데 강한 위기의식을 가지고 그 분열을 부추긴 것이다.

미국 정부의 수뇌부는 총평이 분열된 이후에도 일본의 노동 정세에 계속 관심을 기울였다. 예컨대 덜레스 국무장관은 9월 21일부터 열린 AFL 대회에 참석해 그린에 뒤이어 회장에 취임한 미니에게 디버랄의 보고를 듣고 싶다고 요청해, 10월 29일 미니와 러브스톤이 동석한 가운데 덜레스와 디버랄의 회담이 이루어졌다. 디버랄은 미국이 주도하고 있는 일본의 재군비, 그리고 [위압적인] 주일 미군의 위상 등의 이유로 일본 노조들 내에서 반미주의가 힘을 얻고 있다고 경고하고, 구체적인 노동문제에 대해서 이야기했다. 예컨대 주일 미군의 [부대 내에서 일하는 일본 노동자들의] 노사 관계가 좋지 않고, 일교조가 반미주의 교육을 선도하고 있다는 점 등을 지적하면서 해결책을 요구했다. 디버랄은 머피 전前 주일 대사에 대한 비판은 애써 피하면서 미국 대사관의 AFL에 대한 적대적 태도를 통렬하게 비판하며, 그런 분열은 공산주의자들을 유리하게 만들 뿐이라고 강조했다. 덜레스는 디버랄의 이야기를 열심히 듣고, 다음 날 월터 로버트슨 국무차관보를 만나 공산당이 일본 노조들에 침투한다는 점을 환기시켰다.[80]

닉슨 부통령도 일본의 노동 정세를 우려하고 있었다. 11월 15일 일본에 온 닉슨은 버거 노동관을 통해 "반공 노동운동 지도자들을 만나고 싶다."고 일본 정부에 요청했다. 이에 따라 외무성과 노동성이 조정한 결과, 19일에 민노련의 와다 하루오 상임간사 및 총동맹의 고가 아쓰시 총주사와 40분, 총평의 후지타 도타로 의장 및 이시구로 기요시 정치부장과 30분 면담했다. 전자가 우호적인 분위기였다면, 후자는 의구심에 가득 찬 분위기였다.[81] 월터 스미스 국무차관은 닉슨이 귀국한 뒤 아라키 에이키치 주미 일본 대사에게 다음과 같이 말했다.

부통령은 일본에 관한 모든 것이 고무적이지만 한 가지 우려되는 점은 노동조합이 공산당에게 침식되고 있는 것이고, 또 일본의 공업[기업]가들은 이런 상태에 대해 충분한 관심을 기울이지 않고 있다는 인상을 받았다면서, 이 점을 일본 정부도 깊이 고려했으면 한다고 말했다. 이에 대해서는, 도쿄 주재 대사관에는 노동관도 있으니 뭔가 도울 일이 있으면 협력하고 싶고, 또 미국 내의 노조에 대해서도 최대한 조처하겠다.[82]

그러던 중, 주일 미국 대사관은 1954년 2월 4일부터 7일에 걸쳐 2건의 문서를 작성했다. 먼저 첫 번째인 "일본에 대한 국내 공산당의 위협 평가"는 재일 조선인, 좌익 학생, 노동조합의 셋이 공산당의 유력한 기반이지만, 공산당의 목적에 따르면 노조가 가장 중요하다고 지적했다.[83] 뒤이어 또 하나의 문서 "일본 노동조합운동에서 공산당의 영향력"은 공산주의자들이 노조에 침투하고 그에 대항하는 움직임이 고양된 것이 1953년의 특징이었다고 분석했다. '마르크스주의 용어를 사용해 미국을 공격하고, 평화세력론을 채택하고, 국제연합이 한국전쟁의 침략자라고 비난하고, 중화전국총공회에 접근하고, 경제력을 무시한 채 임금 인상을 요구하고, 국제자유노련을 비판하고 아시아 노조회의를 조직하고자 노력하는 것 등을 봤을 때 총평은 다카노의 지도 아래 친공산당 노선을 취하고 있다. 그리고 총평 제4회 대회를 계기로 총평 탈퇴를 결의한 민노련이 공산당의 조합 지배에 대항하고 있다.' 이것이 미국 대사관의 상황 인식이었다.[84] 이 보고서는 워싱턴으로 보내져 국무부의 위기의식을 한층 더 키웠다.[85]

앞서 살펴본 미국 정부의 위기감이 고조된 데 반응이라도 하듯, 총평을 탈퇴한 전섬동맹·해원조합·전영연의 세 산별 조직은 총동맹, 상탄련과 함께 새로운 전국 중앙 조직 결성을 추진해, 2월 5~6일 '전노회의 결성준비총회'를 개최해 3월 하순을 목표로 전노를 공식 출범시키기로 결정했다. 준비위원장에는 전섬동맹의 다키타 회장, 상임간사에는 해원조합의 와다 조직부장이 선출되었다. 그러나 속사정은 복잡했다. 디버랄이 관찰한 바에 따르면 전섬동맹의 다키타 회장, 해원조합의 가게야마 조합장, 총동맹의 고가 총주사総主事의 의견이 심각하게 대립해 권력투쟁이 확대되고 있었다. 전섬동맹은 과거 상급 단체였던 총동맹에 흡수될까 봐 두려워하고 있었다. 소규모 전국 중앙 조직인 총동맹은 30년 넘게 이어 온 빛나는 역사를 배경으로 위신을 회복하기를 원했다. 해원조합의 가게야마는 MSA 원조◆와 재군비를 지지하는 중앙 조직으로서 전노를 결성하고자 했으나, 다키타와 고가는 일본의 현재 분위기를 고려할 때 그런 방침은 무리라고 말하고 있었다.

흥미롭게도, 이런 대립은 AFL과 미국 대사관의 대립과도 연동되어 있었다. 디버랄은 총동맹과 우호적이었고, 특히 고가 총주사와 친해 거의 매주 얼굴을 보는 사이였다. 이에 비해 해원조합의 가게야마와 와다는 버거 노동관과 긴밀한 관계를 맺고 있었다. 디버랄은 버거가 이 두 사람에 대해 그[디버랄]와는 관계를 맺지 말라고 요구하고 있다는 정보를 듣고 있었다. 한편 디버랄과 고가는 버거의 지적인 측면[먹물 스타일]을 혐오하고 있었다. 전섬동맹의 다키타는 당초 디버랄과의 접촉을 피하고 있었으나, 이후 관계가 개선되어 중간적 입장이었다.[86] 즉 버거는 디버랄과 마찬가지로 총평에 맞설 전노의 결성을 지원했으나, 디버랄과는 달리 총평의 밖에 존재하는 총동맹을 지원하지는 않았다. 대신에 과거 총평 결성의 중심이었으나 총평 탈퇴를 결정한 해원조합에 기대를 걸고 있었다. 경영자와의 유착 등 일본 노조 중 가장 보수적인 체질을 지닌 총동맹보다는, 산업별 단일 노조로서 강고한 조직력을 지닌 해원조합에 대해 총평을 장악하고 있던 좌파들도 높이 평가하고 있었다.[87]

전노는 당초 예정보다 한 달 정도 늦은 4월 22일 결성대회를 개최했다. 총평에 대항할 전국 중앙 조직은 이렇게 결성되었다. 상탄련은 일광과 함께 전탄광全炭鑛을 결성해 총동맹 산하로 들어갔다. 따라서 정식 가입 조직은 총동맹(43만7,700명), 전섬동맹(32만 명), 해원조합(8만1천 명), 전영연(1천9백 명)의 네 조직 84만6백 명이었다. 의장에는 전섬동

◆ 미국의 대외 원조는 한국전쟁을 계기로 1951년 설치된 상호안전보장처Mutual Security Agency, MSA가 주관해 방위·군사원조와 경제원조를 함께 제공하는 것으로 바뀌었다.

맹의 다키타 회장, 부의장에 총동맹의 고가 총주사, 서기장에 해원조합의 와다 조직부장이 각각 선정되었다. 결성대회에는 AFL의 디버랄이 참석했고, 그 밖에 프랑스의 CGT-FO, 이탈리아의 CISL 등 반공주의 색채가 짙은 노동조합들이 축사를 보냈는데, 정작 헌장에 일괄 가입을 명시하기까지 한 국제자유노련의 메시지는 없었다. 이는 전노의 국제적 지위가 낮았음을 단적으로 보여 준다. AFL과 미국 대사관은 전노를 키울 다양한 방안을 강구했는데,[88] 그중 국제자유노련의 일괄 가입 지원이야말로 가장 중요했다.

전노의 국제자유노련 일괄 가입 문제

앞서 말했듯이 디버랄의 권유도 있던 터라, 총동맹은 1953년 2월 1일 국제자유노련 가입을 가입조합협의회에 정식으로 신청했었다. 가입조합협의회의 간사회는 이 문제에 대해 6월 26일까지 두 차례에 걸쳐 의논했다. 그 자리에서 전섬동맹과 해원조합 등의 우파는 총동맹에 가입하는 데 찬성했으나 일교조와 탄노, 전체 등 다수를 차지하는 좌파 조직들이 반대해 가입 신청은 기각되었다. [총동맹이] 총평에 가입하지 않고 있고, 산업별 정리 작업을 저해한다는 것이 반대 이유였다. 그 뒤 가입조합협의회는 9월 24일과 26일 다시 회의를 열었다. 여기에는 ILO 회의와 국제자유노련 아시아 지역회의에 참석하고자 일본에 온 올덴브록 서기장도 자리를 함께했다. 총동맹과 함께 총평에 맞설 중앙 조직 결성을 추진하던 전섬동맹과 해원조합이 국제자유노련에 비판적인 총평 산하 조직이라는 사실이 국제자유노련 가입을 가로막은 제약 조건은 아니었다. 실제로 해원조합은 총평을 탈퇴했고, 전섬동맹도 탈퇴를 추진 중이라고 주장했다. 그러나 좌파는 여전히 총동맹에 강하게 반발했고, 결국 이 가입 신청은 상탄련의 가입 신청과 더불어 다시 기각되었다.

그리고 총동맹은 11월 29일 유럽 체재 중이던 시게에다 다쿠미 국제부장을 통해 국제자유노련 본부에 직접 가입을 신청했다.[89] 자유롭고 민주적이며 폭넓은 국제 노동 조직을 자임하는 국제자유노련이, 파시스트나 공산주의 노조가 아닌 노조의 가입 신청을 거부할 수는 없는 노릇이었다. 규약도 그렇게 되어 있었다. 올덴브록이 방일 중에 가입조합협의회의 일은 [노조들의] 가입을 막는 것이 아니라 촉진하는 것이라고 설득한 이유도 그래서였다. 그러나 일본의 노동 정세를 생각할 때, 총동맹의 가입은 신중을 기해야 할 일이었다. 총동맹 가입이 인정되면 극히 미약하게 남아 있던 총평의 일괄 가입 가능성은 완전히 사라질 것이었다. 총동맹이 비록 소규모이지만 그래도 전국 중앙 조직이라는 점이 상황을 복잡하게 만들었다. 국제자유노련의 규약은 전국 중앙 조직 단위로 가입하는 것을 원칙으로 하고, 거기에 특권을 부여하고 있었기 때문이다. 이 점에 대해서는 전섬동맹과 해원조합조차도 경계심을 감추지 못했다. 1953년 11월 30일부터 열린 국제자유노련 집행위원회는 최종 결론을 미루기로 했다.[90]

1954년 3월 1일부터 열린 긴급 집행위원회에서도 총동맹 가입 문제가 논의되었다. 일본에 머물던 디버랄로부터 거듭 요청을 받은 AFL 유럽 대표 브라운[91]은 공산당이 장악한 총평이 국제자유노련에 일괄 가입할 전망은 없고, 총평 내부에서 공산당 세력에 대항하기란 무망한 노력이라고 역설하며, 총동맹 가입 지지를 결정하라고 주장했다. 올덴브록은 이를 정면으로 반박하면서 다음과 같이 주장했다. '일본의 노조들이 공산주의자들에게 지배되고 있다는 것은 지나친 단순화이며, 공산당의 영향력은 한정적이다. 가입 조합들에 대해 총평에 남아 있으라고 조언하고, 총평의 일괄 가입을 실현한다는 것이 타운센트가 보고한 이래 유지되는 방침이다. 총동맹의 가입을 인정하면, 그 가능성은 사라진다.' 나아가 올덴브록은 디버랄이 『AFL 뉴스 리포터』에 국제자유노련의 도쿄 사무소가 총평 좌파의 도구가 되고 있다고 쓴 것을 비난했다. TUC의 튜슨과 CIO의 마이클 로스도 올덴브록의 뜻에 따라 연기를 주장해 브라운의 요구는 기각되었다.[92]

그런데 1954년 2월 5~6일에 '전노회의 결성 준비 총회'가 열린 이래, 문제의 초점은 총동맹 가입에서 전노 자체로 옮겨졌다. 전노회의준비회의 와다 상임간사는 2월 15일 올덴브록에게 보낸 편지에서, 전노가 4월에 정식으로 결성되면 곧바로 국제자유노련에 일괄 가입을 신청할 예정이며, 그와 더불어 전섬동맹과 해원조합은 가입조합협의회를 탈퇴할 예정이라고 전했다. 이는 좌파가 다수인 가입조합협의회를 부정하겠다는 뜻인 동시에, 전노가 전국 중앙 조직으로서의 특권을 행사하겠다는 결의를 드러낸 것이다. 이 편지는 총동맹에 대해, 전노의 일괄 가입이 실현되면 총동맹도 당연히 국제자유노련의 가입 조합이 되지만, 그때까지는 총동맹의 가입을 우선 승인하도록 선처해 주길 바란다고 말하고 있다.[93] 국제자유노련 대표 자격으로 2월 5일 일본에 온 마틴 볼레 국제관공종업원조합연맹 서기장에게 와다가 말한 바에 따르면, 국제자유노련의 후원은 민주적인 노조운동의 중심적 지위를 전노에 부여한다는 뜻이며, 이는 조직을 확대하는 데 꼭 필요한 것이었다.[94]

그런데 볼레는 전노에 대해 극히 비판적이었다. 그가 보기에는 국제자유노련의 유일한 우호 조직으로 인정받고자 하는 전노의 요구는 자기중심적이며, 국제자유노련을 배려하지 못하는 행위였다. '총평에서 탈퇴하든, 전노를 결성하든, 국제자유노련은 그 [탈퇴 및 결성] 시점을 포함해 사전에 아무런 의논을 한 바 없다. 전노는 극우 성향의 지도자들을 포함하고 있을 뿐만 아니라 조직의 진로에 대한 내부 대립도 있어서 그 성장 가능성은 거의 없다. 전노의 일괄 가입을 받아들이면 총평의 일괄 가입은 불가능해지고, 현재 가입하고 있는 총평 산하 산별 조직들도 탈퇴해, 공산주의자들만 유리해질 뿐이다. 따라서 총평에 대한 영향력을 높이려는 국제자유노련의 방침은 올바르다. 사실, 총평 내부에서는 다카노 반대파가 점점 힘을 얻고 있었고, 여름에 열릴 예정인 대회에서 다카노가 퇴진할 가능성도 있었다.[95] 이렇게 생각한 볼레의 활동은 국제자유노련 도쿄 사무소의 하라구치 소장의 지지를 받았다. 볼레의 통역을 맡은 인물이, 디버랄이 [일본의] '마타 하리'라고 매도했던 하라구치의 부하 이케하라 후지였다.[96]

국제자유노련 본부는 2월 말 대일 활동에 관한 포괄적 문서를 작성했다. 이 문서는 일본 노조들의 과제로서 내부의 극좌·극우에 대한 투쟁, 경영자 및 반동적 정치 세력에 대한 투쟁을 들고 있다. '노동기준법 개정과 교사들의 정치 활동 제한 등 요시다 내각의 노동정책에 반대하면서, 자유와 민주주의를 옹호하고 확장하려면 노동 전선 통일이 불가피하다. 노조운동을 살펴보면, 총평 다카노파가 좌파사회당 극좌파와 결합하고 있었고, 마찬가지로 우파사회당의 극우파도 전노의 주요 부분들과 긴밀한 관계였다. 따라서 극좌 및 공산당 동조자들을 숙청한 총평, 극우파 총동맹의 영향력을 배제한 전노, 이 양자가 결합해 자유롭고 민주적인 노동 전선 통일을 이루는 것이 국제자유노련의 목표였다. 이를 실현하려면 전노 지지를 삼가고, 전노 지도부들에게 결성대회를 연기하라고 설득해야만 한다.'[97] 이 문서를 받은 볼레는 전노 결성대회를 연기하기는 어렵지만 가입 신청을 늦추자고 설득하면 어떨까 하는 정도의 이견 외에는 편지 내용에 완전히 동의했다.[98]

그렇더라도 전노가 일괄 가입을 신청할 뜻을 보여 전섬동맹과 해원조합이 가입조합협의회에서 탈퇴할 길을 모색하고 있는 이상 타협안이 필요했다. 국제자유노련 본부의 복안은 전섬동맹과 해원조합을 가입조합협의회에 잔류시키고, 협의회는 총동맹 가입을 인정하게 하자는 것이었다.[99] 그리고 볼레의 뜻을 받아 국제자유노련 집행위원인 미야노하라 일교조 부위원장이 설득에 나선 결과, 탄노를 위시한 총평 산하 가입 조합들은 총동맹의 가입에 동의했다.[100] 물론 전국 중앙 조직이 아니라 산별 조직의 자격으로 인정한 것이므로, 본부 직접 가입이 아니라 협의회를 통한 가입이라는 형식이었다. 협의회를 지배하고 있는 총평 노조들은 총동맹을 포함한 전노 전체보다 조합원 수가 압도적으로 많았고, 전노의 일괄 가입을 저지하기 위해 산하 노조들을 개별적으로 가입시키려 했다. 전섬동맹과 해원조합도 총동맹의 가입 자체에는 찬성이어서, 가입조합협의회는 4월 21일에 총동맹 가입을 만장일치로 승인했다.[101] 이 결정은 전노 결성대회 전날 이루어졌다.

미국 대사관의 버거 노동관은 전노 결성대회 직전에 볼레와 회담해 총평 산하의 모든 산별 조직을 견인하려는 노력은 매우 중요하지만, 국제자유노련을 열렬히 지지하는 전노를 희생시켜서는 안 된다고 비판했다. 국제자유노련이 기존 방침을 바꾸어 전노를 지원하지 않는 한, 전노는 국제자유노련에 가입할 의욕을 잃게 될 것이다. 볼레가 전노 결성대회에 참석하면, 국제자유노련을 둘러싼 총평의 내부 대립이 표면화될 가능성이 있다. 버거는 총평 대회 이후에는 전노의 일괄 가입을 승인해야 한다고 거듭 요구했다.[102] 그러나 볼레는 전부터 버거는 AFL의 브라운이나 디버랄 정도는 아니더라도 기본적으로는 그들과 같은 강경한 반공주의자이고, 전노의 결성을 지원하고 있다고 생각했다. 볼레는 영국 대사관의 칼버트 노동관이야말로 국제자유노련의 방침을 이해하고 있다고 평가하고 있었다.[103] 버거의 이야기를 완전히 무시한 볼레는 전노의 결성대회에 참석하지 않았고 메시지조차 보내지 않았다.

하지만 볼레는 전노의 행동을 억제할 수는 없었다. 가입조합협의회의 내부에서는 4월 21일의 총동맹 가입 승인을 둘러싸고 서로 다른 해석이 대립했다. 즉 전노 산하의 전섬동맹과 해원조합은 총동맹이 국제자유노련에 직접 가입했다고 해석한 데 대해, 총평 산하 산별 조직들은 총동맹이 가입조합협의회를 통해 가입했다고 주장했다. 그리고 5월 11일의 가입조합협의회 간사회에서 투표한 결과, 후자의 해석이 다수표로 인정되었다. 패배한 전섬동맹과 해원조합은 가입조합협의회를 탈퇴하고 전노를 통해 국제자유노련에 직접 가입하겠다고 통고했다.[104] 그리고 다음 날인 12일, 전노는 국제자유노련 본부에 일괄 가입을 신청했다. 전노의 와다 서기장은 신청서에 동봉한 편지에서 가입조합협의회를 탈퇴한 이유로 전노와 가입조합협의회의 두 경로로 가입할 수는 없다는 점, 애초 가입조합협의회는 전국 중앙 조직을 통해 가입할 때까지의 잠정적 조직에 불과했다는 점, 가입조합협의회는 국제자유노련에 충실하지 못한 총평 산하 조직들에 의해 운영되고 있다는 점의 세 가지를 들었다. 나아가 와다는 전노 결성대회에 국제자유노련이 메시지를 보내지 않은 데 강한 불만을 표시했다.[105]

볼레는 전노가 자기와 의논도 없이 이렇게 나선 것은 국제자유노련을 더욱 궁지에 몰아넣는 짓이라면서 몹시 비판적이었다. 그는 5월 4일 국제자유노련 집행위원회에 보낼 중간보고서를 작성하면서 다음과 같이 적었다. '일본 노조에서 공산당의 영향력은 꼭 강하다고 할 수만은 없다. 지금 중립주의를 주창하는 좌파사회당은 서구권보다는 동구권에 대해 비판적 자세를 보이고 있다. 총평 내부에 다카노 반대파가 대두하고 국제자유노련에 대한 이해도 깊어져, 전전통全電通·전주노全駐労·자치노·전일통 등이 국제자유노련 가입을 검토하고 있다. 이런 와중에 전노를 지지한다면 총평과 중립계 노조들은 멀어질 것이다. 전섬동맹과 해원조합이 사전 의논 없이 총동맹과 손잡고 전노를 결성한 것은 경솔한 행동이었다. 게다가 전노가 성장할 전망은 희박하다. 국제자유노련은 지금 전노의 일괄 가입을 인정해서는 안 된다.' 볼레는 전섬동맹과 해원조합이 가입조합협의회를 탈퇴하고 전노가 일괄 가입을 신청한 뒤에도 이런 중간보고서의 내용을 수정할 필요는 없다고 생각했다.[106]

이에 비해 AFL과 미국 정부는 5월 24일에 열린 국제자유노련 집행위원회에서 전노의 일괄 가입이 이루어지도록 바쁘게 움직였다. 디버럴은 AFL 유럽 대표 브라운에게 편지를 보내, 국제자유노련 집행위원회에서 전노의 일괄 가입을 지지해 달라고 요청했다. 전노는 헌장에 명기된 이상 국제자유노련 일괄 가입을 실현해야만 했다. 만일 가입이 받아들여지지 않으면, 전노는 두목(보스)들이 지배하는 가짜 조직에 불과하다는 다카노의 비난이 설득력을 키울 것이었다. 이렇듯 디버럴은, 전노의 다키타 의장의 요청도 있어서, 강한 위기감을 느끼고 있었다.[107] 한편, 국무부 극동국의 설리번 노동고문은 미국의 두 전국 중앙 조직 [AFL과 CIO]가 협력해 찬성하면 전노의 일괄 가입이 통과될 가능성이 있다고 여겨, CIO의 빅터 루더 국제부장을 대상으로 작업을 벌였다.[108] 그러나 이 작업은 실패로 끝났다. 루더는 일본 노조에 대한 공산당의 영향력을 배제하려면 총평을 고립시켜서는 안 된다고 생각했다. CIO는 국무부의 기대와 반대로 전노의 일괄 가입에 신중한 태도를 고수하고 있었다.[109]

국제자유노련 집행위원회는 예정대로 5월 24일 열렸으나, 전노의 가입 문제에 대해서는 예상과 달리 매우 순조롭게 타협이 성립되었다. 즉 미야노하라 집행위원이 총평과 전노를 화해시키면 가입조합협의회가 중요한 역할을 할 수 있으니 가입조합협의회를 통해 총동맹을 가입시키자고 주장했고, 이어 올덴브록 서기장은 국제자유노련을 지지하는 노조들을 최대한 결속시킬 가능성을 찾기 위해 새 대표단을 일본에 파견하자고 제안했다. 브라운도 이 제안에 적극적으로 찬성해 베쿠 회장과 올덴브록 서기장을 포함한 대표단의 파견이 승인되었다.[110]

브라운이 이 제안을 받아들인 것은 AFL에 우호적인 베쿠 회장이 이에 동조했기 때문이다. 브라운의 상사인 러브스톤은 올덴브록이 서기장으로 있는 한 AFL의 의견이 수용되기 어렵다고 반쯤 체념하고 있었으나, 베쿠 회장이라면 올덴브록을 견제할 수 있으리라고 기대했다. 게다가 국제운수노련의 서기장이기도 한 베쿠는 그 산하인 해원조합에 호의적일 가능성이 있었다.[111]

국제자유노련의 대표단은 9월 말부터 10월 초에 걸쳐 일본에 도착해, 10월 4일부터 가입조합협의회 및 전노와 거듭 회합을 가지며 의견 조정을 시도했다. 그리고 최종적으로 10월 7일에 각서가 마련되어 3자 대표가 서명했다. 그 골자는, 가입조합협의회와 전노 소속의 모든 노조들을 국제자유노련에 직접 혹은 개별적으로 가입시키고, 가입 노조들의 조정 기관으로는 만장일치제의 '가입조합연락위원회'를 설치한다는 것이었다. 그리고 11월 24일에 열린 국제자유노련 집행위원회에서 산별 조직으로 간주된 총동맹을 포함해 전노 산하 5개 산별의 개별 가입이 승인되었다. 그 결과 10월 1일자로 소급해 총평 산하 일교조·전체·전광·탄노·도시교통·일방노의 총 112만6천 명, 전노 산하의 총동맹·전섬동맹·해원조합·전영연·일주노의 총 85만5천 명이 국제자유노련에 가입한 것이 되었다.[112] 올덴브록은 협의회와 전노의 타협으로 일본 내 조직을 유지하는 한편, 전노의 일괄 가입을 저지함으로써 총평 산하 산별 조직들의 신규 가입, 나아가 총평의 일괄 가입에 대한 희망을 유지할 수 있었다.

무엇보다 이 해결책은 전노의 패배를 뜻하지 않았다. 헌장에 명기된 일괄 가입은 인정받지 못했지만, 총동맹을 포함한 산하 모든 산별 조직들이 가입을 승인받았다. 또한 총평계가 지배하던 가입조합협의회는 해체되었다. 새로 설치된 가입조합연락위원회는 만장일치제로 운영되어, 합의가 이루어지지 않으면 다수 의견과 더불어 소수 의견도 본부에 전달되어 최종 결정하게 되어 있었다. 또 전노에 새로 가입하는 산별 조직은 국제자유노련에 직접 가입을 신청해 승인받을 수 있게 되었다. 총평 산하 산별 조직들의 수적 우위는 유지되었지만, 다수결 제도가 아니므로 그 위력은 사라졌고, 게다가 전노계 가입 산별이 늘어나면 전노가 총평에 수적 우위를 점할 수도 있게 되었다. 그래서 전노는 기관지를 통해 만족을 표했고,[113] AFL과 미국 대사관도 전노에 바람직한 해결책이라고 생각했다.[114] 그러나 이제 모든 것은 전노의 조직 확대에 달린 일이었다. 전노의 가장 큰 과제도 여기에 있었다.

AFL과 미국 정부의 전노 지원

전노에는 몇 가지 심각한 문제점이 있었다. 하나는 조직의 위상을 둘러싼 내부 대립이었다. 전섬동맹과 해원조합 등의 산별 조직들이 총평에 대항할 중앙 조직으로 전노를 발전시키려 한 데 비해, 소규모이지만 전국 중앙 조직이었던 총동맹은 전노의 권한을 최대한 축소시키려 했다. 결성 당시에는 전노가 상급 단체인지 아닌지의 쟁점은 보류되고 애매하게 '회의체'라고만 규정했는데, 신규 가입 노조를 전노와 총동맹 중 어디에 소속시켜야 할지를 두고 계속 갈등이 빚어졌고, 이것이 전노의 규모 확대를 가로막았다. 지방조직과 회비 등의 문제도 전노에 직가입한 산별 조직들과 총동맹 사이에 중요한 쟁점으로 남았다. 또 다른 문제는 총평에 비해 조직적으로 열세라는 점이었다. 전노는 출범 당시 84만6백 명의 조직이라고 밝혔는데, 1954년 6월 말 노동성의 노동조합기본조사 결과로는 81만6,622명이었고, 총평은 3백만3,127명으로 약 4배에 달했다. 분열주의자들이라고 비판받고, 인재가 부족한 것도 전노의 앞길을 어둡게 했다.

프랑스와 이탈리아 등 공산당이 지배하는 전국 중앙 조직에서 분열해 나온 반공주의 중앙 조직들을 지원해 온 AFL의 자유노동조합위원회는 전노를 지원할지 검토하기 시작했다. 1954년 들어 전노 결성이 임박해지자 러브스톤은 디버랄에게 구체적인 계획을 작성하라고 거듭 지시했다.[115] 디버랄은 전노의 조직 발전은 총동맹에 달렸다고 보고 있었다. 총동맹의 고가 총주사로부터 중소기업 부문의 미조직 노동자 6백만 명, 어느 전국 중앙 조직에도 가입하지 않고 있는 중립계 노조원 120만 명을 대상으로 조직을 확대할 수 있으리라는 말을 들은 디버랄은 그에 필요한 자금을 지원하자고 러브스톤에게 요청했다. 예컨대 1월 29일 편지에서는 조사·선전·교육 담당자의 6개월분 급여로 1천~3천 달러를, 또 4월 21일의 편지에서는 조직 활동가와 번역·통역자로 모두 5~10명을 고용할 비용으로 1인당 연간 666달러(24만 엔)를 총연맹이나 전노에 제공하라고 요구했다.[116]

조직 확대를 위한 이런 지원 요구는 통상의 수준을 너무 뛰어넘는 것이라 러브스톤의 허가를 받지는 못했다. 그러나 그사이에 소규모이지만 한 가지 지원책이 실제로 이루어졌다. 바로 총평이 분열한 경위와 총평 지도부의 공산주의적 경향을 자세히 쓴 해원조합의 팸플릿을 영어로 번역 출판하는 기획이었다. 총평은 영어판 『총평 뉴스』를 발행해 해외에 보내고 있었으나, 우파는 그럴 돈이 없었다. 그래서 AFL이 남몰래 원조해 해원조합의 이름으로 간행해 배포하자고 디버랄이 제안한 것이다. 120달러 비용으로 1천 부를 찍자는 것이 디버랄의 애초 생각이었다. 발송 명단도 AFL이 준비할 예정이었다.[117] 러브스톤은 자유노동조합위원회의 결의 절차를 밟아 이 계획에 50달러를 지출하도록 승인받았다. 이에 디버랄은 전노의 국제자유노련 일괄 가입을 촉진하기 위해 영어판 팸플릿을 서둘러 제작해 4월 말에 발송했다.[118] 금액만 보면 보잘것없지만, 전노를 본격적으로 원조할 계기가 될지도 몰랐다.

디버랄은 6월 24일 전노 조직을 확대할 네 가지 원조 계획을 작성해 러브스톤에게 보냈다. 첫째, 1천~3천 달러를 총동맹에 기부해 조직 활동가를 고용하고 선전·출판 활동을 하는 데 쓰게 한다. 구체적으로는 도쿄의 중소기업 노동자 조직화가 고려되었다. 둘째, AFL이 2~3명의 조직 활동가를 반년에서 1년 동안 일본에 보내, 전노와 총동맹에 실천적인 조언을 제공하면서 현장 조직화에 나서게 하는 것이다. 건설 부문, 호텔, 레스토랑, 이발소 등의 숙련 노동자와 서비스 노동자가 주요 대상으로 열거되었다. 셋째, 미국 정부가 부담해 3~4명의 전노 청년 운동가들을 1~5개월 동안 미국에 파견해 조직화 기법 등을 학습하게 한다. 넷째, 전노가 내세우는 노사협조를 촉진하기 위해 생산성 팀을 정부의 자금으로 미국에 파견하는 것이다.[119] 러브스톤은 미국 정부의 자금이 필요한 뒤의 둘을 제외하고, 둘째 제안에는 소극적인 반응을 보였으나, 첫째 제안에는 적극적이어서 구체적인 프로젝트를 제안하도록 디버랄에게 지시했다.[120]

전노에 대한 AFL의 자금 지원은 오미견사 쟁의* 당시 공개적으로

◆ 오미견사近江絹絲 쟁의는 기업주의 가혹한 노동 통제와 사생활 통제, 저임금 등에 반발한 노동자들이 1954년 6월 2일부터 9월 16일까지 105일간에 걸쳐 전개한 대규모 파업 투쟁이다. 참고로 오미견사는 비단

이루어졌다. 전노가 결성되고 1개월가량 지나 발생한 오미견사 쟁의는 전근대적인 노무관리에 반발해 인권을 호소하고 나선 쟁의로, 전섬동맹은 조직의 명운을 걸고 투쟁해 폭넓은 여론의 지지도 받았지만, 그 때문에 전섬동맹과 전노는 재정 압박에 시달렸다. 결국 쟁의를 지속하기 어려워졌을 뿐만 아니라 전노 조직을 확대하는 활동에도 제약이 생겼다. 따라서 디버랄은 우호적인 노조의 어려움을 풀어 주고자 자금을 지원해 줄 것을 러브스톤에게 강하게 요구했다. 디버랄은 자금을 확보하기 위해서라면 은행 강도라도 하고 싶을 정도라고 말하면서 열심히 러브스톤을 설득했다. 러브스톤은 자금이 부족하다는 이유로 두 차례에 걸쳐 그의 요구를 거절했으나, 최종적으로는 5백 달러(18만 엔)를 보조하기로 했다. 그리고 9월 4일, 전섬동맹의 다키타 회장에게 자금이 도착했다.[121] 국제자유노련은 이미 7월 8일 50만 엔의 모금액을 보냈는데, AFL은 국제자유노련을 통한 간접적 자금 지원 외에도 직접 자금을 보낸 것이다. 쟁의는 9월 6일 노조의 승리로 종결되었다.

그런데 이 과정에서 AFL 자유노동조합위원회의 자금 부족 문제가 드러났다. AFL이 마련한 것은 겨우 5백 달러였다. 이를 알게 된 전노의 와다 서기장은 쓴웃음을 지으며 이것이 AFL이 낼 수 있는 최대치냐고 물었을 정도였다.[122] 자유노동조합위원회의 활동은 이미 전성기를 지나고 있었다. 파리의 브라운, 로마의 골드버그는 디버랄 이상으로 재정 삭감에 직면해 있었다. 러브스톤은 11월 1일의 편지에서 전노의 조직 활동에 자금을 지원하고 싶으나 그럴 수 없다는 점을 분명히 전했다.[123]

의 원재료인 명주실(絹糸)을 만드는 공장으로, 오미(近江)는 회사 이름이다. 여공들을 강제로 수용한 기숙사 학교인 오미 고교가 지금도 사가현에 있다.

1955년 들어서도 디버랄은 계속해서 전노를 지원하자고 주장했다. 그러나 러브스톤은 그때마다 그 가능성을 부정했다. 디버랄의 제안이 구체적인 프로그램을 담지 못하고 있다는 것이 이유였다. 러브스톤은 자신의 경험에 비추어, 구체적인 목적이 빠진 채 조직 활동 전반에 자금을 지원하면 자조 노력을 저해하기 쉽다고 믿었다. 그러나 AFL이 전노에 자금을 지원하지 않은 가장 큰 이유는 자금난이었다.[124]

그런데 미국 정부의 경우는 어떠했던가? 주일 대사관 내부에서 전노를 지원하는 데 가장 열심이었던 것은 해외공보국이었다.[125] 노동정보관 콜로시모는 총평과 접촉하지 않고 전노의 편을 들었으나, 1954년 6월에 그의 뒤를 이은 AFL 소속 지방공무원노조 출신인 프랭크 웰시 또한 디버랄 및 아시아재단과 협력하면서 전노를 육성하는 데 힘을 쏟았다.[126] 웰시가 보기에는 반미·용공적인 총평 지도부와 신뢰 관계를 구축하기란 거의 불가능하고, 해외공보국이 긴밀히 협력할 만한 상대는 전노뿐이었다. 그리고 웰시는 전노가 조직을 확대하려면 세 가지 방법이 있다고 생각했다. 첫째는 중소기업 등 미조직 노동자들을 조직화하는 것이다. 둘째는 총평을 탈퇴한 노조들을 가입시키는 것이다. 셋째는 어느 전국 중앙 조직에도 가입하지 않고 있는 중립계 노조들을 가입시키는 것이다. 이를 위해 해외공보국은 전노의 출판, 선전 활동을 강화시키도록 해야 한다.

해외공보국은 우선 국제 노동운동에 관한 다양한 정보를 전노에 제공했다. 기관지 『전노』는 1954년 가을 프랑스의 CGT와 이탈리아의 CGIL이 총평을 초대한 것은 세계노련이 자금을 제공했기 때문이라고 폭로했는데, 이는 해외공보국이 제공한 정보였다. 해외공보국은 전노 자체만이 아니라 전노와 밀접한 관계에 있는 출판사도 지원했다. 바로 해원조합의 니시마키 국제부장이 책임자였던 '국제노동출판', 전노 계열 노조 지도자들과 경영자들이 설립한 '산업민주협회' 등이었다. 특히 산업민주협회는 주 2회 『산업과 노동』을 650부 간행해 기업, 정부 기관, 노동조합들에게 배포하고 월 2회 팸플릿을 작성했는데, 해외공보국의 정보에 기초해 작성된 기사들이 여기에 게재되고, 이 기사들은 다시 전노의 기관지에도 자주 인용되었다. 해외공보국의 전노 지원은 정보를 제공하는 데 그치지 않았다. 전노는 다카노 총평 사무국장 등이 1955년 베이징 메이데이 행사에 참가한 것을 비판하는 팸플릿을 2만 부 인쇄해 총평 산하 노조들을 중심으로 배포했는데, 그 비용은 해외공보국의 자금에서 나왔다. 즉 비밀리에 자금 지원이 진행되고 있었던 것이다.

하지만 해외공보국은 많은 자금을 지원할 능력은 없었다. 그래서 웰시는 CIA의 비밀 자금을 받고 있는 아시아재단의 협력을 받아 이 문제를 해결하려 했다. 웰시는 아시아재단 도쿄 사무소의 델머 브라운 소장과 회담해 전노를 지원해 달라고 요청했고, 전노도 아시아재단에 출판 활동 지원을 요청했다. 브라운 소장에게 긍정적인 반응을 이끌어 낸 웰시는 아시아재단의 전노 지원이 조직 활동에 쓰일 자금을 지원하는 데 이어지기를 기대했다. 출판 활동에 대한 첫 번째 지원은 영국 TUC의 생산성운동을 다룬 팸플릿을 번역해 발간한 것이었다. 그 뒤로 구체적으로 어느 정도의 지원이 이루어졌는지는 알 수 없으나, 해외공보국의 직접적인 자금 지원은 물론 아시아재단의 자금 지원도 결코 만능의 방책이 아니었음은 분명하다. 전노가 그런 지원을 받는 데 대한 저항감을 떨쳐 내지 못했기 때문이다. 해외공보국과 아시아문화재단이 자금을 직접 지원하기보다는 미국의 노동조합과 국제 노동 조직을 통해 지원하는 편이 나았을 것이다. 웰시와 브라운은 이에 대해 의견이 같았다.[127]

해외공보국의 노동조합에 대한 공작은 전국의 주요 도시들에 설치된 미국문화센터에서도 이루어졌다. 그 모델케이스는 야하타八幡·오무타大牟田·우베宇部 등 주요 중공업 도시들을 관할하는 후쿠오카福岡였다. 보고서에 따르면 현장 조합원들에 대한 가장 효과적인 수단으로 이용된 것은 영화였다. 1953년 10월부터 1년 동안 156회의 영화 상영이 이루어져 78개 노조 7만4,527명이 감상했다. 영화는 이데올로기 투쟁의 무대로, 총평은 원수폭[원자폭탄·수소폭탄] 금지 운동의 일환으로 일교조가 제작한 영화 〈히로시마〉와 중국과 소련의 영화들을 상영하고 있었다. 그러나 이에 대항하는 반공 영화들을 처음부터 상영하면 미국의 정치적 선전이라는 반발이 일어날 것이었다. 그래서 이데올로기적인 메시지가 없는 문화적·교육적 영화들을 먼저 상영했던 것이다. 또 하나의 방법은 처음부터 총평 산하 노조들과 접촉하지 않고, 일단 우호적인 노조들을 대상으로 프로그램을 실시해 그 성과를 보여 주고, 이를 통해 주변의 비우호적인 노조들의 태도를 바꾸어 간다는 것이었다. 이런 의미에서 친미적인 전노의 존재는 해외공보국의 활동에 필수적이었다.[128]

영화와 더불어 중요한 요소가 음악이었다. 당시 1940년대 말부터 시작된 노동 음악 합창 운동이 전국적으로 확산되어 소련과 중국 등의 노래가 애창되고 연주되고 있었다. 이런 대중문화 단체들에 공산당이 미치는 영향력은 매우 커서, 활동가를 충원하는 중요한 통로가 되고 있었다. 이런 흐름은 총평뿐만 아니라 전노 조직으로도 확대되고 있었다. 따라서 전노는 경영자의 협조를 얻어 1955년 11월 21일, 전문협(전국근로자문화협회)를 설립했다. 전문협은 해외공보국에 자신의 활동을 보고하면서 지원을 간청했다. 이에 대해 웰시는 스크린에 가사가 나오는 가곡歌曲 영화를 제공하겠다고 제안했다. 그렇게 되면 좌익 그룹들이 육성하고 있는 합창 지휘자는 필요 없어지고 미국에 우호적인 곡들을 퍼뜨릴 수 있을 것이다. 게다가 해외공보국은 본국의 해외공보처에 공식전문을 보내, 좌익의 음악 선전에 대항하기 위해 음악가들을 파견해 전

문협의 활동에 협조해 줄 것을 미국음악가조합에 요청해 달라고 요구했다.[129]

이렇듯 미국 정부는 다각도로 전노를 지원했다. 그러나 그중 최대의 지원은 대외활동본부 및 그 후신인 국제협력국이 실시한 생산성 프로그램이었다.

3. 생산성운동의 개시

생산성 프로그램이란 무엇인가

제2차 세계대전으로 피폐해진 유럽에 소련이 진출하지 못하게 막고자 1947년 6월 5일 미국의 조지 마셜 국무장관은 유럽부흥계획을 발표했다. 미국의 생산성 프로그램은 이 마셜플랜의 일환으로 서구 나라들에서 먼저 실시되었다.

생산성운동은 영국에서 처음 시작되었다.[130] 1948년 7월, 노동당 정권의 스태퍼드 크립스 재무장관은 마셜플랜의 담당처인 미국 경제협력국의 폴 호프만 장관과의 회담에서 생산성 향상을 위한 지원을 요청해 합의하고, 이듬해 영미생산성협의회를 발족시켰다. 크립스는 영국의 경제 자립을 위해 생산성 향상이 필수적이라고 판단하고, 동시에 미국으로부터 더 많은 원조를 받기 위해서도 자조 노력을 보여 줄 필요가 있다고 생각해 이를 제안한 것이었다. 그 운영자금의 3분의 2는 마셜플랜과 대충자금對充資金; the counterpart fund◆에서 조달된다. 영미생산성협의회는 마셜플랜의 부산물이면서, 영국에서 가장 두드러진 활동을 벌였다고 알려져 있다.

　정부로부터 독립적인 민간단체로 설립된 영미생산성협의회는 영국 12명, 미국 8명 등 합계 20명으로 구성되었는데, 양측 모두 경제 단체와 노동조합 대표를 포함하고 있었다. 영국의 경우를 보면 영국산업연맹, 영국경영자총연맹, TUC의 대표들이 선정되었고, 미국의 경우 제너럴 일렉트릭GE의 필립 리드 회장과 전미자동차노조의 빅터 루더가 공동의장을 맡았다. 생산성협회의 가장 중요한 활동은 방미시찰단 파견으로 모두 138개 팀, 9백 명을 넘는 경영자·노동자·기술자 들이 높은 생산성을 과시하는 미국을 배우러 대서양을 건넜다. 그리고 방미시찰단의 보고서는 영국 내에서 큰 반향을 일으켜 모두 60만 부 이상이 판매되었다. 생산성협의회는 당초 예정대로 1952년 6월에 활동을 종료했으나, 영국 측 조직을 계승해 '영국생산성협의회'가 설립된다. 이는 영미생산성협회의 방미시찰단의 권고에 따른 것으로, 생산성 향상 활동을 전개하는 국가 단위의 항구적 생산성본부였다.

　영국에 뒤이어 다른 서구 나라들에서도 여러 가지 이름으로 생산성본부가 설치되었다.[131] 예컨대 서독은 1920년대의 산업합리화운동의 계보를 잇는 '독일경제성經濟性협의회'가 1950년 11월에 '독일경제합리화협의회'로 이름을 바꾸어 생산성본부의 기능을 맡았다. 그 이사회는 정부와 경제 단체, 노동조합, 학계의 대표로 구성되고, 방미시찰단을

◆ 전후 미국은 피원조국이 원조 물자의 국내 판매를 통해 획득한 자국 화폐를 특별 기금으로 적립하도록 하고, 이를 원조국과의 협의하에서 지출하도록 했다. 마셜플랜의 경우 5퍼센트는 전략물자 구입 및 미국 정부 파견 기관의 비용에 충당하고, 나머지 95퍼센트는 미국 정부와의 합의하에 피원조국의 경제 재건을 위해 사용하도록 했다.

파견하는 일 등을 맡았다. 또한 프랑스에서는 1950년 6월, 경제부 산하에 '생산성향상전국위원회'가 설치됨과 더불어, 생산성운동을 담당할 민간단체로서 '프랑스생산성향상연맹'이 창설되었다. 이 두 조직에는 경제 단체, 노동조합, 학계, 전문가 단체의 대표들이 참가해 방미시찰단을 파견하는 사업 등을 맡았다.

이처럼 서구 각국의 생산성본부는 1940년대 말부터 1950년대 초에 걸쳐, 미국의 대외 원조 기관의 지원과 더불어 각 정부들의 협력을 얻어 경제 단체와 노동조합 등에 의해 설립되어, 방미시찰단 파견을 필두로 여러 활동을 전개했다.[132] 그리고 1953년 5월에는 미국 경제협력국의 후신인 상호안전보장국의 원조에 힘입어 '유럽생산성본부'가 파리에 설립된다. 이 조직은 마셜플랜의 피원조 기구인 '유럽경제협력기구'를 모체로 하여 발족해, 서구 전체의 생산성 향상을 목표로 각 나라 생산성본부들의 정보 교환과 기술 교류를 꾀하는 역할을 했다. 유럽의 생산성운동은 이로써 지역 차원의 구조를 지니게 된 것이다.[133]

이런 흐름에서 분명히 드러나듯, 생산성 프로그램은 미국 냉전정책의 중요한 일부였다. 그것은 위기에 처한 서구 각국의 자본주의를 미국의 헤게모니 아래 재건하면서 공산주의 세력의 주된 표적인 노동조합을 포섭하는 데 큰 역할을 부여받았다. 생산성 향상에 따른 경제성장으로 노동자의 임금과 노동조건을 향상시키고, 이를 통해 분배를 둘러싼 노사 간의 제로섬적인 계급 대립을 해소하는 것이 생산성 프로그램의 목표였다. 그리고 이 프로그램을 통해 전체 파이를 키워 노사 협력에 적극적인 사회민주주의 혹은 기독교민주주의 계열의 노동조합은 육성하고, 이에 반대하는 공산당 계열의 노동조합은 억누른다는 것이었다. 제2차 세계대전 후 서구 여러 나라들에서 경제성장을 목표로 하는 친미적인 안정적 중도 지배 체제가 들어섰는데, 바로 그것이 "생산성의

정치"에 따른 성과였다.[134]

　생산성 프로그램에 대해 세계노련이 반대하고 국제자유노련은 찬성했다는 사실은, 이 프로그램이 냉전을 배경으로 했음을 잘 말해 준다. 세계노련은 1954년 12월 9일부터 열린 평의회의 일반 의결로 자본주의 나라들의 생산성운동은 노동강도와 착취를 강화하고, 전쟁 준비를 수행하는 데 이바지한다며 이를 반대한다고 주창했다. 세계노련은 독점자본의 이윤을 줄이고 군사 예산을 삭감하면 생산성 향상 없이도 물가 상승 없는 임금 인상이 가능하다는 입장을 밝혔다. 한편 국제자유노련은 1952년 7월 1일부터 열린 평의원회에서 "물가, 임금 및 생산성에 관한 성명서"를 채택해, 생산성운동이 물가 인하와 임금 인상, 생활수준 향상 등에 기여하리라고 평가해 협력하겠다는 뜻을 밝혔다. 단, 무조건 찬성하는 것이 아니라 "노동자의 임금 및 일자리가 적절히 보호되는 한"이라는 단서가 붙어 있었다.[135]

　눈여겨볼 점은 미국 정부의 생산성 프로그램에 대해 AFL보다 CIO의 영향력이 더 컸다는 점이다. 예컨대 상호안전보장국의 후속 조직으로서, 생산성 프로그램을 관할한 대외활동본부에는 해럴드 스타센 장관 아래에 노동자문위원회가 설치되고 AFL과 CIO가 여기에 위원을 파견해 노동 관련 인사人事에 관여했다. 그런데 대외활동본부에 추천한 사람 수를 보면 AFL과 CIO 사이에 큰 차이가 있다. 예컨대 1954년 9월 9일자 문서에 따르면 AFL 추천자 중 3명이 자격심사 완료, 4명이 심사 중이라고 되어 있는데, CIO 추천자를 보면 심사 완료가 59명, 보류가 2명, 심사 중이 11명으로 훨씬 많았다.[136] 그리고 대외활동본부의 일본 파견 기관인 '미국대외활동사절단'의 초대 노동전문관으로 임명된 칼 원 역시 CIO 소속인 미국국제목재노조의 서기장으로, CIO의 빅터 루더 국제부장이 추천한 인물이었다.[137]

대외활동본부 노동프로그램의 목표는 스타센 장관의 말대로 "자유주의 진영 노동자들의 생활수준을 향상시키고, 노동조합이 공산주의자의 지배에 빠지지 않도록 자유주의 진영 노동조합운동을 강화·발전시키는 것"이었다.[138] 이는 경제성장을 달성해 노동자들의 생활수준을 향상시켜 공산주의의 침투를 저지해야 한다고 주장하는 CIO의 관점과 거의 같았다. CIO의 루더 국제부장은 1955년 2월 16일 아시아정책에 관한 편지를 덜레스 국무장관에게 보내, 전년도 말에 있었던 CIO 제16회 대회의 결의를 인용하면서 군사원조와 군사 협력에 역점을 두지 말고 대규모 경제원조와 경제협력을 실시하고 평화공세를 적극적으로 전개해 공산주의 침략을 저지해야만 한다고 말했다.[139] CIO는 이런 인식에 기초해 일본을 포함한 생산성 프로그램에 깊이 관여한 것이었다.

그러나 생산성 프로그램에 대한 CIO의 태도는 단순하지 않았다. 이는 국제자유노련이 생산성향상운동에 찬성하면서 붙인 "노동자의 임금 및 일자리가 적절히 보호되는 한"이라는 단서와 관련된다. 생산성 향상을 위한 노사 협력은 경영자에게는 이익이지만, 그것이 임금과 노동조건 향상으로 바로 연결되지는 않는다. 그 때문에 생산성 향상의 성과를 노동자에게도 공정하게 분배하기 위해 CIO는 단체교섭을 중시했다. 즉 파이를 키우기 위해 경영자와 협력할 필요성을 인정하면서도, 그 분배를 둘러싼 경영자와의 대립을 직시하고 교섭력을 높이려고 생각한 것이다. "생산성의 정치"가 계급 간의 대립을 완화할 수는 있어도 없애지는 못한다. 따라서 CIO는 생산성운동이 경영만의 이익으로 이어지지 않도록 경계를 늦추지 않았다. 그리고, 나중에 자세히 보겠지만, 경영자 주도로 전개된 일본의 생산성운동은 CIO의 우려의 대상이었다.

일본에서의 생산성운동의 시작

서구 나라들과 거의 같은 시기, 일본에서도 생산성본부를 설립하려는 움직임이 나타났다.[140] 미국보다는 일본 측이 더 적극적이었는데, 가장 빠른 사례를 보면, 일경련은 1949년 10월 27일 기관지 『일경련 타임스』에서 영미생산성협의회와 유사한 기관을 설립하자고 주창했다.[141] 총사령부를 상대로 이를 위한 구체적인 활동을 시작한 것은 경제안정본부였다. 1951년 1월 20일과 3월 24일, 경제안정본부의 스토 히데오 장관은 경제과학국의 머컷 국장에게 생산성본부의 설립을 요구하는 편지를 보냈다. 경제안정본부의 관계자가 지난해 여름 미국을 방문해 경제협력국의 담당관과 접촉해 얻은 자료에 기초해 그렇게 제안한 것이다.[142] 또한 통산성도 1951년에 산업합리화심의회가 건의하는 형식으로 생산성본부 설립을 요청했다.[143] 그런데 경제안정본부의 요청을 받은 총사령부는 소극적인 자세를 보였다. 생산성 향상을 통해 일본 경제를 근대화할 필요성은 인정하지만, 그런 정책은 기술자를 대상으로 방미 프로그램을 시행하는 등 총사령부가 이미 실시하고 있고, 미국의 담당관은 일본의 실정을 잘 알지 못한다는 것이 경제과학국의 생각이었다. 또한 경제안정본부의 제언은 통계적인 접근에 지나치게 치우쳐 있다는 불만도 있었다.[144] 이처럼 경제과학국은 여러 이유를 들고 있었으나, 결국은 총사령부가 미국 본국의 간섭에서 벗어나 독자적인 점령 정책을 추진하려 한 것이 근본적인 이유였다고 생각된다. 그래서 일본생산성본부는 1952년 4월 28일 강화조약 발효[총사령부 폐지] 이후에야 설립될 수 있었다.

일본생산성본부 설립의 출발점은 1953년 9월 1일 미국 국무부가 주일 대사관에 보낸 훈령이었다. 이 훈령 속에서 국무부는 한 달 전에 상호안전보장국의 후속 기관으로 발족시킨 대외활동본부의 대일 활동을 강화할 가능성을 타진하면서, 네 항목 중 하나로서 일본의 '장기적 경제 이익'을 위한 기술 원조를 거론했다. 구체적으로는 유럽의 생산성 프로그램을 본 따 일본에서 미국으로 산업별 시찰단을 보내고, 미국에서 일본으로 전문가(그리고 산업별 시찰단)를 보내는 등, 경영자와 노동자를 포함한 미·일 쌍방향의 기술원조 팀 교환을 제시했다. 그 비용은 달러 지출은 미국이, 엔화 지출은 일본이 나누어 부담한다는 것이었다.[145] 국무부는 이 훈령의 끝부분에, 대외활동본부에 제안하기 전에 주일 대사관의 의견을 보내 달라고 덧붙였다. 즉 이 훈령은 국무부가 대외활동본부와 협의하지 않고 국무부의 독자적 판단에 따라 작성한 것이었다.

그런데 왜 국무부는 일본에 기술 원조를 제공하겠다고 검토하기 시작했을까? 다음과 같은 두 가지 이유를 떠올릴 수 있다. 첫째, 일본 경제의 실정을 알고 있는 국무부는 유럽에서 진행되던 생산성운동에 관심을 보이고 있었다. 1953년 4월 24일, 국무부의 극동국 북동아시아과는 "미국의 유럽에 대한 기술 원조 : 대일 정책과의 비교"라는 문서를 작성했다. 이는 아라키 에이키치 주미 일본 대사가 앨리슨 극동담당 국무차관보에게 서독의 생산성운동을 보도한 신문 기사를 들고 가서 제시한 것을 계기로 정리한 것으로, MSA에 기초한 미국의 생산성 프로그램을 검토한 뒤 이를 일본에서 실시하자고 제안하는 내용이었다.[146] 이 문서가 약 4개월 뒤의 훈령으로 직접 이어졌는지는 분명하지 않으나, 적어도 당시 국무부의 인식을 보여 준다고 할 수 있을 것이다.

둘째, MSA 원조 중에 군사 및 경제원조와 더불어 기술 원조도 포함시킴으로써 MSA 교섭을 진전시킨다는 목적이었다. 훈령이 가기 1개월 전인 7월 15일부터 도쿄에서 시작된 MSA 교섭은, 일본 측이 경제원조를 요구하는 한편, 방위력 증강에는 소극적이었으므로 교섭은 난항을 겪고 있었다. 예컨대 주일 대사관은 8월 21일 교섭이 종료된 뒤 국무부에 보낸 보고서에서 "교섭의 두드러진 특징"으로서 "일본 측이 협정의 경제적 측면을 강조하는 데 적극적이었던 것"과 "일본 측이 방위력 증강에는 소극적이었던 것"을 함께 지적했다.[147] 국무부는 이런 상황을 고려해 이 훈령 속에서 "상호안전보장 협정의 경제적 측면을 강조하면 군사원조 협정의 국회 비준에 도움이 될 것"이라는 견해를 제시했다.

그런데 주일 대사관은 9월 1일의 훈령에 대한 회신(9월 29일)에서, 그 취지에 찬성하면서 생산성운동을 위해 별도의 조직을 만들기보다는 대사관에 업무를 위임할 것을 요청했다.[148] 하지만 미국 대사관의 이런 움직임에 대해 일본 정부와 경제 단체들은 별다른 흥미를 보이지 않았다. 그러나 1953년 7월 27일 한국전쟁이 휴전된 이후 전쟁 특수가 감소한 것을 배경으로 국제수지가 악화되자, 물가를 낮추어 수출을 진흥시키는 것이 급선무가 되고, 생산성 프로그램에 대한 관심이 점차 커졌다. 요시다 내각도 1954년도 '1조 엔 예산'을 편성한 데서 보듯이 재계의 적극적인 지원하에 수출 진흥을 위한 긴축정책을 실시했다. 방대한 전쟁 특수를 전제로 한 적극적 정책을 펼치기 어려워진 가운데 일본 국내에서도 생산성운동을 시작할 조건이 마련되고 있었던 것이다.[149]

일본 측이 생산성운동에 나선 것은 1953년 12월 15일에 열린 미국 대사관과 동우회의 모임에서였다. 동우회 측에서는 대표간사인 야마기와 마사미치와 쇼우지 다케오, 상임간사인 고시 고헤이 등이 참석했다. 이 자리에서 해럴드슨 상무관은 공산주의의 위협에 대항하려면 빈곤을 해소해야만 하고, 경영자가 주주 이익에 관심을 집중하지 말고 능률성을 높여 노동자의 생활수준을 향상시키려 애써야 한다고 역설하며, 유럽의 생산성운동에 대해 이야기했다. 그리고 일본 경제의 약점인 설비투자가 뒤따르지 않는 경영을 합리화하기 위해 영미생산성협회에

준하는 미·일 합동 위원회를 설치해 MSA 원조 속의 기술 원조를 제공할 용의가 있다고 밝혔다.[150]

고시 상임간사는 그로부터 약 6개월 전에 유럽을 방문해, 생산성운동을 실제로 견학했었다. 5월 9일에 일본을 출발한 그는 빈에서 국제상업회의소 총회에 참석해, 서독의 노사 관계와 특히 경영참가를 조사한 뒤, 영국을 방문해 영미생산성협회의 자료를 챙겨 왔다. 고시에 따르면, 이 유럽 방문을 통해 "유럽 전체의 경제는 생산성을 암묵적으로 하나의 공통 슬로건으로 하고 있어서, 어떤 경제적 국제회의에서도 생산성 향상 문제는 반드시 중요한 주제 중 하나임을 느꼈다."는 것이다. 고시는 1947년에 발족했던 노사 협력 조직인 경제부흥회의에서 중심적인 역할을 했으나 좌절했던 경험이 있었다. 그는 서구 나라들에서 "노사 협력의 고리가 있어 일심동체로 생산성 향상에 애쓰고, 또 이미 실제로 생산성을 높이고 있다."는 강한 인상을 받았다.[151]

이렇듯 생산성운동에 관심을 기울이던 동우회는 해럴드슨과 회담을 갖고 사흘 뒤인 12월 18일의 간사회에서 "생산성 향상 대책에 관한 건"을 의제로 상정해, 구체적 방안을 사무국에서 검토하기로 했다. 그리고 1월 14일의 간사회에서 사무국이 작성한 기본 방침을 승인하고, 다시 2월 19일의 간사회에서 영미생산성협의회에 준하는 미·일생산성증강위원회 설치를 골자로 하는 기본 구상을 승인해, 다른 경제 단체들과 협력해 실현하도록 노력하자고 결의했다. 이에 따라 동우회는 경단련·일경련·상공회의소에 대한 작업을 시작해, 3월 5일 대표자회의를 열어 합의에 이르렀다. 그 뒤 해럴드슨과도 연락을 취하면서 주요 경제 4단체의 사무국이 준비를 진행해,[152] 3월 17일의 간담회를 거쳐 3월 19일 '미·일생산성증강위원회'가 정식으로 발족했다.

미·일생산성증강위원회는 경제 자립에 필수적인 생산성 향상을 위해 미국의 우수한 경영 기술을 조직적으로 도입할 것을 목적으로 했다. 그 주요 활동은 미국에서 전문가 강사를 초대해 세미나를 열고 미국 방문단을 파견하는 것이었다. 세미나는 사장, 전무이사 이상을 대상으로 하는 최고 경영자 세미나, 관리자와 기술자, 현장 노동자를 대상으로 하는 문제별 세미나가 있었고, 방미 팀에는 문제별 방미 팀과 업종별 방미 팀이 있었다. 비용 가운데 약 80퍼센트는 미국이 MSA 원조를 통해 조달하고 나머지는 일본의 업종 단체와 기업 들이 수익자 부담 원칙으로 지불했다. 미·일생산성증강위원회는 2년간 활동한 뒤 생산성본부로 전환할 예정이었다.

한편 노동조합이 참가할지가 큰 문제로 남아 있었다. 미·일생산성증강위원회는 영미생산성협의회와 마찬가지로 노동자 측을 참가시킬 필요가 있다고 인정했으나, 어떤 형식으로 참가시킬지는 추후 검토하기로 하고 우선 경영자 측만 참여해 발족했다. 따라서 미·일생산성증강위원회의 일본 측 위원은 모두 경영자들이었다.[153] 4월 8일 열린 제1회 위원회에서 도시바의 이시자카 다이조 사장이 이사장으로 선임되었다.[154] 일경련의 나카야마 사부로 이사에 따르면, 이렇게 경영자들만으로 발족한 것은 "활동의 대상이 주로 경영 문제였고, 노동조합 측이 아직 참여할 만한 상태가 아니었기 때문"이었다.[155] 총평은 미·일생산성증강위원회는 분명히 "일본의 정치경제 일체를 미국에 예속시킬" 목적의 조직이라며 강하게 비판하고 있었다.[156]

경제 단체들은 노사 협력에 적극성을 보이면서도, 나카야마의 발언에서도 엿보이듯이, 노동조합이 경영 문제에 관여할까 봐 경계했다. 미·일생산성증강위원회가 발족되던 시기에, 동우회는 긴축정책 실시에 대응해 노사 협력을 통해 임금 인상을 억제해야 한다고 판단했다. 이에 따라 동우회는 1954년 1월 22일 제12회 전국위원회에서 국민경제회의 설립을 제창하는 긴급동의를 채택했다.[157] 그런데, 동우회는 이후 노동자의 경영참가에 반대한 나머지 경영참가에 미치지 못하는 노사 협력 기구인 국민경제회의에도 소극적인 입장을 취해, 6월 1일의 노동정책부 회의에서 이를 사실상 포기하기로 결정한다.[158] 또한 미·일 생산성증강위원회는 노동조합의 협력이 빠져 있었기 때문인지, 일본 정부의 협력도 확보하지 못했다.

그리고 미·일생산성증강위원회의 또 다른 문제는 미국 정부, 즉 대외활동본부의 협력을 확보하지 못한 것이다. 조직과 운영 등 생산성 프로그램에 대한 전문적 지식이 없었던 주일 미국 대사관은 국무부에 계속 전보를 보내 유럽에서 활동한 경험이 있는 전문가를 일본에 파견하도록 대외활동본부에 요청해 달라고 요구했다.[159] 국무부도 그 필요성을 인정하고 있었다. 그러나 일본에 대규모의 대표부를 설치하려 했던 대외활동본부와 그에 반대하는 국무부는 몇 달 전부터 첨예하게 대립해, 대외활동본부는 이 문제가 해결되지 않는 한 전문가를 일본에 파견하지 않는다는 입장이었다. 그리고 그런 취지의 전보가 5월 5일 국무부에서 주일 대사관에 발송되었다.[160]

주일 대사관은 부처 이기주의로 일이 지연될까 봐 이 문제를 해결해 달라고 국무부에 요청했으나 허사였다.[161] 일본 국내에서 조직을 정비하는 일만 진행되었다. 즉 미·일생산성증강위원회는 6월 21일 제4회 위원회에서 일본생산성협의회로 이름을 바꾸고 위원 제도를 이사 제도로 변경하며, 아울러 전형위원회·기획조정위원회·재무위원회의 세 개 소위원회를 설치하기로 결정했다. 이름을 바꾼 것은, 미국이 관여한다는 느낌을 주면 좋지 않으므로 '미·일'보다는 '일본'으로 하는 것이 바람직하다는 국무부(와 대외활동본부)의 뜻을 따랐기 때문이었다.[162] 그러나 변화는 이 정도에 국한되어, 기존의 위원이 그대로 이사로 이름만

바뀌었다. 즉 일본생산성협의회도 노동 측이 빠진 경영자들로만 구성되었다.[163]

일본생산성본부의 설립

이 무렵 일본 경제에는 한국전쟁 휴전에 따른 전쟁 특수의 감소로 국제수지의 위기가 닥치고 있었다. 요시다 내각은 국제수지를 개선하고자 긴축정책을 실시했는데, 그 결과 심각한 불황이 초래되었다. 그뿐만 아니라 긴장 완화(데탕트)의 진전으로 한국전쟁에 뒤이어 인도차이나전쟁도 휴전이 예상되어, 전쟁 특수가 급감한 데 따른 일본 경제의 위기는 더욱 심각해졌다. 그러자 요시다 총리의 뜻에 따라 미국을 방문한 전 재무장관 무카이 다다하루 외무성 고문은 6월 11일 국무부를 방문해, [전쟁] 특수 감소에 따른 국제수지 위기 상황을 극복하고자 긴축정책을 실시해 수출을 진흥하려 하나 여전히 어려움이 예상된다고 설명하며, 미국이 일본에 경제적 지원을 해달라고 요청했다.[164]

국제수지 위기와 불황에 직면한 일본 국내에서는 국제적 긴장이 완화됨에 따라 중국과의 교역을 모색하는 움직임이 커졌다. 일본 경제의 위기는 미·일 관계의 위기와도 직결되어 있었다. 게다가 이 시기에 '제5 후쿠류마루 사건'◆의 여파로 반핵·반미 감정이 고조되었고, '조선의옥 사건'◆◆으로 친미 성향의 요시다 내각이 흔들리고 있었다. 그러자

◆ 제5 후쿠류마루第五福龍丸는 일본의 원양어선으로, 1954년 3월 1일 태평양 비키니 군도에서 실시된 미국의 수소폭탄 실험으로 다량의 방사능에 피폭되었다. 무선장이었던 구보야마 아이키치保山愛吉가 그해 9월 23일 사망했다.

미국 정부는 일본을 자유주의 진영에 묶어 두기 위해 본격적인 경제적 지원을 고려하기 시작했다. 아이젠하워 대통령은 6월 22일 '전국[신문] 편집자협회'에서의 연설에서, "서태평양 방위의 요충지는 일본이다."라고 말하고, "살아갈 수 있도록 뭔가 해주지 않으면 일본은 생존할 수 없고, 그 결과 일본은 자유주의 진영에 계속 머물 수 없게 될 것"이라고 호소했다.[165]

그러던 중 덜레스 국무장관과 스타센 대외활동본부 장관이 6월 16일 회담했다. 두 사람은 우선 대외활동본부의 주일 대표부 설치 문제를 놓고 전처럼 입씨름을 벌였다. 그러나 국무부는 일본 경제의 위기 상황 앞에서 더는 소극적 반대의 입장을 고집할 수 없었다. 그래서 덜레스는 클래런스 마이어를 일본에 파견해 주일 대사관의 도움을 받아 상세한 조사를 하도록 하고, 일본에 대한 경제 지원과 대외활동본부 주일 대표부 설치에 관한 보고서를 3개월 내에 제출하게 하자고 제안했다. 마이어는 대외활동본부가 주일 대표부의 책임자로 내정하고 있던 인물로, 덜레스와도 아는 사이였다.[166] 스타센도 이 제안에 찬성했다.[167]

대외활동본부의 마이어 조사단은 7월 8일부터 28일까지 일본에 머물면서 요시다 총리를 위시한 일본 정부 수뇌부, 이시카와 이치로 경단련 회장 등 재계 인사들, 다키타 전노 회장 등 노동조합 지도자들과 회견하고,[168] 귀국한 뒤 보고서를 제출했다.[169] 이 보고서는 긴축정책의 유지·강화를 일본 정부에 요구하고, "일본 스스로 적절한 조치를 강구

◆◆ 조선의옥造船疑獄은 1953~54년에 걸쳐 발생한 정치 스캔들이다. 해운사들과 조선사들이 정부와 여당 인사들에게 뇌물을 준 사건으로 당시 집권당인 자유당의 여러 정치인들이 수사받았다. 이 사건으로 5차 요시다 내각이 붕괴했다.

하면 단기적인 미국의 경제원조는 필요 없다.”고 말하면서 연간 1억 달러의 잉여농산물을 엔화로 매각하는 것을 “유일하고 적절한 직접 원조 형태”로 제시하는 데 그쳤다. 그러는 한편, “과거 2년보다 적극적인 경제원조”를 시행할 것을 미국 정부에 요청하고, GATT 정식 가입, 미군 [이 쓰는 군수물자]의 역외구매라는 종래 지원책을 계속하는 한편 생산성본부를 설치하는 등의 새로운 지원책을 실시하라고 요구했다.

또한 이 보고서는 잉여농산물을 원조하는 대가로 주일 대사관의 경제부와 통합한 소규모의 대외활동본부 대표부를 일본에 설치해, 유럽 주요국의 대표부와 같은 지위를 가지는 공사公使 신분의 단장이 이를 이끌도록 하라고 권고했다. 주일 대표부도 보고서의 부속 문서에서 이에 동의했다. 그리고 7월 10일 ‘잉여농산물 처리법’이 만들어지고, 8월 9일에는 스타센이 덜레스를 만나 잉여농산물을 일본에 원조하겠다는 뜻을 전했다. 이로써 대외활동본부의 주일 대표부를 설치하기 위한 조건들이 정비되었고, 8월 31일 덜레스가 스타센에게 편지를 보내 승낙함으로써 이 문제는 최종 해결되었다.[170] 그로부터 4개월 뒤인 12월 23일, 대외활동본부의 출장 기관인 ‘미국대외활동사절단’ 단장으로 마이어가 일본에 왔다.[171]

마이어 조사단은 국무부와 대외활동본부의 갈등을 해결했을 뿐만 아니라 생산성 프로그램을 진전시키는 역할도 했다. 즉 조사단의 보고서는 생산성본부의 설립을 지원하도록 미국 정부에 요청하는 동시에, 대외활동본부의 주일 대표부 설치를 권고하는 이유의 하나로 생산성 프로그램의 실시를 들었다. 또 주일 대사관도 보고서의 부속 문서에서 일본 경제를 강화하려면 생산성이 향상되어야 한다고 역설하고, 되도록 빨리 전문가들을 일본에 파견하라고 대외활동본부에 요구했다. 이렇게 견해가 일치한 마이어 조사단과 주일 대사관은 대외활동본부의 할란 산업기술원조과장이 일본을 방문하는 데 합의했다. 8월 16일 대외활동본부는 이를 승인한다는 전보를 주일 대사관에 보냈다.[172]

그 이후 대외활동본부는 일본의 생산성 프로그램에 직접 관여하는데, 이는 미국의 대일본 노동정책에서 중요한 의미를 가진다. 유럽에서 활동한 경험이 있는 대외활동본부는 전부터 노조나 정부의 참여가 없는 생산성본부가 설립되는 것을 우려했기 때문이다.[173] 대외활동본부의 클린턴 모리슨 극동국장 대리는 방일 직전의 할란에게 보낸 편지에서 일본생산성협의회에 노조 참여가 없다고 지적하고, 방일 중에 노조 지도자들과 노동성의 담당관, AFL 주일 대표 등과 회담해 생산성 프로그램이 성공하려면 경제 단체뿐만 아니라 정부와 노동조합 또한 적극적으로 지지해야 함을 강조해 달라고 요청했다.[174]

대외활동본부의 목표는 자유주의 진영 노동자들의 생활수준을 향상시켜 공산주의에 맞서는 자유롭고 민주적인 노조운동을 강화하는 데에 있었다. 8월 13일 작성된 "1955회계연도 저개발지역 노동프로그램"(개정판)은 저임금과 실업 등에 시달리는 극동 지역 나라들이 공산주의자들의 선전·선동에 알맞은 타깃이 되고 있다고 분석한 뒤, 인도네시아와 한국, 필리핀과 더불어 일본에 이 프로그램을 중점적으로 시행할 것이라고 밝혔다. 그리고 일본의 노동 정세에 대해 미국은 심각하게 우려하고 있으며, "대외활동본부의 주일 대표부가 설치되면, 라이벌인 공산주의 조직에 맞서 투쟁하는 민주적 노동조합을 지원하기 위해 노동 상담, 노동 경제, 노동생산성 전문가를 임명할 필요가 있다."라고 명기했다.[175]

국무부 극동국에서 대일 노동정책을 담당해 온 설리번 노동고문도 유럽의 경험을 볼 때 노조의 협력이 생산성 프로그램의 성패를 결정한다고 생각하고 있었다. 그리고 총평이 반대한다고 해도 전노, 그리고 총평 산하 몇몇 산별 조직들의 협력을 기대할 수 있고, 총평이 분열할지도 모른다는 생각에 할란이 노동조합들에게 잘 접근해야 한다고 주장했다.[176] 그러나 국무부는 대외활동본부에 비해 노조를 꼭 참가시켜야 한다는 생각이 크지 않았다. 예컨대 국무차관보 부(副)대리인 볼드윈은 8월 23일 대외활동본부의 모리슨에게 노동조합의 참가가 바람직하나 영국처럼은 되지 않으리라고 말하고, 미국이 이를 강요하면 일본 경영자들이 반발해 생산성 프로그램은 차질을 빚을 것이라고 경고했다.[177]

9월 1일부터 13일까지 도쿄에 머문 할란은 통산성 등 관계 기관 및 일본생산성협의회와 정력적으로 회담을 진행해, 미·일 양국 정부의 협정 필요성 등을 의논하고 민관 협력이 필요하다는 점도 강조했다. 그러나 할란은 생산성 프로그램 실시의 가장 큰 장애는 노동조합의 불참이라고 생각했다. 따라서 할란은 일본생산성협의회 등에 대해 유럽의 경험도 이야기하면서, 노동조합도 참가하게끔 이끌어 생산성본부를 설립하라고 강하게 권고했다. 또한 그와 더불어 노동성의 담당관, 그리고 나카야마 이치로, 이나바 히데조 등 노동조합과 밀접한 관계를 지닌 지식인들과도 의견을 교환해, 반미 성향을 띤 총평과 협력할 수는 없지만, 전노, 그리고 중립계 노조들의 참가는 기대할 수 있다고 전망하게 되었다.[178]

일본생산성협의회는 처음에는 할란의 제안에 소극적으로 반응했으나, 이사회를 열어 검토한 뒤 이를 받아들이기로 했다.[179] 그리고 9월 10일, 대외활동본부·일본생산성협의회·통산성·대장성·외무성의 합동 간담회가 열려 일본생산성본부 설치에 관한 기본 구상이 정리되었다. 생산성본부를 노·사·중립의 3자로 구성되는 민간단체로 설립하고, 정부가 보조금을 주되 양자 사이에 연락회의를 두며, 운영과 인사는 자율적으로 한다는 구상이었다.[180] 일본 정부는 이에 대해 9월 16일 통산성

의결을 거쳐,[181] 24일 각의에서 "미국 FOA(대외활동본부) 원조를 위한 협정 체결 등의 조치", "일본생산성본부에 대한 정부의 지원", "일본생산성연락회의의 설치"의 세 안건을 의결했다.[182]

그 뒤 일본생산성협의회는 12월 16일의 이사회에서 생산성본부로 발전적으로 전환하기로 결정해, 1955년 2월 14일에 설립 총회를 열고 3월 1일에 정식으로 발족했다. 회장에는 도시바 사장인 이시자카 다이조, 전무이사에는 동우회의 상임간사인 고시 고헤이가 취임했다. 또한 같은 날 생산성본부의 최고 방침을 심의·의결할 기구로서 '일본생산성연락회의'가 설치되어 의장은 생산성본부 회장이 맡고, 정부 측 위원 9명은 각 성·청省·庁의 사무차관들이 맡고 생산성본부에서 9명이 위원을 맡기로 했다. 그리고 생산성본부는 3월 9일 제1회 이사회를 개최해, 미국 방문 팀 파견, 미국인 전문가 초빙, 과학적 관리기법의 연구와 보급, 출판·영화·전시 등 계몽과 선전 활동 등을 내용으로 하는 1955년 사업계획을 결정했다.[183]

이와 동시에 미국과의 교섭도 진행되었다. 오가사와라 산쿠로 재무상이 9월 23일 극동담당 국무차관보 로버트슨과 회담해 이 문제를 의논하고,[184] 이어서 10월 18일 미국을 방문한 아이치 기이치 통산상의 요청[185]으로 11월 10일 발표된 요시다 총리의 방미 당시 미·일 공동성명 속에서 두 나라의 생산성 프로그램 협력이 강조되었다.[186] 그러나 12월 10일 제1차 하토야마 이치로 내각이 출범했고, 2월 27일 총선거 등 정치 상황이 변화하면서 외무성은 미국과의 관계에서 신중할 수밖에 없었고, 협정 및 비용에 대한 교섭도 지연되었다.[187] 그리고 3월 19일 제2차 하토야마 내각이 성립한 뒤에야 교섭이 타결되어, 4월 17일에 "생산성 향상에 관한 미·일 교환 공문", 25일 "미국대외활동사절단과 일본생산성본부와의 교환 문서"가 작성되었다.

비용 분담 문제는 뒤의 문서에 담겼는데, 구체적으로 달러 지불 분은 미국이, 엔 지불 분은 일본이 부담하기로 했다. 특히 미국 전문가의 왕복 여비는 미국이, 일본 체재비는 일본이, 반대로 방미 시찰단의 여비는 일본이, 미국 체재비는 미국이 부담하기로 했다.[188] 또한 일본생산성본부의 재정은 기부금과 수익자부담금 등 일본의 민간자금, 국고보조금과 잉여농산물 판매 자금 등 일본 정부의 자금, 미국 정부의 엔화 자금 원조의 세 가지로 하고, 설립 후 10년 동안 각각 총액 65억 9,800만 엔, 11억 5,200만 엔, 1억 5백만 엔을 조성하기로 했다.[189]

노동조합의 참가와 한계

일본생산성본부는 노·사·중립의 3자로 구성하기로 전제하고 설립되었다. 즉 설립 취지문에서 "경영자, 노동자 및 경험 있는 지식인들이 함께하는 재단법인 일본생산성본부를 설립함"이라고 강조하고, 제15조 기부금 조항에서도 "경영자, 노동자 및 생산성 향상에 관한 학식과 경험을 가진 사람들 중"에서 관리자를 선임하기로 하고 있다.[190] 노동조합의 참가는 이를 요구해 온 미국과의 약속을 지키는 것이기도 했다. 미·일 교환 공문은 "기술상의 능률의 증진"과 "건전한 노동운동 장려"로 생산성의 향상을 꾀하고, 그 성과를 물가 인하, 임금 인상, 적정이윤 확보로 공정하게 나눔으로써 생활수준 향상과 국제경쟁력 강화를 추구한다고 힘주어 말하고, 이를 위해 경영자와 노동자 대표가 함께하는 생산성본부를 설립한다고 밝히고 있었다.[191]

그런데 생산성본부는 총평과 전노에 참가 의사를 물었지만,[192] 원조국인 미국의 회계연도 문제로 노조의 정식 참가 없이 발족하게 되었다. 총평은 생산성 향상 필요성을 부정하지는 않았으나, 생산성운동은 MSA

재군비의 일환이며 노동강도 강화와 임금 하락, 해고를 초래할 것이므로 참가하지 않는다고 3월 14일 간사회에서 정식으로 결정했다.[193] 전노는 생산성 향상에 찬성할 뿐만 아니라 이는 MSA 재군비와는 무관하다고 보았지만, 총평과 마찬가지로 노동강도 강화 등을 경계해 총동맹의 고가 아쓰시 총주사, 전섬동맹의 다키타 미노루 회장, 해원조합의 가게야마 히사시 위원장 3인을 참관인으로 참가시키는 데 그쳤다. 또 총동맹의 가네마사 요네키치 회장과 마쓰오카 고마키치는 개인 자격으로 고문에 취임했다.[194]

고시 전무이사에 따르면 생산성본부는 과거 경제부흥회의에 참가했던 공산당계 노조인 산별회의의 예를 감안할 때, "일본 경제의 생산성 향상은 노동자에게도 이익이라고 인식하는 노조가 아니면 곤란하다." 는 이유로 총평의 참가는 불가능하거나 바람직하지 않다고 판단했다. 사실상 총평의 참가 의사를 타진한 것은 형식적인 절차였을 뿐, 실제로 참가를 요구한 대상은 전노였다. 그러나 전노도, 간부 개인들은 어떠하든, 조직으로서는 생산성운동을 경계하는 분위기가 강해, 정식으로 이사를 보내지 않았다. 생산성본부는 전노 외에 어느 전국 중앙 조직에도 가입하지 않고 있는 중립 노조들, 그리고 총평 산하 산별 조직들과 단위 노조들에도 참가를 요청한다는 방침이었다.[195] 이렇듯 발족 후 가장 중요한 과제는 노동조합의 참여를 실현시키는 일이었다.

생산성본부와 일본 정부의 대표들로 이루어진 '생산성연락협의회' 는 5월 20일에 열린 제1회 회의에서 "생산성향상 운동에 관한 양해사항"을 결정했다. 이 문서는 생산성운동이 노동강도 강화와 실업 증대 등을 유발할 우려를 불식하고 노동조합의 참가를 촉구하고자 작성된 것으로, "경제 자립을 달성해 국민의 생활수준을 높이기 위해서는 산업 생산성 향상이 중요한 과제이다."라고 말한 뒤, ① 생산성 향상에 의한 고용 증대와 그에 따른 실업의 방지, ② 노사의 협력과 협의에 의한 생산성 향상, ③ 생산성 향상의 성과를 경영자·노동자·소비자에게 공정하게 분배한다는 세 가지 원칙을 제시했다.[196] 이 '생산성 3원칙'은 생산성운동은 국제경쟁력 강화에 더해, 이를 통한 노사 쌍방의 이익 증진을 위해서임을 명확히 한 것이었다.

전노 산하의 총동맹은 6월 23일 시작된 중앙위원회에서 "생산성향상 운동에 대한 총동맹의 태도에 관한 건"을 통과시켜, 8개 원칙을 공동으로 확인한 뒤 생산성본부에 참가하기로 결정했다.[197] 전노 역시 7월 3~5일의 집행위원회에서 운동방침(안)을 정리해, 다섯 개 원칙을 조건으로 "현재 진행되고 있는 생산성향상운동에 협력한다."라고 하고 구체적인 조치는 집행위원회에 위임하기로 했다.[198] 총동맹의 8원칙과 전노의 5원칙은 모두 생산성 3원칙과 거의 같은 취지였다. 따라서 생산성본부는 7월 12일 임시 이사회에서 검토한 결과 "이시자카 회장 담화"를 발표해, 8원칙과 5원칙은 모두 생산성 3원칙과 "정신적으로 합치된다."라고 평가하고, 노·사·중립의 3자 구성을 실현하기 위해 총동맹과 전노의 참여를 환영한다고 밝혔다.[199]

총동맹은 7월 18일 생산성본부에 대해 8원칙을 공동 확인한 뒤 참가할 것이라고 정식으로 알렸다. 그리고 9월 16일 양자는 생산성 3원칙과 총동맹의 8원칙을 생산성운동의 근본 원칙으로 한다는 내용의 확인서에 조인함으로써 총동맹은 생산성본부에 공식 참가했다.[200] 이로써 노·사·중립의 3자 구성이 실현되었다. 그런데 오미견사 투쟁을 끝낸 직후라 노동강도 강화 등을 경계하는 전섬동맹의 주장을 따를 수밖에 없었던 전노는 7월 26일부터 열린 제2회 대회에서 운동방침(안)을 수정해, 생산성본부 참여를 보류했다. 그렇지만 전노는 총평의 '절대 반대'와는 달리 '조건부 찬성'이라고 설명하는 등 그 뒤에도 생산성운

동에 협력하는 자세를 바꾸지 않았고, 11월 14일에는 산하 해원조합이 생산성본부에 참여했다.[201]

어느 전국 중앙 조직에도 가입하지 않은 중립계 노조의 참여는 방미시찰단을 통해 이루어졌다. 즉 생산성본부는 4월 11일에 제1회 심사위원회를 열어 최초의 방미시찰단으로 철강 팀 11명, 이어서 자동차 팀 11명을 파견하기로 결정했다. 후지富士제철의 사야마 레이이치 이사가 단장이 된 철강 팀에는 (과거 총평 가입을 반대한 철강노련을 탈퇴했던) 가와사키川崎제철 노조의 기타무라 가쓰오 위원장이 참가했다. 또한 닛산자동차의 이와코시 다다히로 이사가 단장을 맡은 자동차 팀에는 다음 해에 전노에 가입하게 되는 자동차노련(닛산자동차노조)의 미야케 마사루 위원장, 도요타자동차 노조, 이스즈자동차 노조 등 중립계 노조 대표 5명이 포함되었다. 철강 팀은 5월 31일, 자동차 팀은 7월 14일 미국으로 가서 6주 동안 시찰 활동을 했다.[202]

미국 정부, 구체적으로는 대외활동본부 및 그 후속 조직인 국제협력국(1955년 7월 1일 발족)도 일본 노조들의 생산성운동 참가를 위해 중요한 역할을 했다. 대외활동본부의 극동 담당 노동고문이자 그 출장 기관인 대외활동사절단의 노동전문관으로 일본에 왔던 칼 윈은 6월 13일 생산성본부의 이시자카 회장 및 고시 전무이사와 회담했다. 그는 자기가 미국에서 22년 동안 노동조합의 직원으로 일했음을 밝히고, 생산성 프로그램에 반대하는 세계노련에 동조하는 총평과는 협력할 여지가 없지만 총동맹을 위시한 전노, 그리고 총평 산하 산별 조직들, 중립계 노조들의 참여를 위해서는 노력해야만 한다고 말했다. 그는 "생산성향상운동은 노동자가 참여하지 않으면 도저히 목적을 달성할 수 없다."고 강조해 긍정적인 반응을 얻었다.[203]

윈은 노조들도 직접 설득했다. 그는 워싱턴에 보낸 7월 8일자 보고서에서 총동맹 및 전노의 간부들과 계속 접촉해, 그들이 8월 1일 이전에 생산성운동에 참여할 수 있을 듯하다고 말했다. 하지만 앞서 말했듯이 이런 전망은 기대에 어긋나고 말았다. 또한 윈은 총평 산하 철강노련의 니시구치 요시히토 위원장과 야하타제철노조의 다나카 가네토 조합장을 만났고, 그들이 생산성 프로그램을 이해할 가능성을 보였다고 보고하고, 중립계 노조들에 대해서도 작업을 할 생각이라고 전했다.[204] 물론 이처럼 노조들에 대한 직접적인 작업이 결정적인 영향력이 있었다고 단정할 수는 없다. 하지만 미국이 일본 노조들의 생산성운동 참여를 적극적으로 압박하고 있었다는 사실에 주목할 만하다.[205]

그런데 미국의 대일 노동정책이라는 관점에서 보면 발족 초기의 생산성본부에는 큰 한계가 있었다. 조합원이 316만 명이었던 총평은 반대 방침을 세웠고, 조합원이 67만 명에 불과한 전노도 조직적으로 협력하기를 보류해 단지 산하의 총동맹과 해원조합만 참가하는 데 그쳤다. 고토 히로시 사무국장은 8월 10일에 미국 대사관의 스카겐 노동관과 회담하며, "생산성본부가 노동조합의 협조를 구하지 못해 큰 기회를 놓쳤다."고 지적하고, "일경련 회원들이 생산성본부에 대해 관심을 잃고 있다."고 말했다.[206] 동우회와 조직적으로 대립하고 있었던 일경련은 그 때문에 생산성본부와 거리를 두었다는 증언도 나중에 나온 바 있지만,[207] 어쨌든 노동조합의 생산성운동 참가가 예상 밖으로 저조했던 것은 분명하다.

미국 국무부도 같은 생각이었다. 허버트 후버 국무차관의 방일에 맞추어 작성된 9월 22일자 문서는 "조직노동자가 6백만 명에 이르는 일본의 노동운동은 아시아 최강·최대의 조직으로, 공산주의 세력의 핵심 목표다."라고 지적하면서도, "이런 상황에서 미국 정부의 영향력은 결코 크지 않다."라고 인정할 수밖에 없었다. 생산성 프로그램에 대한 일본 노조들의 적극적 지지와 참여를 위해 '국무부 인물 교류 계획' 외에도 계속 노력하고 있으나, "이는 어려운 임무이다." 왜냐하면 노동강도 강화와 실업 증가를 우려하는 분위기가 강하고, 총평이 반대하고 있기 때문이다. 이 문서는 전노가 [생산성 향상 운동에] 찬성할 가능성을 말하면서도, 전체적으로는 비관적인 평가를 내리고 있다.[208]

그런데 1950년대 후반을 지나면서 생산성운동은 서서히 노동조합의 지지를 얻어 가게 된다.

4. 오타·이와이 라인의 등장

국무부의 방미 프로그램

대외활동본부 및 그 후속 기관으로 1955년 7월 1일 발족한 국제협력국의 생산성 프로그램에 의해 매년 적지 않은 수의 노조 지도자들이 미국을 시찰하게 되었으나, 그것이 노동조합 방미 프로그램의 처음은 아니었다. 앞서 살폈듯이, 가리오아 원조[74쪽 참조]에 의해 1949년부터 방미 노동 시찰단이 여러 차례 파견된 바 있다. 이는 점령하에서 시행된 프로그램이었으므로 강화조약이 발효된 뒤에는 미국 국무부가 미·일 양국의 우호 관계를 촉진할 목적으로 1953회계연도부터 새롭게 지도자 프로그램을 시작했다. 일본 각계의 대표들에게 석 달 동안 미국을 시찰할 기회를 부여했고, 그 일환으로 노동계 대표들도 파견된 것이다. 1953년도의 경우 50명 중 12명이 노조 지도자들이었으며, 이들은 1953년 12월 1일부터 이듬해 3월 7일까지 미국 각지를 시찰하고 귀국했다. 주일 대사관의 노동관이 5명을 선발했고, 일본 각지의 영사관이 7명을 선발했는데, 그중에는 사철총련의 야스쓰네 료이치 서기장, 전광의 이시바시 이와오 조사부장, 다카하시 구마지로 해원조합 어선漁船부장, 총동맹 집행위원인 스기모토 미치오 등이 포함되었다(〈표 2-1〉 참조).

그 목적은 일본 노조 지도자들의 친미화였다. 즉 친미적인 사람은 그 성향을 더욱 강화하고, 미국에 비판적인 사람은 그 생각을 바꾸게 만들자는 것이었다. 그리고 좌파의 우위, 반미주의 확산을 고려해 다음과 같은 선발 기준을 마련했다. 첫째, 극단적인 좌파와 공산당은 배제한다. 지나치게 친미적이고 회사 의존적이라는 평판이 있는 노조 지도자는 추천하지 않는다. 이런 사람들이 일본으로 돌아가 아무리 미국을 칭찬해 봐야 역효과를 낳을 것이기 때문이다. 셋째, 좌파의 경우, 미국에 대한 견해를 바꿀 만큼 유연하게 사고할 수 있는 사람을 고른다. 넷째, 노동계에서 이미 어느 정도 명성이 있는 인물이 바람직하다.[209] 이런 목적과 선발 기준을 보면 알 수 있듯이, 국무부의 방미 프로그램은 국제협력국의 생산성 프로그램과는 달리 총평을 주요 대상으로 설정한 것이었다. 강경한 반공주의를 내세운 AFL은 국무부, 전투적 조직인 CIO는 국제협력국에 영향력이 있었는데, 양자의 대일 정책은 아귀가 잘 맞지 않았다.

총평을 중시하는 국무부의 방미 프로그램은 큰 문제를 일으켰다. 1953회계연도의 시찰단에는 아이치현평의회의 곤도 신이치 사무국장이 참가했는데, AFL의 아시아 주재 대표 디버랄에 따르면 그는 공산주의에 호의적인 반미주의자였다. 디버랄은 인선을 담당한 버거 노동관과 테일러 부노동관이 총평이 개혁될 수 있다는 환상에 빠져 있다고 비난했다.[210] 더 큰 문제는 1954회계연도 대표에 히라가미 미요시 일교조 서기장이 포함된 것이었다. 디버랄은 1954년 6월 3일 AFL의 미니

표 2-1 | 지도자 교류 프로그램에 따른 일본 노조 지도자들의 방미 (1953~61년)

출발	귀국	이름	직책
1953년 12월 1일	1954년 3월 7일	야스쓰네 료이치安恒良一	사철총련 서기장
12월 1일	3월 7일	이시바시 이와오石橋巌	전광 조사부장
12월 1일	3월 7일	다카하시 구마지로高橋熊次郎	해원조합 어선부장
12월 1일	3월 7일	스기모토 미치오杉本通雄	총동맹 집행위원
12월 1일	3월 7일	쓰쓰이 도키오筒井時雄	전산 주고쿠中国지역본부 위원장
12월 1일	3월 7일	이노우에 유키쓰井上幸滿	탄노 일본제철후타세二瀨광업소 노조
12월 1일	3월 7일	가와카미 도키마쓰川上登貴松	국철 삿포로 지역본부 집행위원
12월 1일	3월 7일	다카하시 다다시高橋正	전섬동맹 동양방적노조 아코赤穗지부
12월 1일	3월 7일	고노 타메카쓰河野為一	철강노련 야하타제철노조 부조합장
12월 1일	3월 7일	곤도 신이치近藤信一	아이치현愛知県 평의회 사무국장
12월 1일	3월 7일	엔도 겐지로遠藤健次郎	홋카이도 지방평의회(홋카이도 탄노)
12월 1일	3월 7일	하라 케이지原敬二	국철노조 센다이 지방본부
1954년 12월		신케 무네아키新家宗明	총동맹 집행위원
12월		우류 기요시瓜生清	전섬동맹 집행위원
12월		가타야마 다케오片山武夫	동전東電노조 위원장
12월		나바사마 유타카南波佐間豊	해원조합 기선부장
1955년 1월		이와이 아키라岩井章	국철노조 기획부장
1월		이와무라 진스케岩村甚助	전체 부위원장
1월		스기야마 겐사쿠杉山源作	전전통 조직부장
1월		구로카와 요지로黑川与次郎	국철기관차노조 위원장
1월		모쿠모토 만지로초本滿次郎	전일통 위원장
1월		고레에타 다다스枝忠次	합화노련 조직부장
9월 6일	1955년 12월 18일	이가라시 유스케五十嵐佑輔	총동맹 집행위원
9월 6일	12월 18일	구보타 쓰네히사久保田常久	전섬동맹 집행위원
9월 6일	12월 18일	하야시 다케히코林武彦	사철총련 서철西鉄노조 집행위원장
9월 6일	12월 18일	니시가와 시게카즈西川繁一	간사이 전력노조 위원장
9월 6일	12월 18일	가무라 요시미치嘉村由道	전탄광 집행위원
9월 6일	12월 18일	기타야마 게이이치北山敬一	전고교全高校 부위원장
9월 6일	12월 18일	스이즈 하지메水津肇	닛산자동차노조 부위원장
1956년 1월		하야시 쓰네코林常子	국철노조 고후甲府지부 부인부장
1월		야마자키 교코山崎京子	전전통 도쿄중전中電지부 부인부장
2월		니시구치 요시히토西口義人	철강노련 위원장
2월		사토 신지로佐藤新次郎	전전매全専売 서기장
9월		후지와라 요시코藤原よし子	전섬동맹 가네보鐘紡노조 부인부장
9월		후쿠나가 아야코福永綾子	사이타마고교高校노조 부인부장
10월		고지마 스테키치小島捨吉	자치노 오사카부府職 위원장
10월		구로다 다다시黑田忠	총동맹 신가나카와금속 서기장
11월		호리이 도시카쓰堀井利勝	사철총련 위원장
1957년 1월		나카무라 시게유키中村福滿	전광 조직부장
1월		사이토 다케시斎藤勇	전섬동맹 서기장
2월		이케다 유지池田友次	전잠노련 서기차장
2월		오쓰카 마사카즈大塚正和	총동맹 전금동맹 집행위원
8월		아키모토 쥬조秋元重蔵	케이한신京阪神전철노조 전 위원장
8월		가미니시 마사오上西正雄	총동맹 오사카부府연합회 집행위원
8월		이와세 후미코岩瀬フミ子	전잠노련 정보선전국장

12월		오치아이 에이이치落合英一	신산별 서기장
12월		이토 하루오井藤春男	자동차노련 동해東海지부장
12월		구세 노리오久世法夫	전탄광 회계부장
1958년 5월	1958년 7월	구사카와 쇼조草川昭三	전조선 나고야名古屋조선분회 위원장
8월	10월	모리타 시즈코森田静子	합화노련 후지사와藤沢약품노조 중앙위원
8월	10월	다케우치 야에코竹内八重子	철강노련 일본강관본사本社 노조 집행위원
9월	11월	후쿠마 도모유키福間知之	전기노련 마쓰시타松下전기노조 위원장
9월	11월	가메다 도키지亀田候治	전생보全生保 중앙집행위원
1959년 3월	1959년 5월	후지쿠라 이사무藤倉勇	국철기관차노조 오사카지방본부 위원장
4월	6월	구사토 시게오久郷重男	케이한신京阪神전철노조 위원장
5월	7월	오다키 마사지로小田切政次郎	국철노조 오무라青森 위원장
12월		이시하라 히로유키石原弘之	전광 고가古河노련 위원장
12월		시게에다 다쿠미重枝琢己	총동맹 전탄광 위원장
1960년 4월		카이하쓰 엔코快発沿幸	국철노조 삿포로지방본부 위원장
4월		다시타 노보루田下昇	스미토모전선住友電線노조 위원장
4월		이토 가즈오伊藤一夫	도요타자동차노조 부위원장
4월		요시오카 가즈오吉岡一男	게이오데이토京王帝都 [전철]노조 위원장
5월		이리에 마사하루入江正治	합화노련 부위원장
5월		미야타케 유타카宮武豊	스미토모住友화학노조 위원장
5월		기쿠지 나오시菊次直	도요東洋 고압노조 서기장
5월		사토 히로오佐藤宏夫	가네보鐘紡화학노조 위원장
5월		이시하라 히로유키石原弘之	고가古河노련 위원장
1961년 1월		다카키 시게오高木茂雄	전노련 중부전력 본사지부 위원장
1월		구보 도요키지久保豊貴二	전광 스미토모住友노련 위원장
2월		오타니 데츠타로大谷徹太郎	신산별 조사부장
3월		와타비키 고레요시綿引伊好	전노 총무부장
3월		니시가야 히사토시西ケ谷久利	자동차노련 집행위원
3월		도다니 아키라戸谷翠	자동차노련 집행위원
4월		스지모토 지케이辻本滋敬	신국철 오사카지방노조 서기장
5월		요시다 추사부로吉田忠三郎	국철노조 중앙집행위원장

자료 : 労働省編, 『資料労働運動史』, 労務行政研究所, 各年版.

회장에게 보낸 편지에서 이를 강력하게 비판했다. '일교조는 분명 공산
당이 침투한 반미·친중국 조직이며, 히라가미는 지난해 중국을 방문해
중화전국총공회와 교류했다. 그는 『사회 타임스』社会タイムス 1954년 1월
31일 호에서 디버랄을 반동적 노동 보스라고 공격하면서 중국을 옹호
했다. 전노의 지도자들은 히라가미의 방미는 미국 정부가 전노를 포기
한 증거라고 보고 충격을 받았다.'[211] 이런 내용을 미니에게 써보낸 디
버랄은 히라가미의 파견을 중지해야 한다고 상사인 러브스톤에게 간

청했다.[212]

이때까지 디버랄과 주일 대사관 노동관의 관계는 회복할 수 없을 정도로 악화되어 있었다. 히라가미 문제에 대해서도, 테일러 부노동관이 디버랄을 직접 만나 의논하자고 했지만 거절당했다. 두 사람의 관계가 악화된 것이 디버랄의 특이한 성격 탓만은 아니었다. 디버랄이 『노동 퍼시픽』 등의 출판물을 구입해 일본 각지의 미국문화센터에 비치했으면 좋겠다고 요청했으나 버거 노동관이 이를 거절한 것, 디버랄이 이케하라 후지를 집요하게 공격한 데 대해 버거가 비판적이었던 것 등도 작용했다. 디버랄은 주일 대사관의 노동관이 공산당 동조자인 대사관의 전직 여성 직원의 영향으로 전노 결성에 반대했다고 『워크』ワーク에 기고하고, 국제자유노련의 볼레가 전노를 무시하고 총평에 협력한 것은 버거의 조언 때문이었다고 공격하기도 했다. 테일러에 따르면 이 모두가 완전한 오해였다. 사실 버거와 테일러는 전노를 지지하라고 거듭 볼레를 설득했었다.[213]

그러나 미니가 디버랄의 보고를 받고 국무부에 항의한 결과,[214] 주일 대사관은 히라가미의 파견에 대해 설명해야만 했다. 대사관은 좌파 노조 지도자 파견의 중요성을 강조했다. 일본의 노조운동이 좌파의 중립주의에 지배받고 있는 한, 프로그램 취지에 따라 그들을 파견해 미국 정부의 정책과 목표에 관한 오해를 불식할 필요가 있다. 반미 공산주의자들의 영향을 받고 있는 노조들과 관련된 위험성도 있지만, 우파들만 미국을 방문하게 하는 것은 상책이 아니다. 1953회계연도의 프로그램에서는 12명 중 6명이 좌파였지만 결과는 성공적이었다. 참가자들은 방미 중에 주일 미국 대사관에 많은 편지를 보냈고, 귀국 후에도 노동조합의 기관지나 일간지와 잡지에 많은 글을 썼는데, 이를 보면 오히려 좌파 지도자들이 좋은 영향을 받았음을 알 수 있다. 예컨대 그중 한 사람은 공산당의 반미 선전이 허위라는 점을 자기 눈으로 볼 수 있었고, 이에 효과적으로 대항할 수 있게 되었다고 말했다.

주일 대사관은 이런 전제하에서 1954회계연도의 선발 과정을 밝혔다. 전년도와 달리 12명 전원을 대사관이 선발했는데, 총평이 7명, 전노가 4명, 그리고 친親전노 성향의 대학교수가 1명이었다. 총평 조합원 수가 275만 명, 전노가 75만 명으로 3 대 1 내지 4 대 1이었다고 볼 때 타당한 비율이었다. 선발 대상을 선정할 때 총평에서는 가장 크고 강력한 산별 조직인 일교조와 국철노조, 탄노 세 조직이 중시되고, 여기에 전전통·자치노·합화노련도 고려되었다. 그리고 여러 노조의 위원장들을 직접 방문해 추천을 의뢰했다. 그러면서 사고가 유연한 사람을 추천해 달라고 요청하고, 과거부터 현재까지 공산당 관련 기록이 있는 인물은 비자가 발급되지 않으니 제외해 달라고 명확히 전달했다. 이렇게 선정된 대표들은 모두 평화세력론을 주창하는 다카노파에 맞서 제3세력론을 내세우는 중립주의자들로서, 미국에는 비판적이지만 반공주의적인 인물들이었다. 주일 대사관은 특히 국철노조 기획부장인 이와이 아키라와 일교조 서기장 히라가미의 방미가 지닌 의미를 강조했다.[215]

하지만 주일 대사관은 AFL의 비판을 거듭 검토한 결과, 히라가미의 방미에 대해서는 소극적인 입장으로 바뀌었다. 대사관 내에서 노동관의 의견은 배척되었다. 7월 23일 주일 대사관이 국무부에 보낸 전보에는, 히라가미의 방미를 중단하면 미국의 좁은 속을 드러내는 격이라 공산주의자뿐만 아니라 좌파의 비판도 받겠지만, 그래도 어쩔 수 없다는 내용이 담겼다. 7월 12일에 열린 총평 제5회 대회에서는, 평화세력론자인 다카노에 맞서 제3세력론자인 오타 가오루 합화노련 위원장이 사무국장으로 입후보해 140 대 107로 졌는데, 히라가미는 다카노의 재선에 적극 협력했다. 히라가미는 공산당원이 아니라 기회주의자에 불과했지만, 반미주의자이자 다카노 지지자였다. 이상이 히라가미의 방미를 취소한 주된 이유였다. 이와 더불어 AFL이 반대한 점도 중요하게 고려되었다. 방미 프로그램을 실시하려면 반드시 미국 노조의 협력이 필요했다. 주일 대사관은 일교조가 아니라 히라가미 개인에 대한 반대임을 분명히 하기 위해 일교조의 다른 후보자인 마키에다 모토후미의 방미를 실현시켜야 한다고 요청했다.[216]

이에 대해 국무부는 곧바로 답신을 보내 히라가미의 방미 중단이 일교조 내부에서 공산당의 영향력을 키워 총평 전체에 걸쳐 반미주의를 강화할지 모른다며 우려를 표했다.[217] 국무부 안에서도 극동국의 설리번 노동고문은 테일러 부노동관과 연락을 취하면서 히라가미의 방미를 실현시키도록 애썼다. 일교조는 매우 중요한 조직인 만큼 어떻게 해서든 공산당이 지배하지 못하게 막아야 한다는 이유에서였다.[218] 설리번은 우선 전前 주일 대사인 머피 국무차관에게 미니를 만나 설득해 달라고 부탁했다. 그러나 미니로부터 이 문제에 관해 먼저 부탁을 받았던 그는, 자기가 나서서 미니를 설득하기는 어렵다며 이 부탁을 거절했다. 하지만 설리번은 단념하지 않고 로버트 매클러킨 북동아시아 과장 대리와 함께 로버트슨 극동담당 국무차관보를 움직여 보려 했다. 하지만 로버트슨은 바쁜 일정을 이유로 관심을 보이지 않았다. 설리번은 10월 27일 미니의 태도가 바뀌지 않는 한 히라가미의 방미는 포기할 수밖에 없다고 테일러에게 편지했다.[219]

결국 히라가미의 방미는 중단되었는데, 이 사건은 전노를 지지하는 세력들 사이에서도 총평에 대응하는 방식을 두고 첨예한 대립이 있다는 것을 드러냈다. 테일러 부노동관은 국제자유노련처럼 전노를 희생양으로 삼아 총평을 구슬리려 해서는 안 되지만, 그럼에도 노조운동의 다수파인 총평을 무시하는 것은 잘못이라고 생각했다. 따라서 테일러는 해외공보국의 웰시 노동정보관이 총평과 접촉하지 않고 오직 전노와 관계하는 데 비판적이었다.[220] 그러나 강경한 반공주의자인 디버랄이 보기에 그런 태도는 국제자유노련의 방침과 조금도 다를 바 없었다. 사실 테일러는 국제자유노련의 베쿠 회장 및 올덴브록 서기장과 히라가미 문제를 의논하고, 서로 의견의 일치를 본 베쿠 회장에게 미니 앞으로 편지를 보내 달라고 부탁해 AFL의 태도를 바꾸려 했지만,[221] 이는 실패로 돌아갔다. 결국 히라가미가 당초 설명과는 달리 공산당에 가까운 다카노파였다는 것이 디버랄의 비판에 설득력을 부여해 AFL이 이기게 된 셈이다.

물론 AFL이 노동관에 미치는 영향력도 한계는 있었다. 그것은 히라가미의 방미 문제에서 버거와 테일러가 디버랄의 의견을 따르지 않은 데서도 드러난다. 정부 관료인 노동관은 노동조합과는 별도로 독자적인 판단에 따라 움직인다. 자유노동조합위원회의 사무국장으로서 노동관 인사에 비공식적인 영향력을 행사할 수 있었던 러브스톤도 자유주의 국가인 한 그것은 어쩔 수 없다고 생각했다.[222] 그러나 어느 한계를 넘어 AFL의 방침과 강하게 충돌하면 러브스톤은 영향력을 행사해 노동관을 배제하려 했다. 버거 노동관은 1954년 6월에 전직되고, 테일러 부노동관은 이듬해 4월 일본을 떠났다. 노동관은 노동부의 노동조합자문위원회의 추천을 받아 임명되는데, AFL은 여기서 버거의 후임으로 에드워드 스카겐을 밀었다.[223] AFL 산하 국제기계공노조 출신의 스카겐은 1955년 6월 일본에 왔다.

오타·이와이 라인의 등장

AFL과 노동관이 총평에 대응할 방식을 놓고 대립한 배경에는 총평 내에서 반反다카노파가 대두한 상황이 놓여 있었다. 1953년 7월 총평은 제4회 대회에서 다카노 사무국장 주도하에 제3세력론을 폐기하고 평화세력론을 기조로 하는 운동방침을 결정했다. 이에 반발하며 부의장직을 사퇴한 제3세력론자 오타 합화노련 위원장은 1954년 7월 총평 제5회 대회에서 사무국장으로 입후보했다. 제2회 대회에서 사무국장이 된 다카노는 처음으로 공개적인 도전에 직면했다. 결국 다카노가 이기기는 했으나 투표 결과는 140 대 107(무효 12)로 큰 차이가 없었다. 그리고 그 과정에서 좌파의 중심이었던 노동자동지회가 분열해, 오타파가 히라가미 등 다카노파를 배제했다. 새로운 노동자동지회는 제3세력론과 같은 중립주의를 견지하고, 임금 인상을 중심으로 하는 경제투쟁을 중시하며, 전노와 신산별과 공동 투쟁을 추진하겠다는 기본 방침을 세웠다. 다카노의 정치 중심주의를 비판한 오타는 산별 통일 투쟁에 의한 임금 인상을 목표로 1955년 첫 춘투를 제기하는 등, 다카노파와 선명히 대립해 갔다.

흥미롭게도, 국제자유노련 도쿄 사무소의 소장인 하라구치 전광 위원장이 용공적容共的인 다카노파에 맞서면서 오타파에 접근했다. 이런 움직임은 1954년 4월에 결성된 전노가 국제자유노련에 일괄 가입하는 것을 저지하고자 총평 산하 노조들이 협력함으로써 촉진되었다. 오타 역시 국제자유노련과의 관계 강화를 꾀했다. 총평의 제5회 대회를 앞두고 오타는 국제자유노련 특사인 볼레에게 회담을 요청하는 자리에서 다음과 같이 말했다. '다카노 반대파는 전노와 함께 투쟁하고 우호 관계를 맺을 용의가 있다. 최종적으로는 해원조합과 전섬동맹을 총평에 복귀시키고 싶다. 세계노련과의 관계는 논외로 하고, 운동방침 속에서 국제자유노련과의 제휴를 명기해야 한다고 생각한다.'[224] 실제로 이 대회에서 결정된 운동방침은 국제자유노련과의 '우호'와 '연계'를 명확히 내세웠다. 하라구치는 오타가 5분의 2를 득표한 사실을 언급하며, 이는 다카노가 지난 1년간 신임을 크게 잃었음을 보여 주는 동시에 많은 산별 조직들이 총평의 극좌 경향을 수정하는 방향으로 움직이고 있음을 말해 준다고 올덴브록 서기장에게 보고했다.[225]

국제자유노련은 새로운 노동자동지회 중에서 그 가입 노조인 전체全 逓의 다카라기 후미히코에게 기대를 걸고 있었다. 그는 1953년 9월 도쿄에서 열린 국제자유노련 제2회 아시아지역회의에서 국제자유노련이 재군비와 강화조약 등의 문제를 이해하지 못한 탓에 국철노조 및 사철총련의 탈퇴를 야기했다고 비판하며, 아시아 지역 조직의 문가트 서기장과 격렬한 논전을 벌였다.[226] 게다가 다카라기는 『관공官公노동』 1954년 2월호에서도 국제자유노련에 대해 "미국의 AFL과 CIO 같은 강력한 노조들이 큰 영향을 미치고 있다."라고 썼다.[227] 이에 하라구치는 [다카라기에 대해] "노동자들을 국제자유노련에 묶어 두려고 노력하고 있다."고는 하지만 "진정한 의미에서 국제자유노련의 지지자는 아니다."라고 부정적으로 평가한 바 있다.[228] 그러나 일본 공무원의 정치적 권리와 노동기본권의 옹호에 열심인 국제자유노련을 높이 평가한 다카라기[229]는 하라구치의 영향도 있어서 그 뒤에는 국제자유노련에 대한 태도를 점차 바꾸어 나갔다. 특히 1954년 8월 프랑스의 CGT와 이탈리아의 CGIL이 총평에 초대장을 보냈다는 소식을 들은 다카라기는 세계노련에 대응할 방법을 강구하라고 문가트에게 제안했는데, 이는 국제자유노련으로서 매우 고무적이었다.[230]

국제자유노련의 크레인 지역활동과장은 1955년 3월 25일 문가트에게 다음과 같은 내용의 편지를 보냈다. '다카노를 밀어내려는 움직임은 지난해보다 더 활발해진 듯하다. 물론 그렇더라도 총평이 국제자유노련에 일괄 가입하리라고 보지는 않는다. 하지만 작년의 운동방침보다도 더 진전되리라고 기대한다. 예컨대 총평이 다음 대회에서 산하 산별 조직들에 대해 국제자유노련의 가입조합연락위원회에 참가하라는 권고 결의를 채택할지도 모른다. 단, 국제자유노련이 다카노 반대파를 지지한다고 해도 이를 공공연히 드러내는 것은 적절하지 않다. 차라리 가입조합연락위원회가 다카노에게 공개 질의서를 발표해 다카노의 진면목을 드러내면 더 효과적일 것이다. 그와 더불어 핵심 지도자들과 비밀리에 협력해 갈 필요가 있다. 하라구치의 명성이 높아지고 있고, 다카라기도 매우 유능하다. 그러나 미야노하라는 매우 의심스럽다.' 크레인은 이렇게 지적하고 다카노 반대파의 움직임에서 희망을 찾는 동시에, 하라구치 및 다카라기에게 기대를 걸고 있었다.[231]

한편, 국제자유노련의 대일 활동에 협력해 온 CIO는 국무부 프로그램으로 1955년 1월 미국에 온 이와이 국철노조 기획부장을 대상으로 작업에 들어갔다. 히라가미 문제로 시찰단 구성은 크게 바뀌었으나, 다카노 반대파인 이와이는 예정대로 파견하기로 했고, 총평 산하 산별 조직 파견자 5명은 모두 확고한 다카노 반대파였다. CIO는 이와이가 총평의 장래 사무국장 후보이고, 앞선 대회에서 오타 대신 입후보했다면 당선 가능성도 높았다는 정보를 국무부의 설리번에게서 전달받았다.[232] 이와이를 여러 번 만난 빅터 루더 CIO 국제부장은 총평의 차기 대회에서 다카노가 퇴진할 가능성이 높다는 이와이의 말을 국제자유노련 올덴브록 서기장에게 전했다.[233] 올덴브록은 이와이가 극히 중요한 인물이라고 판단해, 되도록 자주 접촉하라고 [빅터 루더에게] 요청했다. 올덴브록의 조언은 구체적이었다. '일본인은 저녁 식사 자리에서는 진면목을 드러내지 않으므로 비공식적인 차분한 장소에서 이야기하는 것이 좋다. 미국 노동자들의 일상생활을 보게 해줘도 좋을 듯하다.'[234]

중립주의자인 이와이는 국제자유노련을 지지하지는 않았다. 이와이는 일교조 등 총평 산하 산별 조직들이 국제자유노련에서 더 많이 탈퇴할 가능성이 있다고 말하고, 그 이유로 국제자유노련의 선전 활동 부족, 그리고 일본에서는 국제자유노련 가입이 미국 정책의 지지를 뜻한다는 인식이 강하다는 점을 지적했다. 빅터 루더는 그런 오해를 풀고자, 국제자유노련은 일본 노조를 지배하자는 것이 아니라 협력하기를 원한다고 설명했다. 당시 미국의 수소폭탄 실험으로 말미암아 제5 후쿠류마루 사건이 반미 감정을 고양했을 뿐만 아니라 서방측에 대한 비판을 불러일으켜, 국제자유노련의 대일 정책에 그림자를 드리우고 있었다. 급성 방사선증으로 사망한 구보야마 아이키치 무선장을 애도하는 성명을 발표한 CIO는 총사령부 노동과에서 일했던 부라티까지 동원해 원자력을 평화적으로 이용하고, 국제연합을 통해 군축을 실현하자는 CIO의 방침을 이와이에게 이해시키려 애썼다. 그리고 CIO는 월터 루더 회장의 출신 노조인 전미자동차노조의 제15회 대회에 시찰단을 초대해, 일부러 일정을 바꿔 이와이에게 연설할 기회를 주었다.[235]

미국 국무부도 미국 방문 중인 이와이를 친미화하려 애썼다. 주일 대사관은 전년도 방미 프로그램에 참가했던 야스쓰네 료이치 사철총련 서기장에게서 총평의 제6회 대회에서 이와이를 사무국장으로 밀기로 결정했다는 비밀 정보를 얻었다. 앨리슨 주일 대사는 3월 23일 국무부에 전보를 보내 총평 사무국장이 될 가능성이 있는 이와이를 최대한 친미화하고, 이를 위해 AFL의 미니 회장과 CIO의 루더 회장 등 미국 노조 지도자들과 회담할 기회를 마련하고, 이를 통해 생산성 프로그램이 반노동자적이라는 오해를 풀어 줄 것 등을 요청했다.[236] 3월 25일 시바야 가나메 국철노조 위원장도 노동자동지회가 이와이의 사무국장 추대를 은밀히 결정했다는 정보를 주일 대사관에 전달했다. 이와이의 상사인 시바야는 이와이의 방미는 중국·소련에 기운 공산주의 세력과 대립하는 데 매우 유익한 일이라며 감사를 표하고, 이와이가 사무국장에 출마하면 70퍼센트 득표로 승리하리라고 단언했다.[237] 그러자 미국 정부는 당연히 이와이에 대한 작업의 강도를 높였다.

이런 배경이 있었기에 4월 5일 시찰단은 닉슨 부통령과 회담하기에 이르렀다. 전부터 일본의 노동 정세를 우려했던 닉슨은 이 자리에서 자유롭고 민주적인 노동조합운동은 공산주의에 대한 가장 효과적인 예방책 중 하나라고 강조했다. 침착하고 냉정한 성격의 이와이는 부통령 앞에서도 위축되지 않았다. 그는 닉슨이 1953년 11월 19일 '미·일협회' 연설에서 평화헌법 제정은 잘못이었다고 말한 것을 들어, 부통령의 발언은 솔직했다고 평가하지만 일본의 재군비에는 동의할 수 없다고 비판했다. 닉슨은 전 세계적인 군축이 달성될 때까지 개별 국가들은 독자적인 방위력을 보유해야 한다고 단언하고, 하지만 재군비를 옹호한 것은 방위상의 목적 때문일 뿐이기에 이와이의 비무장 주장 또한 이해할 수 있다고 답변했다.[238] 그로부터 나흘 뒤인 4월 9일, 아이젠하워 정권은 새로운 대일 정책문서 NSC5 516/1을 최종적으로 결정해 "온건한 노조운동을 촉진"하고, "온건한 사고를 지닌 노조 간부의 신뢰와 이해를 얻기 위해 접촉 통로를 열고 이를 확대하도록 노력한다."는 내용을 담았고,[239] 이를 실천해 갔다.

귀국 후, 이와이는 사무국장 선거 출마를 승낙하고, 국철노조와 전체를 위시한 주요 관공 부문 노조들, 합화노련, 사철총련, 전광 등의 지지를 확보했다. 국철노조의 시바야 위원장은 6월 18일 해외공보국의 웰시 노동정보관과 회담해, 비밀로 해왔던 정보를 전달했다. 이 자리에서 시바야는 국철노조의 총평 탈퇴 위협과 부위원장 자리 제안이라는 강온 양면의 카드를 이용해 다카노의 출마를 저지하려 하고 있으며, 총평의 다카노 반대파와 전노의 차이는 크지 않아서 다카노가 퇴진하면 노동 전선 통일이 가능하리라고 말했다. 시바야에 따르면, '이와이는 다카노파로부터 친미파라는 비판을 받지 않기 위해 귀국 후에 집필한 글들에서 미국의 좋은 면과 나쁜 면을 모두 지적하고 있으나, 국철노조의 젊은 활동가들이 모인 연구회에서는 일본을 미국의 식민지로 간주하는 다카노파와 공산당의 주장은 오류이고, 사실에 기초해 미국을 판단해야 한다고 역설했다. 이에 비해 다카노는 베이징의 메이데이 행사에 참석하고 거기에서 아시아·아프리카 노조회의를 제창해 그 평판이 나빠지고 있다.'[240] 이런 발언을 통해 시바야는 이와이에 대한 미국 정부의 지지를 확보하려 했다.

총평의 제6회 대회는 1955년 7월 26일부터 열렸다. 노동 전선 통일 추진, 집단지도체제 확립, 경제투쟁 중시 등 세 가지를 내세우고 출마한 이와이는 사무국장 선거 1차 투표에서 128표를 얻어 다카노의 122표를 앞섰으나, 무효가 8표로 과반수에 미달해 결선투표가 실시되었다. 그러나 그 직전, 승리할 가능성이 없다고 판단한 다카노가 사퇴해 이와이의 당선이 확정되었다.[241] 의장에는 사철총련의 후지타 도타로가 재선되고, 합화노련의 오타 가오루 위원장이 부의장으로 복귀했다. 오타는 1958년 7월의 제10회 대회에서 총평 의장으로 취임하지만, 이 대회[제6회 대회]를 계기로 실질적으로 '오타·이와이 라인'이 등장했다고 말할 수 있다. 흥미로운 일은 사무국장 선거 직전에 이와이의 선거 대책 책임자인 시바야가 미국 대사관과 접촉해 야하타제철노조에 영향력을 행사해 이와이를 지지하게 해달라고 요청한 것이다.[242] 13표를 가진 제철노련은 다카노를 지지했는데, 그중 3표를 가진 야하타제철노조가 이탈한다면 근소한 표차를 생각할 때 결정적일 수도 있었다. 실제로 야하타제철노조는 1차 투표에서 기권으로 돌아섰다. 미국 측에 대한 시바야의 작업은 이를 위한 것이기도 했다.[243]

미국 정부는 이와이의 당선을 긍정적으로 받아들였다. 국무부 극동
국의 설리번 노동고문은 "친공산당·반미 노선을 내세운 다카노의 패
배"라고 의미를 부여했다. 좌파 사회주의자인 이와이는 미국의 대일
정책에 비판적이지만 확실한 반공주의자이고, 따라서 "이는 분명 바람
직한 변화다." 이와이가 방미를 통해 직접 얻은 미국에 대한 지식은 앞
으로 일하는 과정에서 활용될 것이다.[244] 주일 대사관도 생각이 같았다.
'이와이의 당선은 총평의 우선회로 받아들여졌다. 이와이는 미국에 우
호적이고, 미국인과 만나는 것도 꺼리지 않는다. 따라서 미국은 총평과
좋은 관계를 쌓을 기회를 맞은 것이다.'[245] 또한 국제자유노련도 이와
이의 승리를 환영해 도쿄 사무소의 오쿠라 아사히가 "모든 측면에서
이와이는 다카노보다 바람직하다."고 쓰고, 크레인 지역활동과장도 이
에 만족한다는 뜻을 밝혔다.[246] 그리고 CIO는 이와이의 당선을 국제자
유노련이 다카노 반대파에게 총평 내부에서 공산당과 싸우라고 요구
한 성과라고 간주했다. CIO는 AFL의 디버럴이 총평을 분열시키고 전
노 결성을 추진한 것은 다카노의 수명을 1년 연장해 준 것에 불과했다
고 비난했다.[247]

이에 대해 중립주의는 소련을 펀드는 격이라고 전부터 비판해 온
AFL은 다카노와 이와이 사이에서 별다른 차이를 찾지 못했다.[248] 디버
럴의 분석에 따르면, '다카노는 절반의 표를 얻는 등 지금도 총평 집행
부 내에 영향력을 유지하고 있다. 33세에 불과한 이와이는 경험이 부
족해서 이데올로기적으로는 다카노가 지도적인 위치를 유지할 것이다.
이와이가 당선되었어도 중국과의 관계 등 방침 전환은 전혀 없고 오히
려 좌경화될 가능성이 높다. 미국 대사관의 스카겐 노동관 등은 미국
방문 경험이 있는 이와이에게 우호적이어서 총평에 바람직한 큰 변화
가 있을 것이라 예상하지만, 이는 완전히 착각이다.'[249] 전노 역시 디버

랄과 생각이 같았다. 전노의 기관지에 실린 글을 보면, "대회의 흐름과 방침은 이와이에 대한 환상을 허용하지 않는다. 굳이 말하자면 요시다(다카노)가 하토야마(이와이)로 바뀐 데 불과하다."◆고 지적하면서 전노의 존재 의의를 강조했다.[250] 하지만 그로부터 2개월 뒤 우파사회당을 지지하는 전노가 반대했음에도 좌우의 사회당은 좌파 우위로 다시 통합한다.

이와이에 대한 기대와 환멸

총평의 제6회 대회를 마치고 얼마 지나지 않은 8월 12일, 스카겐 노동관 및 해외공보국의 웰시 노동정보관은 사무국장으로 갓 취임한 이와이를 면담했다. 축하 인사를 받은 이와이는 만족한 표정이었다고 한다. 이 자리에서 이와이는 어떻게든 미국 대사관에 자신의 입장을 이해시키려고 애썼다. 이와이는 중립주의자는 공산주의자와 다르다고 강조했다. 미국인들은 공산주의에 대해 지나치게 예민해(히스테릭해) 미국을 따르지 않으면 친공산당이라고 분류해 버리지만, 그런 태도는 바뀌어야 한다고 솔직하게 쓴소리했다. 이와이는 총평의 운영에 대해서도 얼마 동안은 참을성 있게 지켜봐 달라고 요청했다. 사무국장에서 물러난 다카노의 처우에도 타협이 필요할 뿐만 아니라, 자신이 취임하기 전에 결정된 사안들이 있어서 기존 방침을 어느 정도 유지하지 않을 수

◆ 1954년 9월의 조선의옥 사건으로 요시다 내각(5차)이 물러나고 하토야마 내각(1차)이 들어섰으나, 둘 다 자유당 내각으로 얼굴만 바뀐 데 불과했다는 점에 비유한 것이다. 하토야마는 이듬해인 1955년 자유당과 민주당의 '보수 연합'으로 탄생한 자민당 정권의 초대 총리(3차 하토야마 내각)가 된다.

없다. 이와이는 전노를 포함해 노동 전선 통일을 추진하겠다고 말하고, 방침을 변경하기 어려운 사안의 사례로 스나가와 투쟁[◆]으로 알려진 미군 다치가와 비행장 활주로 확장 반대 운동을 들었다.[251]

총평은 일본 각지에서 일어난 군사기지 반대 투쟁의 중심 역할을 했는데, AFL은 이를 비판했다. 미니 회장은 스나가와 투쟁을 지원해 달라고 요청하는 총평의 편지에 대해, 이는 중소 양국의 선전의 일환에 불과하며 공산주의자의 제국주의적 이익을 옹호하자는 것이라고 단정했다.[252] 그러나 일본에서 미군 기지 문제의 심각성과 반미 감정의 깊은 뿌리를 인식했던 디버랄은 미니와는 생각이 달랐다. 미국이 일본과 상호 불가침 및 방위 조약을 체결한 이상 모든 주일 미군을 철수할 필요가 있고, 이를 위한 계획을 세우도록 미국 정부에 요청해야 한다는 것이 디버랄의 주장이었다. 물론 이는 총평의 영향력을 약화시키기 위해서였다. 그러나 주되게는 활주로 확장 문제로 전노 내부에서도 반미 감정이 고조되어 반대 투쟁을 공산주의자들의 책동으로 치부할 수 없게 되자, 디버랄 또한 미군 기지 비판 쪽으로 돌아선 것이다.[253] 스나가와 투쟁에 대한 미니의 비판에 대해서는 AFL 내부에서도 이론이 있었고, 국제적인 지지도 별로 받지 못했다. 이 문제로 이와이에 대한 미국의 기대가 훼손되지는 않았다.

게다가 11월 1일 디버랄이 일본을 떠나자, 일본의 노조운동에 대한

◆ 도쿄 서쪽 다치가와砬川시에 있는 주일 미군의 스나가와砂川 공군기지의 활주로 확장에 반대하는 주민 투쟁이 1955년부터 1960년까지 전개되었다. 1956년 10월에는 토지 수용에 반대하는 농민들과 무장 경찰이 충돌해 1,195명의 부상자가 발생하는 등 매우 격렬한 양상을 띠었다. 학생들과 노동조합들도 이 투쟁에 적극 결합했다.

AFL의 영향력은 크게 줄어들고 총평에 맞서는 전노도 타격을 받았다.[254] AFL이 일본에서 철수할 수밖에 없었던 것은 무엇보다 만성적인 자금 부족 때문이었다. 국제자유노련 관련 업무를 맡은 파리를 제외하고는 로마와 도쿄 두 곳에 대표부가 남아 있었는데, 자유노동조합위원회 내부에서는 윌 회장과 데이비드 두빈스키 부회장을 중심으로 전년 말부터 폐쇄 의견이 커지고 있었다. 미니와 러브스톤은 강하게 반대했으나, 자금 부족 문제를 극복할 수는 없었다.[255] 그리고 국제자유노련이 1955년 5월 20일부터 열린 제4회 대회에서 조직부장을 두기로 결정한 것도 이유가 되었다. 이는 재정 및 기타 측면에서 국제자유노련의 해외 지역 활동을 강화하는 한편, 이를 총괄할 조직부장 직위를 신설해 서기장이 아니라 집행위원회가 직접 책임지게 한다는 내용이었다. AFL은 적대 관계였던 올덴브룩 서기장의 권한을 축소하고자 이 제안을 지지했는데, 그 대신 독자적인 해외 지역 활동 축소를 받아들여야 했다.[256]

그리고 셋째 이유는 AFL와 CIO의 합병이었다. 양자 사이의 여러 대립점들은 이미 대부분 없어졌다. 직능별이냐 산업별이냐 하는 조직 원칙의 차이는 AFL이 직능별 구조를 넘어서서 산업별 조직화를 시작함으로써 애매해졌다. CIO 내부의 공산주의자들은 1940년대 후반에 추방되었다. AFL과 CIO가 함께 국제자유노련에 참여함으로써, 양자의 대외 정책도 대립적이었지만 조정이 가능해졌다. 게다가 태프트·하틀리법을 위시한 억압적 입법이 진행되어 노동 전선 통일의 필요성이 커졌다. 그러던 중 1953년 들어 AFL의 미니 회장과 CIO의 월터 루더 회장의 주도로 통합을 위한 협의가 시작되어, 1955년 12월 5일 양자가 통합해 AFL-CIO가 결성되었다. 미니가 회장으로 취임한 데서 드러나듯이 조합원 수가 많은 AFL이 주도권을 쥐었다. 그러나 대외 정책에 있어서는 국제자유노련을 통한 해외 지역 활동을 주장한 CIO가 AFL의

해외대표부 폐쇄를 요구했고, 러브스톤이 이끌던 자유노동조합위원회는 이윽고 해체된다.[257]

AFL이 일본에서 철수하고 국제자유노련의 대일 활동이 강화되자 이와이는 순풍을 탄 셈이었다. 이와이가 노동 전선 통일을 내걸고 사무국장 선거에서 이기기 직전, 올덴브록은 브뤼셀을 방문한 다키타 전노 의장에게 총평 결성 당시처럼 자유롭고 민주적인 노동조합의 통일을 실현하기 위해 총평의 통합 제의를 거절해서는 안 된다고 설득했다. 다키타는 전노가 총평으로 복귀하면 다카노 반대파는 오히려 다카노에 대한 비판을 누그러뜨릴 것이라고 반론하면서, 오타 등과는 개인적으로 좋은 관계를 유지하고 있다고 덧붙일 수밖에 없었다.[258] 이와이의 사무국장 취임 후 총평은 9월 8일의 간사회에서 노동기준법 개정 반대 공동 투쟁에 나서기로 결정해, 전노에 거듭 제안했다. 총평 내 두 파의 정책상 차이를 인정하지 않는 전노는 이를 거부했다. 그러나 국제자유노련에서는 전노의 이런 경직된 자세를 비판했다. 12월 12일부터 열린 집행위원회에서 총평과 통합할 수 없는 이유를 설명한 해원조합의 니시마키 도시오 국제부장에 대해 빅터 루더는 총평 안에서 이와이의 입장을 강화할 필요가 있다고 역설했다.[259]

미국 대사관도 이와이를 계속 기대하고 있었다. 이와이는 11월 25일에 해외공보국의 노동정보관 사무실을 방문해, 결핵이 재발한 다카노는 이제 정치적 위협이 되지 못하고, 다카노파의 반대에도 불구하고 총평은 군사기지 반대 투쟁의 중심에서 물러서겠다고 말했다. 닷새 뒤인 11월 30일에도 스카겐, 웰시와 회담한 이와이는 지금까지는 강하게 권한 행사를 할 수 없었다고 변명한 뒤, 앞으로는 자신의 방침을 전면에 내세울 것이라고 말했다. 스카겐은 이런 발언들을, 공산주의자들의 압력에 직면해 온 이와이가 권력 기반 다지기를 마치고 다카노파와 본격적으로 투쟁하고자 미국 대사관의 조언과 지원을 구하려는 것이라고 생각했다.[260] 이와이는 1956년 2월 24일에도 스카겐, 웰시 두 사람과 회담해 덜레스 국무장관의 방일에 맞춰 계획된 시위는 반미 시위가 아니며 참가 인원도 제한적일 것이라면서 미국 대사관의 이해를 구했다.[261] 스카겐은 이 당시에도 총평이 서서히 우경화하고 있다고 보고 있었다.[262]

그런데 이와이 사무국장하에서 총평과 세계노련 가입 조합들의 국제 교류는 활발해지고 있었다. 특히 '호헌연합'護憲連合 대표단의 일원으로 중국을 방문˚한 후지타 총평 의장이 1955년 11월 27일에 중화전국총공회와 일·중 양국 노동조합의 교류 촉진 등을 내용으로 하는 합의서에 조인한 것은 중요한 일이었다. 이와이는 그 사흘 뒤 미국 대사관과의 회담에서 후지타가 어리석은 짓을 했다고 말했으나,[263] 산별 조직들 사이의 교류를 중시하기로 한 이 합의서를 받고, 1956년이 되자 산별 조직을 중심으로 한 대표단의 방중이 늘어났다. 그리고 일방적이지 않은 상호 교류를 실현하려고 공산주의 나라들로부터 노조 대표들을 일본에 초청하려는 움직임도 활발해졌다. 이처럼 노동조합의 동서 교류가 진전된 것은 1955년 7월의 제네바 4개국 정상회담˚˚으로 상징되는 긴장 완화 분위기가 배경이 된 것으로, 일본뿐만 아니라 세계적인

◆ 1955년 11월 초 중국을 방문한 호헌연합 방문단은 가타야마 데쓰 사회당 전 총리가 단장, 후지타 도타로 총평 의장이 부단장을 맡고, 다수의 사회당 의원들과 지식인, 노조 간부, 사회운동가 등으로 구성되었다. 당시 중국의 저우언라이 총리가 가타야마 단장을 면담하고, 우순撫順 수용소에 수감된 일본인 전범 1,068명을 3년 내에 무조건 석방하겠다고 약속했다.

◆◆ 1955년 7월 18일 전후 처음으로 미국·영국·프랑스·소련 4개국 정상이 제네바에서 회담해 독일 통일 문제, 유럽 안전보장 문제, 동서 교류 촉진 문제 등을 논의했으나 합의에 이르지는 못했다.

현상이었다. 따라서 국제자유노련이 1955년 12월 12일 열린 집행위원회에서 집중 협의를 통해 공산주의 국가의 노조들과 교류하는 데 반대하고 내부 단결을 다져 맞서자고 결정했지만, 그 효과를 기대하기는 힘들었다.[264]

그러던 중 총평이 시도한 아시아·아프리카 노조회의의 개최는 국제자유노련에 직접적인 위협이 되었다. 이와이를 사무국장으로 선출한 총평 제6회 대회는 아시아·아프리카 노동조합의 연대를 도모한다는 방침을 결정했는데, 총평은 이를 구체화하기 위해 1956년 4월 10일 각 지역의 주요 노조들에 서한을 보내 10월에 '아시아·아프리카 노조 간담회'를 여는 것에 대한 의견을 묻는 서한을 발송했다. 국제자유노련은 총평의 주류파인 노동자동지회가 중화전국총공회 등 공산당 계열의 노동조합을 포함시키는 데 소극적이라고 여겼다. 그러나 이와이 등은 중립주의의 입장이라면 국제자유노련 쪽은 물론 세계노련 쪽에도 참가 의견을 묻는 것이 당연하다고 생각했다. 국제자유노련은 7월 2일 열린 집행위원회에서 이 문제를 의논해, 총평이 추진하는 아시아·아프리카 노조간담회에는 참가하지 않도록 모든 가입 노조들에 요구하기로 결정했다.[265] 결국 국제자유노련 산하 노조들의 거부 내지 묵살 등으로 이 간담회 개최는 없었던 일이 되었다.

국제자유노련과 세계노련의 대립을 지양하려는 총평의 구상은 1955년 4월의 반둥회의 등 식민주의와 제국주의 반대를 기조로 하는 아시아·아프리카의 연대 강화를 배경으로 한 것이었다. 그래서 국제자유노련은 문가트 대신 아시아 지역 조직 서기장을 맡은 마파라와 빅터 루더가 집행위원회에서 주장한 대로 이에 반대하는 것은 물론 적극적인 대책을 강구하기로 하여, 1957년 7월 5일에 열린 국제자유노련 제5회 대회에 참가한 대표들을 모아 아시아·아프리카 노조회의를 개최했다.

국제자유노련은 그와 동시에 이와이에 대한 공작도 암암리에 시도했다. 즉 영국 정부는 매년 일본의 노조 지도자 3~4명을 영국에 초청하는 프로그램을 실시하고 있었는데, 그 인선에 개입하고 있던 TUC의 상담을 받아 1956년도 시찰단에 이와이를 포함해 브뤼셀이나 런던에서 그와 접촉할 계획을 짰다. 그러나 이 계획은 이와이가 갑자기 영국 방문을 취소해 무산되고 말았다.[266]

이처럼 이와이에 대한 의구심은 커지고 있었지만, 다른 한편 국제자유노련이 계속 희망을 품게 만드는 일도 있었다. 총평의 제7회 대회를 앞두고 노동자동지회가 후지타 대신 도쿄 사무소장인 하라구치 전광 위원장을 차기 총평 의장으로 밀기로 한 것이었다. 이에 대해 하라구치는 '총평의 주류파가 국제자유노련에 대해 우호적임을 보여 주며, 이후 이 경향은 더 강해질 것'이라고 올덴브록 서기장에게 보고했다.[267] 미국 정부로서도 하라구치가 총평 의장이 되는 것은 바람직했다. 영국 대사관의 칼버트 노동관이 전한 정보에 따르면, 미국 대사관 직원이 하라구치를 만나 의장 당선 후 다카노파와 맞서려면 자금이 필요할 텐데 이를 제공할 의사가 있다고 제안했다. 하라구치는 비밀 자금 제안을 단호히 거절했으나, 이 일은 총평 내부에서 가장 친서방 성향인 하라구치에 대한 미국 대사관의 기대가 얼마나 컸는지를 말해 준다.[268] 8월 25일 열린 총평 제7회 대회에서 오타·이와이 측이 지지한 하라구치는 다카노파가 민 전주노의 이치카와 마코토 위원장을 169 대 130으로 이겨 총평 의장에 선출되었다.

하지만 이 총평 대회에서는 하라구치의 뜻과는 전혀 다른 운동방침이 채택되었다. 예컨대 1954년 이후 유지되어 온, 국제자유노련과의 우호와 연대 강화를 말하는 구절은 삭제되고, 중화전국총공회를 포함한 아시아·아프리카 노조간담회 개최가 다시 확인되었다. 또한 "공산당이 지배하는 공투에는 참가하지 않는다."는 내용도 삭제되었다. 게다가 생산성운동 반대 입장도 원안보다 더 강화되었다. 이 같은 운동방침 수정은 다카노파의 요구에 따른 것이었지만, 운동방침을 토론한 소위원회가 본회의에 상정할 최종안을 확정한 뒤, 하라구치는 의장 후보사퇴까지 생각하면서 오타·이와이의 타협적 태도에 강하게 항의했다. "속았다."라고 말했을 정도였다. 대회 종료 후 하라구치는 올덴브록에게 보낸 보고서에서, 총평이 자유롭고 민주적인 노동조합주의로부터 한층 멀어지고 있다고 지적했다. 미국 대사관에 따르면, 오타·이와이파 중에서 서방측 노조들과의 관계를 강화하자고 주장한 것은 전체의 다카라기 서기장뿐이고, 하라구치는 전혀 무력했다. 앨리슨 대사는 총평 내 공산주의자들의 영향력이 심각한 수준에 달했다고 국무부에 보고했다.[269]

이렇듯 미국 대사관이 이와이를 사실상 포기한 데 비해, 국제자유노련은 여전히 총평의 개혁을 통해 공산당을 배제하고 노동 전선을 통일한다는 희망을 버리지 않았다. 이는 총평 의장에 취임한 하라구치의 후임 도쿄 사무소 소장 인사 문제에서도 드러났다. 하라구치는 자기 밑에서 사무소 운영을 맡아 온 오쿠라 아사히를 추천해 총평 산하 노조들의 지지를 얻었다. 이에 대해 전노의 와다 서기장은 미군정 때부터의 일을 들먹이며 강력히 반대했고 더 중립적인 인물을 선임하라고 요구했다. 이는 국제자유노련의 대일 정책에 결정적인 영향을 미칠 인사 문제였고, 난항을 거듭한 끝에 소장은 공석으로 두되, 오쿠라를 소장 대리로 선임하는 변칙으로 이어졌다. 그러나 올덴브록 서기장의 심중은 이미 굳어 있었다. 사실, 하라구치가 오쿠라를 추천한 것도 그가 시킨 일이었다.[270] 1957년 2월 19일 일본에 온, 본부의 찰스 밀라드 조직부장과 아시아 지역 조직의 마파라 서기장이 조정에 나서 오쿠라가 소장에 임명되었다. 국제자유노련의 대일 정책이 앞으로도 총평 결성 당시의 부라티 인맥을 통해 진행될 것임을 뜻하는 일이었다.[271]

국제금속노련의 대일 활동 개시

국제자유노련의 대일 정책은 국제 산별 조직을 통한 간접적 방식으로도 실시되었다. 이와이가 총평 사무국장이 된 1955년, 두 국제 산별 조직이 대일 활동을 진전시키고 있었다. 첫째, 국제운수노련이 도쿄 사무소를 설치했다. 국제자유노련 회장인 베쿠는 국제운수노련의 서기장이었는데, 국제운수노련은 4월 4일부터 나흘에 걸쳐 7개 나라 39명의 대의원이 참가하는 아시아 운수노동자회의를 개최했다. 여기에서 아시아 지역 조직의 창설을 목표로 아시아 지역사무소를 설치하자는 결의가 채택되고, 6월 15일 열린 평의회는 이를 받아들여 도쿄 사무소 개설을 정식으로 결의했다. 총평 산하 국철노조와 전노 산하 해원노조가 대립해, 초대 소장에는 봄베이의 국제운수노련 정보국 책임자 조비아노 소레스가 임명되어 10월 16일 일본에 왔다. 이렇게 설치된 도쿄 사무소의 주요 목적은 아시아 운수 노동자들의 정보 교환과 교류 활성화였으나, 국제운수노련은 공산주의 세력에 대항하기 위해 서로 대립하고 있는 일본의 가입 노조들을 결속시키고 탈퇴한 사철총련을 복귀시키려 했다.[272]

둘째, 최대의 국제 산별 조직인 국제금속노련이 일본에서의 조직화를 위해 대표를 파견하기로 최종 결정했다. 앞서 말했듯이 국제자유노련의 요청을 받은 국제금속노련은 1953년 7월의 중앙위원회에서 공산주의 세력의 위협과 일본의 저임금노동 두 가지에 대처하기 위해 이 방침을 결정한 바 있다. 그러나 처음 후보자로 내정된 부라티의 파견이 일본의 반미 감정을 감안해 포기된 뒤, 유럽에서 적절한 인물을 찾지 못하는 등 인선이 어려워 연기된 상태였다. 책임자였던 빅터 루더 CIO 국제부장은 1955년 5월 17일 열린 중앙위원회에서 전미자동차노조가 일부 비용을 부담할 것을 재확인하고, 일본어 능력을 갖추고 일본 체재 경험도 있는 유럽 노조 지도자를 4~6개월 일본에 파견해, 일본 금속 노동조합의 실태 조사, 인간관계 구축, 가능하면 가입 추진까지 진행해야 한다고 주장했다. 그리하여 일본에 대표를 파견하기 위해 대표를 선정하고 비용을 마련하는 데 합의했다.

여기에서 주목할 점은, 국제금속노련이 일본 금속 산업 노조들을 재편하고 이를 통일적으로 조직하려고 했다는 점이다.[273] 일본의 금속 노조들은 철강·전기·자동차·조선·금속 등 부문별로 분열되었을 뿐만 아니라, 전국 중앙 조직도 총평·전노·신산별·중립으로 나뉘고, 이데올로기적으로도 분열되어 있었다. 이들을 정돈해 산별회의 등 공산주의 세력은 배제하고, 단일한 금속 노동 전선을 만들어 가는 것이 국제금속노련의 목표였다. 이 중앙위원회에서 제안자 역할을 맡은 아돌프 그래델 서기장은 가입을 원하는 노조들과 경솔하게 접촉하면 위험하다고 강조했다. '조직적으로 취약하거나 정치적으로 문제가 있는 노조의 가입을 한번 인정해 버리면, 그보다 중요한 다른 노조들이 들어오지 못할 위험이 있다. 따라서 사전에 대표를 파견해 일본의 복잡한 노동 정세를 신중하게 조사한 뒤, 영국처럼 가입조합협의회를 결성해야만 한다. 금속 산업 노조들을 대산별로 결집시켜 조직력을 강화하고 노동자들의 임금과 노동조건을 개선해, 불공정한 무역 경쟁을 저지할 필요가 있다.'는 생각이었다.[274]

이 중앙위원회 이후 2명의 후보자가 부상했다. 1명은 국제자유노련 올덴버그 서기장을 통해 금속노련 그래델 서기장이 접촉한 마틴 볼레였다. 국제자유노련의 특사로 1954년 장기간 일본에 체류했던 볼레는 일본 노조 지도자들을 잘 알고 있다는 이점이 있었다. 또 다른 후보는 빅터 루더가 찾아낸, CIO 소속 국제목재노조의 미야자와 조였다. 일본계 캐나다인인 마야자와는 일본 방문 경험이 있고, 젊음이 넘쳤으며, 무엇보다 일본어를 유창하게 구사했다.[275] 그리고 최종적인 결정 요소가 된 것은 파견 비용이었다. 전미자동차노조가 2천5백 달러를 내고 전미철강노조와 독일금속노조가 자금을 제공하겠다고 약속했으나, 그래도 재정은 부족했다. 1955년 10월 16일 집행위원회에서 미야자와를 선정한 것은 그의 일본어 능력에 더해 급여와 통역 등의 비용에서 볼레는 2만 달러인데, 그는 1만5천 달러면 충분했기 때문이다.[276]

1956년 1월에 6개월 일정으로 일본에 온 미야자와는 국제자유노련 및 국제운수노련의 도쿄 사무소, 전체의 다카라기 후미히코 서기장과 사철총련의 호리이 도시카쓰 부위원장 등의 협력을 얻어 활동을 시작했다. 미야자와가 우선 주목한 것은 금속 산업의 여섯 개 노조들로 구성된 '금속공투회의'였다. 이 조직을 강화할 수 있지 않을까 기대한 미야자와는 매달 그 모임에 참석했다. 그러나 이 조직은 강령도 규약도 없는 매우 느슨한 조직에 불과했다. 총평 산하의 철강노련과 전국금속, 중립계의 전조선과 전기노련, 산별회의 산하의 전金속 등으로 구성되어 있어서, 전노 소속 노조는 없고 공산당계의 전금속이 참가하고 있었다. 따라서 이 조직이 국제금속노련 가입조합협의회로 발전하기란 불가능했다. 애당초 국제금속노련은 일본에서 거의 알려진 바 없는 조직이었다. 그래서 미야자와는 그 역사와 규약, 가입 조직의 현황을 소개하는 일본어 팸플릿 2천 부를 만들어 배포하는 것으로 활동을 시작할 수밖에 없었다. 미야자와의 일본 활동은 그야말로 난항이었다.

그래도 몇몇 노동조합이 국제금속노련에 호의적인 반응을 보였다.

우선 총동맹 산하 노조인 전금동맹과 조선총련이 그랬다. 그러나 이들의 가입을 인정하면 대립 관계에 있는 총평 및 중립계 노조들의 반발을 초래할 것이었다. 그래서 미야자와는 전금동맹의 아마이케 세지 주사主事 등에게 가입 신청을 연기해 달라고 요청했다. 또한 일본 금속 산업 최대 조직인 철강노련 조합원의 3분의 1이 소속된 야하타제철노조가 있었다. 다나카 가네토 조합장과 미야타 요시지 서기장은 미야자와가 만났던 그 누구보다도 국제 노동운동을 깊이 이해했다. 그러나 야하타 제철노조가 주도해 철강노련을 국제금속노련으로 이끈다는 전략은 단기간에 성공할 수는 없었다. 따라서 5월 8일 미야자와가 작성한 보고서는, 공산당을 제외한 전체 금속노조 통일 조직을 만들어 이를 국제금속노련에 가입시키는 일은 장래의 목표로 하고, 이를 위해 작은 규모의 일본 사무소를 설치해 월 1~2회 뉴스레터나 잡지를 발간해 국제 노동운동에 대한 관심을 높여 갈 것을 권고했다.[277]

미야자와의 이 보고서는 5월 21일 집행위원회와 그다음 날 열린 중앙위원회에서 검토되었다. 그래델 서기장은 6월 말 미국으로 돌아올 예정인 미야자와가 계속 활동할 수 있도록 앨프리드 단넨버그 서기를 파견해 도쿄에 영구적인 사무소를 설치할 준비를 맡기자고 제안해 승인받았다.[278] 미야자와의 권고를 받아들인 것이다.[279] 일본 활동을 마친 단넨버그는 10월 12일 집행위원회에 보고서를 제출해, 일본인을 소장으로 하는 일본 사무소를 설치하고 일본의 금속노조와 직접 접촉을 유지하면서 일본어 출판물을 통해 국제금속노련에 대한 이해를 구해 가자고 제안했다. 이와 더불어 그래델은 철강노련의 파업을 지원해 임금 인상 요구를 관철하고자 1만5천 스위스프랑을 지원할 것을 제안했다. 국제 연대를 보여 주는 동시에 일본의 국제경쟁력을 약화시키자는 목적이었다. 집행위원회는 이 두 제안을 채택했다.[280] 그 뒤 국제금속노련은 국제자유노련과 국제운수노련 도쿄 사무소의 협력을 얻어, 1957년 4월 1일 도쿄 사무소를 개설하고 노스웨스트 항공에 근무하던 세토 이치로를 소장에 임명했다.

국제금속노련은 9월 16일에 열린 중앙위원회에서 대일 활동에 대해 논의했다. 단넨버그 서기장은 일본 금속노조의 전선 통일을 이루고 나아가 서방측을 지향하도록 하는 일은 오랜 시간을 요한다고 말하고, 그 때문에 일본 사무소를 개설했다고 설명했다. 그와 더불어 단넨버그는 포괄적 국제조직인 국제자유노련보다는 국제금속노련을 위시한 국제 산별 조직들이 스스로 일본 노조들과의 관계를 강화할 수 있다고 강조했다. 국제자유노련은 "일반적인 정치적 문제에 주로 역점을 두는" 조직이지만, 국제 산별 조직은 "실질적으로 땅에 발을 딛고 노동조합 활동을 할 수 있는" 조직이기 때문이다. 이어서 연단에 오른 전미자동차노조의 빅터 루더 국제부장도 "경제나 노조 문제보다도 정치 문제를 중시하는 국제자유노련이 저지른 실수를 반복하지 않는다면, 일본 노동조합과의 관계에서 국제금속노련은 국제자유노련이 실패한 일본이라는 곳에서 필시 성공할 수 있으리라 생각한다."고 발언했다.[281]

제3장

생산성 프로그램에서 국제 공정 노동 기준 으로

1. 안보·미이케 투쟁

기시 내각의 총평에 대한 강경 정책

1957년의 춘투는 생산성운동을 타파하고, 최저임금 8천 엔을 전국에 동일하게 적용하도록 법제화하겠다는 목표로 관민 일체의 태세로 실력 행사를 집중시킨 '고원 투쟁'◆ 전술에 따라 실시되었다. 탄노와 더불어 투쟁의 핵심이 된 국철노조는 정부의 경고를 무시하고 3월 11~12일 현장 집회와 준법투쟁을 감행해 열차 운행에 큰 혼란을 발생시켰다. 2월 25일 총리에 취임한 기시 노부스케가 3월 16일 사회당 위원장인 스즈키 모사부로와 회담해 중재 결정을 존중하고 실력 행사에 신중하게 대처하겠다고 약속했고, 그 결과 사태는 고비를 넘긴 듯했다. 그런데 국철노조는 최저임금제도의 실시를 요구하는 3월 26일의 통일 행동에 참가해 실력 행사를 감행하며 큰 혼란을 초래했다. 기시 내각은 5월 8일 '3공사公社 5현업'◆◆ 당국에 [노조의] 실력 행사에 따른 징계를 지시했고 다음 날 각 당국은 노조들에 이를 통고했다. 국철노조에 대한 징계 처분은 고야나기 이사무 위원장을 위시한 19명의 해고가 포함된 엄중한 조치였다. 그래서 국철노조는 징계 철회를 요구하는 실력 행사에 나섰는데, 국철 당국은 이에 대해서까지 징계를 단행했을뿐더러, 더

◆ 총평이 지도한 투쟁의 한 형태. 투쟁을 단기간에 집중시키지 않고 장기간에 걸쳐 지속시키는 방식으로, 산별마다 조건에 따라 1차, 2차, 3차 등 연이어 투쟁을 배치한다. 1957년 3월 내내 이 방법으로 '고원의 물결처럼' 파업을 이어갔고, 그 결과 임금 인상률도 높았다.

◆◆ '공노법'(공공기업체 등 노동관계법)의 적용 대상인 철도·전매·전신 등 3개 공사 및 우정·조폐·인쇄·국유림·주류전매 등 5개 공기업을 지칭한다.

나아가 해고자를 노조 3역[위원장·부위원장·사무장]으로 다시 뽑은 국철 노조와는 공노법에 의거해 단체교섭을 거부했다.

기시 총리의 친동생인 [재무장관] 사토 에이사쿠는 5월 13일 주일 미국 대사인 맥아더 2세[맥아더 전 총사령관의 조카]와의 회담에서 기시 내각의 노동정책에 대해 설명했다. 맥아더 대사는 앨리슨의 후임으로 2월 15일 대사 업무를 시작한 신참이었다. 사토는 자민당이 전면적인 노동법제 개혁안을 준비 중이며, 그중에는 총평의 권력 남용을 억제할 방안도 있고 노동자들이 좋아할 진보적인 정책도 들어 있다고 말했다. 진보적 정책이란 최저임금법을 말하는 것이었다. 지금의 일본 경제에는 부담이 클지도 모르나, 정치적 효과는 클 것이라고 사토는 설명했다.[1] 기시 내각의 노동정책 담당자는 6월 개각 때 관방장관에서 노동장관으로 옮긴 이시다 히로히데였다. 이시다는 건전한 노사 관계를 확립하기 위해 위법행위는 엄벌에 처하는 한편 중재 결정은 완전하게 실시하는 등 노동법규를 준수함으로써 노사 분쟁을 평화적으로 해결하고자 했다.[2] 이는 곧 총평과는 대결하고, 전노를 육성하기 위해서였다.[3]

미국 대사관은 기시 내각이 총평에 이 같은 강경 정책을 펼치는 것을 지지했다. 사토와 회담하기 전인 5월 1일, 맥아더 대사는 기시 총리를 만나 체크오프(급여에서 조합비를 일괄 공제하는 것)가 총평의 정치력을 낳는 뿌리라고 말했다. 정부가 체크오프로 관공노의 자금을 제공하면서 그들의 정치 활동에 골치를 앓는 것은 너무 역설적이라면서 그 대책이 필요함을 시사했다. 이에 대해 기시 총리는 총평의 위협을 충분히 인식하고 있고, 총평을 약화시키는 것이 정부의 목표 가운데 하나라고 말했다. 단, 총평은 매우 강력한 조직이라 세심한 준비가 필요하고, 최근 자민당 내부에서 특별위원회가 설치되어 총평에 대한 대책을 마련해 다음 정기국회에 총평을 약화시킬 법안을 제출할 예정인데, 거기에 체크오프 문제도 들어 있다는 것이었다.[4] 이미 오타·이와이 라인에 대한 기대를 잃은 미국 대사관은 총평이 공산당의 강한 영향력 아래 있다고 여겼다. 그에 맞설 기시 내각의 등장은 미국 대사관으로서는 바람직한 상황이었다.

기시 내각의 방침은 그 뒤에도 변하지 않았다. 9월 18일에 일본에 온 크리스천 허터 국무차관에게 기시는 다음과 같이 말했다. '관공노조가 주축인 총평은 공산당 지배하에서 정치투쟁을 전개하고 있다. 노동조합은 경제적인 목적의 활동에 국한해야 하므로, 춘투 가담자에게 해고 처분을 내리는 등 정부는 총평의 정치투쟁에 단호히 대처하고 있다. 그 결과 총평은 서서히 약화되고 있다. 노동법규 개정도 검토 중인데, 총평에 대해서는 기존의 법·제도 틀 내에서 대처하려 하며, 관공노조의 체크오프를 끝낼 결심을 하고 있다.'[5] 기시의 이 발언이 있고 5일 뒤인 23일, 덜레스 국무장관은 후지야마 아이이치로 외무장관에 대해 일본 정부가 노동문제에 열심히 대처하는 것을 환영한다고 말했다. '일본의 노동 정세는 위험한 상황이고, 공산주의자들이 노조에 스며들어 장악하려 하고 있다. 일본의 노조운동이 공산주의자들에게 지배되지 않는 것이 중요하다.' 덜레스는 건전한 노조운동의 필요성을 말하면서도, 계속 강경하게 총평에 대응하라고 노골적으로 요청했다.[6]

기시 내각이 미국 정부의 지지를 확보하고 있던 데 대해, 총평은 국제자유노련의 지지를 얻고자 했다. [소련의 노총인] AUCCTU의 초대로 소련을 방문한 국철노조 출신의 이와이 사무국장은 프라하의 세계노련 본부에 들렀다가 9월 24일에는 브뤼셀의 국제자유노련 본부에 가서 올덴브록 서기장과 회담했다. 이 자리에서 이와이는 기시 내각의 국철노조를 대하는 태도와 최저임금제도의 법제화에 대해 말했는데, 특히 전자를 강조했다. 올덴브록은 ILO에 제소할 용의가 있다고 답했다.

'국제자유노련을 탈퇴한 국철노조를 위해 애쓸 의무는 없지만, 국철노조는 국제운수노련에 계속 가입되어 있다. 긴밀한 관계인 국제운수노련의 요청이 있으면 응하는 것이 좋다.'는 게 그의 생각이었다. 지원받기를 바란다면 국제자유노련 가입을 고려해야 한다는 단서를 잊지는 않았지만, 일본 정부의 노조 탄압을 모른 척할 수는 없었던 올덴브록은 이와이의 지원 요청에 전향적인 자세를 보였다.[7]

올덴브록의 반응에 따라 국철노조 및 처지가 비슷했던 중립계의 국철기관차노조 등은 국제운수노련과 국제자유노련에 조사단 파견을 요청했다. 그리고 국제운수노련의 레이 쿠츠 지역부장과 TUC의 빅터 페더 부■서기장을 대표로 하는 공동 조사단이 방일하기로 했다. 11월 15일 국제운수노련의 베쿠 서기장과 국제자유노련 올덴브록 서기장은 공동성명을 발표해, "일본에 강력하고 자유로운 노동조합운동이 존재하는 것은 일본뿐만 아니라 아시아 전체에 걸쳐 자유와 민주주의를 신장시키기 위해 절대적으로 중요하다."라고 말하고, 기시 내각의 강경책으로 곤경에 처한 국철노조를 지원하고자 조사단을 파견한다고 밝혔다. 조사단은 11월 19일부터 일본에서 활동을 개시해 28일에 신문발표와 더불어 일본을 떠났다. 결사의 자유와 단결권 보호에 관한 ILO조약 제87조를 비준해 공기업체 노동자들에게 파업권을 부여하고, 일방적으로 노동자에게 불리한 중재 제도를 개선해 국철의 해고 노동자들을 복직시킬 것 등을 일본 정부에 요구하는 내용이었다.[8]

미국 대사관은 조사단의 활동이 미국의 대일 정책을 방해한다며 강하게 비판했다. 맥아더 대사는 '일본 정부의 공산당 대책은 미국의 국익과 합치한다. 그리고 기시 내각의 노동정책이 오히려 총평 내의 공산주의 세력을 강화시키고 있다는 조사단의 견해는 오류'라고 인식했다. 국제적으로는 중립주의를 취해 아시아·아프리카 노조들의 연대를 시도하고 세계노련과 활발하게 교류하며, 국내적으로는 기시 내각을 독점자본의 앞잡이로 규정해 타도하겠다는 총평에 내부 개혁이 일어날 가능성은 없다고도 생각했다. 또 조사단은 니가타新潟 등에서 국철노조 이탈자들이 제2 노조를 만들도록 지원한 전노의 행동이 혼란을 조장한다고 봤으나, 미국 대사관은 전노야말로 국제자유노련에 충실한 일본 유일의 노동조합이라고 평가했다.[9] 따라서 스카겐 노동관 등은 총평이 아니라 전노를 지원해야 한다고 조사단을 압박했다.[10] 맥아더 대사는 조사단의 신문 발표가 총평의 입장을 강화하고 전노를 타격하려 한다며 비판했다.[11]

조사단이 1958년 1월 20일 국제운수노련과 국제자유노련에 제출한 보고서는 '3공사 5현업' 노동자들의 파업권 회복, 해고자의 노조 임원 자격을 포함한 결사의 자유를 보장하도록 ILO 조약 제87조 비준, 산업 평화를 촉진할 공평하고 효과적인 중재 절차 도입, 국철 해고자 복직 등의 과제를 제기하고, 일본 노조운동에 지원할 것을 요청했다. 3월 17일 열린 국제자유노련 집행위원회 소위원회는 이를 승인했다.[12] 미국 대사관은 이에 대해서도 곤혹스럽다고 국무부에 보고했다. 이 보고 전보에서 맥아더 대사는 조사단의 대표인 페더 TUC 부서기장이 방일 중 일본 제품 불매 캠페인을 벌일 가능성을 시사하면서 총평에 지원할 것을 천명했다고 지적하고, 영국 노동계의 일부가 일본의 국제경쟁력을 약화시키려 한다는 의구심을 노골적으로 표명했다. 그리고 국제자유노련의 압력에도 불구하고 기존의 노동정책을 고수하려는 뜻을 분명히 한 이시다 노동장관을 높이 평가했다.[13] 미국 정부와 국제자유노련은 기시 내각의 총평에 대한 강경 정책을 두고 첨예하게 대립했다.

AFL-CIO 내부에서 미니 회장이 이끄는 AFL계도 국제자유노련의 대일 정책에 비판적인 태도를 보였다. 일본을 떠난 뒤 브뤼셀 국제자유노련 본부에서 부서기장 특별보좌역으로 근무하던 디버랄은 조사단이 전노를 희생시키고 총평을 지원했다고 비난했다. 디버랄은 국제자유노련의 방침은 영국의 영향력 때문이라고 보고 있었다. '영국은 영연방 시장에서 일본을 밀어내 중국에 접근시키기 위해 좌익적이고 친중국적인 총평을 지지하고 있다. 한편 전노의 유력한 산별 조직인 해원조합과 전섬동맹은 영국의 산업과 경합관계에 있다.'[14] 디버랄의 관찰에 따르면, '영국은 8개의 영연방 국가들, 29개 식민지와 위임통치·신탁통치 지역 등을 포함해 국제자유노련 조합원의 약 3분의 1을 포괄한다. 영국은 노동관을 위시한 외교 네트워크로 이들을 결합시켜 놓고 있다. 브뤼셀의 국제자유노련 본부의 직원 80명 중 중 영국인은 약 31퍼센트인 25명으로 현지의 벨기에 인 26명과 맞먹는다. 게다가 벨기에 인은 최하위직에 있고, 영국인은 유력한 지위를 독점하고 서로 사교를 통해 결속하고 있다.'[15]

영국 정부가 미국 정부의 대일 정책에 비판적이었던 것은 분명하다. 주일 대사관의 칼버트 노동관은 다음과 같은 견해를 본국인 영국에 보냈다. '기시 내각은 관공노조를 공격해 총평, 나아가 사회당을 약화시키려 하고 있다. 하지만 그 결과 민주주의의 기반이 취약한 일본에 우익 세력이 대두하면서 최종적으로는 공산당이 이익을 볼 것이다. 그뿐만 아니라 노동조합의 힘이 약해지면 일본의 국제경쟁력은 높아지게 된다. 경영자와 보수 정치가들은 전쟁 전처럼 노동자들을 억압하고 착취하기를 원하는데, 이에 맞서려면 민주적이고 강력한 노동조합운동을 육성해야만 한다. 이런 의미에서 끈기 있게 총평과 함께하려는 국제자유노련의 방침은 올바르다. 미국 대사관은 총평을 정치적 위협으로 간주한 나머지, 총평의 균형추 역할을 간과하고 있다. 공산주의와 싸우려면 누가 유용한지가 미국의 판단 기준이고, 그런 관점에서 전노를 지원해 총평을 해체시키려 하고 있으나 오히려 역효과만 나고 있다.' 칼버트의 미국 비판은 이렇듯 통렬했다.[16]

그러나 칼버트 자신도 인정했듯이, 일본 정부의 노동정책에 미치는 영향력이 가장 큰 데가 미국 정부이고, 영국 정부는 미국 정부를 통해 영향력을 행사할 수밖에 없었다. 따라서 미국 주재 영국 대사관의 모건 노동담당 참사관이 CIO 출신의 클렌 국제자유노련 조직부 차장의 조언에 따라 1958년 5월 20일 우선 미국 노동부와 협의했다. 영국 정부가 기대한 대로, 레오 워츠 국제노동담당 노동차관보 대리는 주일 미국 대사관의 노동관이 총평에 적대적인 방침을 취하고 있는 것은 잘못이라고 인정했다. 그런 반총평·친전노 정책은 러브스톤이 그 원조인데, 노동성에 관한 한 아직 확정된 정책은 아니라고 그는 말했다.[17] 모건은 8일 후인 5월 28일 CIO 소속 전미자동차노조의 빅터 루더 국제부장과 회담했다. 루더는 형인 월터 루더 AFL-CIO 부회장이 일본의 노동 정세를 우려하고 있다고 전한 뒤 AFL-CIO가 친총평 방침으로 전환하면 국무부도 그에 따를 것이라고 말했다.[18]

그 뒤 모건은 국무부 정치과의 댄 그루트 노동고문과 협의하는 한편, CIO 국제부장을 지내고 AFL-CIO 국제부장으로 갓 취임한 마이클 로스, AFL 자유노동조합위원회 사무국장을 거쳐 AFL-CIO의 부副국제부장이 된 러브스톤 등과 회담했다. 러브스톤이 격한 어조로 총평을 비판한 것은 당연한 일이었지만, 로스 역시, 그렇게 강경한 입장은 아니었지만, 아시아·아프리카 노조회의 구상과 세계노련과의 교류 등을 예로 들면서 총평에 대한 불신을 드러냈다. 이와이 사무국장 등의 방침은 결과적으로 총평 내부에서 공산주의자들이 득세하게 조장했고, 국제자유노련은 영국 정부의 대일 정책을 추종한 데 불과했다는 것이 로스의 생각이었다.[19] AFL-CIO 내에서 AFL 세력이 CIO 세력보다 우위에 있었으므로 러브스톤의 강경한 반공주의는 AFL-CIO가 수립한 대일 정책의 기조가 되었다. 총평이 반미주의·중립주의를 고수하는 한 이는 당분간 바뀔 전망이 없었다. 총평에 대한 기시 내각의 강경 정책을 지지하는 미국 정부의 방침은 영국 정부의 여러 작업에도 불구하고 계속 이어졌다.

미국 정부의 지지를 배경으로 기시 내각은 1958년 춘투에서도 총평을 엄격하게 대했다. 가장 큰 문제는 전체였다. 전체는 이 춘투에서 격렬한 투쟁을 전개해 3월 20일에는 도쿄 중앙우체국 등에서 작업 시간 중 2시간 동안 현장 집회를 실시했다. 이에 대해 우정성郵政省은 노가미 겐 위원장, 다카라기 후미히코 부위원장, 오이데 슌 서기장 등 7명을 해고하고 정직 297명, 감봉 2백 명, 경고 404명, 훈계 1,568명 등 가혹한 징계를 내렸다. 그리고 70명이 경찰에 체포되어 그중 일부는 우편법 위반 교사 혐의로 기소되었다. 전체는 해고된 노조 3역을 지키는 한편, 9월 25일에는 ILO에 제소하고 ILO 조약 제87조 비준 투쟁을 본격화했다. 그러나 기시 내각은 이시다 노동장관을 중심으로 전체와의 단체교섭을 거부하는 강경 자세를 고수했고, 그로 인해 이듬해 연말까지 분규가 계속되었다.[20] 그런데 재무장관에 취임한 사토 에이사쿠가 미국 대사관에 공산당과 총평의 위협을 역설하면서 비밀리에 자민당에 대한 자금 지원을 요청한 것은 같은 해 7월 25일의 일이었다.[21]

밀라드 제안과 노동 전선 통일 문제

이 당시 국제자유노련의 대일 정책을 주도한 이는 1956년 7월의 집행위원회에서 조직부장에 임명된 찰스 밀라드였다. 조직부장 직책을 신설하기로 한 것은 1955년 5월의 제4회 대회였는데, 그 인선은 난항을 거듭했다. AFL의 미니 회장은 AFL 유럽 대표인 브라운을 추천하고 베쿠 회장에게도 적극적으로 손을 썼다. 그러나 올덴브록 서기장과 TUC의 튜슨 서기장이 이를 반대했다. TUC와 CIO는 캐나다노동회의CLC 부의장이자 CIO 소속 전미철강노조 캐나다 지부장인 밀라드를 밀었다. 미니 회장은 캐나다 사람인 밀라드를 TUC의 앞잡이라 보고 기피했지만, CIO와의 조직 통합 문제 때문에 타협하지 않을 수 없었다. 이 인선 문제는 AFL 자유노동조합위원회의 존속 여부와도 밀접한 관련이 있었다. 밀라드의 조직부장 취임을 승인함과 더불어 자유노동조합위원회는 1년 뒤 폐지하기로 최종 합의되었다. 러브스톤은 AFL-CIO에 고용되어 국제부장 밑에서 부부장으로 일하게 되었다. 이는 CIO를 대표하는 빅터 루더의 승리로 받아들여졌다.[22]

밀라드는 아시아·아프리카·라틴아메리카 방문의 일환으로 1957년 2월 19일 일본에 왔다. 미국 대사관의 스카겐 노동관 등과 회담한 밀라드는 미국 정부와 AFL 측의 반공주의적 접근을 비판하면서, 노동자의 생활수준 향상을 지원하는 적극적 접근을 취해야 한다고 말하고, AFL-CIO 내부에서 CIO 계열의 발언이 커지는 것에 대한 기대감을 표명했다. 일본의 노조운동에 대해서도 그는 총평 산하 국제자유노련 가입 조직들에 호의를 보인 반면, 전노는 비판적으로 평가했다. 전노는 총평 좌파를 공격하면서도 일교조를 배척하는 것 외에는 효과적인 방안이 전혀 없다는 이유에서였다. 올덴브록과 유사한 밀라드의 이런 발언은 미국 대사관을 실망시켰다.[23] 밀라드는 2월 23일 출국 기자회견에서도, 세계노련은 한 나라 정부에 의해 지배되고 있다고 지적하면서도 그 존재 자체는 부정하지 않는다고 말하고, 아시아·아프리카 노조회의에 대해서도 부정적이긴 하지만 가입 노조들의 자주적 결정에 맡기겠다고 밝혔다.[24]

아시아 순방을 마친 올덴브록 서기장은 11월 4일 열린 집행위원회에서 자유롭고 민주적인 노조운동의 강화와 통일의 필요성을 강조하면서, 인도와 더불어 일본에 대표단을 파견하라고 요구하는 보고서를 제출했다.[25] 이 보고서의 취지에 따라 국제운수노련과 국제자유노련의 공동 조사단이 일본을 방문했고, 약 6개월이 지난 1958년 6월 10일 밀라드가 다시 일본을 방문했다. 16일에는 아시아 지역 조직의 문가트 전 서기장도 합류했다. 6월 11일에 있었던 국제자유노련 가입 조합들과의 회담에서 밀라드가 말한 대로, 이 대표단의 목적은 일본 정부가 ILO 조약 제87조를 비준하도록 하고, 최저임금제도 도입을 위한 일본 노동조합의 대응을 지원하며, 일본 노동조합의 통일 촉진하는 것, 이 세 가지였다. 기시 내각이 국철노조와 전체 등에 대한 강경책을 계속하는 와중에, 가장 중요한 것은 노동 전선 통일이었다. 밀라드는 "정부의 억압에 대항하는 유일한 효과적 방안은 노조운동이 더 큰 통일을 실현하는 것이다."라고 말하고, "그것 없이는 국제자유노련의 지원도 효과를 기대할 수 없다."고 덧붙였다.

밀라드는 그 뒤에도 정력적으로 노조 지도자들과 만나 노동 전선 통일의 필요성을 강조했다. 총평의 오타 부의장과 이와이 사무국장은 적극적으로 호응해 계속 전노에 대해 통일을 제안해 왔음을 설명했다. 그 중에서도 국제자유노련 가입 조직인 전광·전체·탄노·도시교통·일방노 등은 강력한 지지를 밝혔다. 유일한 예외는 다카노파의 히라가키 서기장이 이끌던 일교조였지만, 총평의 상임간사회는 히라가키가 제출한 밀라드 제안 반대 결의안을 부결시켰다. 다른 한편, 총평에 비해 조직적으로 열세였던 전노와 그 산하 노조들은 공산당 및 세계노련과 손잡은 총평과 통일할 수는 없다며, 일교조와는 정반대의 이유를 내세워 반대했다. 그러나 전기노련과 국철기관차노조 등 중립계 노조들이 찬성하고 있었으므로 다수가 노동 전선 통일을 지지하고 있다고 밀라드는 판단했다. 따라서 "일본 노조운동의 최대의 위험은 전체주의 세력이 아니라 운동의 분열로부터 온다."고 지적하고, 노동 전선 통일의 모색을 요구하는 신문 발표를 끝으로 30일에 일본을 떠났다.[26]

국제자유노련의 지역 활동 책임자인 밀라드의 제안은 국제자유노련의 충실한 가입 조직임을 국제적 정당성의 근거로 삼았던 전노를 궁지에 몰아넣었다.[27] 전노는 밀라드의 일본 출국을 기다리지 않고 6월 27일 올덴브룩 서기장에게 서한을 보내, 밀라드의 활동이 과연 적절했는지 깊은 의문을 안고 있다면서 다음과 같이 말했다. '전노는 민주적 노동조합주의를 원칙으로 하는 국제자유노련과 연대하지만, 총평은 마르크스주의의 세계노련을 추종한다. 기본 방침이 이렇게 다르니, 노동 전선 통일은 불가능하다. 밀라드는 일본 노동 정세의 현실을 무시하고 무원칙한 통일을 실현하려 하지만, 이는 세계노련이 추진하는 통일전선 방식과 같은 것이다.'[28] 밀라드의 제안은 이런 반대 의견을 천명한 전노뿐만 아니라 미국 대사관과 일본 정부가 보기에도 분명 바람직한 것이 아니었다. 이시다 대신 노동장관이 된 구라이시 다다오는 밀라드의 일본 내 활동이 부당한 내정간섭이라고 단정하고, 총평을 지지함으로써 세계노련을 간접적으로 이롭게 하는 행위라고 비판했다.[29]

밀라드는 7월 3일 열린 국제자유노련 집행위원회에서의 보고를 통해, 노동 전선 통일을 준비하기 위한 조직을 자발적으로 결성해 2~3년 활동하도록 일본의 노조 지도자들에게 권유했다고 말하고, 다음 세 가지를 제안했다. 첫째, 장기적인 통일 프로그램을 추진하기 위해 일본 노조들이 자발적으로 조직을 결성하면 국제자유노련 서기국은 가능한 기술적·실무적 지원을 제공할 것. 둘째, 특별 대표를 파견해 이 프로그램에 협력할 모든 노조 지도자들에게 조언을 제공하도록 할 것. 셋째,

이를 위한 특별 자금은 국제연대기금위원회에서 전향적으로 검토할 것. 이에 대해 집행위원으로 이 회의에 참석한 해원조합의 니시마키 국제부장은 원칙적으로는 노동 전선 통일의 필요성을 인정하면서도 전노의 입장을 옹호하기 위해 밀라드의 제안을 격하게 비판했다. 전노와 총평의 대립은 곧 국제자유노련과 세계노련의 대립이고, 세계노련이 통일전선을 위한 선전·선동을 전개하는 마당에 국제자유노련이 노동 전선 통일을 제안하는 것은 오류라는 것이었다.

AFL-CIO 회장 미니가 이런 니시마키의 의견을 강력히 지지했음은 눈여겨볼 대목이다. 집행위원회에서는 밀라드 제안에 찬성하는 이가 다수였으나, 최대 가입 조직의 지도자가 집요하게 반대하는 것을 무시할 수는 없어, 회의는 장장 6시간을 끌었다. 미니는 공산주의자들의 상투 수단인 통일전선의 위험성을 역설하고, 노동 전선 통일은 민주적 노동조합에 한정해야 한다고 주장했다. 올덴브록과 밀라드는 일본에는 공산당이 지배하는 노조란 거의 존재하지 않고, 소수파인 전노는 노동 전선 통일의 모체가 될 수 없다고 반론했으나, 미니는 물러서지 않았다. 결국 아르네 이에이야 국제자유노련 회장, 올덴브록 서기장, 밀라드, 미니 회장의 4명으로 구성된 소위원회에서 타협을 시도해, 국제자유노련 가입 노조들의 다수가 참가한다는 조건을 첫째 제안에 포함시키기로 했다.[30] 밀라드의 제안은 대체로 승인되었지만, 전노 산하 산별 조직들과 일교조를 합하면 가입 조합의 과반수가 되므로, 이 수정 탓에 큰 장애물이 생긴 셈이었다.

그런데 노동 전선 통일이라는 목표는 커다란 규범적 영향력을 지니게 된다. 또 1958년 2월 28일 발족한 'ILO조약 비준 촉진 연락회의'에 뒤이어 10월 16일에 결성된 '경직법 반대 국민회의'*에서도 총평·전노·신산별·중립노련의 노동 4단체의 공동 투쟁이 실현되었다. 요컨대 기시 내각의 억압적 정책이 노동조합의 공동 투쟁을 촉진해 노동 전선 통일의 분위기를 고조시킨 것이다. 따라서 총평을 탈퇴해 분열주의자라고 비난받고 있었던 전노는 밀라드의 제안에 반대하는 데 머무르지 않고 적극적으로 대응했다. 10월 29일 열린 제5회 대회에서 전노는 조직적 신뢰, 계급투쟁 지상주의의 청산, 자유로운 노동운동 추진, 공산당과의 결별이라는 4대 원칙하에서 노동 전선 통일을 추진하기로 결정하고, 12월 24일 총평·신산별·중립노련에 대화를 제안했다. 원래 중립노련은 1956년 9월 8일 어느 전국 중앙 조직에도 가입하지 않은 전기노련·국철기관차노조·전조선 등을 중심으로 결성된 느슨한 연락 조직으로, 그 성격상 노동 전선 통일에 적극적일 수밖에 없었다.

물론 총평은 전노의 제안을 적극적으로 받아들였다. 12월 24일 총평의 주요 산별 조직 서기장회의는 임금 인상, 최저임금제도, 노동시간 단축 등의 구체적 문제들에 대한 공동 투쟁을 진행해 통일의 장애 요인을 제거할 것을 확인하고, 임금 인상을 위한 공동 투쟁을 실시하며, 조직 불가침 협정을 체결해 '제2 노조 [만들기] 공작'을 중단할 것 등 여섯 가지 조건을 결정했다. 신산별과 중립노련도 전노의 제안에 찬성해 대화에 참가하기로 결정했다. 그리고 1959년 1월 24일, 총평·전노·신산별·중립노련, 기타 중립계 노조들이 참가해 제1회 통일 간담회가 열렸다. 국제자유노련은 그 전날 일본의 노동조합 앞으로 공개서한을 발송해, ILO 조약 제87조를 비준하려 노력하고 경직법 개정안을 폐기한 것

◆ 경직법은 경찰관직무집행법警察官職務執行法. 1958년 기시 내각은 경직법 개정안을 국회에 제출했는데, 경찰관 권한을 강화해 대중운동 사전 금지, 집회 제한, 개인 주택 수사 등을 허용하는 내용이었다. 이에 공산당·사회당·총평 등 5백여 단체가 결성한 '경직법 반대 국민회의'가 투쟁한 끝에 이 법안을 폐기시켰다.

등 전년도 공동 투쟁의 성과를 지적하면서, 민주적인 노동 전선 통일을 앞당겨 실현하자고 촉구했다.[31] 제1회 통일 간담회에서 결정된 실무회의의 제1회 회의가 1959년 2월 18일에 열려, 통일을 위한 협의가 시작되었다. 전노가 결성된 이후 처음으로 본격적인 노동 전선 통일을 위한 움직임이 밀라드의 제안을 계기로 만들어진 것이다.

하지만 이것이 결코 전노의 본심은 아니었다. 다키타 의장은 이미 12월 말에 이 대화는 예비적인 것에 불과하다고 미국 대사관에 전달한 바 있다.[32] 전노에서 이 문제의 책임자였던 마스하라 미사오 조직부장도 1월 9일 스카겐 노동관과 회담하면서 노동 전선 통일은 전망이 없다고 전했다. 마스하라에 따르면, 그럼에도 전노가 대화를 제안하고 나선 것은 노동 전선 통일이 왜 불가능한지를 분명히 드러내기 위해서였다. 총평이 계급투쟁과 혁명적 노조운동을 지지하고 있는 반면에, 전노는 국제자유노련이 대변하고 있는 노동조합주의와 의회주의를 신봉한다는 점을 협의 과정에서 부각하겠다는 목표가 우선이었다. 제2의 목표는 총평이 주창하는 공동 투쟁에 대응하는 것이었다. 미국 대사관은 [전노의 제안 이유가] 그 외에도 노동 전선 통일의 논의를 주도해 국제자유노련에서의 입지를 강화하려는 것이라고 보고 있었다. 결국 전노가 노동 전선 통일을 주창한 것은 궁지에서 탈피하려는 일시적인 수단에 불과했다. 스카겐은 이런 상황으로 전노를 몰아넣은 밀라드에게 분노하고 있었다.[33]

통일 간담회의 간사회의는 그 뒤 2월 23일, 3월 2일, 3월 12일, 그리고 6월 10일, 7월 14일에도 계속 열렸으나 통일의 구체적 조건을 협의하기도 전에, [조직] 불가침 협정을 둘러싸고 총평과 전노가 대립한 탓에, 연락간사회의의 의견 조정 노력에도 불구하고, 암초에 부딪혔다. 총평이 전노의 제2 노조 결성을 비판하며 조직 불가침 협정 체결을 통일을 위한 대화의 전제 조건으로 내건 데 대해, 전노는 제2 노조는 총평의 과격한 투쟁 방침에 불만이 있기에 결성되는 것이며 불가침 협정은 불필요하다는 입장이었다. 그러나 전노의 와다 서기장은 이미 3월 17일 미국 대사관과의 회견에서 전노와 총평의 기본 방침이 어떻게 다르고 노동 전선 통일은 왜 불가능한지를 국제적으로 알린다는 당초의 목적이 달성된 이상, 어떻게 이 대화를 유리하게 끝낼지 생각하고 있다고 말했다.[34] 비밀리에 이런 방침을 세운 전노는 8월 10일의 제7회 실무 회의를 마치고 18일에 상임집행위원회를 열어 대화 중단을 결정해,[35] 20일 연락간사회에서 이를 통고했다. 그리고 최종적으로는 9월 21일 연락간사회에서 확인되었다.

통일 간담회가 성과 없이 해산된 배경에는 1960년의 미·일안전보장조약 개정을 앞두고 총평과 전노의 대립이 심화된 점이 있었다. 통일 간담회가 시작되고 2개월 뒤인 1959년 3월 28일 총평이 주도해 '안보 개정 저지 국민회의'가 결성되었으나, '경직법 반대 국민회의'와는 달리 사회당이 반대했음에도 전노가 제외되고 공산당이 참관인으로 참가했다. 6월 16일에는 총평의 오타 의장과 이와이 사무국장이 기후岐阜현 게로下呂町에서 기자회견을 열어 사회당에 계급 정당의 성격을 명확히 하라고 요구하는 한편, 공산당과 사안별이 아니라 공동 투쟁하는 것을 원칙으로 한다고 천명했다. 국제자유노련이 두터운 신뢰를 보냈던 전체의 다카라기 부위원장[36]은 이 '게로 담화'를 강하게 비판했으나, 안보 개정을 둘러싸고 절대 저지를 주장하는 총평과 조건부 투쟁을 주장하는 전노가 대립하는 상황을 바꿀 수는 없었다. 그리고 총평과 전노의 대립을 격화시킨 또 다른 요인이 있었다. 사회당은 1959년 9월 12일 열린 제16회 대회에서 분열해, 전노를 기반으로 하는 니시오西尾파, 그리고 가와카미河上파의 일부가 탈당해 1960년 1월 24일 민사당民社党을 결성했다. 사회당의 분열은 총평과 전노의 대립을 한층 더 격화시켰다.

그러나 올덴브록과 밀라드는 노동 전선 통일에 대한 기대를 버리지 않고, 1959년 11월 30일에 열린 국제자유노련 집행위원회에서 대화 재개를 촉구하기 위해 되도록 빨리 대표단을 파견하자고 제안했다. 전노 산하 해원조합의 니시마키 국제부장은 총평이 공산당과 공동 투쟁에 나섬으로써 노동 전선이 통일될 수 없었다고 주장하며 이 제안에 강하게 반대했다. AFL-CIO의 미니 회장도 이에 동조했다. 그러나 올덴브록과 밀라드는 일본 정부와 경영자가 노동을 상대로 펼치는 공세를 언급하면서 노동 전선 통일이 필요하다고 강조해, "상황이 좋아지면"이라는 표현을 "되도록 빨리"로 바꿀 것을 승인받았다. 또 올덴브록은 전노의 제2 노조 공작을 비판하면서, 월급을 올리는 조건으로 정부 및 회사 당국과 결탁한 전특정全特定과 전우노全郵労는 황색노조(어용 노조)에 불과하다고 단정했다. 그리고 집행위원회는 니시마키의 반대를 억누르고 다카라기가 이끄는 전체에 국제자유노련이 이 사안을 ILO에 제소하는 등 모든 지원을 제공하기로 결정했다.[37]

일교조의 국제자유노련 탈퇴

밀라드가 노동 전선 통일을 주창한 것은 일본의 노동조합이 힘을 키워 생활수준 향상과 노동기본권 옹호를 쟁취하는 것이 중요하다고 봤기 때문이다. 그는 반공주의만으로는 안 되고, 이런 적극적인 접근 방식이 있어야 공산주의의 위협에 효과적으로 대처할 수 있다고 생각했다. 그리고 노동자의 폭넓은 연대와 결집을 중시하는 것은 공산주의에 대한 관용의 자세와 연결된다. 밀라드는 1957년 2월 일본에 왔을 때, 방해 활동을 하지 않는 한 세계노련에 반대할 생각이 없고, 아시아·아프리카 노조회의[에 참가하는 문제]도 가입 노조들의 자주적 판단에 맡긴다고 말했는데, 이 역시 그런 생각에서 나온 것이었다.[38] 물론 국제자유노련은 세계노련과 교류하고, 아시아·아프리카 노조회의를 개최하는데 비판적이었다. 그러나 밀라드는 그저 반대해서만은 안 된다고 생각했다. 강경한 반공주의자인 러브스톤러브스톤이 AFL-CIO 회장 미니에게 보낸 편지에서 밀라드의 일본에서의 발언을 말도 안 된다고 비판한 것도 당연했다.[39]

러브스톤이 아무리 소리 높여 비난해도 일본 노조들이 공산당 계열의 노조들과 국제 교류를 하지 못하게 막기는 어려웠고, 1957년 들어 총평과 세계노련의 관계는 더욱 밀접해졌다. 8월 30일 이와이 [총평] 사무국장은 처음으로 공산 국가인 소련을 방문하고, 이후 프라하 세계노련 본부를 찾아 사이앙 서기장과 회담했다. 이와이는 귀국 길에 브뤼셀의 국제자유노련 본부에 들렀는데, 이는 두 국제 노동 조직과 모두 관계를 맺는 중립주의 때문이었다. 10월에는 동독 라이프치히에서 열린 세계노련 제4회 대회에 총평의 기타가와 요시유키 국제부장 등 23명의 대표단이 참가했다. 명예의장이 된 기타가와는 대회의 결정사항을 실천하겠다는 인사말을 했다. 그 외에도 많은 산별 조직들이 공산주의 나라들에 사절단을 파견했다. 심지어 과거 초대 여행에 반대했던 전노마저 3월부터 4월에 걸쳐 공산권을 방문했는데, 전섬동맹은 왕복 여비를 스스로 부담하면서 중국에 대표단을 파견했고 해원조합의 다카하시 어선부장을 단장으로 한 어업시찰단을 소련에 파견했다. 반대로 세계노련 산하 노조들도 일본을 방문했다.[40]

아시아·아프리카 노조회의 문제를 둘러싼 움직임도 있었다. 1957년 8월 3일에 열린 총평 제9회 대회는 전년도에 [참가 의견을 묻는] 조회장照会狀까지 보내고도 실패한 아시아·아프리카 노조회의[의 개최]를 다시 추진한다고 결정했다. 이에 따라 8월 말에 소련을 방문한 이와이 사무국장이 돌아오는 길에 브뤼셀을 방문해 '아랍노련'과 '인도전국노동조합회의'와 협의했다. 그 뒤에도 총평은 기회가 있을 때마다 교류를 지속했는데, 12월 26일에서 31일까지 카이로에서 열린 '아시아·아프리카 제諸국민 연대회의'에서는 일본 대표단의 일원으로 참석한 일교조의 요시무라 히로유키 공투共鬪부장이 각국의 노조 대표들과 의견을 교환했고, 1958년 1월 5일에는 아랍노련의 파티 카멜 서기장과 아시아·아프리카 노조회의 개최를 주창하는 공동성명을 발표했다. 총평은 이런 성과 위에서 아시아·아프리카 노조회의를 실현하고자 주요 노조 대표들을 도쿄로 초대해 준비 모임을 가지기로 결정해, 4월 25일 인도전국노동조합회의, 인도네시아노동조합중앙평의회, 중화전국총공회, 버마노동조합회의, 아랍노련, 실론노동자회의 등 6개 조직에 초대장을 보냈다.[41]

그러나 상황은 매우 복잡해 이런저런 물밑 교섭이 진행되고 있었다. 국제자유노련의 가장 충실한 지지자인 [전광의] 하라구치 의장에 따르면, 총평 내부에는 동서 양 진영과의 관계를 둘러싸고 미묘한 세력균형이 존재해 간부들이 노골적으로 서방측에 기운 모습을 보일 수 없었다. 하라구치는 그 때문에 이와이와 함께 총평이 공산권으로부터 멀어지도록 은밀히 압력을 가하고 있다고 말했다(1957년 12월 20일).[42] 또 하라구치는 1958년 4월 23일 스카겐 노동관을 면담해, 아시아·아프리카 노조회의의 준비 모임에 대해 언급하면서, 거의 확실히 실패로 끝나도록 계획되고 있다고 말했다. 회의 개최를 요구하는 다카노파 등 공산당 동조자들에게 그것이 불가능하다는 사실을 주자는 것이 하라구치와 이와이의 목적이고, 모임 불참을 사전에 확실히 알린 인도전국노동조합회의에 초대장을 보낸 것도 그 때문이라고 하라구치는 설명했다. 세계노련은 국제자유노련 산하인 인도전국노동조합회의에 맞서고 있는 공산당 계열의 전全인도노동조합회의의 초청을 총평에 요구했으나, 하라구치와 이와이는 이를 거절했다.[43]

따라서 국제자유노련도 냉정하게 대응할 수 있었다. 1958년 3월 17일 열린 집행소小위원회에서 올덴브록 서기장은 국제자유노련의 가입 노조들이 총평의 초대에 응하지 않는 한 아시아·아프리카 노조회의는 개최될 수 없을 것이라고 말했다. 그리고 사태의 추이를 주목하면서 정보를 공유하도록 노력한다는 방침을 채택했다. 국제자유노련과 세계노련을 가로지르는 노동조합 결집을 추구한 총평의 구상을 받아들일 수는 없었지만, 국제자유노련은 총평을 자극하는 일은 애써 피하면서 이런 지시를 가입 노조들에 내리는 것으로 대처했다.[44] 7월 3일 열린 집행위원회에서는 AFL-CIO의 미니 회장의 제안으로 총평이 추진하는 세계노련과의 교류 및 아시아·아프리카 노조회의에 대응할 방법이 논의되었다. 그러나 올덴브록은 중립국인 오스트리아와 핀란드의 가입 노조들이 공산권에 대표단을 파견하고 있는 한 세계노련과의 교류를 인정할 수밖에 없고, 아시아·아프리카 노조회의에 대해서도 인도전국노동조합회의가 참가하지 않는 한 성공할 전망은 없다고 말하면서, 강경 조치를 채택하자는 주장을 물리쳤다.[45]

국제자유노련이 예상한 대로 아시아·아프리카 노조회의를 개최하려는 총평의 노력은 실패로 끝났다. 인도전국노동조합회의가 반대했기 때문이다. 그뿐만 아니라 중화전국총공회도 5월 2일의 '나가사키 국기 사건'◆을 계기로 일·중 양국의 교류가 중단되었으므로 참가할 수 없다고 답변했다. 따라서 총평은 6월 16일의 상임간사회에서 준비 모임을 연기하기로 결정했다. 총평의 오키 고로 상임간사가 아시아·아프리카 노조회의의 취지를 설명했으나 반응은 하나같이 부정적이었다. 아시아와 아프리카의 노조를 모두 묶어 보려는 총평의 구상은 처음부터 큰 난관에 봉착했다. 국제적으로는 국제자유노련과 세계노련이 격렬히 대립했다. 많은 나라의 내부에서 노동 전선은 분열되고, 한쪽 조직만 초청하면 다른 조직이 반발하고, 동시에 초청하면 한자리에 앉기를 거부하는 상황이었다. 아시아와 아프리카의 노조운동은 깊은 균열 상황에 있었다. 일본 내에서 노동 전선 통일을 이루지 못하는 총평이 아시아·아프리카 노조회의를 개최할 수는 없는 노릇이었다.[46]

그러나 총평의 방침은 그 뒤로도 변하지 않았다. 세계노련과의 국제 교류, 아시아·아프리카 노조회의 개최를 좌우할 핵심은 중화전국총공회와의 관계였다. 따라서 총평은 가네다 도미타로 부의장을 단장으로 하는 방중 대표단을 9월 27일에 파견해 중화전국총공회와 아시아·아프리카 노조회의에 대해 협의했다. 그리고 10월 3일 공동성명을 발표해, 미국 제국주의를 일·중 양국 인민이 맞설 공동의 적으로 규정하고, 미국 및 그를 추종하는 기시 내각과 투쟁할 것을 천명했다. 총평과 중화전국총공회의 관계는 종래의 우호·협력에서 공동 투쟁 주체로 격상되었다. 또한 총평은 12월 11일 아시아·아프리카의 노조들에 대해 각 나라별로 아시아·아프리카 노조회의의 준비위원회를 발족시키라고 촉구한 뒤, 1959년 1월 27일 이와이 사무국장을 중국에 보냈다. 이와이는 일·중 교역이 중단된 탓에 원재료 부족에 시달리는 중소기업들을 위해 옻과 단밤을 다시 수입할 방편을 모색하는 한편, 아시아·아프리

◆ 1958년 5월 2일 일본 나가사키長崎시에서 일·중우호협회 나가사키 지부가 개최한 행사에 걸려 있던 중국 국기를 일본인이 훼손한 사건이다. 일본 정부의 미온적인 조치에 중국은 양국 교역 중단으로 맞서 2년 반에 걸쳐 무역이 중단되었다.

카 노조회의를 개최하고자 의논했다. 총평의 이런 움직임은 안보법 개정 반대 운동과 연동되었다.[47]

국제자유노련은 총평의 방침을 바꿀 수 없었을뿐더러 일교조가 탈퇴하는 사태에 직면했다. 그 발단은 아시아·아프리카 제諸국민회의에 참석한 일교조의 요시무라 공투부장이 아랍노련의 카멜 서기장과 발표한 "아시아·아프리카 노조회의에 관한 공동성명"이었다. 국제자유노련의 올덴브록 서기장은 가입 조합인 일교조가 세계노련과 긴밀한 관계인 아랍노련과 공동 행동을 한 데 항의했다. 일교조는 이 항의에 강력히 반발했다. 국제자유노련은 반공주의에 사로잡혀 민족 독립과 반식민주의를 목표로 하는 아시아·아프리카 노동자들의 국제 연대를 이해하지 못한다는 비판의 목소리가 일교조 내부에서 커졌다. 결국 1958년 6월 6일 열린 [일교조의] 제17회 대회에서 "국제자유노련 본부에 대한 항의 안건"이 만장일치로 채택되었다. 국제자유노련에 대한 반발은 때마침 근평勤評투쟁[교원 근무평가제 반대 투쟁]에 대한 지원이 부족하다는 불만과도 맞물려 증폭되었다. 그리고 10월 14일 열린 제19회 임시대회에서 국제자유노련 탈퇴 결의안이 찬성 283표, 반대 109표, 유보 87표로 채택되었다. 아울러 [일교조는] 국제자유교원조합연맹에서도 탈퇴했다.[48]

그에 앞서 7월 27일 열린 제17회 (재개)대회에서 오타·이와이파로서 국제자유노련 집행위원을 경험한 미야노하라 사다미쓰가 다카노파의 히라가키 미요시를 261 대 226으로 누르고 일교조 서기장에 선출되었다. 일교조에 대한 공산당의 영향력은 약화되고 있었다. 그래서 아시아 지역 조직의 마파라 서기장은 11월 24일 열린 집행위원회에서 국제자유노련을 지지하는 미야노하라파가 우위인 상황에서 히라가키파가 교묘한 전술을 구사해 [국제자유노련] 탈퇴안이 채택된, 우연한 일이었다고 설명했다.[49] 이 설명은 도쿄 사무소의 오쿠라 소장을 경유해 미야노하라를 통해 밀라드에게 전달되었다.[50] 그리고 1959년 6월 29일 열린 집행위원회에서 밀라드의 제안에 따라, 니시마키 집행위원이 반대했음에도 불구하고, 정식 탈퇴 절차를 밟기 전에 재고할 기회를 일교조에게 주자고 결정했다.[51] 그러나 결국 11월 26일 탈퇴서가 제출되어 일교조가 복귀할 가능성은 사라졌다.[52] 중요한 것은 일교조가 탈퇴함에 따라 국제자유노련 가입 조합의 구성에서 전노 계열이 총평 계열을 수적으로 능가하게 되었다는 사실이다.[53] 이 문제는 국제자유노련의 대일 정책에 점점 큰 영향을 미치게 된다.

안보·미이케 투쟁

주요 에너지가 석탄에서 석유로 급격히 바뀌어 가면서 탄광 합리화 정책이 추진되어, 1959년 석탄 기업들이 대규모의 인원 정리에 착수하자 총평의 중심 민간 산별인 탄노는 기업 정비 반대 투쟁을 전개했다. 미쓰이三井광산은 1월 19일에 6천 명의 희망퇴직자 모집을 포함해 1차 합리화안을 발표했다. 그러나 지원자가 예상을 밑돌자 8월 28일 2차 합리화안을 삼광련三鉱連(미쓰이탄광노조연합)에 제시했다. 회사 측은 노조가 반대했음에도 희망퇴직자 모집을 강행했을 뿐만 아니라 중노위의 알선안도 거부한 뒤, 12월 11일에는 지원자가 목표에 못 미친 미이케三池탄광에 대해 노조 활동가 약 3백 명을 포함한 1,297명을 지명해고 했다. 삼광련 산하 미이케노조는 1953년 기업 정비 반대 투쟁 승리를 배경으로 현장을 장악하기 위해 급진적인 직장투쟁을 전개해 총평 최강의 산별이라는 명성을 얻은 바 있다. 따라서 일경련과 기시 내각 등의 지원을 받은 미이케광산은 인원 정리에 더해 직장 질서의 재건을 목표로 내세워 다수의 활동가를 포함한 지명해고를 단행한 것이다. 1960년이 되자, 1월에 회사 측은 직장폐쇄, 노조 측은 무기한 파업에 돌입했다.

미이케 쟁의는 미쓰이광산을 석탄업계와 재계가 지원하고 미이케노조를 탄노와 총평이 지원하는 '총자본'과 '총노동'의 대결이라고 불렸는데, 노조 측이 점점 열세에 몰리게 되었다. 첫째, 내부 대립이 일어났다. 노조 내부의 비판 세력은 전노와 연결되어 있었고, 이들이 파업 중지와 교섭 재개를 주장하며 3월 15일 '미이케노조 쇄신동맹'을 발족시켜 제명 처분을 받자, 3월 17일 제2 노조인 미이케신新노조를 결성했다. 제1 노조의 배후에 사키사카 이쓰로를 중심으로 한 사회당 계열의 마르크스주의자 그룹이 있었다면, 제2 노조의 출범에는 미타무라 시로, 나베야마 사다치카 등 전향한 우익들과 연결된 회사 측의 분열 공작이 작용한 것이었다. 뒤이어 관리직원으로 구성된 '미쓰이광산 사원 노동조합연합회'가 탄노를 탈퇴하고, 삼광련 내에서도 미이케노조에 대한 비판이 커지는 등 내부 대립이 격화되었다. 둘째, 투쟁 자금이 고갈되어 재차 타격을 받았다. 총평과 탄노가 대대적인 모금을 했지만 그것으로도 장기 파업의 비용을 대기는 도저히 어려워 해외의 지원을 바라지 않을 수 없었다. 그리고 자금 지원을 포함한 국제 노동운동의 지원으로 미이케 쟁의는 국제적인 성격의 쟁의가 되었다.

국제자유노련은 가입 조합인 탄노의 기업 정비 반대 투쟁을 지원하고자 이미 1959년에 30만 엔의 자금을 지원했으나,[54] 쟁의가 장기화되면서 1960년 2월 말, 탄노는 국제자유노련에 1억 엔의 대출을 요청했다. 국제자유노련의 국제 연대기금 긴급 소위원회는 3월 29일 국제 산별 조직인 국제광부연맹에 조언을 구했다. 국제광부연맹도 탄노로부터 지원 요청을 받았는데, 미이케 쟁의 현지 조사를 위해 아시아 연락

원인 칸티 메타를 일본에 파견하는 한편, 5월 3일 열린 집행위원회에서 탄노에 자금을 지원하기로 결정하고, 국제자유노련과 그 가입 조합들에 협력을 요구하기로 했다. 메타의 보고서도 탄노에 지원할 것을 주장했고, 총평도 이와이 사무국장 명의로 물심양면의 지원을 요구하는 편지를 올덴브록 서기장에게 보냈다.[55] 따라서 국제자유노련은 6월 13일 열린 국제연대기금위원회에서 합계 1만4천 달러(504만 엔)를 탄노에 보내기로 결정하고, 이와 더불어 일본 정부에 대한 항의 및 국제광부연맹과의 공동 조사단 파견을 집행위원회에 권고했다.[56]

미국 정부는 국제자유노련과 국제광부연맹이 미이케의 제1 노조를 지원하는 데 반대했다. '총평 내에서 가장 좌익적인 산별 조직, 가장 공산당의 침투가 강력한, 그 산하 단위 노조를 지지한다고 표명하는 것은, 자유롭고 민주적인 노조운동이 강화되기를 추구하는 미국 정부와 국제자유노련, 그리고 미국 노동조합의 대일 정책에 반한다.'는 것이 주일 미국 대사관의 견해였다.[57] 이는 전노의 주장과 완전히 합치한다. 전노는 6월 22일에 국제자유노련의 각 집행위원들 앞으로 국제연대기금위원회의 결정을 비판하는 문서를 보냈다. 이 문서에 따르면 '미이케 쟁의는 경제투쟁이 아니라 세계노련 등 공산주의 세력의 방침에 따른 정치투쟁이다. 노동조합의 민주화가 제2 노조 결성으로 실현될 수밖에 없는 것은 불행한 일이지만, 자유롭고 민주적인 노동조합주의에 기초해 조합원의 참된 이익을 지킨다는 목적으로 미이케신노조를 결성했다. 그러므로 국제자유노련은 미이케신노조를 지원해야만 한다. 혹시 탄노가 가입 조직이라서 그게 안 된다면, 국제자유노련은 미이케 쟁의에 대해 침묵을 지켜야 한다.'[58]

국제자유노련은 전노와는 전혀 다르게 상황을 인식했다. 1959년 10월 사회당이 분열한 이후, 총평과 전노의 조직 쟁탈전이 격화되고 전노에 의한 제2 노조 공작이 활발해지고 있었다. 일본 정부와 경영자 측은 이를 적극적으로 이용했다. 그 초점은 석탄 산업, 미이케탄광이었다. 미이케 투쟁은 원래 경제적인 것이었다. 그러나 고압적인 경영자들이 노조 활동가들을 포함해 지명해고를 시작하고 제2 노조가 결성됨으로 써 전국적·국제적 성격을 띤 것이다. 6월 27일 열린 국제자유노련 집 행위원회는 이런 인식 위에서 조기에 일본에 조사단을 파견해 일본의 가입 노조들에게 건설적으로 행동할 것을 제안하기로 했다. 전노 산하 해원조합의 국제부장이기도 한 니시마키 집행위원은 이 자리에서 제1 노조에 자금을 지원하는 것에 반대하면서 당장 송금을 중단하라고 요 구했다. 그러나 올덴브룩 서기장은 회사 측과 손잡고 제2 노조 공작을 추진하는 전노를 은연중 비판하면서, 총평에 대한 공산당의 영향력은 떨어지고 있음을 지적해 원안을 승인하도록 했다.[59]

탄노는 국제자유노련 가입 노조였지만 세계노련 및 그 산하 노조들 의 자금도 지원받고 있었다. 최종적으로 세계노련은 344만3,679엔, 중화전국총공회 1,453만5,867엔, 소련 석탄노조 358만2천 엔 등 총 액 2,192만3,276엔으로, 국제자유노련 및 그 산하 노조들의 총액 895 만9,400엔의 두 배 이상이었다.[60] 전노의 6월 22일 서한도 이 점을 지 적하고 있었으나, 여기에 가장 관심을 기울인 것은 미국 정부였다. 총 평의 이와이 사무국장은 7월 28일 스카겐의 후임인 루이스 실버버그 노동관에게 세계노련의 1만 달러, 소련 AUCCTU의 1만 달러를 포함 해 해외 노조들로부터 2천만 엔의 자금 원조를 받았다고 인정했다. 이 는 총평이 모은 8억 엔에 비하면 미미한 금액이라고 이와이는 설명했 다.[61] 미국 대사관은 이 말을 믿지 못하고, 실제 공산주의 진영의 지원 은 이보다 더 많았으리라고 간주했다.[62] 한편 국제자유노련은 이런 사 실을 알면서도 총평이 세계노련으로 기울지 않게 막으려고 탄노에 자금을 지원했다.

안보 투쟁에 대해서도 국제자유노련과 미국 정부의 태도는 대조적이었다. 주일 미국 대사관은 노동성의 야마자키 고로 노동조합과장이 전해 준 정보도 있어서 중국과 소련 등 공산주의 나라들의 비밀 자금 원조가 안보 투쟁에 쓰인다고 봤다.[63] 이와이 사무국장 등 총평의 주류파는 동서 양 진영에 치우치지 않는 중립을 주창하면서도 실제로는 공산주의 진영 쪽에 기울어 '반미중립'反美中立이라는 극좌적 방침을 취했고, 이는 공산당과는 전술적 차이에 불과하다고 맥아더 주일 대사는 보고 있었다.[64] 그에게는 '안보개정 저지 국민회의'를 통해 총평이 공산당과 공동 투쟁을 하는 것이 그 명백한 증거였다. 국제자유노련은 이와 달리 총평에 공산당이 미치는 영향력은 줄고 있으며, 밀라드 조직부장이 말했듯이 안보 투쟁은 노조운동과는 무관하므로 냉정하게 지켜본다는 자세를 견지했다.[65] 특히 국제자유노련 내부에서도 가입 조직인 AFL-CIO 중 AFL 계열은 생각이 달라서, 러브스톤은 총평은 공산당에 지배되고 있기에 신안보조약에 반대한다고 지적했다.[66]

그러던 중 국제자유노련의 대일 정책을 뒤흔들지도 모를 사태가 발생했다. 올덴브록 서기장이 퇴임한 것이다. AFL-CIO의 주도권을 지닌 AFL 측이 추진한 일이었다. 전부터 올덴브록 서기장이 공산당에 대응하는 방식에 불만이 있던 AFL-CIO의 미니 회장은 국제자유노련에 대한 분담금을 지렛대로 압력을 가했다. 하지만 그것만으로 올덴브록을 제거할 수는 없었다. 결국 탈식민지화 과정에 있던 아프리카에서 소극적으로 진행된 지역 활동, 비밀주의적이고 관료적인 조직 운영 등에 대한 불만을 배경으로, CIO 출신인 월터 루더 AFL-CIO 회장과 스웨덴 LO 회장인 아르네 이에이야 국제자유노련 회장 등이 올덴브록에 대한 지지를 철회하고서야 비로소 가능했다. 그리고 1960년 6월 27일 열린 집행위원회에서 국제자유노련의 전 회장이었던 국제운수노련 서기장 베쿠가 서기장으로 취임했고, 그에 따라 밀라드 조직부장과 클렌 조직 부차장도 물러났다. 그러나 미니의 기대와는 달리 베쿠는 유럽 노동조합들과 CIO 계열의 지지 기반을 확보해 많은 점에서 올덴브록의 방침을 이어갔다.[67]

국제자유노련은 이에이야 회장, 베쿠 서기장 등 최고 간부들로 구성된 아시아 친선사절단을 파견해 1960년 10월 23~27일 일본에 체류했다. 이는 6월 27일의 집행위원회 결정에 따른 것이었다. 사절단은 일본 도착 후 국제자유노련 가입 조직들과 집담회를 가졌다. 이 자리에서 총평·전노 양측의 발언은 첨예하게 대립했다. 우선 전노의 다키타 의장이 국제자유노련의 대일 정책을 비판하는 발언을 했고, 이에 대해 전체의 다카라기 위원장 등 총평 측 지도자들은 노동기본권을 회복할 수 있게 지원해 준 데 감사의 뜻을 표시해 국제자유노련의 위신을 높여 주면서, 국제 노동 조직에 가입해야 할 중요성을 더 깊이 인식하게 됐다고 말했다. 전노 측은 총평이 중국과 긴밀한 관계를 유지하고 있다고 비난했는데, 총평 측은 중국과의 교역이 필요하다는 점을 이해할 필요가 있다고 말하면서, 이는 국제자유노련과의 관계를 강화하는 데 방해되지 않는다고 강조했다. 베쿠 서기장 등 사절단은 올덴브록과 마찬가지로 반동 세력에 대항하려면 강력하고 통일된 노조운동이 불가결하다고 지적하며, 기존의 대일 정책을 지속하겠다고 밝혔다.

따라서 그 뒤 두 차례에 걸친 사절단과 전노의 대화는 험악해질 수밖에 없었다. 전노의 주장은 명쾌했다. '전노는 경제투쟁을 중시하지만 총평은 정치투쟁이 중심이라 협력의 여지가 없다. 제2 노조의 출현은 총평 산하 노조들의 비민주적인 운영과 그릇된 지도가 원인이며, 조합원들이 자발적으로 제1 노조에서 탈퇴한 데서 비롯되는 일이다. 전노는 상담에 응하고 있지만 분열 공작을 하지는 않는다. 총평 조직의 대부분은 국제자유노련을 단지 이용만 할 뿐인데, 예컨대 탄노는 기관지에서 국제자유노련보다는 세계노련을 더 크게 보도하고 있다. 미이케 투쟁에 대한 국제자유노련의 자금 지원은 잘못된 것이다. 국제자유노련은 전노냐, 총평이냐를 선택하지 않으면 안 되고, 산별 조직 단위로 가입하는 현재 방식을 바꾸어 전노의 일괄 가입을 인정해야 한다.' 사절단은 전노의 이런 완강한 태도를 비판하면서 다음과 같이 말했다. '총평 전체가 공산주의는 아니고, 전노와 총평의 협력과 조직 통일은 가능하다. 국제자유노련을 지지하는 총평 내부의 세력들을 간과해서는 안 되며, 총평의 개혁 가능성에 기대를 걸고 있다.'

다른 한편, 사절단과 총평의 두 차례 회담은 우호적이었다. 총평은 전노와의 대립 관계 때문에, 계속 국제자유노련의 지지를 받도록 노력했다. 전체의 다카라기 위원장은 미이케 투쟁에서 탄노를 지원해 준 데 감사를 표하는 한편, 안보 투쟁을 이해해 달라 당부하고, 총평 내의 공산주의 세력은 소수에 불과하며 그 영향력도 떨어져 가고 있다고 말했다. 그리고 노동 전선 통일을 이루리라는 희망을 말한 뒤, 제2 노조 [결성] 공작을 저지르는 전노의 일괄 가입을 인정하지 말라고 요청했다. 또 일교조의 미야노하라 서기장은 국제자유노련을 탈퇴한 데 유감을 표하고, 가까운 장래에 다시 가입하고 싶다고 말했다. 이와이 총평 사무국장도 총평 산하에는 반反공산주의 노조가 다수이며, 국제자유노련에 가입하는 산별 조직들이 늘어날 것으로 기대된다고 말했다. 이에 대해 사절단은 올덴브록의 퇴진에도 불구하고 국제자유노련의 대일 정책이 달라지지 않을 것이라며, 전노와의 공투를 통해 노동 전선 통일을 실현할 것을 요구했다. 그리고 전노의 일괄 가입 문제는 대답할 권한이 없다고 잘라 말하고, "앞으로 10년을 기다릴 수는 없다."라며 총평의

일괄 가입을 촉구했다.[68]

사절단의 이런 동향에 대해 AFL-CIO의 러브스톤 부국제국장은 극도로 비판적이었다.[69] 그리고 국제자유노련은 11월 28일 열린 집행위원회에서 사절단의 보고서를 검토했는데, [집행위원인] 해원조합의 니시마키 국제부장이 이를 공격했다. 총평이 국제자유노련을 전적으로 지지하고 전노가 비판적인 자세를 취하고 있는 것처럼 되어 있는데, 사실은 정반대라는 비판이었다. 이에 대해 베쿠 서기장은 미이케 투쟁 당시 총평과 전노가 국제자유노련을 대하던 태도 등을 언급하면서, 보고서의 내용은 타당하다고 주장했다.[70] 이렇듯 사절단의 방일은 국제자유노련이 총평을 중시하는 대일 정책에 변화가 없을 것임을 확인시켜 주었다. 단지, 앞으로도 계속 그럴지는 불명확했다. 사절단 파견에 앞서 작성된 문서에 따르면, 총평 내부의 민주 세력을 키우는 것을 단념하고 전노를 집중적으로 지지해야 한다는 압력이 커지고 있었다.[71] [사절단이] "앞으로 10년을 기다릴 수는 없다."라고 총평에 말한 것도 그 때문이었다. 그리고 그런 압력의 배경에는 일교조의 탈퇴와 전노의 조직 확대에 따른 변화가 자리 잡고 있었다.[72]

2. 생산성운동과 전노의 발전

노동조합의 생산성운동 참가

1955년 정식으로 출범한 일본생산성본부는 미국 정부의 지원하에 활발하게 사업을 벌였다. 가장 중요한 사업은 해외 시찰단이었다. 첫해에 15개 팀 174명, 1956년에는 27개 팀 307명을 파견했고, 1961년까지 총 393개 팀 3,987명이 미국과 유럽을 방문했다. 물론 이들 중 절대 다수가 미국으로 갔다. 이들은 최고경영자 시찰단, 산업별 시찰단, 전문 부문별 시찰단 등 다양하게 편성되어 파견되었지만, 이들 모두가 귀국 후 보고서와 보고회를 통해 생산관리·노무관리·마케팅 등 생산성 향상을 위한 지식과 기술을 소개하고, 그 배경에는 미국적 사고방식이 자리 잡고 있음을 강조했다. 그리고 해외 전문가 초빙, 각종 세미나 개최, 국내 시찰단의 파견, 생산성 관련 조사·연구 등을 추진했다. 출판·선전 활동도 적극적으로 추진해 월 2회의 『생산성향상 뉴스』, 월 3회의 『생산성 시리즈』를 처음부터 발간하고, 전시회나 영화를 활용해 시청각 활동도 전개했다.[73]

　생산성운동의 가장 큰 문제 중 하나는 노동조합의 협력을 충분히 확보할 수 없었다는 점이다. 앞서 말했듯이, 생산성본부는 생산성 향상을 통한 고용 증대와 실업 방지, 노사의 협력 및 협의에 따른 생산성 향상, 그 성과를 경영자·노동자·소비자에게 공정하게 배분한다는 생산성 3원칙을 결정하고 노동조합의 참가를 촉구했다. 그러나 최대의 전국 중앙 조직인 총평은 다카노 사무국장의 지휘하에 생산성운동은 MSA 재군비의 일환이고 노동강도 강화, 임금 인하, 해고를 불러올 것이라며 반대 방침을 결정했다. 경제투쟁이 중요하다고 강조한 이와이 사무국장이 취임한 이후 [생산성운동이] 미국의 군사전략의 일환이라는 인식은 약해졌지만, 독점자본으로 노동자를 착취하는 수단이라는 인식에서 생산성운동에 반대하는 입장은 변치 않았다. 한편 전노는 생산성운동과 MSA 재군비를 별개로 보고 [생산성운동의] 필요성을 원칙적으로 인정했으나, 경영자의 반노동자적 자세를 경계하는 전섬동맹의 뜻에 따라, 노동강도 강화 등의 우려가 있다는 이유로 생산성본부 참가를 보류했다. 결국 참가 노조는 전노 산하 총동맹과 해원조합의 2개에 그쳤다. 생산성본부는 1956년 4월 9일에 이사회를 열고 총동맹 회장인 가네마사 요네키치를 부회장에, 해원조합의 가게야마 히사시 조합장, 총동맹의 고가 아쓰시 총주사를 이사로 앉혔다. 그러나 경단련 회장이 된 이시자카 다이조의 후임으로 '라디오 도쿄' 사장인 아다치 다다시가 회장에 취임하고, 전무이사에는 동우회의 상임간사였던 고시 고헤이가 유임되는 등 가장 중요한 직책은 모두 경영자 측이 고수했다. 부회장도 가네마사 외에 후지제철의 나가노 시게오 사장, 히토쓰바시—橋 대학의 나카야마 이치로 교수가 있어서, 노동자 측은 3분의 1에 그쳤다. 이사 19명 중에서도 노동자 측은 2명에 불과했다. 생산성본부는 노·사·중립의 3자 구성을 겨우 유지했으나 이는 매우 불완전한 것이었다. 경영자 측이 이렇게 압도적으로 많았기에, 노동조합이 참가하기는 더욱 어려웠다.[74] 이는 생산성본부의 활동에 지장을 초래했을 뿐만 아니라, 노사 협력의 실현을 생산성 프로그램의 전제 조건으로 하는 미국에도 심각한 문제를 야기했다.

주일 미국 대사관에서는 국제협력국의 출장 기관인 미국대외활동사절단이 생산성 프로그램을 담당했다. 그 초대 전문관인 칼 윈의 후임으로 1956년 2월 19일 일본에 온 에이나르 에드워즈는 처음에는 노동조합의 참여를 낙관하고 있었다. '총평을 포함해 일본의 노조 지도자들은 생산성운동이 일본 경제를 구할 유일한 수단이며, 내수를 확대하거나 수출 경쟁력을 강화하기 위해서나 필수적이라고 생각했다. 곧바로 가입하지 않는 것은 경계심과 의구심에서 비롯된 관망의 자세에 불과하다. 따라서 총동맹과 해원조합은 가입했고, 많은 노조 지도자들이 가까운 장래에 가입하겠다고 공언하고 있다. 지금까지 강경한 반대 입장이었던 사람들도 미국 주도의 재군비 수단이고 경영자들의 노동 착취 방법이라는 비판을 삼가고 있다. 그와 동시에 경영자, 관료, 생산성본부의 근무자들도 노동조합의 협력과 참가 없이는 생산성운동은 성공할 수 없음을 서서히 인식하고 있다.'[75]

이에 대해 더 오래 일본에 머물고 있었던 스카겐 노동관은 생산성 프로그램의 앞날에 비관적이었다. 스카겐에 따르면 그 이유는 가부장적 노사 관계가 뿌리 깊게 존재하고 있기 때문이다. 호황이 계속되면 생산성운동은 발전할 수 있을 것이나, 일단 불황이 오면 생산성운동은 심각한 사태에 빠질 것이다. 스카겐은 전섬동맹 및 총평과 마찬가지로 반노동자적인 경영자들은 불황이 오면 노동강도 강화, 임금 인하, 해고의 수단으로 생산성운동을 이용할지 모른다고 우려했다. 따라서 어떻게 하면 생산성운동을 가부장적 노사 관계와 단절시킬지 생각할 필요가 있다. 이 생산성운동과 관련된 어려운 과제를 해결하지 못하면 일본 노동자들이 미국에 대한 반감을 품고 오해하게 될 것이라고 스카겐은 보고 있었다.[76] 에드워즈도 일본에 온 지 10개월도 안 되어 봉건적 노사 관계 때문에 경영 측과 노동 측이 한자리에 앉기란 불가능하다고 생각하기에 이르렀다. 단지 그는 방미 시찰단의 파견과 자신의 설득을 통해 사태를 개선해 갈 수 있으리라는 희망은 잃지 않았다.[77]

생산성본부는 가부장적·봉건적 노사 관계를 타파하려 했다. 예를 들면 『생산성향상 뉴스』를 개편한 『생산성신문』의 1956년 7월 16일 창간호에서 고시 전무이사는 "번영을 위한 우리의 유일한 길"이라는 글을 싣고, 다음과 같이 지적했다. "나는 이윤 추구에만 매몰된 기업가 정신은 현대의 일본에서는 경제 윤리의 관점에서나 일본 경제의 장래를 생각하는 현실적인 문제에서나 이미 시대에 뒤떨어진 잘못된 사고 방식이라고 확신한다. 일본이 어려운 조건하에서 경제 발전을 위해 노력하는 궁극의 목표는 국민 전체의 생활수준을 높이는 데 있다. 또 우리나라 경제의 발전은 일본 국민 전체, 특히 노동자들의 적극적인 협력 없이는 도저히 실현 불가능하다."[78] 이는 에드워즈의 생각과 완전히 일치했다. 미국대외활동사절단과 일본생산성본부는 매달 최고위 회담을 가졌고, 실무 수준에서도 빈번히 접촉했다.[79]

생산성본부는 실제로 노동조합의 우려를 풀어 주고자 생산성 3원칙의 구체화를 꾀했다. 예컨대 제1 원칙인 고용 문제에 대해서는 1956년 6월 19일, 아리사와 히로미 도쿄 대학 명예교수를 위원장으로 하는 고용위원회의 첫 회의를 열었다. 그 1년 뒤 완성된 보고서 "일본의 경제 구조와 고용 문제"는 고용 문제를 해결하기 위해 이중구조를 해소할 것을 목표로, 최저임금제도의 실시를 지렛대로 중소기업의 후진성과 정체성을 타파해 근대화를 촉진하자고 주장했다. 최저임금제도는 경영자가 아니라 총평을 포함한 노동조합의 요구에 따라 도입되었다. 또 제2의 원칙인 노사 협의에 대해서는, 총동맹 산하 전금동맹의 요청에 따라 히도쓰바시 대학의 나카야마 이치로 교수를 위원장으로 하는 '생산성협의회에 관한 특별위원회'를 1956년 11월 11일에 설치했다. 그리고 1957년 6월 4일 발표된 보고서 "생산성에 관한 노사협의제의 방향"에 따라 노사협의제의 연구 및 보급을 목적으로 하는 '노사협의회 상임위원회'를 11월 19일에 설치했다. 노사협의제는 그 시작에서도 드러나듯이 전노의 의견을 따라 보급되었다.[80]

그러면서 생산성본부를 둘러싼 노동조합의 자세는 서서히 바뀌어 갔다. 1957년 12월 11일, 고시 전무이사는 대외활동사절단의 벤저민 티보도 단장에게 다음과 같이 보고했다. '우선, 전노 산하 총동맹·해원조합·일주노·전영연·자동차노련은 생산성운동에 열심히 협력하고 있다. 문제의 전섬동맹도 올해 대회에서 생산성본부의 활동을 적극적으로 지지하는 운동방침을 결정해 내년 대회에서는 참가를 정식으로 결정할 전망이다. 중립계 노조들 중에서도 전노련電勞連이 사무국장을 본부에 임원으로 파견했다. 총평은 공식적으로는 생산성운동에 반대하는 입장이지만, 산하의 민간 산별 조직들은 대부분 그에 비판적이다. 예컨대 화학동맹은 생산성본부의 운동 지지를 대회에서 결의했다. 그 외의 민간 산별 조직들도 절대 반대의 입장은 없고, 조건부 투쟁으로 선회하고 있다. 관공노조들 중에서도 전전통은 조건부 찬성이다.'[81] 이 편지 보고에 대해 티보도는 만족의 뜻을 표시하고 노동조합의 전면적인 협력 없이 생산성 향상은 불가능하다고 강조했다.[82]

에드워즈 노동전문관 역시 총평의 여러 지도자들에게 생산성본부에 참가하도록 설득했고, 그들 역시 그 필요성을 인정한다는 이야기를 개인적으로는 분명히 듣고 있었다. 그러나 동시에 반대 입장을 공식적으로 철회할 수 없다는 점에 대해 심한 초조함을 느끼기도 했다.[83] 고시의 보고는 그런 의미에서 너무 낙관적이었다. 총평의 반대는 완화되고 있었지만 여전히 완강했고, 산하 노조들을 구속하고 있었다. 예컨대 에드워즈는 1958년 1월부터 3월에 걸쳐 미국을 방문한 노동 시찰단에 참가한 총평 측 인사 2명, 즉 사철총련 소속 히노마루日の丸교통노조의 가와무라 이시타로 사무국장과 전광 소속 도와同和광업노조의 와시야 마사노스케 위원장에게서 다음과 같은 이야기를 들었다. '방미 전에는 전혀 기대하지 않았으나, 가서 보니 미국의 우수함에 강한 인상을 받았다. 꼭 총평 파견자를 늘리고 싶다.' 그러나 에드워즈는 총평 지도자들의 방미를 권유하고는 있지만, 생산성운동에 반대하는 총평의 방침 때문에 방미 시찰단 참가에 응하지 못하는 듯하다고 답할 수밖에 없었다.[84]

그렇지만 총평을 포함해 노동조합의 생산성운동 참가는 점점 늘어갔다. 총동맹·해원조합·자동차총련·전영연·전섬동맹 등 전노 산하의 노조들은 1958년 가을, 전국을 10개 지역으로 나누어 '생산성 토론 집

회'를 개최했고, 이후 11월 14일부터 도쿄에서 중앙 토론회를 열어 노
사협의제, 고용, 생산성 향상 성과 배분, 중소기업의 4개 주제를 놓고
협의한 뒤 결의문을 채택했다. 총동맹과 해원조합 외에도 전섬 등 전노
의 다수 산별 조직들이 참가한 데 더해, 총 참가자 250만 명 중 150만
명이 총평과 중립계였음에 주목할 필요가 있다. 제1회 '전국 노동조합
생산성 중앙 토론회'의 결과, 1959년 3월에 경영 측과 노동 측의 '노사
관계 간담회'가, 그리고 4월에는 생산성운동을 담당할 노동조합의 중앙
조직으로서 '전국 노동조합 생산성 기획실천위원회'가 설립되었다. 나
아가 1959년 가을 전국 8개 지구와 4개 현에서 지역 집회가 열리고, 그
성과 위에서 1960년 1월 21일부터 이틀에 걸쳐 제2회 '전국 노동조합
생산성 중앙 토론회'가 열렸다. 총 참가자 350만 명 중 전노가 50퍼센
트, 총평이 30퍼센트, 중립계가 20퍼센트를 차지한 것으로 추정된다.[85]

생산성운동에 총평의 참가가 조금씩 늘어난 것은, 고도성장하에서
합리화 혹은 기술혁신이 뚜렷이 진전되어 생산성운동에 반대하는 것
만으로는 대응할 수 없기에, 생산성 향상에 따른 폐해를 구체적으로 제
기해야만 한다고 판단했기 때문이었다. 실제로 총평 산하 노동조합들
의 운동방침을 보면 생산성운동에 추상적으로 반대하는 것이 아니라,
기계화 등에 대한 대책을 구체적으로 제기하는 경향이 보인다.[86] 이와
더불어 방미 시찰단의 구성도 미국의 1959회계연도를 기준으로 뚜렷
이 달라졌다. 즉 1956년에 25명 중 2명, 1957년에 79명 중 5명, 1958
년에 128명 중 6명이었던 총평 참가자는 1959년에는 140명 중 24명,
1960년에는 165명 중 30명, 1961년에는 138명 중 38명으로 증가했
다(〈표 3-1〉 참조).[87] 또 전노 산하 산별 조직들의 생산성본부 참가도 늘
어났다. 전노에 일괄적으로 가입하려 했던 전노련이 1959년부터 이사
를 파견하고, 전섬동맹과 자동차노련도 1960년 생산성본부에 정식으

표 3-1 | 생산성 프로그램에 의한 노조 지도자들의 미국 방문자 수 (1955~61년)

	총평	전노	중립노련	신산별	기타	합계
1955년	6	5	6	0	0	17
1956년	5	36	14	0	0	55
1957년	20	51	15	1	0	87
1958년	19	97	30	0	1	147
1959년	42	60	40	1	6	149
1960년	49	78	36	3	5	171
1961년	34	148	27	4	17	230
계	175	475	168	9	29	856

자료 : 労働省編, 『資料労働運動史昭和43年』, 労務行政研究所, 1971年, p. 777.

로 참가했다. 전노는 모두 생산성운동을 지지하기에 이른 것이다.

미국은 이 같은 흐름에 주목했다. 대외활동사절단은 1959년 말부터 1960년 초에 걸쳐 일본의 노동 정세에 관한 여러 개의 보고서를 국제 협력국에 보냈다. 거기에서, 전섬동맹이 전국 노동조합 생산성 기획실천위원회에 임원을 파견한 것 외에, 방미 시찰단 참여가 늘고, 생산성 토론 집회에 참가하고, 생산성본부 지역 조직에 관여하는 등 총평 산하 노동조합들이 생산성운동에 점점 협력하고 있다고 강조했다. 그러나 여전히 심각한 문제가 남아 있었다. 총평은 여전히 생산성운동에 반대하고 반反합리화 투쟁을 전개하고 있었던 것이다. 그 때문에 총평의 방미 시찰단 참여자도 기대만큼은 늘지 않았다. 이상이 대외활동사절단의 인식이었다.[88] 실제로 방미 사절단의 압도적인 다수는 전노 쪽이었다. 즉 생산성운동은 점차 총평 쪽으로도 침투하고 있었지만, 거기에는 큰 한계가 있었다. 그리고 그 때문에 미국 정부의 생산성 프로그램은 총평에 맞서는 전노를 지원한다는 성격을 계속 띠게 되었다.

생산성운동과 전노의 발전

생산성운동이 전노의 발전에 미친 영향에 대해 전노의 와다 하루오 서기장은 다음과 같이 회상했다.

민주적 노동운동이 총평을 극복해 낸 결정적인 이유는 생산성운동이었다고 생각해요. 그건 틀림없는 사실이에요. 그러면 전노에 들어와라, 동맹회의에 들어와라 말하지 않아도, 과거와 같은 노사협조주의가 아니라, 점점 노사가 공동의 입장에서 협의회를 만들어 경영참가를 해가고, 노사협의제를 발전시키고, 성과는 공평하게 분배하는 방식, 이게 전후 일본 경제의 발전 시기와 딱 겹쳐진 거예요. 따라서 잘되는, 효과가 있을 수밖에요. 경영자 측도 새로운 세대의 생각을 가진 사람들은 노사가 그 입장을 인정하면서 협력해 가는 것이 좋다, 동시에 경제 발전 시기에 기업의 업적도 좋아지고 있으므로 적극적으로 분배하자는 생각이 겹쳐져서, 좌익 노동운동은 점점 위축될 수밖에 없었지요.[89]

이 발언은 생산성운동이 계급적 대립을 중시하는 총평에 타격을 주고 노사협조를 중시하는 전노의 발전을 뒷받침했음을 말해 준다.

앞서 말했듯이, 노사의 협력 및 협의에 따른 생산성 향상을 3원칙의 하나로 내세운 생산성본부는 노사협의제의 보급을 적극 추진했다. 총동맹 산하 전금동맹이 요구해 발족한 '생산성협의회에 관한 특별위원회'는 1957년 6월 "생산성에 관한 노사협의제의 방향"이라는 보고서를 발표해, 노사협의제를 현장(작업장)에서 기업 수준까지 단계적으로 설치하고, 나아가 지역별·산업별로까지 발전시키라고 요구했다. 1958년 11월 14일에 열린 제1회 '전국 노조 생산성 중앙 토론회'에서도 노사협의제 협약과 더불어 지역별·산업별 노사 협의 기관을 설치할 준비를 하라고 경영자들에게 요구하는 결의안이 채택되어, 전국적 조직이 창설되리라 전망하고 있었다. 생산성운동은 기업을 뛰어넘어 노사 협력을 실현하겠다는 목표를 내세웠다. 그리고 한정적이기는 했지만 산업별·지역별 노사 협의 기관도 설치되었다. 1957년 12월에 발족한 '도쿄지구 금속 산업 생산성협의회', '간토関東지구 화학산업 생산성 노사회의', 1960년 2월에 설치된 '도쿄도都 인쇄출판산업 생산성 노사협의회' 등이 그 사례다.[90]

그러나 총평 및 그 산하 산별 조직들이 생산성운동에 반대하는 와중에, 노사 협력의 확대를 목표로 하는 생산성본부는 전국 중앙 조직이나 산별 조직보다는 그보다 아래 수준의 단위 노조들을 대상으로 한 작업을 강화했다. 고시 전무이사는 1957년 12월 11일 대외활동사절단의 티보드 단장에게 보고서를 보내, 사철총련 소속의 나고야名古屋철도노조, 오다큐小田急전철노조, 케이힌京浜급행전철노조 등이 생산성운동을 지지한다고 적시하면서, 합화노련에서 시오노기塩野義제약 노조가, 철강노련에서 도토東都제강 노조가 탈퇴한 것은 생산성운동의 성과라고 말했다. 사철총련·합화노련·철강노련 모두 총평 산하 산별 조직이다. 그리고 고시는 각 노조의 탈퇴 성명서에는 생산성운동에 반대하는 총평에 대한 비판이 명확히 담겨 있다면서, 생산성운동이 기업·사업소 수준에서 노사 협력을 촉진해 총평을 약화시키고 있다며 긍정적으로 평가했다.[91] 이렇듯 생산성운동은 총평이 창립된 이래 목표로 내건 산별 조직 강화를 좌절시켜 노동조합의 기업주의화를 촉진하는 역할을 했다.

이와 관련해 야하타제철을 중심으로 하는 철강 산업의 경우가 전형적인 사례였다. 즉 철강노련은 1957년 10월부터 11월에 걸쳐 총평이 펼친 가을 투쟁의 일환으로 임금과 퇴직금 인상을 요구하며 11차에 걸친 통일 파업을 실시했으나, 결국 실패로 끝났다. 국제경쟁력을 강화한다는 목표 아래 생산성운동과 제2차 합리화 투자를 강력히 추진하던 철강 대기업들은 노동비용을 억제하고자 강경한 자세를 고수했다. 노조는 기업별 노조들의 연합체가 아니라 단일 산별노조로 발전하고자 했으나, 산업별 임금수준의 형성을 꺼린 기업 측은 기업별 노조를 존속시키는 것이 더 유리하다고 판단했다. 노조 지도자들과 일반 조합원들 사이에도 기업별 의식은 뿌리가 강해서, 철강 산업의 상징인 고로高爐의 조업 중단, 이른바 '타격'bashing 전술 등을 채택할 수는 없었다. 그 뒤 철강노련은 1959년 2월부터 4월에 걸쳐 후지제철 노조와 니혼日本강관 노조를 중심으로 장기 투쟁에 돌입해 반격을 꾀했으나, 다시금 패배하고 말았다. 1957년과 1959년의 이 쟁의를 계기로 일본의 기간산업인 철강 산업에서 경영 측의 주도권이 확립되었다.[92]

이 쟁의 이후 철강노련에서는 생산성운동에 비판적인 좌파 대신에 협력적인 우파가 대두해 기업주의가 강화되었다. 야하타제철노조의 경우 '생산성 규슈九州지방 노동조합협의회'에 참가하는 등[93] 우파가 점점 득세하고 있었지만, 그래도 1950년대에는 좌우파의 세력이 비등했다. 그러나 1960년대 들어 우파가 집행부를 완전히 장악해, 경영자가 추진하는 합리화와 기술혁신에 협력하고 그 성과를 배분함으로써 임금과 노동조건의 향상을 꾀한다는 노선이 정책되었다. 그때까지 좌파가 주도권을 쥐고 있었던 후지제철과 니혼강관 노조도 1959년 쟁의 이후 우파가 득세했다. 그리고 철강노련 본부도 야하타제철노조의 맹우회盟友會를 이끌었던 미야타 요시지가 서기장에 이어 위원장으로 취임하는 등 우익의 패권이 학립되고 좌파는 모두 밀려났다.[94] 우파가 내건 '노동조합주의'가 산별 조직의 강화를 부정한 것은 아니었지만, 노동보다 우위에 있었던 경영 측은 기업별 노조의 존속을 선호해 우파를 지원했고, 현실적으로 우파의 대두는 노동조합의 기업주의화를 촉진했다.

합리화와 기술혁신을 배경으로 한 노동조합의 기업주의화는 철강노련의 경우에는 집행부가 교체되는 형태로 진행되었지만, 총평 혹은 산하 산별 조직에서 단위 노조가 탈퇴하거나, 조합원이 이탈해 제2 노조가 대두하는 조직 분열을 동반하는 경우도 적지 않았다. 그리고 총평과 대립하던 전노는 그런 흐름을 지원했다. 전노의 마스하라 조직부장은 1960년 10월 24일 미국 대사관의 실버버그 노동관과의 회담에서 '홋카이도 탄광기선炭鑛汽船' 소유의 탄광에서 제2 노조가 결성되고 있고 전노가 이를 지원할 예정이라고 말했다. 마스하라에 따르면 전노는 1년 동안 철도·화학·펄프·전력의 4개 산업에 중점을 두고 분열 공작을 진행했다. 예컨대 오타 총평 의장의 출신 기업인 우베宇部질소에서는 2천 6백 명 중 1천8백 명이 합화노련 산하의 제1 노조를 탈퇴하고 제2 노조를 결성해 곧 전노에 가입할 예정이며, 합화노련 전체로는 조합원의 60퍼센트가 총평을 떠날 것으로 예상되었다. 또 많은 노조들이 이미 사철총련을 탈퇴했고, 오다큐전철 노조도 그 뒤를 따를 분위기였으며, 1년 뒤에는 3만 명을 아우르는 새로운 산별 조직이 결성될 전망이었다. 펄프 산업에서도 같은 움직임이 있었다.

마스하라는 이 실버버그와의 회담에서 전노의 조직 활동은 우선 총평의 조합원을 잘라 내는 데 공을 들였고, 중립계 노조들과 미조직 노동자들의 조직화는 2차적 과제라고 말했다. 마스하라의 설명에 따르면, 총평 조합원들을 주된 조직화 목표로 삼는다는 방침은 새로울 게 없었지만, 이를 실천에 옮기는 것이 최근 들어 용이해졌다는 것이다. 그 이유는 미이케 투쟁에서 드러났듯이, 생산성운동에 대한 반대에 뒤이은 반합리화투쟁이라는 총평의 방침은 엄청난 희생을 동반하기에, 그에 대한 실망이 일반 조합원들 사이에서 확산되었기 때문이다. 그리고 무역자유화가 이 경향에 박차를 가해 노동자들을 전노로 향하게 했다. 그럼에도 총평 집행부는 노동자들이 전혀 이해할 수 없는 정치적인 목적을 도모하며 꿈길을 헤매고 있었을 뿐, 경제적 이익을 확보하는 데는 관심이 아예 없었다. 이 또한 총평에 대한 환멸을 증폭시켰다. 그리고 이런 배경에서 총평을 탈퇴한 노동자들이 그들과 유사한 생각을 가진 전노가 내민 지원의 손길을 받아들이고 있다고 마스하라는 말했다.[95]

분명, 그 이전인 1952년의 전산 쟁의와 1953년의 닛산 투쟁 과정에서도 경영자의 지원하에 제2 노조가 만들어져 총평의 유력한 산별 조직이었던 전산과 전숲자동차가 무너진 일이 있었다. 그리고 협조주의 기업별 노조들을 기반으로 하는 산별 조직인 전노련과 자동차노련이 결성되어 전노에 가입한 바 있다. 그런 의미에서 총평이 와해되면서 전노가 발전한 것이 결코 새로운 현상은 아니었다. 중요한 점은, 마스하라의 발언이 말해 주듯이, 생산성운동에 따른 합리화와 기술혁신을 둘러싼 총평과 전노의 방침이 명확하게 대립하면서 그것이 촉진되었다는 사실이다. 1950년대 중반부터 고도성장과 무역자유화가 진전되는 정세 속에서 각 기업의 경영자들은 합리화와 기술혁신에 반대하는 총평과 대결하면서, 노사협의제를 도입해 생산성 향상의 성과를 노동자들에게 분배함으로써 노동자의 기업내화를 꾀했다. 전노는 노사 협력에 따른 생산성 향상을 주창했고, 경영자들과 제휴해 가며 조직을 확대했다. 그런 의미에서 생산성운동은 총평에는 타격을, 전노에는 발전을 초래한 것이다.

총평과 대결하고 전노를 육성한다는 점에서, 생산성운동은 기시 내각의 노동정책과 궤를 같이했다. 생산성본부 부회장인 나가노 시게오 후지제철 사장은 1957년 5월 20일 스카겐과의 회담에서 관공 노동자의 위법행위를 제한하는 법을 제정하고자 자민당 국회의원들과 자주

의논하고 있고, 그 일환으로 체크오프 금지를 요청하고 있다고 말했다. 직접적으로는 공공 부문을 대상으로 하지만, 민간 산업에도 유익하리라고 그는 생각했다.[96] 이런 경영 측의 요구를 배경으로 기시 내각은 관공노조를 공격했고, 이는 기업들에게는 물론이고 전노에도 조직을 확대할 좋은 기회를 제공했다. 전노와 긴밀한 관계였던 전특정과 전우노가 급여의 할증 지급 등으로 정부 및 우정 당국과 제휴해 총평 산하 조직인 전체를 와해하려 시도해 국제자유노련의 비판을 받았다고 앞서 말한 바 있다. 노동성의 야마자키 고로 노동조합과장에 따르면, 전노와 가까운 신생 조직 민동民同이 국철노조 탈퇴를 결정한 것은 그 자신의 배후 공작에 의한 것이었다.[97] 그리고 맥아더 대사가 이끄는 미국 대사관은 이런 흐름을 지원하고 있었다.

미국의 대일 노동정책 변화

그런데 미국 대사관 내부에서는 1958년 중반부터 총평에 대한 강경 방침을 수정해야 한다는 의견이 나오고 있었다. 그런 강경책을 주도해 왔다고 생각되는 스카겐 노동관이 그 주창자였다. 스카겐은 1958년 4월 8일 국무부 극동국의 헨리 소콜러브 노동고문에게 보낸 서한에서 다소 소극적으로 다음과 같이 썼다. '일본 정부는 노동문제에 관한 한 케케묵은 진부한 정책을 취하고 있어, 노동조합을 경영자와 정부에 완전히 종속시키려고 한다. 만일 그런 정책을 계속하면 총평을 약화시킬 수 있을까, 아니면 그 위협이 크게 커질까, 어떻게 될 것인가? 개인적인 견해이지만, 주일 대사관은 총평이 공산당에 지배되고 있다고 억측하고 있다. 이는 과거의 총평의 태도에서 비롯된 추측일 뿐, 논리적인 근거는 없다. 예컨대 총평 의장인 오타 가오루는 가장 위험한 인물 중

하나이나, 일반적으로는 반공주의자로 인식되고 있다. 오타는 공산주의자 같은 발언을 하지만, 노동조합운동에 대해서는 현실적이고 상식적인 방침을 취하고 있다.'[98]

이런 스카겐의 견해에 놀란 이는 미국 대사관에 대한 반감이 컸던 영국 대사관의 칼버트 노동관이었다. 9월 5일 스카겐과 회담한 칼버트는 그로부터 자신은 총평을 파괴하려 하는 전노의 옹호자가 아니고, 총평은 반공주의적이며, 세계노련에 치우친 조직이 아니라는 말을 들었다. '미국 대사관의 노동담당관인 스카겐 노동관, 해외공보국의 웰시 노동정보관, 대외활동사절단의 에드워즈 노동전문관, 이 3명이 일심동체로 활동하는 것이 결코 아니며, 여러 보고를 받는 맥아더 대사가 독자적으로 판단을 내린다. 미국 대사관이 총평에 맞서서 전노를 지지한다는 인식은 잘못된 것이다.' 스카겐은 그 전날 있었던 버지스 왓슨 이등서기관과의 대화에서, 그런 인식을 낳게 한 것은 反총평·親전노의 에드워즈의 책임이라고 비난했다. 칼버트는 스카겐의 갑작스러운 변절을 믿기 어려워, 과거의 인상을 지우지 않으면 안 될 어떤 이유가 있으리라고 의심했다.[99]

물론 스카겐은 진심이었다. 1958년 12월 17일, "일본의 노동조건과 정세"라는 제목의 문서가 스카겐 주도로 작성되었다. 56쪽에 달하는 이 문서는 총평 분석으로 시작된다. '미군 기지 반대 투쟁, 원수폭 금지 운동, 아시아·아프리카 노조회의, 공산주의 나라들과의 교류 등 총평의 방침은 공산당과 비슷해 보인다. 그러나 미국 정보기관의 극비 정보에 따르면, 상임간사 등 총평의 중심인물 85명 중에서 공산당원은 6명, 그 동조자는 10명에 불과하다. 산하 주요 산별 조직들도 마찬가지여서, 공산당의 영향력이 없지는 않으나 지배한다고 말할 수는 없다. 반면에, 전노는 조직구성의 취약성이 그 발전을 가로막고 있다. 오랜 역사를 가진 총동맹은 전노에 가입한 노조들이 자기 산하 조직으로 들어오기를 바라면서 약간의 의무금만 낼 뿐, 전노의 활동에 협력적이지 않다. 또 총동맹의 가부장적인 보스 지배 구조를 혐오하는 많은 노조들이 전노 직접 가입을 바라지만, 소속 산별 조직이 총동맹 산하인 경우에는 그것이 불가능하다.'

이 문서는 이어서 기시 내각을 분석하고 있다. '일본 정부는 관공노조 파업에 대한 처벌, 노동법규 개정 검토, 제2 노조 공작 지원 등 총평의 약화를 적극적으로 추진하는 한편, 노골적으로 전노를 지지하고 있다. 노동조합에 대한 일본 정부의 강경책을 견제하고 있는 것은 해외시장 확대의 필요성이고, 강력한 노동조합운동이 자리 잡고 있는 나라들의 불매운동 가능성이다. 그래서 쇼윈도의 장식품으로 이용할 수 있는 노동조합을 바라는 것이다. 하지만 자민당 내부에는 노조운동의 압살을 바라는 강력한 세력이 존재하고 있고, 일본 정부는 국제 노동 조직의 비난을 각오하고 총평을 공격할 결의가 확고하다. 사용자단체인 일경련은 각종 위원회 등을 통해 정부에 영향력을 행사하고 있다. 일본의 경영자는 전전戰前의 노사 관계를 부활시키고 싶은 까닭에, 노조가 전국 수준의 교섭력을 가지지 못하게 저지하는 한편, 임금·기술혁신·배치전환 등에 대해서는 협의해 노동자들의 불만을 일부 배출하게끔 기업 수준 노조만을 인정하려 한다. 노조운동의 좌경화는 이런 상황 속에서 진행되는 현상이다.'

이 문서에 따르면 미국의 대일 노동정책은 커다란 문제를 안고 있다. 우선 그 방향성의 문제다. 미국 정부는 강력하고 민주적인 노동조합운동을 지원하고 있다. 그러나 주일 미국 대사관의 기본 방침은 자민당 정권에 대한 지지가 미국의 국익에 합치한다는 것이었다. 양자 간에는 모순이 존재한다. 또 주일 대사관의 노동정책도 손발이 맞지 않았다. 노동관은 총평을 포함한 여러 노동조직과 폭넓게 접촉하고자 해, 1953년에 시작된 국무부의 방미 프로그램 참가자는 합하면 전노 18명, 총평 15명, 중립계 9명이었다. 하지만 해외공보국의 노동정보관은 전노를 지원하고 총평의 분열을 간접적으로 촉진하고 있었다. 대외활동사절단의 노동전문관이 담당한 생산성 프로그램은 많은 노조 지도자들을 미국에 파견했는데, 총 인원을 보면 전노 178명(총동맹 121명 포함), 총평 10명, 중립계 41명으로 편차가 심하다. 영국 정부와 국제자유노련은 미국 정부가 일본 정부 및 경영자들과 협력해 전노와 총동맹을 지원하고 있다고 비판했는데, 대체로 타당한 지적이었다.

이 문서가 가장 큰 문제로 지적하고 있는 것은 생산성 프로그램의 편중성이었다. 그리고 그 원인은 총평의 생산성운동 반대보다도 일본 생산성본부의 성격에 있다고 강조했다. '생산성본부는 경영자들이 지배해 이사회의 노동자 비중이 낮다. 또 일본 정부와 연결되어 있어, 관료 출신인 노동부장은 총평과 접촉할 수 없다.'[100] 노동 시찰단 인선의 절차도 문제로 지적되었다. '대외활동사절단의 노동전문관은 경험도 부족하고 보조 인력도 없어서 인선을 주도할 수 없다. 그 때문에 생산성본부의 이사인 총동맹의 고하 총주사가 실질적으로 인선을 맡고 있어서, 대립 관계인 총평과 접촉할 수 없기 때문에 총동맹을 중심으로 전노 출신을 선정하게 된다. 그러나 총평은 최대 규모의 전국 중앙 조직이다. 전노의 급속한 성장을 점치기 힘든 이상, 이런 상황은 개선되어야 한다.' 이상이 이 문서가 주장하는 내용이었다. 그리고 생산성본부가 관여하지 않는 프로그램을 시작하는 등, 전노뿐만 아니라 총평 우파와의 우호적인 관계를 증진할 방안을 제안하고 있었다.[101]

이 문서는 본국에 발송할 전보의 초안인데, 그 뒤 어떻게 처리되었는지는 불분명하다. 그러나 스카겐의 생각은 여러 서한을 통해 국무부에 전해졌고, 일정한 영향을 미쳤다. 국무부 극동국의 소콜러브 노동고문은 1959년 1월 26일 미국 주재 영국 대사관의 아서 드라메어에게 국무부가 전노를 지지하고 총평을 반대한다는 인식이 있는 듯하나 이는 오해라고 말했다. '스카겐 노동관을 위시한 미국 대사관은 총평과 전노 모두와 협력하려고 노력하고 있다. 국제협력국의 노조 지도자 방미 프로그램이 전노에 편중된 것은 사실이지만, 이는 총평이 참가를 거부하고 있기 때문이다.' 소콜러브의 이런 발언에 더해, 갓 귀국한 리처드 스나이더 극동국 일본과장도 총평 내부에서 온건파가 영향력을 키울 것을 기대한다고 말했다.[102] 스카겐처럼 미국의 대일 노동정책을 대담하게 비판한 것은 아니지만, 국무부에서도 총평에 대한 강경책을 완화할 필요성이 인식되기 시작한 것이다.

미국 정부 내에서 정책 전환에 적극적이었던 것은 노동부였다. 노동부는 1959년 중반 "미국의 대일 노동정책에 대한 제안"이라는 문서를 작성해 국무부에 직접 전달했다. 그 주장을 보면, 첫째, 일본 정부의 총평에 대한 강경책에 보내던 지지를 철회하고 더 온건한 노동정책을 취할 것을 기시 내각에 촉구하자는 것이다. 강경책은, 그 의도와 반대로, 총평의 결속과 급진화를 초래하고 있다는 것이 노동부의 생각이었다. 둘째, 일본 노조운동을 온건화할 현실적인 방안은 서구의 사회주의 세력과 교류하게 하는 것이다. 셋째, 총평의 지도자들 및 활동가들의 방미를 확대하자는 것이다. 생산성 프로그램을 통한 방미는 전노 산하 노조들에 편중되어 있어서, 무료 초대 여행임에도 총평이 적극적으로 참가할 것을 기대하기 힘들다. 전노를 무시할 수는 없으나, 각 노동조직의 규모에 비례해 인원수를 조정할 수 있을 것이라고 노동부는 강조했다. 앞서 1958년 중반부터 미국 주재 영국 대사관이 [미국] 노동부에 대해 작업을 한 바 있는데, 이 문서의 내용은 그에 따른 것이었다.

하지만 이 문서를 본 국무부는 비판적인 반응을 보였다. '첫째, 일본 정부에 대해 강경책을 완화하도록 권고하는 것은 내정간섭으로 받아들여질 우려가 있어 현명한 방법이 아니라고 생각된다. 또 일본의 노동 운동이 급진화되고 있어서 일본 정부가 강경책을 쓰는 것이지, 그 역이 아니다. 무릇, 대일 노동정책은 대일 정책 전체의 일부이지, 그것만 잘라 내어 논할 수는 없다. 둘째, 서구 사회주의 세력과의 교류는 기본적으로 동의하나, 지금까지의 경험으로는 효과를 별로 기대할 수 없다. 오히려 미국 노조 지도자들과의 접촉이 더 유효할 것이다. 셋째, 총평의 방미를 확대하는 데는 두 가지 문제가 있다. 그 하나는 지금까지 일정한 성과를 거둔 생산성 프로그램에 타격을 줄 우려가 있다. 다른 하나는 전노와의 우호 관계를 해칠 위험성이 있다.' 이런 이유에서 국무부는 노동부의 제안이 타당하지 않다고 결론지었다.[103] 대일 정책을 책임지고 있는 국무부가 기존 방침을 바꾸기란 결코 쉬운 일이 아니었다.

그러나 대일 노동정책을 재검토할 필요성은 그 뒤에도 계속 커졌다. 1960년에 들어서는 일본 노동성도 총평의 방미 기회를 확대해야 한다는 의견을 보였다. 그것은 국무부도 그 필요성을 인정한 미국 노조들과의 교류 때문이었다. 즉 노동사무차관인 나카니시 미노루는 1960년 1월 12일 미국의 국제기계공노조 에릭 피터슨 전前 서기장과 함께 실버버그 노동관과 회담한 뒤 다음과 같이 말했다. '미국은 일본 노조들과의 접촉에서 소련에 뒤처져 있다. 대책을 강구해야 한다. 총평의 지도자들도 미국 노조들과 긴밀한 관계를 구축하고자 하니, 미국 노조들이 직접 초대한다면 총평을 포함한 많은 노조 지도자들이 방미에 응할 것이다. 총평의 본부와 지방조직의 상근자들 중 공산당원들이 있고 이들이 이데올로기적 영향력을 행사하고 있었던 것은 분명한 사실이다. 하지만 엄밀한 의미에서 공산당이 지배하는 노동조합은 일본에 없고, 총평 집행부에도 공산당원은 없다.'[104] 나카니시 사무차관은 이렇게 말하면서 총평을 온건화하기 위해 방미 프로그램을 활용할 것을 요구했다.

총평의 오타 의장은 2월 26일 실버버그에게 이를 뒷받침하는 듯이 발언했다. '중국을 비롯한 공산권 방문이 활발한 것은 무료 초대 여행이라는 이유가 크다. 공산주의 나라의 노동조합은 그 정부의 일부가 되어 있어서 평화운동을 제외하면 배울 바가 전혀 없다. 노조운동은 역시 미국과 서유럽에서 배울 수밖에 없다. 총평의 지도부는 해외 노조운동에 대한 지식을 원하고 미국 노조들과의 교류를 희망한다. 하지만 생산성 프로그램은 아니고, 국무부 등 정부 기관과 민간 재단들이 나서서 교류 프로그램을 만들면 총평은 적극 협력하고 싶다. 일본 노조 지도자들의 방미에 그치지 않고, 미국 지도자들도 일본을 방문하길 바란다. 그래서 각각이 안고 있는 문제와 대응책에 대해 서로 깊이 이해할 수 있으면 좋겠다.'

실제로 철강노련이 전미철강노조를 초대한 것을 시작으로 총평과 서방측 노조들의 교류는 활발해지고 있었다. 미국 대사관은 그 이유를 세 가지로 분석했다. 첫째, 1959년 10월의 사회당 분열이다. [사회당 이탈 세력이 만든] 민사당 및 그 지지 노조인 전노와의 경쟁 때문에, 총평 내에서도 공산당과의 관계 등 급진적인 방침은 억제하라는 목소리가 커졌다. 둘째, 급속히 진행된 기술혁신 등에 대한 대응이다. 경영자 주도의 합리화 계획, 임금제도의 발본적 개혁, 무역자유화의 진전 등의 변화는 조합원의 희생을 막고 생산성 향상의 성과를 취할 방법을 찾아야 한다는 압박을 노조에 가하고 있었다. 대중운동을 조직하는 데는 능하지만 이런 상황에 대처할 지식과 경험이 없었던 총평은 미국 등 해외 노조들로부터 배우고자 했다. 셋째, 공산권과의 교류와 균형을 취해 중립주의를 관철시키려 함이다. 서방측 노조들 사이에서는 총평은 공산당과 가깝다는 평가가 지배적이었다.[105] 아직 불확실하기는 했지만, 안보 투쟁의 이면에서 총평은 달라지고 있었다.

생산성 프로그램의 중단과 다키타의 방미

같은 시기에 대일 노동정책의 전환을 압박하는 중요한 결정이 미국 정부 내에서 이루어졌다. 1960년 1월 국무부 국제협력국은 더글러스 딜런 국무차관의 승인하에 1961회계연도 말에 일본에 대한 생산성 프로그램을 정지하기로 결정했다. 그리고 이 결정은 그 뒤 열린 의회 공청회에서 유력한 의원들의 지지를 받았다. '1955년에 시작된 고도성장으로 이미 일본은 후진국이라 할 수 없게 되었다. 그럼에도 일본을 계속 피원조국으로 두면, 이 프로그램 전체가 의회에서 승인받기 어려워질 우려가 있었다. 게다가 지금의 양호한 미·일 관계를 해칠지도 모른다.'[106] 한국전쟁 휴전으로 빚어진 일본 경제의 위기를 배경으로 1955년에 시작된 생산성 프로그램은 그 사명을 다했다고 판단한 것이다. 미국과 유럽 모두에서, 기술과 설비 면에서 자신들을 따라잡은 일본의 시찰단을 받지 않으려는 경향이 강해지고 있었다. 생산성 프로그램은 운영 면에서도 어려움에 처하게 된 것이다.

생산성 프로그램의 중지는 그 일환으로 진행된 방미 시찰단 파견의 중지를 뜻했다. 1953회계연도부터 실시된 국무부의 지도자 교류 프로그램도 매년 10명 전후의 일본 노조 지도자들을 미국에 보냈으나, 생산성 프로그램은 이를 크게 능가하는 규모였다. 따라서 국제협력국의 이 결정은 방미를 중요한 수단 중 하나로 여긴 대일 노동정책을 뒤흔들었다. 주미 일본 대사관은 3월 23일 국무부에 공식 전보를 보내 노동조합을 대상으로 하는 교류 프로그램을 국제협력국에서 국무부 교육문화국으로 이관해 계속 실시하자고 제안했다. 총평 산하 공산당 지배의 노조들이 세를 불릴 우려가 있다는 것이 그 이유였다.[107] 그리고 주일 미국 대사관은 해외공보국과 대외활동사절단을 중심으로 검토한 결과, 총평 참가자를 늘리기 위해 일본생산성본부를 새로운 노동조합 방미 프로그램에 관여시키기로 했다.[108] 총평이 미국 노조와의 교류에 적극적인 자세를 보인 것도 이런 움직임들의 배경에 있었다.[109]

그러나 주일 미국 대사관이 3월 23일에 발표한 제안에는 몇 가지 문제가 있었다. 그 하나는 국무부 교육문화국에는 노동조합을 전문으로 하는 직원이 없었다는 점이다. 국제협력국 노동과는 이를 이유로 강력하게 반대했다. 또 프랑스와 이탈리아에서 이 사업이 국무부로 이관되고 불과 1년 후 계속되지 못하고 실패로 끝났던 전례도 지적되었다. 그러나 이런 반대 의견은 결국 배제되어, 1961년 7월 1일부터 이관하기로 결정되었다.[110] 또 하나의 문제는 전노, 그리고 배후에서 전노를 지원하는 AFL-CIO와의 관계였다. 대외활동사절단에 따르면 새 프로그램의 중점은 이제 생산성 향상이 아니라, 자유롭고 민주적인 노동조합의 육성과 총평의 온건화에 있는데, 총평의 참가 확대는 프로그램 실시에 필수적인 AFL-CIO의 지지와 협력을 훼손할 우려가 있다. 또 총평과 전노의 대립이 문제를 일으킬 가능성도 있었다. 그래서 전노와 조직적으로 대립하고 있는 총평 산하 산별 조직들은 제외하고, 또 총평 최고 지도자들도 제외하고, 총평의 전체 참가자 수는 3분의 1 이하로 한다는 방침을 세웠다.[111]

이처럼 전노와 AFL-CIO의 반발을 우려한 주일 대사관은 3월 23일의 제안에서 서서히 후퇴하고 있었다. 그리고 11월 15일 국무부에 보낸 문서에서는 일본생산성본부를 활용하자는 주장으로 입장을 바꾼것이다. 그 이유로 다음 세 가지가 제시되었다. 첫째, 실시 중인 1960

년도와 준비 중인 1961년도의 생산성 프로그램 방미 인원수를 보면 총평이 서서히 생산성본부에 협력적으로 변하고 있다. 둘째, 생산성본부, 그리고 전국 노동조합 생산성 기획실천위원회가 양성해 온 실무자들과 시설은 국무부 교육문화국의 프로그램에 도움이 될 것이다. 그리고 셋째, 생산성본부와의 관계를 갑자기 단절하면 그 위상과 신용이 추락해 버릴 것이다.

주일 대사관은 경제로부터 정치로 그 목적이 전환되고 국제협력국에서 국무부 교육문화국으로 추진 기관이 바뀌는 두 가지를 제외하고는, 가능한 한 기존의 생산성 프로그램과 동일하게 운영하고 싶다는 생각이었다.[112] 맥아더 대사는 대일 노동정책의 전환은 최소한에 그치도록 하고 있었다.

사실, 미국 대사관은 총평에 강경한 자세를 유지하고 있었다. 노동관을 사임하고 1960년 4월 귀국한 스카겐은 미국국제기계공노조의 기관지 1960년 7월 7일호에, 총평을 포함해 일본의 노조들은 반공주의적이고, 안보 투쟁 역시 반미가 아니라 그 군사전략에 대한 반대일 뿐이라는 취지의 글을 게재했다.[113] 주일 대사관이 1960년 12월 13일 국무부에 보낸 보고서는 스카겐의 이 글을 비판하고, 총평의 대외 정책은 중립주의가 아니라 공산주의 진영에 기운 것이라고 지적했다. '총평 조합원의 대부분은 공산주의자가 아니지만, 공산당원과 그 동조자들이 총평의 모든 조직에서 발견된다. 산하 산별 조직들의 집행부가 공산주의에 친근감을 가지고 공산당과 공동 투쟁을 하고 있다는 점이 중요하다. 공산당 활동가들은 총평과 그 가입 조직들의 사무국 내의 주요 직위에 침투하고 있다. 총평은 공산주의자들과 결탁해 안보 투쟁의 중심 역할을 담당하고, 세계노련이 정신적·재정적 지원을 제공한다.' AFL-CIO의 국제출판부장인 반공주의자 러브스톤의 이런 인식에 대해 주미

일본 대사관 역시 동조하고 있었다.[114]

　그 직후인 12월 15일, 이를 뒷받침하는 정보가 미국 대사관에 입수되었다. 총평의 오타 의장이 모스크바·프라하·로마 등을 방문한다는 정보였다. 그에 앞서 이와이 사무국장이 1960년 9월 20일부터 중국과 소련 등을 방문해 중국의 저우언라이 총리와 회담하며 안보 투쟁과 미이케 투쟁을 지원한 데 감사를 표했는데, 그에 뒤이은 최고 간부의 공산권 방문이었다. 이는 세계노련과 소련 AUCCTU가 비용을 부담하는 초대 여행일 뿐이었으나, 오타로서는 최초의 해외 방문이고, 흐루쇼프 서기장 회견을 바란다는 요청이 소련에 전달된 상황이었다. 미국 대사관의 오타에 대한 평가는 가혹했다. '오타는 동서 양 진영 사이에서 중립을 주창하고 있으나 [실제로는] 극좌 방침을 취하면서 미·일안보조약에 반대하고 있다. 안보 투쟁 당시에는 공산당과 거의 같은 주장을 했다. 오타는 1961년에 미국을 방문하고 싶다는 뜻을 전해 왔지만, 이는 소련과의 균형을 취해 중립주의를 표방하기 위한 것에 불과하다.'[115] 12월 28일 오타는 모스크바로 출발했다.

　맥아더 대사는 총평에 맞서 전노를 지원하기 위해, 12월 24일 국제협력국에 전보를 보내 전노의 다키타 의장이 방미에 관심을 가지고 있다고 전하고, 그의 여비 지출을 인정해 줄 것과 더불어 미국 정부와 노조의 최고위층과 회담할 수 있게 주선해 달라고 요청했다. 총평의 온건한 지도자들과 개인적 친분이 있는 다키타가 그런 기회를 가진다면 전노뿐만 아니라 총평의 일부에도 좋은 영향을 미칠 수 있을 것이며, 전노의 위상을 높이는 일도 된다는 이유에서였다.[116] 오타가 소련 방문에서 흐루쇼프 서기장과 회담하는 등 총평이 공산주의 진영을 방문할 때 받은 대우를 상기시키면서, 다키타는 12월 27일 미국 정부의 요인들과의 회담 주선을 거듭 요청했다. 아울러 AFL-CIO와 전노의 결속을 다지기 위해 최고 지도자와 회담할 것도 요청했다. 맥아더 대사는 1961년 1월 3일 이번에는 국무부에 전보를 보내 일본에서 자유롭고 민주적인 노동조합의 위상을 높이기 위해 다키타의 이런 요청을 전향적으로 검토할 것을 권고했다.[117]

다키타의 방미에 강한 의지를 보인 맥아더 대사는 1월 11일, 25일, 26일, 2월 14일에도 거듭 국무부에 전보를 보냈다. '공산당에 가까운 극좌 분자들이 침투하고 있는 노동조합은 일본 정치에서 가장 위험한 영역의 하나인데, 여기에서 좌파와 투쟁하고 있는 유일한 노동조합 조직은 전노. 총평의 지도자들은 중국과 소련을 방문할 때 마오쩌뚱·저우언라이·흐루쇼프를 회견하는 등 정중한 대접을 받고 있다. 따라서 총평과 맞서는 위상을 전노에 부여하지 않으면 안 된다. 이를 위해서는 대통령·부통령·국무장관을 위시한 정부 최고위층, 그리고 AFL-CIO의 최고 지도자들과의 회담이 매우 유익할 것이다. 1월 20일에 갓 취임한 케네디 대통령이 매우 바쁘더라도 15분 아니면 10분이라도 다키타를 만나 줄 수 있다면, 일본 노조운동에 엄청난 영향을 미쳐 전노에 커다란 도움이 될 것이다.'[118] 맥아더 대사는 이렇듯 외국 노조 지도자의 미국 대통령 회견이라는 전대미문의 사안을 요청하면서까지 전노를 지원하려 했다.

국무부는 맥아더 대사의 요청에 적극적으로 응했다. 2월 9일 맥아더가 벨기에 대사로 내정되는 등 케네디 정권에 의한 외교관 인사가 진행되고 있어서, 아직 새로운 대일 정책이 제시될 상황은 아니었다. 그 때문에 지금까지 대일 노동정책의 연장선상에서 제안된 다키타의 방미는 국무부에서는 큰 이견 없이 결정되었다. 이에 따라 러스크 국무장관은 2월 17일 케네디 대통령에게 각서를 보내 친미 성향의 전노와 친공산당의 총평을 비교하면서 미·일 관계를 강화하는 동시에 일본에서

자유로운 노조운동의 성장을 촉진하기 위해 다키타와 회견할 것을 요청했다.[119] 그리고 내부 조정을 거쳐 3월 3일에 케네디와 다키타가 회견하기로 결정되었다. 그 외에도 러스크 국무장관, 아서 골드버그 노동장관과의 회담도 정해졌다. 노동조합과의 교류도, 2월 22일부터 마이애미에서 열리는 AFL-CIO 집행위원회에 맞추어 그곳에서 미니 회장 등 AFL-CIO 수뇌부와 의견을 교환하는 일정이 마련되었다.[120] 맥아더는 이에 만족을 표했다.[121]

2월 20일에 미국으로 건너간 다키타는 3월 3일 케네디 대통령과의 회견을 비롯해 미국 정부 수뇌들과의 회담을 통해 두 나라 노조들의 교류를 촉진할 필요성을 강조했다. 그는 안보 투쟁과 공산주의 세력의 침투에 대해 언급하면서, 관료·정치가·경영자 등 권력의 핵심뿐만 아니라 노동조합·교육자·학생 등에 이르기까지 광범위하게 접촉해야 양호한 미·일 관계를 형성할 수 있으리라고 강조했다. 그리고 3월 1일 러스크 국무장관과의 회견에서는 재정상의 이유로 일본생산성본부를 버리지 말라고 요청했다. 생산성본부의 폐지는 공산당에 유리한 일이 될 뿐이라는 생각이었다.[122] 생산성 프로그램으로 큰 혜택을 본 전노의 의장으로서 당연한 발언이었다. 그리고 AFL-CIO의 미니 회장과는 3월 3일, "세계의 자유와 민주주의를 강화하고 공산주의 세력의 침투와 파괴 활동을 막기 위해 국제자유노련 및 국제 산별 조직들과 협력한다는 결의를 재확인한다", "미·일 양 국민의 상호 이해를 증진하기 위해 노동조합의 교류를 촉진할 양국 간의 프로그램을 시작한다."는 등의 내용을 담은 공동성명에 조인했다.[123]

다키타는 3월 11일에 귀국했는데, 주일 대사관은 그의 방미를 대단한 성공이었다고 평가했다. '그의 방미는 일본 정부와 매스컴, 그리고 전노와 총평 모두에 강한 인상을 주었다. 총평 지도자의 흐루쇼프, 마오쩌뚱 회견은 이에 가려져 버렸다. 특히 이 방문의 정점이었던 케네디와의 회담은 모든 신문들이 1면에 대서특필했고, 다른 언론들에도 널리 보도되었다. 다키타는 케네디 대통령과 실제로 회담한 최초의 일본인이 되었을 뿐만 아니라, 미국 대통령과 실제로 회담을 가진 최초의 외국 노동조합 지도자가 되었다. 그 결과 다키타의 명성과 전노의 위상은 급격히 높아져, 1960년 11월의 총선 패배로 침체된 전노와 민사당의 사기도 높아졌다.' 맥아더 대사는 이렇게 지적하면서 처음 기대한 것보다 큰 성과가 있었다며 다키타의 방미에 의미를 부여했다.[124] 다키타·케네디 회담은 미국 정부의 전노 지원의 정점을 이룬 사건이었다.

그런데 다키타의 방미는 커다란 문제를 남겼다. 바로 1955년에 시작된 일본 면제품의 무역마찰이었다. 전섬동맹의 회장이기도 한 다키타는 이 미국 방문에서 섬유 무역마찰을 완화하기 위한 대화를 계속했다. 그러나 심각한 실업에 직면하고 있는 미국합동의류노조의 포토프스키 위원장은 강경한 태도였다. 상급 조직인 AFL-CIO의 지도자들에게도 문제의 해결을 위해 전향적으로 노력하고 싶다는 희망을 전했지만, 산하 노조를 배려해야 하는 그들 역시 비판적인 자세를 보였다. 케네디 대통령과의 회담에서도 다키타는 미국합동의류노조의 불매운동 움직임을 비난하면서 양국 관계에 심각한 손상을 주고 있다고 말하고, 무역자유화의 필요성을 역설했다. 하지만 케네디는 불매운동은 잘못된 방법이라고 비판하면서도 미국 노동자들의 어려운 처지에 대한 이해를 당부했다. 골드버그 노동장관과의 회담에서 분명하게 드러났듯이, 케네디 정권은 실업 문제를 우려해 국내 문제의 1순위에 올려놓고 있었다.[125] 일본 경제의 성장은 생산성 프로그램의 중지 등 미국의 대일 노동정책을 바꾸게 하고 있었다.

3. 무역마찰과 국제 공정 노동 기준

미국의 대일 노동정책과 저임금노동

　동아시아에서 냉전을 치르고 있던 미국은 안보조약으로 일본을 서방측 군사전략에 묶어 두는 한편, 브레턴우즈 체제로 불리는 자유주의 진영의 국제경제 질서에 일본을 편입시키려 애썼다. 총평과 사회당 등 혁신 세력이 중립주의를 주창한 것은 평화헌법의 이념에 입각해 동서 양 진영의 전쟁에 말려들지 않겠다는 안보상의 이유와 더불어, 미국 등 서방 진영과의 무역에 더해 공산 진영, 특히 중국과의 무역이 불가결하다는 경제적 이유도 있었다. 서방 진영의 국제경제 질서하에서 일본이 경제성장을 달성하면, 중국과의 무역을 요구하는 압력은 줄어들고 중립주의의 설득력도 떨어질 것이다. 하지만 여기에는 중대한 문제가 하나 있었다. 미국을 포함한 자유주의 진영에서는 상표 도용 등 전쟁 전의 일본이 자행한 불공정 무역에 대한 기억이 강하게 남아 있었다. 특히 저임금과 장시간 노동으로 일본 제품의 국제경쟁력이 부당하게 높아졌다는 이른바 사회적 덤핑에 대한 비판이 점점 커졌다. 그런 의미에서 일본의 노동문제는 미국의 냉전 전략의 뿌리에 맞닿아 있는 것이었다.

　임금과 노동조건의 격차는 자유무역을 가로막는 큰 장애 요인이었다. 전부터 존재해 온 이 문제를 해결하고자, 1948년 3월 24일 조인된 국제무역기관 헌장, 이른바 '아바나 헌장'에 공정 노동 기준 조항이 들어갔다. 그 제7조 제1항을 보면 다음과 같다.

　가입국은 모든 나라가 생산성에 관련된 공정한 노동 기준의 달성과 유지, 그리고 또 생산성이 허용하는 만큼의 임금과 노동조건 개선에 공통의 이해관계를 가지고 있음을 인정한다. 가입국은 특히 수출품 생산에 있어서 불공정한 노동조건은 무역에 문제를 일으킴을 인정하고, 따라서 각 가입국은 그 영토 내에서 그런 조건을 배제하기 위해 적절하고 실행 가능한 행동을 취한다.

아바나 헌장은 지나치게 이상주의적이어서 거의 모든 조인국들이 국내 비준을 얻지 못해 발효되지 못했지만, 이 초안 심의와 더불어 진행된 관세 교섭에 기초해 GATT가 성립될 수 있었다. 그리고 GATT는 아바나 헌장의 일반 원칙을 행정상 권한의 최대한도까지 준수하기로 규정했고, 그런 한에서 공정 노동 기준 조항은 유효한 것이었다.[126]

국제무역에서 공정 노동 기준을 가장 중시한 나라는 미국이었다. 이는 미국이 자유주의 진영의 맹주로서 브레턴우즈 체제하에서 무역자유화를 추진하는 입장이었고, 상대적으로 높은 생활수준을 누리는 나라이기도 했기 때문이다. 서유럽과 일본의 경제 부흥에 따라 값싼 공업제품의 수입이 증가하고, 그에 타격을 받은 산업의 경영자들과 노동자들이 대책을 요구하고 나섰다. 보호주의 정책을 취할 수 없었던 미국 정부는 이 나라들의 노동조건을 향상하고 노동비용을 높인다는 방침을 정했다. 미국 정부의 이런 자세는 1953년 아바나 헌장의 공정 노동 기준 조항을 CATT 협정에 삽입하자는 비공식 제안에서 단적으로 드러났다. 당시 미국 정부는 제7조 제1항의 마지막 구절인 "각 가입국은 그 영토 내에서 그런 조건을 배제하기 위해 적절하고 실행 가능한 행동을 취한다."를 삭제하는 등 그 내용을 약간 완화했다. 하지만 '불공정'이라는 단어의 정의를 둘러싼 이견으로 결국 실패로 끝났다.[127]

미국 정부 내에서 국제 공정 노동 기준을 강하게 지지한 노동부는 일본에 대해서도 이 방식으로 접근했다. 강화조약이 발효되기 직전인 1952년 3월 6일에 일본에 온 로버트 크리시 노동차관보는 리지웨이사령관과의 회담에서 국제 공정 노동 기준을 실현하기 위해 일본의 노동 정세를 연구할 미·일합동위원회를 설치하자고 제안했다. 노동부는 일본이 저임금노동으로 미국 시장에서 덤핑 행위를 할까 우려한 것이다. 일본 상품의 수입에 대한 미국 내의 우려를 불식시키려면 그런 연구가 필요하다고 생각했다. 리지웨이가 전향적인 자세를 보였으므로 크리시는 국무부에 이를 제안했다. 그러나 국무부 극동국의 케네스 영 북동아시아 과장은 위원회의 연구 대상이 노동문제에 한정되면 일본 정부가 의심을 품고 화를 낼 가능성조차 있다고 생각했다.[128] 일본이 보기에 공정 노동 기준은 저임금을 구실 삼아 수출을 억제하려는 것일 뿐이었다. 그리고 앨리슨 극동담당 국무차관보가 소극적인 입장을 보여,[129] 이 구상은 취소되었다.

앞서 말했듯이, 1953년 7월 27일 한국전쟁이 휴전하면서 전시 특수가 감소된 일본에서는 국제수지 위기가 발생해 중국과의 무역을 요구하는 목소리가 커졌다. "원조가 아니라 무역을!"이라는 슬로건을 내건 아이젠하워 정권은 생산성 프로그램을 실시해 일본의 국제경쟁력을 높이는 한편, 일본을 GATT에 정식으로 가입시켜 서구 시장 참여를 쉽게 하자는 생각이었다. 이를 위해서는 일본의 부당한 국제경쟁력에 대한 미국 내의 우려를 없애고, 호혜통상협정법의 연장을 의회가 결의해야만 했다. 아이젠하워 대통령은 1954년 4월 16일 무역협정위원회에 서한을 보내 "주요 수출국에서 표준 이하의 임금으로 만든 제품에 대해서는 관세를 인하하지 않는 것이 합중국의 일반적 규칙이다."라고 말했다. 이는 저임금cheap labor이라는 비판이 일본의 개별 산업의 임금에 관한 잘못된 지식에서 비롯되었음을 무역협정위원회에 인식시키기 위해서였다.[130] 그리고 7월 1일 호혜통상협정법 연장안이 통과되어 일본과의 관세 교섭에 응할 수 있게 되었다.

아이젠하워 정권이 일본의 사회적 덤핑에 대한 비판을 완전히 오해라고 여긴 것은 물론 아니다. 미국 노동부는 약 1년 전인 1953년 2월 3일, 일본의 GATT 가입과 관련해 "국제무역의 경쟁에 관한 일본의 노동조건"이라는 문서를 작성했다. 이 문서는 노동비용과 노동생산성, 노동자 1인당 노동비용, 노동자의 구매력, 임금 이외의 노동 기준들, 불공정 노동 관행 등 여러 항목에 대해 국제 비교를 활용해 상세하게 검토한 뒤, 다음과 같은 결론을 이끌어 냈다. '저임금 국가에서는 생산성도 낮은 것이 일반적인데, 일본에서는 낮은 임금과 높은 생산성이 결합되어 있어서, 섬유를 위시한 여러 제품들의 국제경쟁력의 토대가 되고 있다. 낮은 엔화 가치가 국제경쟁력을 강화하고 있으나, 일본의 임금은 구매력 기준으로도 낮다. 적어도 겉보기에는 공정하지 못하다고 말할 수 있다. 점령 정책, 특히 노동기준법의 제정으로 불공정한 노동 관행은 제거되었으나, 샌프란시스코강화조약 후 주권을 회복한 결과 그것도 바뀔 수 있게 되었다.'[131]

GATT 정식 가입의 전제인 관세 교섭은 1955년 2월 21일부터 제네바에서 시작되었는데, 경제 위기에 직면한 일본 정부는 저임금에 대한 미국 정부의 우려를 해소해야 한다고 요구받고 있었다. 일본 대표는 5월 18일 "수출산업을 포함한 일본의 산업에서 임금의 기준과 관행이 공정한 수준을 유지하도록 하는 것은 일본 정부의 가장 중요한 관심사다."라는 성명을 작성했다. 그리고 이 성명은 교섭 타결 후에 [스위스 주재 일본 공사인] 하기와라 도루가 공표하기로 합의되었다. 더 중요한 사실로서, 다음과 같은 일본 측의 비밀 성명이 의사록에 남아 있다. "수출산업을 포함한 일본의 산업에서 임금의 기준과 관행이 공정한 수준을 유지하도록 하기 위해, 일본 정부는 최저임금제도를 포함한 다양한 수단을 검토하고 있다."[132] 미국 측은 많은 관세양허(관세의 인하 혹은 유지)를 일본에 제공해 관세 교섭을 성공시켰고, 그 대신 일본은 최저임금제 도입을 미국에 사실상 약속했다. 그리고 9월 10일 "일본의 GATT 가입 조건에 관한 의정서"가 발효되어 일본은 정식 가입국이 되었다.

그런데 이는 곧바로 커다란 문제를 일으켰다. 관세양허도 하나의 원인이 되어, 일본 면제품의 수출이 급격히 증가하자 미국 남부의 섬유업계가 1955년 11월부터 '1달러 블라우스'[값싼 의류]를 겨냥한 수입 규제 운동을 시작하는 사태가 벌어진 것이다. 이에 섬유산업 노조들도 가담했다. 아이젠하워 정권은 수입 규제를 피하고자 일본 정부에 수출의 자율 규제 조치를 요구하는 한편, 노동부를 중심으로 관세 교섭에서 합의된 최저임금제 도입에 주목했다.[133] 섬유를 중심으로 한 수출산업에 최저임금제가 도입되면 노동비용이 상승해 대미 수출이 억제되고, 국내의 보호주의 압력도 완화될 수 있을 것이었다. 따라서 노동부는 국무부가 일본 정부와 협의하도록 요구했다.[134] 그러나 기시 내각에서 최저임금법 제정이 진행되고 있는 이상 내정간섭으로 간주될 행동은 피해야 한다는 것이 미국 대사관의 의견이었고(1957년 4월 8일), 이에 따라 미국 정부는 사태의 진전을 예의 주시하기로 했다.[135] 최저임금법은 최종적으로 1959년 4월 7일에 도입되었다.

아이젠하워 정부는 일본의 저임금에 대한 미국 내의 우려를 배경으로 최저임금제도의 도입을 압박했고, 이를 실현시키는 성과를 거두었다. 그러나 이 문제에 대한 아이젠하워 정권의 대응은 전체적으로는 신중했다. 노동부는 일본 정부와 협의하기를 원했으나, 내정간섭이라는 반발을 우려한 국무부는 소극적인 태도로 일관했다. 그뿐만 아니라, 아이젠하워 정권의 대일 노동정책의 중점은 임금과 노동조건의 향상보다도 생산성 향상에 있었다. 생산성 3원칙은 그 성과가 경영자·노동자·소비자에게 공정하게 분배될 것을 강조했지만, 노동부가 지적한 저임금과 높은 생산성의 조합이라는 문제의 해결은 관심사가 아니었다. 반대로 GATT 정식 가입과 생산성 프로그램을 배경으로 일본의 상품이 미국 시장으로 급속히 침투했다. 1957년 1월 16일 체결된 '미·일 면제품 협정'에 따른 자율 규제 조치로 섬유 마찰은 일단 진정되었으나, 근본적인 해결은 지연되었던 데다가 무역마찰은 다른 산업으로도 확산되었다.

AFL-CIO와 국제 공정 노동 기준

1955년 12월 5일 결성된 AFL-CIO는 두 달 뒤인 1956년 2월 7일의 집행위원회에서 국제무역에 대한 성명을 발표했다. 그에 따르면, 'AFL-CIO는 통상 확대와 무역 장벽 축소를 지지한다. 국제적 상호 의존이라는 현실로 말미암아 불가피할뿐더러 공산주의 세력이 확대되지 않게 방지하기 위해서도 필요하기 때문이다. 실제로 AFL과 CIO는 1930년대부터 호혜통상협정법에 찬성해 왔다. 그러나 관세 인하에는 한 가지 중요한 조건의 충족이 필요하다. 바로 미국 산업에 심각한 피해를 주어서는 안 된다는 것이다. 이를 위해서는 그럴 위험이 있을 경우 세이프가드(긴급 구제) 조항이 발동될 수 있어야 하고, 해당 국가의 임금과 노동조건의 개선이 모색되어야만 한다. 표준 이하의 임금과 노동조건으로 제조된 수입품에 관세양허를 부여해서는 안 되고, AFL-CIO는 자유진영 국가의 전국 중앙 조직이 노동자 생활수준의 향상에 애쓰도록 ILO 및 국제자유노련과 협력해 갈 것이다.' 이 성명서는 임금과 노동조건의 개선을 동반하는 무역 확대가 필요하다고 결론짓고 있었다.[136]

두말할 것도 없이, AFL-CIO의 성명서가 염두에 둔 나라 중 하나가 일본이었다. 일본의 값싼 섬유제품이 미국 시장을 휩쓸어 노동자들은 실업의 위험에 처해 있었다. AFL-CIO로서는 이에 대한 구체적 대책을 모색하는 일이 급선무였다. CIO의 전前 회장 월터 루더가 이끄는 전미자동차노조가 이에 앞장섰다. AFL-CIO는 AFL 출신인 미니가 회장을 맡는 등 AFL계가 주도권을 쥐고 있었는데, 그 내부에 산업별노조 부문sector을 두어 루더가 회장을 맡았고, CIO계는 여기에 모여 있었다. 전미자동차노조는 그중 핵심으로, 일본의 저임금노동에 대한 대책을 모색하고 있었다. 그리고 전미자동차노조의 빅터 루더 국제부장이 1956년 12월 20일 국무부 극동국의 설리번 노동고문을 만나 이야기했듯이, 미국의 노조 지도자들은 일본에는 달러 무역[대미對美 무역]을 포함한 대규모 국제무역이 필수적임을 인정하고 있었다. 따라서 앞의 성명서와 같이 관세 인상 등의 보호주의가 아니라 무역자유화와 양립할 건설적인 해결책을 모색했다.[137]

1957년 2월 14일 일본 문제를 협의할 산업별노조 부문의 모임이 열렸다. 전미자동차노조의 벤저민 셀리그먼 국제부 서기가 준비한 20쪽에 걸친 문서는 현안인 섬유산업 외에도 철강·조선·자동차·광학光學·기계 등 여러 산업을 검토하고 있었다.[138] 이 자리에서 빅터 루더는 임금과 노동조건을 개선할 수 있도록 일본 노조들을 지원하자면서, 구체적으로 다음 두 가지를 제안했다. 첫째, 미국의 노동조합이 같은 산업의 일본 노조 대표 2명을 무료로 초대해 2주간 견학 여행을 시킨 뒤 저임금노동 문제를 협의하자는 것이다. 그리고 공동성명을 발표해 일본의 경영자들에게 협력할 것을 요구하는 한편, 미·일 양국 정부에 무역자유화를 추진하라고 요구하자는 것이다. 둘째, 미국 노조들, 국제자유노련, 국제 산별 조직들이 공동으로 10만 달러를 출자해 국제자유노련의 노동교육기관을 일본에 설치해, 국제자유노련에 가입한 일본 노조들의 조직화를 지원하자는 것이다.[139] 이 제안은 이날 회의에서 기본적

인 동의를 얻었다.[140]

흥미로운 것은 CIO계가 중심이 된 이 모임이 AFL계까지 포괄했다는 점이다. CIO계는 미국합동의류노조·미국섬유노조·전미자동차노조·전미철강노조·미국조선노조가 참석했고, AFL계는 국제부인복노조와 국제기계공노조가 참석했다. 이를 계기로 국제부인복노조는 산별노조 부문에 가입하기로 결정했다. 전미자동차노조는 이 문제에서 주도력을 발휘해 AFL-CIO 내에서 폭넓은 지지를 받았다. 그리고 AFL-CIO 국제부의 참석을 이끌어 낸 데서 보듯이, 빅터 루더의 제안은 산별노조 부문뿐만 아니라 AFL-CIO 전체의 행동을 촉구하려는 목표가 있었다. 그리고 AFL-CIO뿐만 아니라 국제자유노련과 산별 조직들까지도 움직이게 하려는 생각이었다. 국제자유노련 뉴욕사무소의 윌리엄 켐슬리 소장은 본부의 크레인 조직부 차장에게 루더 형제가 이 문제를 통해 AFL-CIO와 국제자유노련의 협력을 강화하려 한다고 보고했다.[141]

전미자동차노조를 중심으로 한 이런 움직임은 이 단계에서는 결국 구체화되지 못했다. 하지만 국제무역에 대한 AFL-CIO의 관심은 그 뒤에도 줄지 않았다. AFL-CIO는 1957년 12월 5일부터 열린 제2회 대회에서 1958년 6월 말에 만기가 되는 호혜통상협정법의 5년 이상 연장을 요구하는 결의안을 채택했다. 이 결의안에서는 무역 확대와 미국 노동자 및 산업 이익의 옹호라는 두 가지 목표를 실현하기 위해 국제 공정 노동 기준의 원칙을 확립할 것을 요청했다. 이 결의안에서는 두 방법이 제안되었는데, 하나는 생산성 수준에 어울리는 국제 공정 노동 기준을 수출산업에 도입하도록 수출국에 요구하자는 것이다. 다른 하나는 GATT와 ILO가 이 원칙을 받아들이게 하자는 것이다. 이 결의는 무역 규제의 구실이 아니라, 오히려 공정 무역 경쟁을 촉진할 수단이 되어야 한다는 점을 강조했다. 그리고 세이프가드 조항의 유지, 수입 급

증으로 피해를 본 노동자·기업·지역에 대한 지원 등도 담았다.[142]

이에 뒤이어 1959년 2월 24일의 집행위원회는 "국제무역에서의 공정 노동 기준"이라는 제목의 성명을 채택했다. 이 성명은 국제 공정 노동 기준을 둘러싼 논의 과정을 정리한 뒤, 1953년의 제안과 거의 동일한 공정 노동 기준 조항을 GATT 협정에 넣을 것, 1960년에 시작되는 다자간 무역 교섭에서 임금과 노동조건의 수준을 관세양허의 조건으로 할 것, 국제무역에서 공정 노동 기준을 ILO의 주요 과제로 할 것, 이세 가지를 미국 정부에 요청했다. 난제로 남아 있었던 국제 공정 노동 기준의 개념에 관해서는 해당 나라의 경제 발전 단계와 그 산업의 생산성이 임금 지불 능력을 규정한다는 점을 인식하고, 임금수준을 국제적으로 균일화하기를 바랄 수 없고 가능하지도 않다고 지적하고, 생산성과 기술 수준을 충분히 반영하는 임금과 노동조건을 요구한다고 밝혔다. 그리고 국제 공정 노동 기준은 불공정한 국제 경쟁에서 벗어난다는 점에서 미국의 노사에 이익일 뿐만 아니라, 대미 수출국 역시 높은 임금과 노동조건이 국내 구매력을 키우고 생산성을 높여 경제성장을 낳을 것이라고 주장했다.[143]

따라서 AFL-CIO는 국제 공정 노동 기준을 방침으로 했는데, 이는 원래 월터 루더에 앞서 CIO의 회장이었던 머레이가 1943년에 '국제 공정 노동기준법'으로 제안한 바 있었다. 즉 미국에는 원래 '공정 노동 기준법'이 있어서 주州의 경계를 넘어서 판매되는 상품의 생산에는 시간당 1달러의 최저임금을 정해서 부당하게 낮은 임금과 노동조건을 경쟁 수단으로 하지 못하게 금지했었다. 머레이가 제안한 국제 공정 노동 기준법은 미국의 최저임금제 발상을 국제무역에 적용하려 한 것이다. 자세한 내용을 담고 있지는 않았지만, 이 제안은 많은 노조 지도자들에게 받아들여져 전미자동차노조는 1949년부터 이를 공식 방침으로 내

걸었다. 따라서 국제 공정 노동 기준은 전미자동차노조를 위시한 CIO
계 노조들에게는 역사적으로도 중요한 의미를 지니는 것이었다. 그리
고 무역마찰의 격화를 배경으로 AFL-CIO는 1957년 12월의 제2회 대
회에서 정식으로 이를 채택하고, 1959년 2월의 집행위원회에서 구체
적인 방침으로 확정되었다.[144]

그런데 일본과의 무역마찰은 점점 심각해졌다. 8월 27일 맥아더 대
사가 후지야마 아이이치로 외무상에게 한 말에 따르면, '1959년 상반
기 일본의 대미 수출은 전년 동기에 비해 51퍼센트나 증가했는데, 미
국의 대일 수출은 2.5퍼센트 감소했다. 그 결과 전후 처음으로 미국은
일본에 대해 무역 적자를 기록했다. 그래서 미국 의회 등 미국에서는
우려가 크게 확산되고 있다. 맥아더는 이어서 미국 노동조합들의 동향
에 주목하라고 말했다. 전통적으로 자유무역 정책을 지지해 온 AFL-
CIO는 관세 장벽, 저가 상품에 대한 수입 할당제 등 정책 전환을 진지
하게 고려하기 시작했다고 한다. 만일 노조들이 기존 방침을 바꾼다면
각 산업에서 보호주의가 득세할 것이다. 사태는 극히 심각하다.'[145] 일
본 제품의 수입 급증이 고용 불안을 일으켜 미국에서 보호주의 성향이
강해지고 있던 것은 분명하다. AFL-CIO는 이를 차단하고자 국제 공정
노동 기준을 실현하려 했던 것이다.

미·일 무역마찰은 섬유산업을 넘어 금속 산업으로 확대되고 있었
다. 라디오 수신기를 중심으로 한 전자 제품의 대미 수출은 1959년에
는 전년도의 3.5배에 달해, 섬유의 1억1,170만 달러 다음으로 7,560
만 달러에 이르렀다. 그리고 뒤이어 철강이 7,440만 달러였다.[146] 그
와중에 웨스팅하우스와 제너럴일렉트릭 등이 소속된 미국 전자공업협
회는 국산품 소비 운동을 시작해, 1959년 11월 5일 AFL-CIO 산하 미
국국제전기노조에 참가를 요청했다. 월터 루더 회장 밑에서 CIO 서기

장으로 일했던 제임스 케리가 이끄는 국제전기노조는 이를 단호하게 거부했다. '국산품 소비 운동은 다른 나라들이 미국 제품에 관세를 인상하게 유발해 결국 국제무역을 축소시킬 것이다. 이는 모든 나라에 불이익일 뿐만 아니라, 미국 전자 제품의 수출이 수입의 4~5배에 달한다는 점을 생각할 때 결코 현명한 일이 아니다.' 국제전기노조 역시 국제 공정 노동 기준을 해결책으로 제시했다.[147]

1959년 2월 24일의 집행위원회 성명을 계기로 AFL-CIO의 미국 정부에 대한 작업도 강화되었다. 미니 회장은 허터 국무장관에게 서한을 보내, 국제 공정 노동 기준의 실현을 위해 주도권을 발휘해 달라고 요청했다. 이에 따라 더글러스 딜런 국무차관이 1959년 10월 도쿄에서 열린 GATT 총회에서 저임금 국가들로부터 수입이 갑작스럽게 증가한 데 따른 시장의 혼란과 관련해 국제 공정 노동 기준을 검토하자고 제안해 작업위원회가 설치되었다. AFL-CIO는 그 뒤에도 국무부와 노동부 등 정부와 접촉해 GATT에 국제 공정 무역 기준과 관련한 고충 처리 기관을 설치하도록 설득했다. 이에 따라, 수출국의 자율 규제와 수출세 도입 등 단기적 대책에 더해, 임금 및 노동조건 개선이라는 장기 대책 도입도 기대되었다.[148] 한편, 전미자동차노조를 위시한 국제금속노련 가입 노조들은 국무부와 노동부의 경제 분석가들과 모임을 가지고, 수출산업의 임금과 노동조건 향상에 관한 연례 보고서 제출을 GATT 조약 조인국의 의무로 하자는 데 의견이 일치했다.[149]

국제자유노련과 국제 공정 노동 기준

AFL-CIO와 산하 노조들은 1959년 2월의 집행위원회 이후 미국 정부에 대해 작업을 하는 한편, 국제자유노련과 국제금속노련을 위시한 국제 산별 조직들이 국제 공정 노동 기준의 개념을 인식하게 하려 시도 했다. 그 시작은 1959년 3월 18일부터 이틀의 일정으로 열린 국제자 유노련의 '세계경제회의'였다. 29개 노동조합, 국제자유노련 아시아· 유럽 지역 조직, 12개 국제 산별 조직 등의 대표들이 참가한 이 회의는 토론 결과 "세계의 경제문제에 관한 성명서"를 채택했다. 열아홉 번째 항목에서 "세계무역의 자유화와 그에 따른 국제 경제활동의 확대에 대 한 GATT의 공헌을 인정하지만, GATT가 더욱 만족스러운 국제 경제 정책 기관이 되도록 부단히 주의를 기울이지 않으면 안 된다."라고 지 적하면서, GATT 협정의 확충을 요구했다. 즉 "모든 가입국은 자기 나 라에서 완전고용을 유지하고, 완전고용을 위한 국제적 정책에 협력할 의무를 지닌다는 것", 그리고 "아바나 헌장에 포함된 내용에 따라 공정 노동 기준에 관한 조항을 넣을 것"을 요청했다.

이에 따라, 6월 29일 열린 국제자유노련 집행위원회는 세계경제회 의의 성명서를 실행하기 위해 GATT 등의 국제기관과 긴밀한 관계를 맺도록 서기장에게 요청하고, 국제 공정 노동 기준의 개념 정의에 대해 가입 노조 및 국제 산별 조직들의 의견을 물었다.[150] 전미자동차노조의 주도로 이 문제를 검토하고 있었던 국제금속노련이 가장 적극적인 반 응을 보였지만, 미국과 마찬가지로 국제경쟁력 약화로 고민하던 영국 의 TUC도 전향적인 자세를 보였다. TUC는 노동시간, 연금, 고용 보 장, 노동조건 일반, 생산성 수준 등 임금 이외의 요소들을 포함하는 것 이, 좀 애매하더라도 유용한 개념 정의가 될 수 있으리라 판단했다. 최 대한 포괄적으로 정의해 유연성을 가지면서도, 보호주의가 아니라 생 활수준 향상을 위한 개념임을 강조할 수 있어야 한다는 생각이었다. 사 실은 TUC도 1954년에 아바나 헌장과 거의 동일한 공정 노동 조항을 GATT 협정문에 삽입하자고 영국 정부를 설득한 바 있다.[151]

국제자유노련 본부 서기국이 11월 30일 열린 집행위원회에 제출한 문서는, 저개발국의 공업화는 불가피하고, 그 초기 단계의 임금과 노동 조건이 공업국보다 낮은 것은 당연하다고 하겠으나, 저가 제품이 수입되어 고용과 생활수준을 위협받는 나라의 노조들이 이를 착취의 결과라고 의심하더라도 이해할 만하다고 지적했다. '단결권과 단체교섭권의 보장도 중요하지만 그것만으로는 그 나라의 노동 기준이 공정하다고 판단할 수 없다.' 이 문서는, 세계경제회의가 GATT 협정에 공정 노동 기준 조항을 넣자고 요구하는 것은 이 때문이라고 설명했다. '이런 관점에서 보호주의가 아니라 높은 수준의 유효수요 유지, 불황 지역에 대한 구제책, 실직자들에 대한 보상, 직업소개 등의 조치를 강구하라고 공업국 정부들에게 요구하는 한편, 저개발국들은 노동자의 생활수준을 높이지 않으면 안 된다.' 이 점에서 GATT 협정에 공정 노동 기준 조항을 삽입하자는 세계경제회의의 결정을 재확인한다는 취지의 결의안이 이 집행위원회에 제출되었다.[152]

이 자리에서 국제 공정 노동 기준을 적극적으로 옹호한 것이 월터 루더였다. 루더는 같은 기술을 사용하면서 임금격차가 큰 다른 나라 노동자들 탓에 미국 노동자들이 겪는 문제가 심각하다고 호소했다. '전미자동차노조는 관세장벽 등 보호주의도 아니고 임금 하락을 초래할 자유방임주의도 아닌, 국제 공정 노동 기준이라는 접근 방식을 선호하고 있었다. 고임금 국가에 수출하려는 기업들에게 과징금을 낼지, 아니면 어느 정도 임금을 올릴지 가운데 선택하게 하자는 것이다. 그러면 대개는 임금 인상을 선택하게 될 것이다.' 이런 루더의 주장에 대해, TUC의 앨프리드 로버츠는 생계비를 고려해야 한다는 단서를 붙이면서도 적극적으로 동의했다. 국제경쟁력이 상대적으로 낮아진 미국과 영국의 중앙 조직인 AFL-CIO와 TUC는 이 문제를 둘러싸고 기본적으로

생각이 같았다. 그리고 서기국이 준비한 결의안은 약간의 문구 수정을 거쳐 채택되었다.[153]

1960년 6월 4일, 국제자유노련 산하 22개 노조들과 3개 국제 산별 조직의 대표들이 모여 '국제 공정 노동 기준에 관한 회의'를 열었다. 국제 공정 노동 기준의 개념을 정의하고 실치 절차를 검토하자는 목적이었다. 서기국이 준비한 문서는 우선 개념 정의에 대해서 국제금속노련이 제시한 기준 3개를 소개했다. 첫째, 한 수출 기업의 노동비용이 그 나라의 동일 산업에서 극단적으로 낮은 경우, 둘째, 한 수출산업의 노동비용이 그 나라에서 극단적으로 낮은 경우, 셋째, 생산성 수준을 고려해도 수출품의 노동비용이 수입국의 노동비용에 비해 극단적으로 낮은 경우이다. 셋째 기준은 아바나 헌장에 따른 것인데, 앞의 둘과 달리 국내 비교가 아니어서 사회보장 등을 포함한 실질임금을 검토해야만 하므로 적용하기가 어려웠다. 실시 절차에 관해서는, GATT가 불공정 노동으로 말미암아 발생하는 손해에 대한 고충 처리를 맡고, 실제 노동 기준 조사를 해야 할 경우에는 ILO에 협력을 요청하고, 조사 보고서 작성 후 시정 조치까지 일정한 유예기간을 주는 것이 바람직하다고 했다.

이어 진행된 토론에서 두 가지 중요한 의견이 제출되었다. 하나는, 임금은 GATT와 같은 정부들 간의 국제기구를 통해서가 아니라 노동조합운동에 의해 개선되어야 한다는 의견으로, 스웨덴 LO 등이 주장했다. 다른 하나는 국제 공정 노동 기준의 개념 정의는 일반적이고 유연해야 하는데 너무 엄격한 기준을 두려는 것이 아니냐는 것으로, TUC 등이 제시한 의견이었다. AFL-CIO는 개념 정의의 난점을 인정해 후자에는 찬성했지만, 전자에는 동의하지 않았다. 노동조합운동이 주도한 임금 인상이 맞는 방법이지만 그럼에도 GATT 등에 기대지 않을 수 없는 것은, 사무국의 문서도 지적하고 있듯이, 개발도상국에서는 노동조합의 교섭력이 약해 임금을 크게 올리기 힘들 뿐만 아니라, 경제성장에 방해가 될까 봐 노동조합 스스로 일정 수준 이상의 임금 인상에는 소극적이기 때문이다. 이 두 가지 의견 외에도 국제 공정 노동 기준이 수입규제 수단이 될지 모른다는 우려도 있었다. AFL-CIO는 국제 공정 노동 기준이 무역을 확대하고 노동자 생활수준을 향상할 수단이라고 설명했다.[154]

6월 27일 열린 집행위원회에서는 전문가들로 구성된 특별위원회 설치가 결정되었다.[155] 그리고 1961년 6월 17일 '국제무역에서의 공정 노동 기준에 관한 위원회'는 협의 끝에 다음과 같은 방침을 채택하도록 집행위원회에 제안했다. 첫째, GATT와 정기적으로 연락하면서 국제자유노련의 뜻을 전달할 것. 특히, 시장 혼란에 관한 고충 처리 기관을 GATT에 설치해 경영자와 노동자가 국제 공정 노동 기준에 따라 신청하게 할 것과 공정 노동 기준 조항을 GATT 협정에 삽입할 것을 강조했다. 둘째, 특히 개발도상국의 노동조합운동이 임금과 노동조건을 향상시키는 역할을 하리라고 역설했다. GATT 등을 통한 국제 공정 노동 기준의 실현은 이를 대체할 수 없고, 단지 보완하는 데 불과하다. 셋째, 국제 공정 노동 기준의 중요성을 인식하면서 더 넓은 관점에서 국제무역에 관한 문제를 파악할 필요성을 제기했다. 그리고 국제자유노련에 '국제무역문제위원회'를 설치해 개발도상국의 수출 확대와 그에 따른 공업국의 시장 혼란 등을 폭넓게 검토할 것을 제안했다.[156]

이 제안은 10월 31일 열린 집행위원회에서 검토되었다. 그 자리에는 이에 대한 두 가지 수정안이 제출되었다. 하나는, 영국의 TUC가 제출했는데, GATT 협정의 개정을 더 명확하게 요구하자는 의견이었다.[157] 이에 대해서는 국제무역문제위원회도 이견이 없었고 집행위원회도 이를 받아들였다. 다른 하나는 값싼 일본제 면제품 수입 때문에 고민하고 있었던 미국섬유노조의 솔로몬 바킨이 제출한 수정안이었다. 바킨은 위의 위원회와 협의하는 자리에서 후발 자본주의국가의 저가 제품 수입에 대해 세이프가드를 발동할 권한을 공업국에 부여해야 한다고 주장해 압도적인 반대에 부딪혔다. 무역자유화를 원칙으로 하는 AFL-CIO도 그런 보호주의적 입장에는 반대였다. 그리고 수출국과 수입국에 대해 무역 규제 협정 체결을 인정할 것 등을 골자로 하는 바킨의 수정안은 집행위원회에서도 기각되었다.[158] 이리하여 '국제무역에서의 공정 노동 기준에 관한 위원회'의 제안이 채택되고, 국제 공정 노동 기준에 관한 국제자유노련의 대처는 일단락되었다.

이상의 과정에서 알 수 있듯이, 국제자유노련은 국제 공정 노동 기준을 비교적 순조롭게 수용할 수 있었다. AFL-CIO와 맞먹는 영향력을 지닌 TUC가 적극적 자세를 취한 것도 중요했지만, 검토가 진행될수록 엄격한 개념 정의가 어렵다는 것을 알게 되어 AFL-CIO도 이를 인정한 것이 크게 작용했다. 가장 큰 대립은 정부들로 구성된 국제기구를 이용하는 것을 둘러싼 논란이었다. 그러나 이 문제에 대해서도 노조운동에 의한 임금·노동조건 향상을 중심에 두고 국제기구의 역할을 보조적인 것으로 하자는 데 최종 합의를 이루었다. 국제자유노련에서는 국제 공정 노동 기준을 추진하는 세력도, 이를 우려하는 세력도 모두 타협적인 자세였다. 이는 국제자유노련이 여러 산업을 포괄하는 국제 노동 조직의 성격을 지녔기 때문이다. 하지만, 미국섬유노조의 소수의견에서 이미 드러났듯이, 국제 산별 조직들의 대립은 더 첨예해졌다. 사실, 국제금속노련은 격심한 내부 대립을 거치면서 국제 공정 노동 기준의 개념을 도입한 것이었다.

국제 공정 노동 기준과 국제금속노련의 대일 활동

국제금속노련이 국제 공정 노동 기준을 처음으로 제기한 것은 국제자유노련의 세계경제회의와 같은 날인 1959년 3월 18일에 열린 집행위원회에서였다. 폭스바겐 등 값싼 유럽 차의 수입 증가에 직면한 전미자동차노조의 빅터 루더 국제부장이 이를 제안했다. 루더는 실업 증가와 경기 후퇴를 배경으로 미국에서 보호주의 경향이 강화되고 있다고 경고하고, AFL-CIO 집행위원회가 몇 주 전에 채택한 국제 공정 노동 기준에 관한 결의를 소개했다. 루더의 설명에 따르면 그 취지는 임금과 노동조건이 열악한 나라의 노동자들을 보호하면서 무역 장벽을 낮춰가자는 것이고, 생산성 향상에 부합하는 생활수준의 향상을 달성하기 위해 모든 수출국의 노조운동을 지원하자는 것이었다. 그리고 유럽에서는 많은 사회(보장)급여가 지급되고 있으므로 명목임금이 아니라 실질임금을 조사해야만 한다고 덧붙였다. 이 집행위원회는 루더의 제안에 따라 다음 중앙위원회에서 서기국이 준비한 보고서를 놓고 협의할 것을 결정했다.[159]

10월 19일 열린 중앙위원회에서는 서기국의 보고서와 더불어 전미자동차노조가 작성한 문서도 제출되었다.[160] 설명에 나선 너트 웨인버그는 미국과 서구 나라들의 생산성은 거의 차이가 없는데 임금은 영국이 3분의 1, 서독이 4분의 1로 크게 낮아서, 미국 자동차산업의 경영자가 저임금의 서구 나라에 공장을 짓기 때문에 미국 노동자의 임금 하락을 압박하고 있다고 호소했다. '보호주의가 해결책이 될 수 있지만, 이는 국제분업을 가로막고 전 세계적으로 생활수준을 하락시킬 뿐만 아니라, 정치적·경제적으로 자유주의 진영을 약화시킬 것이다. 국내에서 임금과 노동조건을 높이기 위해 미조직 노동자 조직화 및 최저임금제도의 활용에 힘쓰듯이, 국제적으로도 개발도상국의 노동조합운동을 지원하고 법·제도 도입으로 국제 공정 노동 기준을 실현할 필요가 있다. 그 개념을 정의하기란 쉽지 않고, 생산성과 실질임금을 정확히 파악할 수는 없지만, 심각한 문제가 있는 사례를 골라 파악하는 것은 충분히 가능하다. 실시하게 되면 GATT와 ILO를 이용할 수 있을 것이다.'

이런 전미자동차노조의 주장에 대해, 영국의 중앙위원은 호의적이었으나 서독 금속노조의 오토 브레너 회장은 통렬하게 비판했다. 'GATT와 ILO를 이용한다고 하나, 현재 이 기구들은 부르주아 정부들이 장악하고 있다. 또 국제경쟁력을 결정하는 상품 가격은 생산성뿐만 아니라 원자재와 에너지 등 다양한 요소들에 의해 좌우된다. 게다가 생산성은 측정이 곤란하다.' 그리고 브레너는 선진국과 개도국의 격차를 축소할 필요성을 강조하면서, 한 산업이 아니라 한 나라의 경제에 전반적인 고용 유지가 중요하다고 지적했다. 이 같은 발언은 수출국 노조의 입장을 명확히 대변한 것으로, 벨기에와 이탈리아 중앙위원들도 같은 취지의 의견을 제시했다. 빅터 루더는 반론을 시도했으나 결국 그래델 서기장의 뜻에 따라 양측을 모두 포함하는 결의안 기초위원회를 설치하고 다음 집행위원회에서 계속 논의하기로 했다.[161] 이렇게 작성된 중앙위원회 결의안은 당연히 절충적이었다.

빅터 루더는 1960년 6월 3일에 열린 집행위원회에 참석하지 못했다. 이 회의는 노조 활동의 중요성을 역설하는 서구 노조들의 의견이 지배했다.[162] 따라서 11월 11일 열린 중앙위원회에 제출된 서기국의 문서에서는 국제 공정 노동 기준에 대해 네 가지 비판을 제기했다. 첫째, GATT와 같이 정부들이 만든 국제기구를 이용한다는 것은 임금 인상에 도움이 될지는 모르나 노조운동의 발전에는 해가 될 것이다. 둘째, 임금은 생산비용의 일부에 불과하고, 저임금이 국제경쟁력을 높인다고 일반화할 수는 없다. 셋째, 고임금이 국제경쟁력을 약화시킨다는 경영자들의 주장과는 달리, 노동조합은 임금 인상은 합리화를 촉진하고 국제경쟁력을 높인다는 '역동적 임금정책'을 주장해야 한다. 따라서 저임금이 국제경쟁력을 높인다는 전제 위에서 제시된 국제 공정 노동 기준의 개념은 잘못된 것이다. 넷째, 임금과 노동조건의 국제 비교는 어렵다. 이 문서는 이런 이유들을 들면서, 강력한 노동조합운동에 의해서만 국제적으로 공정한 노동조건을 실현할 수 있다고 결론짓고, 후발 자본주의국가의 노조운동을 적극적으로 지원할 필요성을 역설했다.[163]

이에 대해 이 중앙위원회에 출석한 빅터 루더는 반격을 시도했다. 즉 그는 후발 자본주의국가의 노조운동 강화는 전부터 계속해 온 일이라고 비판하고, 미국에서 보호주의가 대두하고 있음을 지적하면서 GATT 협정을 개정해 고충 처리 기관을 설치할 필요성을 역설했다. 또 미국국제기계공노조의 루돌프 포플도 루더의 주장은 자동차노조뿐만 아니라 AFL-CIO의 방침을 대변한다고 말했다. 그리고 전미철강노조의 마이어 번스타인 국제부장은 지난해 116일에 걸친 파업에서 경영자들은 외국의 저임금을 들먹이면서 [임금 인상의] 억제를 요구했다고 말했다. 독일 금속노조의 브레너 등이 초안을 지지했으나, 루더를 위시한 미국 대표들은 조금도 양보하지 않았다. 따라서 이 회의의 모두에서 정부들의 국제기구에 호소하기 전에 노조운동을 최대한 강화해야 한다고 말한 그래델 서기장도 국제 공정 노동 기준을 요구하는 AFL-CIO와 TUC의 의견을 존중해 다음 집행위원회까지 새로운 문서를 작성하겠다고 약속했다.[164]

그 뒤 국제금속노련 서기국은 미국 노조들의 의견을 들어 가며 문서 작성을 진행해 완성했다. 후발 자본주의국가 노조운동을 적극 지원해 생활수준을 향상시키는 동시에 국제 공정 노동 기준, 완전고용, 경제성장 등을 GATT 협정에 담자고 주장하는 내용이었다. 그리고 GATT에 국제 공정 노동 기준 관련 고충 처리 기관을 설치해 불공정한 경쟁에 직면한 기업과 노동조합이 정부를 통해 이의신청을 하게 할 것, GATT 와 더불어 ILO의 지원을 받아 관계국들이 대화를 통해 자율 규제와 수출세 도입 등의 단기적 대응 혹은 임금·노동조건의 개선 등 장기적 대응에 대해 합의하게 할 것, 이런 조치들이 실패할 경우 GATT 총회의 권고에 따라 문제를 처리할 것, 협의는 사회적·경제적 요인도 고려해 실용적으로 진행할 것 등도 명기되었다. 그리고 GATT 협약국들에 대해 관세양허를 받은 산업과 시장이 혼란스러워진 산업에서의 임금 및 노동조건 향상에 관한 연례 보고서 제출을 의무화하자는 주장도 제시되었다.[165]

국제금속노련에 가입한 미국 노조들의 뜻을 전면적으로 수용해 작성된 이 문서는 1961년 3월 16일 열린 집행위원회에서 승인되었다. 그리고 1961년 5월 9일 로마에서 개최된 제19회 대회의 결의안이 이에 기초해 작성되었다.[166] 서기국이 작성한 결의안은 GATT 협정에 공정 노동 기준 조항을 삽입하고 고충 처리 기관을 설치하자는 등의 내용을 담았다.[167] 그런데 이 대회와 동시에 열린 중앙위원회에서 빅터 루더가 고충 제기 요건이 명시되지 않아 립서비스에 불과하다고 받아들여질 우려가 있다고 문제를 제기해 내용이 수정되었다.[168] 그 결과 한 수출 기업의 시간당 노동비용이 그 나라 동일 산업의 평균보다 현저히 낮을 경우, 또는 고충을 제기한 나라의 동일 산업보다 부당하게 낮을 경우 등 두 요건이 추가되었다.[169] 결국 전미자동차노조의 주장이 완전히 받아들여진 것이다. 그리고 국제금속노련 제19회 대회는 "국제 공정 노동 기준에 관한 결의"를 만장일치로 채택했다.[170]

이와 같이, 국제금속노련에서의 논의는 수입국과 수출국을 대표하는 미국과 서독의 대립을 축으로 전개되었다. 단, 가입국이 아닌 한 나라의 존재를 계속 의식하면서 논의가 진행되었는데, 그것이 곧 일본이었다. 1959년 10월의 중앙위원회에서는 "미국의 임금이 유럽의 3배라면, 유럽의 임금은 일본의 3배다."라는 발언이 있었다.[171] 그리고 1960년 11월의 중앙위원회에서 전미자동차노조 출신의 국제금속노련 서기차장 레빈슨은 다음과 같이 말했다.

> 일본은 악명 높게 높은 이득을 취하면서도 노동조합운동은 거의 실효가 없는 가장 분명한 사례다. 일본은 개발도상국이 아니라 충분히 공업화가 이루어진 나라인데, 분명히 착취적인 경제·산업 정책을 실시하면서, 이익률을 높이기 위해 노동비용을 되도록 낮게 유지하고 있다. 인도라면 몰라도, 일본이 투자를 위한 자본축적이 국민경제에 필요하다는 이유로 낮은 임금을 정당화하는 것은 절대로 허용할 수 없다.[172]

국제 공정 노동 기준의 원인 제공자는 강력한 노조운동이 존재하는 서독보다는 그런 노조운동이 없는 일본이었다.

국제금속노련의 모임에서 빅터 루더를 지지하는 발언을 거듭했던 미국국제전기노조의 케리 위원장도 1959년 11월 25일의 서한에서 고도로 공업화되었고 국제경쟁력이 비상하게 높음에도 극히 낮은 임금을 유지하는 일본은 불공정 경쟁의 "가장 극적인 사례"라고 지적했다. 그러나 일본의 노조운동은 분열되어 있어서 실질임금의 향상과 노동시간 단축, 사회(보장)급여의 개선 등을 실현할 수 없는 상황이었다. 그러나 케리는 직접 GATT에 제소할 생각은 아니었다. "일본의 노동조합 스스로 더욱 효과적인 조직을 만들어 경제성장의 성과가 더 적절하게 분배되게 하는 것이 가장 좋은 방법이다."[173] 값싼 수입품이 급증하면서 보호주의가 대두할까 위기감을 느낀 루더와 케리는 국제 공정 노동 기준의 도입을 추진하고 정부들의 국제기관을 이용하자고 주장했으나, 그러면서도 후발 자본주의국가의 노조운동을 강화해 생활수준을 향상하는 것이 근본적인 해결책이라 생각했다. 국제금속노련은 이에 견해가 일치했다.

앞서 말했듯이, 국제금속노련은 그 전부터 일본이 저임금을 무기로 서구 나라들의 경쟁 상대로 부상해 노동자들의 생활수준에 큰 영향을 끼칠 것으로 예상했다. 그래서 전미자동차노조 주도하에 일본에서의 조직화 작업에 나서고 있었다. 그리고 일본 노동자들의 임금·노동조건을 향상하고자 공산주의 세력을 제외한 금속 산업 전체를 아우르는 협의회를 조직한다는 방침을 세워, 1957년 4월 1일에는 일본에 사무소를 설치했다. 이런 방침은 일본의 경제적 위협이 현실화되면서 다시 확인되었다. 국제 공정 노동 기준이 처음 검토된 1959년 3월 18일의 집행위원회에서는 전노 산하 자동차노련의 가입 문제가 협의되었으나, 총동맹 산하의 전금동맹 및 조선총련의 경우와 마찬가지로 이를 인정하지 않고, 최대한 많은 일본의 금속 산업 노조들과 접촉하기로 결정했다.[174] 성공할지 여부는 여전히 불분명했다. 그러나 아래에 보듯이, 세토 이치로를 소장으로 하는 일본 사무소는 총평 산하 철강노련과 총평에 가까운 중립노련 산하의 전기노련을 주요 대상으로 하여 끈질기게 관계를 만들어 갔다.[175]

국제금속노련은 가입 노조들의 활동과 금속 산업의 문제들을 다루는『국제금속노련 뉴스』를 발행하는 등 일본 사무소를 통해 선전·출판 활동에 애쓰는 한편, 1957년 9월 17일에 열린 제18회 대회에 전기노련의 데라무라 가즈요시 부위원장과 전금동맹의 신케 무네아키 부회장을 초대한 것을 시작으로,[176] 일본의 금속 노조 지도자들을 여러 모임에 초대해 교류를 도모했다.[177] 또 일본 철강 산업의 생산성이 1951년에서 1957년 사이에 2.4배로 상승했음에도 명목임금은 1.6배, 실질임금은 1.3배 상승에 머물렀다는 정보[178]에 따라, 1958년 2월 3일의 집행위원회에서 철강노련의 임금 인상 투쟁을 지원하기 위해 1만 스위스프랑(84만 엔)의 자금 지원을 결정하고,[179] 다음 달 일본 사무소를 통해 전달했다.[180] 국제 연대의 중요성을 인식한 철강노련은 1959년 전미철강노조 파업 때 후원금을 모아 12월에 1백만 엔을 송금했다. 이 돈은 전미철강노조의 제안에 따라 철강노련 지도자의 방미 자금으로 사용되기도 했는데, 1960년 11월 4일 철강노련의 다케모토 다케오 서기장과 야하타제철노조의 미야타 사나에 부조합장이 미국을 방문했다.[181]

전미철강노조의 116일 파업은 1957년과 1959년 대규모 통일 투쟁을 조직했다가 패배를 맛본 철강노련에 중요한 시사점을 주었다. 철강노련은 장기간에 걸쳐 금융거래◆를 해온 전미철강노련의 기술과 전술을 배우기 위해 국제금속노련 일본 사무소를 통해 대표 파견을 요청했다.. 이에 따라 [전미철강노조의] 번스타인 국제부장이 1960년 3월 일본에 왔고, 뒤이어 31지구(시카고)의 조지프 젤마노 의장과 레스터 손튼 부의장이 5월 16일부터 6월 6일까지 야하타八幡 등 일본 각지를 돌았다. 그들은 일본의 철강 기업과 노동조합의 유착에 놀라, 안전한 금융거래는 회사 측의 책임이지 노조의 의무는 아니라고 역설했다. 또 철강노련이 산하 노조들을 충분히 통제하지 못해, 위신·자금·인원의 모든 점에서 열악한 상황임을 지적하며, 이를 강화해야만 한다고 강조했다.

◆ 연금 기금이나 퇴직금 기금 등 복지·부가급 적립금을 사용자들과 노조가 함께 금융기관(은행, 증권회사 등)에 적절히 예치해 운용해 온 것을 가리킨다.

그리고 국제금속노련과 국제자유노련에 가입하라고 권유했다. 즉 기업의식 청산, 산별 조직 강화, 국제 연대 추진을 통해 철강노련의 전투성을 높이려는 것이었다.[182]

이렇듯 미·일 양국의 무역마찰 격화는 국제금속노련이 일본을 조직화하는 활동을 강화한 배경 요인 중 하나였다. 그런데 일본 철강노련과 전미철강노조와의 관계에서 보듯이 이는 전노보다는 급진적인 총평의 방침과 더 친화성이 있었다. 총평의 오타 의장은 1960년 3월 23일 영국 대사관의 칼버트 노동관에게 TUC와 AFL-CIO 혹은 DGB가 각각 조사 요원을 1명씩 파견해 임금과 노동조건을 조사해 주길 바란다고 말했다. 그것은 이들이 총평과 마찬가지로 자본주의 나라의 노조들이고, 일본 정부와 경영자들도 그 조사 결과를 무시하지 못하리라고 여겼기 때문이었다.[183] 즉 오타는 서구 노조들의 압력을 이용해 노동자의 생활수준 향상을 꾀하려 했다. 4월 26일에도 오타는 칼버트와 만나, 경영자에 맞서 높은 임금과 더 나은 노동조건을 쟁취하려면 기업의 가부장주의를 청산하고 참된 의미에서의 노동조합주의를 정착시켜야 한다고 말해, 1개월 전의 발언을 다시 상기시켰다.[184] 그러던 중 국제금속노련의 대일 활동은 1961년에 들어 큰 진전을 보이게 된다.

제4장

IMF-JC와 동맹의
결성

1. 케네디·라이샤워 노선

케네디·라이샤워 노선의 등장

1961년 1월 20일, 민주당의 케네디가 공화당의 아이젠하워에 뒤이어 미국 대통령으로 취임했다. 국무장관에 러스크를 기용한 케네디 정권은 주일 대사의 인선을 서둘렀다. 많은 후보자들 중에서 하버드 대학의 에드윈 라이샤워 교수가 선임되었다. 선교사의 아들로 도쿄에서 출생해 일본에서 자란 라이샤워는, 오하이오주의 오버린 대학을 졸업한 뒤 하버드 대학 대학원에서 일본 연구를 시작했다. 제2차 세계대전 중에는 육군에서 암호해독을 맡았고, 종전 후 국무부에서 대일 정책 입안에 참여했다. 일본어에 능통하고 일본에 대한 지식이 풍부했던, 학자이면서도 정책에도 밝았던 라이샤워는 안보 분쟁 이후 새로운 미·일 관계를 구축할 최적의 인물로 비춰졌다. 하지만 공산주의 중국을 승인하자고 주장하는 등 진보적인 학자로 알려진 라이샤워가 선임되자 미·일 양국의 보수 세력들은 강한 경계심을 보였다. 그러나 미국 연방수사국의 보안 심사와 상원 외교위원회의 청문회를 무난히 통과한 라이샤워는 4월 19일에 정식 주일 대사로 일본에 왔다.[1]

일본에 대한 라이샤워의 인식은 부임하기 반년 전 『포린 어페어스』 1960년 10월호에 발표한 논문 "훼손된 일본과의 대화"에 단적으로 나타나 있다. 이는 안보 분쟁이 끝난 직후 일본을 방문한 경험에 기초해 집필한 논문이었다. 라이샤워는 안보조약 개정 자체에는 긍정적인 입장이었는데, 이 논문의 초점은 양호한 미·일 관계를 가져올 안보조약 개정이 어째서 아이젠하워 대통령의 방일을 중단할 만큼 양국 관계를 흔들어 놓았는지에 있었다. 라이샤워의 결론은 미국 정부와 일본 야당 세력 간 인식의 차이, 근본적으로는 양자의 의사소통이 부족해 안보 분쟁을 발생시켰다는 것이다. 즉 주일 대사관이 안보 투쟁을 공산주의자들의 책략으로 간주해 "놀랄 수밖에 없는 정세 판단의 오류"를 저지른 것은, 보수적 정치가와 재계 인사들만 접촉하고 평화와 민주주의를 옹호하는 야당 세력과 교류하지 않았기 때문이라고 지적하고, 기시 내각을 일방적으로 지지한 맥아더 대사를 날카롭게 비판한 것이다.

안보 개정을 지지한 데서 드러나듯이 라이샤워는 반공주의적 사고를 지녔을 뿐만 아니라 중립주의에도 비판적이었다. 이 논문에서도 일본의 중립화는 동아시아에서 미국의 군사전략에 타격을 주어 공산주의 세력의 침투를 유발할 것이라고 지적했다. 그러나 중요한 것은 라이샤워가 안보 개정 반대 세력을 둘로 나누어 볼 필요성을 주장한 점이다. 바로 공산당과 사회당(그리고 민사당)이다. 공산당의 4~5배 규모의 온건 야당 세력은 평화와 민주주의를 신봉하고 군국주의의 부활을 저지하는 것을 초미의 과제로 여겨 비무장과 중립을 통해 미소 양국의 군사적 대립에서 벗어나기를 바라고 있을 뿐이다. 안보 투쟁의 고양은 기본적으로 안보조약 체결을 강행하려는 기시 정권에 반대하는 데 불과할 뿐, 공산당 외에 다른 정당은 반미 감정을 보이지 않았다. 라이샤워는 사회당이 중심인 야당 세력이 엘리트주의·폭력주의 경향이 있고 공산당과 제휴하는 등 약점과 위험성이 많다고 지적하면서도, 대화와 상호 이해가 가능하며 또 필요하다고 역설하고 있었다.[2]

마르크스주의 역사학을 배척하고 근대화론을 주장하는 연구자인 라이샤워는 일본은 아시아에 위치하면서도 서구와 같은 민주적 근대화에 성공한 모범 사례로 보고 있었다. '미·일 양국은 민주주의를 비롯해 기본 이념을 공유하고 있어서, 양자 사이의 오해는 서로에 대한 지식의 부족에서 기인하는 것일 뿐이다.' 이렇게 생각하는 라이샤워는 대사에 취임하자 급속한 근대화로 미국을 뒤쫓고 있는 일본의 자존심을 채워줄 구호로서 "동등한 파트너십"이라는 표현을 사용했다. 1961년 6월 20일에서 22일까지 열린 이케다·케네디 회담에서 두 정상은 이 표현을 자주 사용했다. 그리고 이를 실질화하기 위해 신안보조약의 경제 조항 정신에 따라 두 나라의 주무 부처 각료들이 매년 협의하는 '미·일무역경제 합동위원회'를 설치하기로 결정했다.[3] 안보 분쟁의 여파를 차단하고자 '관용과 인내'를 슬로건으로 내걸고 국민소득 배가 계획을 중심으로 하는 고도 경제성장을 전면에 내세운 이케다 내각은 라이샤워가 보기에 바람직한 정권이었다.[4]

그런데 라이샤워 대사가 등장하면서 새로운 대화 상대로 부각된 것은 역시 사회당, 그리고 그 최대의 지지 단체인 총평이었다. 대사 취임을 앞둔 4월 11일의 워싱턴 기자회견 자리에서, 사회당과 총평 대표들도 적극적으로 만날 계획이라고 말한 라이샤워는 사회당과 노동조합들로부터 환영을 받았다.[5] 4월 19일 하네다 공항에 마중 나간 것은 정부 관계자들 외에 사회당의 와다 히로오 국제국장과 [참의원 의원이었던] 사타 다다타카, 민사당의 나가스에 에이이치 교선국장 등이었고, 자민당 국회의원은 한 사람도 보이지 않았다.[6] 이후 라이샤워는 7월 28일 사회당의 가와카미 조타로 위원장, 와다 국제국장 등과 회담했는데, 이에 대해 다음과 같이 기록했다. "미국 정부의 고관과 일본사회당 지도자들과의 만남은 저 유명한 맥아더·아사누마 대격돌◆ 이후 처음이어

◆ 일본사회당 서기장 아사누마는 1959년 3월 중국 베이징을 방문한 뒤 미국 대사인 맥아더를 면담했다. 이 자리에서 맥아더는 아사누마가 "미국은 중국과 일본의 공동의 적"이라고 하는 중국공산당의 입장에 동조했는지 따졌고, 양자는 고성을 주고받으며 다퉜다고 한다.

서, 상징적인 의미가 있었거니와 실제로 '훼손된 대화'를 복구하기 위해서도 획기적이었다." 라이샤워는 10월 25일에도 사회당의 유력 국회의원들과 회담했다. 이 역시 "'훼손된 대화'의 부분적 복구"였다.[7]

야당 간부 이상으로 라이샤워가 빈번하게 만난 이들은 총평과 전노의 노동조합 지도자들인데, 그는 "온건한 전노(이후 동맹)와는 늘 대화했으나, 극좌에 가까운 이와이, 그리고 오타 둘과는 자주 격론을 즐겼다. 두 사람은 반미 감정을 그대로 드러내며 논쟁했지만, 인간적으로는 기분 좋은 사람들이어서, 그들과의 논쟁은 언제나 유쾌한 자극이 되었다." 라고 회상했다.[8] 국무부 극동국의 노동고문에서 주일 대사관의 해외공보국 노동정보관으로 전근한 소콜러브에 따르면 총평의 오타 의장 및 이와이 사무국장과 라이샤워의 첫 회담은 1961년 9월 중순이었는데, 그 자리의 분위기는 "아주 즐거웠다."고 한다.[9] 라이샤워는 자신들만 일본 노조 지도자들과 접촉한 것이 아니라, 골드버그 노동장관과 로버트 케네디 법무장관 등 일본에 온 정부 고관들과의 회담도 주선했다.[10] 이와이는 케네디 법무장관과의 회담에서 라이샤워가 정부뿐만 아니라 그 비판 세력의 의견에도 귀를 기울이는 것을 높이 평가했다.[11] 라이샤워는 총평과 "훼손된 대화"를 성공적으로 복구한 것이다.

라이샤워의 대화는 야당과 노조에 그치지 않고 일반 여론, 특히 여론에 큰 영향력을 지닌 지식인들과도 이루어졌다. 이때 중요한 역할을 한 것은 호의적 이미지 형성을 임무로 하는 해외공보국이었다. 라이샤워는 "일본과의 상호 이해와 공감을 키우기 위한 지적·문화적 교류에 노력할 것"을 직원들에게 지시하는 한편, 정치담당 및 경제담당과 나란히 문화홍보담당 공사(公使)의 직책을 신설해, 해외공보국을 격상시켜 그 활동을 키우려고 했다.[12] 해외공보국 역시 노동을 대상으로 하는 활동을 중시해, 1961년 7월 1일에 시작된 1962회계연도 방침에서 일본 전국 12개 미국문화센터의 노동조합에 대한 활동을 강화하기로 했다. 후쿠오카와 오사카에 국한되어 있던 노동조합과의 접촉을 다른 지역 까지 확대하겠다는 것이었다.[13] 그리고 그 지렛대 역할을 한 것은 해외 공보국이 1961년 11월에 창간한 일본어판 월간지 『미국의 노동문제』 였다. 이 잡지의 편집 방침은 "일본의 노조원들을 위해"서 "미국의 노 동조건과 노사 관계에 관한 기사"를 중점적으로 다룬다는 것이었다.[14]

영국 정부는 라이샤워 대사의 이런 대일 노동정책에 처음부터 기대 를 걸었다. 사회당이나 총평과 대화를 단절한 아이젠하워 정권을 공개 적으로 비판한 라이샤워가 미국 대사로 취임하자, 일본의 노동조합에 대한 영국과 미국의 입장 차이가 좁혀지리라고 영국 외무부는 기대했 다.[15] 그리고 그런 변화의 징후는 라이샤워의 업무가 시작되자마자 나 타났다. 5월 11일, 미국 대사관의 실버버그 노동관은 영국 대사관의 리즈 메이올에게 다음과 같이 말했다. '일본의 주요 정치 세력인 총평 을 결코 가볍게 보지 않는다. 총평은 통일적 조직이라기보다는 다양한 정치적 입장들이 혼재된 조직이고, 계속 미묘한 변화를 보이는 조직이 다. 총평과 전노를 포함한 조직 재편이 이루어지고 일본의 노조운동이 건전하게 발전할 가능성은 충분하다. 총평이 제대로 해준다면 전노의 입장이 어려워질 것이다.' 메이올은 총평이든 전노이든 노동조합의 건 전한 부분을 지원하겠다는 실버버그의 생각은 영국 정부의 방침과 전 혀 다르지 않다고 평가했다.[16]

총평의 온건화와 이시다의 노동정책

케네디 정권의 등장으로 미국의 대일 노동정책이 전환될 수 있었던 것은 총평이 온건화되고 있었기 때문이기도 했다. 이미 1960년 초부터 그런 조짐이 나타났다. 즉 사회당이 1959년 10월에 분열해 니시오파가 가와카미파 일부와 더불어 민사당을 결성하자, 전노는 공세를 강화해 국철노조 등 총평 산하 노조들을 조직적으로 흔들었다. 오타와 이와이가 이끄는 총평 주류파인 노동자동지회는 이를 막기 위해 민사당 결성 하루 전인 1960년 1월 23일 "노동운동의 전진을 위하여"라는 제목의 성명을 발표했다. 주지하듯이 이 문서는, 일본은 서구 나라들과는 달리 자본이 국가권력과 결합하고 있어서, 임금과 노동조건, 노동기본권의 확립이라는 경제투쟁이 평화와 민주주의를 위한 정치투쟁으로 발전할 필연성이 있다고 지적하면서, '일본적 노동조합주의'를 주창하고 있었다. 그러나 이 문서의 주된 흐름은 이와이가 사무국장으로 출마할 당시 내세웠던 경제투쟁 우선 원칙을 재확인하고 정치투쟁의 전면에 서야 하는 것은 총평이 아니라 사회당이라고 주장하면서, 경제투쟁을 주축으로 노동 전선의 통일을 이루자고 호소하는 것이었다.[17]

이 당시 미국 대사관은 총평의 방침 전환을 회의적으로 보았다. 맥아더 대사는 정치투쟁에 대한 여론의 비판과 기시 내각의 강경책, 마르크스주의에 입각한 임금 투쟁과 선거운동의 한계, 민사당의 결성에 따른 조직적 동요, 안보 투쟁의 쇠퇴와 같은 상황 속에서 총평이 방침 전환의 압박을 받고 있었다고 하더라도, 한 장의 성명서만으로 총평이 입장을 바꾸었다고 생각할 수는 없다고 국무부에 보고했다.[18] 총평은 5월 13일 간사회에서 1960년도 운동방침의 초안을 결정했다. 이 초안은 [총평 내 좌파 그룹인] 노동자동지회의 성명서에 입각해 춘투의 실패, 안보 투쟁의 침체, 미이케 쟁의에서 제2 노조가 생긴 것 등 커다란 장벽에 가로막혀 있다는 자기비판의 내용을 담았다. 하지만 미국 대사관은, 이것이 과거의 방침과는 달라진 것임을 인정하면서도, 방침과 실제 행동의 괴리를 생각하면 총평이 크게 변했다고 판단할 수 없다고 지적했다.[19] 오타 의장이 미국 대사관의 실버버그 노동관과 영국 대사관의 칼버트 노동관에게 서구 노동조합들과 적극적으로 교류하고 싶다는 뜻을 전달한 것은 이 무렵의 일이었다.

맥아더 대사의 판단이 꼭 틀렸다고는 말할 수 없다. 5월 20일 새벽, 신안보조약 비준안이 중의원에서 강행 통과되자 안보 투쟁은 민주주의 옹호 투쟁으로 발전하면서 대대적인 국민적 지지를 모았고, 5월 말부터 6월 중순에 걸쳐 전대미문의 대규모 시위대가 국회를 포위했다. 신안보조약은 6월 19일 자연 확정되었으나, 예정된 아이젠하워 대통령의 방일은 중지되고 기시 총리는 23일 조약의 발효와 더불어 퇴진 의사를 밝혔다. 안보 투쟁이 뜻밖으로 고양되자 자신감을 회복한 총평은 6월 30일 열린 확대평의원회에서 1960년 운동방침안을 최종 결정했는데, 경제투쟁과 이를 위한 조직 활동을 중시한다는 초안의 기조를 바꾸어 다시 정치투쟁 쪽으로 선회했다. 미국 대사관이 국무부에 보낸 전보에 따르면, 5월 13일 간사회의 초안에 담긴 주요 방침을 따르면서도 직접적인 정치투쟁을 위해 대중적 조직 기반을 강화하는 데 초점이 두어졌다. 미국 대사관은 이로써 총평은 좌경화했다고 단정했다.[20] 이 운동방침안은 7월 31일부터 4일 동안 열린 총평 제15회 대회에서 채택되었다.[21]

그런데 그 2주 전인 7월 19일에 성립된 이케다 내각은 안보 분쟁으로 퇴진한 기시 내각을 반면교사로 삼아, "관용과 인내"를 슬로건으로 내걸었다. 노동장관으로 기용된 것은 이시다 히로히데였다. 제1차 기시 내각에서 관방장관과 노동장관으로서 1957년 춘투에서 국철노조를 가혹하게 탄압하는 등 총평에 대한 강경책을 주도했던 이시다는, 노동장관 퇴임 후 완전히 생각을 바꾸었다. 즉 총평을 파괴하거나 분열시키기보다는 총평의 온건화를 도모해 건전한 노동조합운동을 만들어

내지 않으면 안 된다고 말하게 된 것이다.[22] 노동성이 발행하는 『주간노동』의 편집자 요시무라 요스케가 1958년 8월 28일 스카겐 노동관에게 말한 바에 따르면, 과거 노동장관 시절에 전노에 대한 지원을 공언했던 이시다는 향후 일본 노조운동을 담당할 주체는 총평이라고 여겨 '당근과 채찍'으로 총평의 온건화를 꾀할 것을 주장해, 계속 전노를 지지하고 총평에 대한 강경책을 유지하려는 구라이시 당시 노동장관과 대립했다.[23] 이시다는 그 뒤에도 전광의 하라구치 위원장과 더불어 '민주경제연구회' 설립에 나서는 등, 총평 내부의 온건파와 접촉하려고 노력했다.[24]

이시다는 이케다 내각의 노동장관 취임 후인 1960년 8월 29일, 맥아더 대사를 만나 다음과 같이 말했다. "새 내각은 5~6월의 안보 투쟁과 같은 정세가 재발하지 않게 막기 위해 '낮은 자세'를 취하고 있다. 즉 총평에게 정치적 선동의 기회와 이유를 주지 않으려 노력하고 있다. 총평의 모든 지도자들과 조합원들이 공산주의자인 것은 아니나, 일부는 분명 그렇고, 그에 대한 대책을 강구하고 싶다. 하지만 일본 정부는 총평의 간부를 해고하는 등 직접적 조치를 취할 수 없다. 그래서 결국 일반 조합원들이 스스로 공산당원인 지도자들을 배척하는 상황을 만들려 한다. 국철노조와 합화노련에서는 일반 조합원들이 총평의 정치 투쟁에 반발해 제2 노조를 결성하려 하고 있는데, 그렇게 총평 산하 노조의 분열을 촉진하고 싶다. 하지만 총평을 파괴할 수는 없고, 단지 공산당이 총평을 지배하지 못하게 하고 싶은 것이다. 중앙보다 지방의 총평 간부를 미국 방문에 참가시키는 일은 그런 의미에서 매우 바람직하다."[25] 이상의 이야기에서 보듯이, 기시 내각에서 이케다 내각으로 넘어오면서 이시다 노동장관은 크게 달라진 모습을 보였다.

이시다 노동장관은 12월 15일 맥아더와 다시 만나 자신의 생각을 더 명확하게 전달했다. '총평은 미이케 쟁의가 [노조 내부 분열과 그에 따른] 제2 노조 발생 탓에 실패로 끝난 결과, 총선거에서 공산당과 명확히 선을 긋는 등 서서히 우경화하고 있다. 총평을 반정부·친공산당의 한 덩어리 조직으로 보는 것은 잘못이다. 오타와 이와이 등 최고 지도자들은 합리적이고 현실적이며, 일반 조합원들은 정치에 무관심하고 기본적으로 보수적이다. 그 사이의 중간 지도자들 중에 공산주의자들이 많고, 좌파 경향이 강할 뿐이다. 전前 노동장관인 구라이시 등은 총평 내부의 다양한 의견을 무시하고 총평 전체를 억압했으나, 임금과 노동조건 등에 관한 총평의 정당한 요구에 응해 그 지도자들과 좋은 관계를 유지하면서 일반 조합원들과 신뢰 관계를 쌓는 것이 중요하다. 지난 만남에서 총평의 분열을 촉진하고 싶다고 말했으나, 온건 세력이 총평을 탈퇴하고 좌익 세력의 영향력이 내부에서 더 커질 것을 생각하면, 그보다는 일반 조합원들의 정당한 요구에 응하고, 온건한 최고 지도자들의 입장을 강화하는 것이 가장 유익한 접근법이라고 생각한다.'

이시다 노동장관은 이런 방침에 따라 미이케 쟁의를 해결하는 과정에서 발생한 해고자들에게 새로운 직장을 알선하겠다고 약속했다. 맥아더 대사와의 회담에서, 이시다는 열심히 대화를 계속한 결과 처음에는 적대적이고 의심하던 탄광 노동자들이 차차 우호적으로 변했다고 말했다.[26] 그리고 이시다의 이런 노동정책에 호응이라도 하듯, 탄노는 1960년 10월 12일에 열린 제28회 임시대회에서 미이케 투쟁의 패배를 인정하고 석탄 정책 전환 투쟁에 나서기로 결정했다. 석탄에서 석유로의 에너지 혁명에 따라 탄광의 합리화가 진행되고 있으므로 개별 기업에서 저항 투쟁을 조직하는 것만으로는 충분하지 않으니, 국민의 공감을 얻을 수 있도록 통일된 투쟁을 조직해 정부가 석탄 정책을 전환하도록 촉구하고, 그 일환으로 탄광 노동자들의 구제 조치 등을 제시하자는 것이었다. 석탄 정책 전환 투쟁은 같은 시기에 사회당의 에다 사부로 서기장 등이 주창했던 구조개혁론*과 맥락을 같이하는 것이어서, 그에 따라 총동맹 산하의 전탄광 및 경영자들과 협력해 정부에 진정하는 등의 모습으로 진행되었다. 탄노의 이런 방향 전환은 상급 단체인 총평에도 커다란 영향을 미쳤다.

이케다 내각의 '저자세'로 안보 투쟁의 여운이 가신 1961년 5월 13일, 총평은 확대평의원회를 열어 1961년도 운동방침 초안을 결정했다. 신안보조약 반대와 직접적 정치투쟁을 강조한 과거 2년 동안의 운동방침과 달리, 앞서 노동자동지회의 성명서에서 나타났듯이, 노동자의 경제적 이익 확보를 중시하는 내용이었다. 그리고 합리화와 [노사협의에 의한] 사전협의제 반대도 모습을 감추었다. 미국 대사관의 분석에 따르면 철강노련과 전광 등이 합리화 전면 반대를 철회하고 사전협의제를 확충하자고 주장한 것, 정치투쟁을 지나치게 강조해 국철노조 등에서 조직 동요가 나타나고 있는 것, 안보 투쟁과 미이케 투쟁이 국민들의 충분한 지지를 얻지 못해 패배로 끝난 것, '저자세'로 임했던 1960년 총선과 1961년 춘투에서 승리를 거둔 것 등이 그 배경에 있었다. 이시다 노동장관은 기자회견에서 총평의 운동방침 초안은 노사 관계 개선을 향한 움직임이라며 환영했다. 가메이 히카루 노동사무차관이 말했듯이 이시다의 이 성명은 총평의 온건화를 촉진하려는 의도에서 나온 것

---

* 1958년의 총선거 직후부터 사회당 내에서 개혁 운동이 시작되어, 에다 사부로가 젊은 층의 지지를 받아 지도자의 지위를 확립했다. 그는 안보 투쟁과 미이케 쟁의에 대한 반성에서, 점진적으로 개혁을 진행·축적해 사회주의로 나아가자는 '구조개혁론'을 제창했다. 이는 톨리아티Palmiro Togliatt가 주도한 이탈리아공산당이 주창한 구조개혁론과 맥을 같이하는 것이었다.

이었다.[27]

그러던 중 총평 내부에서는 오타 의장과 이와이 사무국장을 중심으로 한 주류파와 공산당과 가까운 다카노 전前 사무국장이 이끄는 비주류파의 대립이 격화되었다. 다카노는 무역자유화, 경제성장, 산업합리화 등 노동조합이 직면한 문제들을 미·일 안보 문제와 떼어 놓고 생각할 수는 없다고 생각했다. 그는 운동방침 초안은 경제투쟁에 편중되었고 날카롭게 비판했고, 이에 대해 이와이는 기관지『총평』7월 21일자(1961년)에 실은 "총평의 정치투쟁 강화에 대하여"라는 글에서 이를 반박했다. 그는 정치투쟁의 필요성은 인정하지만, 그 기조는 미국 제국주의 반대가 아니라 임금·근로조건의 개선 등 노동조합의 기본 과제와 연결된 것이어야 한다고 반박했다. 이와이는 공산당의 폭력혁명 노선과 독선적인 태도 등도 비판했다. 같은 날인 7월 21일 미국 대사관의 실버버그 노동관과 회담한 오타는 이와이의 이 글에 전적으로 동의한다고 말했다. 나아가 오타는 공산당이 주도하는 원수협(원수폭금지일본협의회)◆은 이데올로기를 벗어나 참된 국민운동이 되어야 한다고 지적하고, 총평은 거기서 탈퇴하고 새로운 조직을 만들 생각이라고 밝혔다.[28]

미국 대사관의 평가에 따르면, 8월 2일부터 닷새 일정으로 열린 총평 제17회 대회에서 주류파는 '결정적 승리'를 거두었다. 정당 지지 문제에 대해 "사회당 지지, 주요 혁신정당과는 협력한다."라는 원안이 "사회당·공산당 양당 지지" 및 "혁신 세력과 협력"이라는 수정안을 428 대 158로 누르고 채택되었다. 인사에서는 오타 의장과 이와이 사무국장

◆ 1955년에 결성된 반핵·평화운동 단체의 전국 조직이다. 각 지역과 정당, 노동조합 내에도 하부 조직이 결성되어 있었다.

이 재선되고, 중앙집행위원도 25명 중 20명이 주류였다.[29] 다만 국제 노동운동에 관해서는 "적극적 중립"을 표방해, "아시아·아프리카 노동자 연대의 강화"를 주장하는 한편, "국제자유노련이든 세계노련이든 상관없이 노동자 공통의 요구를 기반으로 함께할 수 있는 운동과는 적극적으로 제휴해 공동으로 행동한다."고 하여, 종래 방침을 재확인했다.[30] 그러나 이에 대해서도 반파시즘 통일전선을 제창한 7월 25일의 기자회견에서 오타 의장은 전노와의 협력, 그리고 AFL-CIO 및 서구의 국제자유노련 가입 노조들과의 공동 행동을 중시할 뜻을 밝혔다.[31]

총평과 AFL-CIO의 교류는 이 대회 직후 실현되었다. 오코치 가즈오 도쿄 대학 교수를 단장으로 하여 오이데 슌 총평 부의장, 야스쓰네 료이치 사철총련 서기장, 고가 조 탄노 사무국장, 야마다 하지메 국철노조 서기장 등 총평의 주요 산별 조직의 서기장 그룹을 망라한 14명의 대표단이 8월 13일 미국으로 출발했다. 그 비용은 미국 정부가 아니라 아시아재단이 부담했는데, 라이샤워는 회상록에서 이것이 CIA의 비밀 자금이었다고 인정했다.[32] 라이샤워는 이는 총평이 노조 교류에 적극적인 자세를 보이면서 실시된 최초의 민간 프로그램이라고 그 의의를 평가하면서 국무부에 극진한 대우를 요청했다.[33] 국무부는 정부 고관들과 회견을 주선하는 데 난색을 표명했으나, 케네디 대통령과 회담한 다키타 전노 회장에 비해 너무 소홀하게 대접해 불만을 사는 것도 꺼렸다.[34] 그러자 라이샤워는 노동부의 간부 및 체스터 볼즈 국무차관과 만날 수 있게 해달라고 요청했다.[35] 그러나 결국 이 대표단은 정부 고관 대신 AFL-CIO의 루더 부회장과 윌리엄 슈니츨러 서기장 등 노조 간부들을 주로 만났다.

여기서 알 수 있듯이 총평의 온건화에 대한 평가는 국무부와 주일 대사관 사이에 미묘한 온도 차이가 있었다. 8월 29일에 작성한 "총평의 신노선"이라는 문건을 보면 아이젠하워 정권 당시 총평과의 접촉 확대를 주장했던 노동부조차 부정적이었다. 즉 이와이의 글과 총평 제17회 대회 등을 보면 총평이 공산당에 맞서는 자세를 취하고 있다고 지적하면서도, 이 신노선이 본질적인 변화인지, 아니면 단지 전술적 변화인지는 판단하기 곤란하고, 오타와 이와이의 발언을 볼 때 오히려 후자가 아닐까 생각된다고 말하고 있었다. 노동부는 경제성장 등의 새로운 상황이 총평 주류파 지도자들을 생각 이상으로 변화시키고 있으므로 총평의 온건화 가능성을 간과하지 말고 대표단과도 접촉하기 위해 노력할 필요성을 강조하고 있으나, 그럼에도 신중한 자세를 유지하고 있었던 것이다.[36] 이 문서를 본 AFL-CIO의 국제부장인 해리 폴락도 총평이 변하고 있는 것은 사실이나 과거의 경험으로는 회의적일 수밖에 없고, 이를 판단하기 위해서라도 대표단과 교류해야 한다고 말했다.[37]

폴락에 따르면 실제로 대표단을 만나 본 AFL-CIO 간부들의 반응은 매우 복잡했다. 케네디 대통령이 미국의 불황 극복을 위해 베를린 위기를 일으켰다는 오이데 총평 부의장의 발언은 AFL-CIO 측을 놀라게 만들었다. 반대로 총평의 국제 활동에 대한 AFL-CIO 슈니츨러 서기장의 비난은 총평 측을 곤혹스럽게 만들었다.[38] 총평 측도 AFL-CIO에 대해 다양한 인상을 받았다. 귀국 후에 사철총련의 야스쓰네 서기장은 슈니츨러와는 대화가 되지 않는다는 인상을 받았으나, 서독을 NATO에 가입시킨 점에서 미국 역시 베를린 위기에 책임이 있다고 말한 전미자동차노조의 루더 회장에 대해서는 높이 평가한다고 말했다. AFL-CIO의 조직에 대해서도 관료적이고 역동성은 없는 반면에 노동교육을 중시하고, 분열을 최소화하며, 합리적 조직 구조를 갖추었다는 데서 배울 점이 적지 않았다고 말했다.[39] 국무부는 이 교류에 대해 AFL-CIO가 일본에 대한 관심을 높인 계기가 되었다고 평가했다.[40]

총평 대표단은 돌아오는 길에 서구 나라들을 방문하고 10월 2일 브뤼셀의 국제자유노련 본부에 들러 베쿠 서기장과 회담했다. 베쿠가 노조의 정당한 투쟁은 계속 지원하겠다고 말하자 야스쓰네는 총평을 대표해 다음 세 가지를 요청했다. 첫째, AFL-CIO와 관계를 긴밀히 하고 이해를 높이기 위해 국제자유노련이 중간 역할을 해줄 것, 마찬가지로 서독의 DGB와의 교류도 도와줄 것. 둘째, ILO 조약 제87조 비준 투쟁을 계속 지원해 줄 것. 셋째, 제87조 비준과 노동시간 단축을 위해 전노·신산별·중립노련과 공동 투쟁을 하고 있는데, 이를 자동화와 기술 혁신 문제로까지 확대하고 싶으니 국제자유노련이 도와줄 것.[41] 총평은 이 대표단 파견을 계기로 국제자유노련 및 그 가입 노조들과의 교류를 활성화해 갔다.

케네디 정권과 국제 공정 노동 기준

앞서 말했듯이, AFL-CIO는 1959년 2월 24일의 집행위원회에서 채택한 성명 "국제무역에서의 공정 노동 기준"을 계기로 국제 공정 노동 기준을 GATT 협약에 넣게 하라고 미국 정부를 강력히 설득했다. 일정한 성과는 있었지만, 1960년 대통령 선거에서는 공화당과 민주당 모두 이를 공약으로 내걸지는 않았다. 공화당의 선거 강령은 '경제성장과 비즈니스' 항목에서 "국제무역에서의 공정 경쟁을 위해 수출국에서 공정 노동 기준을 촉진한다."고 하여, 공정 경쟁이라는 경영자의 이익을 강조하면서 국제 공정 노동 기준에 전향적인 자세를 보였다. 이에 비해 민주당의 선거 강령은 '국제무역' 항목에서 "새 민주당 정권은 미국 노동자들을 보호하고, 다른 지역 많은 노동자들의 생활수준 향상을 위해 공정 경쟁과 공정 노동 기준을 보장하는 국제 협정을 실현하고자 노력할 것"이라고 주장해, 지지 기반인 노동자들의 이익을 중심으로 국제 공정 노동 기준의 필요성을 강조했다.[42] 그리고 AFL-CIO의 전면적 지지를 받은 민주당의 케네디는 공화당의 닉슨을 근소한 차이로 물리치고 대통령에 당선되었다.

AFL-CIO 집행위원회는 케네디 정권 출범 1개월 후인 1961년 2월 26일, 국제무역 정책에 대한 성명서를 발표했다. 이 성명서는 자유무역을 지지하면서도 미국 노동자와 산업을 곤경에 빠트리지 않도록 해야 한다고 주장하면서, 다음 일곱 가지 요망 사항을 담았다. 즉 ① 해당 산업에 큰 타격을 줄 정도의 관세 인하를 금지하는 '위험 기준' 조항을 관세법에 명기하고, ② 미국 노동자와 산업에 심각한 타격을 줄 경우 관세 인상을 허용하는 탈출 조항escape close을 유지하고, ③ GATT와 ILO에 설치된 시장 혼란에 관한 고충 처리 기관을 강화하고, ④ 수입으로 피해를 본 노동자·산업·지역을 구제할 무역조정법을 제정하고, ⑤ 미국의 국내 생산수준의 유지를 무역정책의 목표에 추가하고, ⑥ 국제 공정 노동 기준을 미국 무역정책의 일부로 하며, ⑦ 고용을 빼앗는 다른 공업국들이 아니라 후진국들로 해외투자가 가도록 세제를 개정할 것 등이었다.[43] AFL-CIO는 국제 공정 노동 기준을 위시한 기존 주장을 유지하면서도 자유무역을 중시하는 경향을 확고히 했다.

국제수지 악화로 고민하는 미국 정부의 압력을 받은 일본 정부는 1960년 6월 24일 각의에서 "무역환換자유화계획 대강大綱"을 결정한 뒤 개방 경제로의 이행을 추진하고 있었다. 1961년 6월의 이케다·케네디 정상회담 당시 러스크 국무장관은 실업이 증가할지 모른다고 우려한 미국의 노동조합이 보호주의로 기울고 있다고 경고하고, 무역자유화를 가속화하도록 이케다 하야토 총리에게 요청했다.[44] 미국 실업 문제의 악화가 양국의 경제 관계에 큰 그림자를 드리운 것이다. 그리고 이 정상회담에서 '미·일무역경제합동위원회' 설치가 결정되면서 미국 정부는 8월 8일 정부 부서들의 합동 작업 팀 첫 모임을 가졌다. 이 자리에서 CIO 출신의 조지 위버 국제담당 노동차관보는 호혜통상협정법에 대한 미국 노조들의 지지를 얻기 위해, 미·일 양국의 임금제도를 주제로 공동 연구를 실시하자고 일본에 요구할 것을 주장해 동의를 받았다.[45] 즉 미국 정부는 GATT와 같은 국제적 구조뿐만 아니라 미·일무역경제합동위원회라는 양자 구도를 통해 직접적으로 국제 공정 노동 기준을 실현하기로 결심한 것이다.

미·일무역경제합동위원회 첫 회의에 나선 미국 정부의 방침은 10월 26일 문서로 정리되었다. 세 번째 의제인 "미·일 양국의 임금제도와 노동생산성"에 대한 문서는 GATT와 ILO에서 시장 혼란 문제 대책의 진전 상황, 1961년 2월 26일 AFL-CIO 집행위원회 성명 등을 검토한 뒤 다음과 같이 말하고 있었다. '일본으로부터의 수입을 규제하자는 미국 국내 세력들은 생산성, 원자재 비용, 부가급부 등을 고려하면 미국 평균 시급은 1.2달러, 일본은 30센트에 불과하다고 단순히 비교해 일본의 저임금을 비난하고 있다. 미국 정부는 부당한 저임금과 노동조건에도, 그리고 사실의 왜곡에도 관심을 기울이며, 일단 정확한 평가가 필요하다고 생각하고 있다.' 따라서 미·일 공동의 특별위원회를 설치해 섬유·전기·기계·목재·봉제 등 양국 무역의 주요 산업들을 골라 평균 시급, 부가급부, 노동생산성, 노동비용, 생산비용, 기타 비용 등에 관한 자료를 수집하는 동시에 대규모 고능률 공장, 중규모 공장, 소규모 공장을 각각 선정해 사례연구를 하자고 일본 정부에 제안했다.[46]

이에 위기감을 느낀 일본 정부는 역제안을 준비했다. '환율을 기준으로 명목임금을 단순 비교해 일본은 저임금이라고 하는 것은 적절하지 않다. 일본 노동자들은 임금 외에도 각종 수당과 퇴직금을 받으며 물가 수준도 낮다. 대기업과 중소기업의 임금격차도 크고, 직무보다는 연령과 근속으로 임금이 결정되고 있어서 단순 비교는 곤란하다. 최근의 고도성장으로 임금은 뚜렷하게 높아지고 임금격차도 줄고 있다.' 일본 정부는 이렇게 지적한 뒤, 다음과 같이 속내를 드러냈다. '혹시 저임금 국가로부터의 수입을 저임금을 이유로 규제한다면, 그 저임금 국가는 수출 확대를 통해 생활수준을 향상시킬 기회를 잃게 된다. 그러므로 양국의 무역을 확대할 방법을 넓은 관점에서 공동으로 연구하고 싶다. 연구 대상에는 임금과 노동비용뿐만 아니라 미국 산업의 현황과 일본 제품의 미국 시장 판로 확대 등도 포함되어야 한다. 양국 경제계의 대립을 야기할지 모르는 불필요한 내용 공개를 피하기 위해 특별위원회는 설치하지 말고, 대사관 같은 통상 채널을 통해 정보와 자료를 교환하도록 하자.'[47]

미·일무역경제합동위원회 첫 회의는 11월 2일부터 사흘 일정으로 일본 하코네箱根에서 열렸다. 첫날 회의에서 골드버그 노동장관은 일본의 저임금, 미국 노조의 보호주의, 일본 노조의 정치주의, 미국 정부의 노조 지배라는 네 가지 오해가 두 나라 노조들 사이에 존재하고 있다고 말했다. 골드버그는 일본의 저임금 문제를 강조하면서도 일본의 저항감을 누그러뜨리기 위해, 최근 일본의 임금과 노동조건이 얼마나 향상되었는지를 미국이 충분히 알지 못했으므로 오해를 바로잡기 위해 공동 연구를 제안하는 것이라고 말했다. 골드버그는 이어서 이미 후쿠나가 겐지 노동장관과 대화해 타협안을 제시했다고 밝혔다. 이는 양국 무역에 관한 노동문제의 모든 측면을 통상적인 절차에 따라 조사하고, 공동선언에 그 내용을 담자는 것이었다. 골드버그는 양국이 조사의 중요성을 인정하는 데 그치지 않고, 표준 이하 임금과 노동조건을 없애는 것이 두 나라 모두가 원하는 바라고 표명해야 한다고 역설하며 속마음을 드러냈다.

제1회 미·일무역경제합동위원회는 공동선언을 발표하고 11월 4일 폐막했다. 공동선언의 열한 번째 단락에서는 노동조건과 생활수준 향상 모두가 두 나라에 중요하고, 무역정책은 고용 상황에 영향을 받을 수밖에 없음을 확인하고 있다. 열여섯 번째 단락은 이 합동위원회에서 두 나라의 임금·노동조건·고용과 무역의 관계에 대한 협의가 있었다고 밝히고, 20단락의 (c)에서 '양국은 생활수준 향상을 위해 함께 노력'하고, (e)에서는 '무역 관계에 영향을 줄 오해를 피하기 위해 임금·노동조건·고용·노동정책에 관한 정보를 개선할 필요성'에 대해 말하고, 여기에 명기한 사항들에 대해 양국 정부가 조사를 실시하기로 합의했음을 밝혔다.[48] 임금 및 노동조건의 향상과 무역 규제 가운데 선택을 강요받게 될지 모를 공동 조사를 어떻게든 피하고 싶었던 일본 정부는 결국 미국 정부의 압력에 밀린 것이다. 구체적인 연구 방법을 합의하지는 않았으나, 이는 분명 미국 정부의 승리였다.

골드버그 노동장관은 다음 날인 11월 5일, 총평·전노·신산별·중립노련 대표들과 차례로 회담했다. 골드버그는 어느 쪽과 만나서도 처음에는 자신과 미국 노조와의 관계에 대해 언급했다. 골드버그는 1948년부터 CIO의 법률고문을 지냈고, 1955년 AFL과 CIO의 합병에 깊이 관여했으며, 그 뒤 AFL-CIO의 특별고문을 지낸 저명한 노동 변호사였다.[49] 케네디 정권이 반동적·자본가적이지 않다는 것은, 자기를 노동장관에 기용한 사실로 알 수 있을 것이라고 그는 말했다. '케네디 정권은 외교적으로는 자유주의 진영의 이익을 옹호하면서, 내정에서는 루스벨트 정권의 전통을 계승해 사회보험을 확대하고 생활수준을 향상하는 등 자유주의적이고 진보적인 정책을 실시한다. 따라서 AFL-CIO는 케네디 정권을 지지하고 있다. 그러나 그와 동시에 미국의 노동조합은 공산권 노조들과는 달리 정부로부터 독립적이며 비판의 자유를 누리고 있다.' 골드버그는 미국이 어떻게 노동조합운동을 옹호하고 있는지를 힘주어 말했다.

가장 중요한 화제는 임금 문제였다. 골드버그는 미·일무역경제합동위원회의 공동선언에 대해 언급하면서, 미국의 무역 규제 움직임을 막기 위해서도 일본의 임금과 노동조건 향상이 필요하다고 역설했다. 또한 미국 정부와 AFL-CIO는 모든 나라의 생활수준 향상에 관심을 가지고 있다고 말했다. 이에 대한 일본 노조들의 반응은 일본 정부와는 달리 매우 호의적이었다. 중립노련 의장이자 전기노련 위원장인 다케하나 유키치는 정부와 경영자들이 저임금을 숨기려 한다고 비판하면서 임금 인상에 힘쓰겠다는 의지를 밝히고, 미국은 보호주의로 나가지 말라고 요청했다. 총평의 오타 의장과 이와이 사무국장은 "일본의 임금과 국제무역"이라는 제목의 문서를 골드버그에게 전하고, 일본의 임금이 마땅한 수준보다 낮아, 정부와 경영자들의 저항에도 불구하고 정당한 분배 확보를 위해 노력할 것이라고 밝혔다. 전노의 다키타 의장도 임금 인상이 생산성 상승을 따라가지 못한다고 말하고, 정당한 성과 배분이 필요하다고 강조했다.[50] 미국 정부와 총평을 포함한 일본 노조들 사이에는 암묵적인 협력 관계가 형성되고 있었다고 볼 수 있다.

케네디 정권은 공식적으로도 국제 공정 노동 기준을 추진하고 있었다. 예컨대, 케네디 대통령이 1962년 1월 25일 의회에 보낸 통상교서通商敎書는 저임금 국가들의 임금수준이 국제 기준의 도움으로 상승되기를 바란다고 말하고 있었다.[51] 월터 루더에 따르면 이는 전미자동차노조가 노력한 성과였다.[52] 루더는 이 교서를 보고 오랜 지인인 골드버그 노동장관에게 서한을 보내 불공정한 무역 경쟁을 없애고, 미국의 무역 적자를 개선하고, 자유주의 나라들의 생활수준을 향상시키기 위해, GATT

협정과 미국의 호혜통상협정법에 공정 노동 기준 조항을 담자고 요구했다.[53] 이에 대해 골드버그는 GATT의 '시장 혼란에 관한 특별위원회'를 위시해 미국 정부가 지금까지 국제 공정 노동 기준을 실현하고자 노력해 왔고, 앞으로도 OECD(경제협력개발기구)의 인적자원위원회에서 의견을 표명할 예정이라는 것 등을 전달했다.[54] 이처럼 미국의 노·정이 일체가 되어 국제 공정 노동 기준에 대처한 것은, 미국의 대일 노동정책이 정부에서 노조로, 그것도 전투적인 총평을 중시하는 쪽으로 변화한 중요한 요인의 하나였다.

국무부 방미 프로그램의 재개

고도 경제성장으로 일본의 경제력이 커지자 생산성 프로그램은 1961회계연도부터 중지되었다. 그러나 그중에서 노조 대상의 방미 프로그램은 맥아더 대사의 제안에 따라 국제협력국에서 국무부 교육문화국으로 이관해 기존의 국무부 지도자 교류 프로그램과 통합해 계속하는 방안이 검토되고 있었다. 신임 라이샤워 대사도 그 필요성을 적극적으로 인정해 미국 본국에 더 강하게 요구했다.[55] 주일 대사관이 국무부에 보낸 1961년 6월 13일자 전보는, 새로운 대일 노동 교류 프로그램은 생산성 향상에서 미국의 정치·경제 견학으로 초점을 바꾸고, 나아가 총평의 참가자를 늘려야만 한다고 강조했다. '중국과 소련은 가장 크고 가장 급진적인 노동조합 중앙 조직인 총평을 자주 접촉하고 있는데, 이를 방치하면 안 된다. 특히 1960년 안보 투쟁 이후 몇 년이 매우 중요하다.'는 것이 주일 대사관의 인식이었다.

국무부는 주일 대사관의 인식에 전적으로 찬성하면서 준비를 진행했으나, 미국 의회의 1962년도 예산심의 과정에서 대일 노동 교류 프로그램 경비 50만3,600달러를 교육문화국의 예산으로 잡는 것에 대해 하원 세출위원회는 이를 국무부가 아니라 전처럼 국제협력국, 구체적으로는 그 후속 조직으로 발족할 예정인 국제개발국의 예산으로 하자고 요구했다. 하지만 국제협력국의 생산성 프로그램이 1961회계연도로 종료된 이상, 이는 합당하지 않은 요구였다. 그러나 국무부가 열심히 노력했음에도 8월 14일 상원 세출위원회는 하원의 결정을 지지했다.[56] 따라서 국무부는 국제개발국의 예비비를 끌어 쓸 수밖에 없었다. 그러나 국제협력국의 헨리 라보아스 장관이 9월 11일 러스크 국무장관 앞으로 보낸 각서에서 이를 거부해 암초에 부딪혔다. 새로운 노동 교류 프로그램은 좌절에 직면했다.

이에 강한 위기감을 느낀 라이샤워 대사와 조지 볼 국무차관 등은 공산주의 세력의 주요 표적이 되고 있는 아시아 최대의 자유롭고 민주적인 노동조합은 곧 일본 민주주의의 지주이기도 하며, 대일 노동 교류 프로그램은 노조 내부의 민주 세력을 강화해 일본의 정치적 안정을 꾀할 중요한 수단이라고 역설하면서 예산 조치를 호소했다.[57] 노동부도 위버 노동차관보가 맥조지 번디 국가안전보장담당 대통령 특별보좌관에게 서한을 보내 국제개발국의 예비비 전용을 허용해 달라고 백악관에 작업했다.[58] 그리고 11월 3일, 국제개발국의 파울러 해밀턴 장관은 제1회 미·일무역경제합동위원회 참석차 하코네에 머무르던 러스크 국무장관에게 이를 승낙하겠다는 전보를 보내, 대체로 해결을 보게 된다.[59] 최종적으로는 1962년 1월 9일의 해밀턴 각서에 따라 1962회계연도에 국한한다는 조건으로 대일 노동 교류 프로그램 경비 53만2,960달러를 국제개발국에서 국무부 교육문화국으로 이전하기로 확정했다.[60]

11월 3일에 예산 문제가 해결된 뒤, 가장 큰 문제가 된 것은 미국에 파견될 노조 지도자를 선정하는 절차였다. 특히 일본생산성본부를 여기에 참여시킬지 여부의 문제였다. 생산성 프로그램 대신에 총평을 주요 대상으로 하는 정치적 목적을 띤 새로운 프로그램을 실시하려는 것인 이상, 생산성본부를 참여시키는 것은 적절하지 않고, 주일 대사관에 직접 맡기자는 것이 국무부·국제개발국·노동부의 원칙적 입장이었는데,[61] 대사관 내부에서는 맥아더 전 대사의 입장과 마찬가지로 생산성본부에 선임을 위임해야 한다는 의견이 강하게 존재했다. '7년에 걸쳐 1천만 달러를 투입해 온 생산성본부의 노조들에 대한 영향력을 무로 돌릴 수는 없다. 지난 수년 동안 방미 프로그램, 생산성 토론 집회, 생산성 지방본부, 생산성 노동대학 등 생산성운동에 대한 총평의 참여가 급속히 확대되고 있다. 주일 대사관은 생산성본부의 협력 없이는 대일 노동 교류 프로그램의 기획·인선·실시를 제대로 할 수 없다.' 이것이 주일 대사관이 생산성본부의 관여를 원하는 이유였다.[62]

그러나 주일 대사관 내부에서는 생산성본부의 개입을 줄여야 한다는 의견도 있었다. 해외공보국의 소콜러브 노동정보관이 중심이 되어 작성한 문서는 다음과 같이 제안했다. '각각 10명으로 구성된 5개 대표단, 즉 전체 프로그램의 약 50퍼센트는 해외공보국이 설정한 기준에 따라 생산성본부가 후보자를 선정해 해외공보국의 최종 동의를 얻게 하고, 실시도 생산성본부에 맡긴다. 그러나 미·일 양국의 같은 산업 노동조합들의 우호 관계를 촉진할 노조 교류는 생산성본부가 아니라 해당 노동조합의 지도자들에게 인선을 의뢰하고 해외공보국이 승인하도록 한다. 그리고 어느 방식이든 국제자유노련·국제금속노련·국제운수노련 등의 추천을 환영한다고 명기한다.'[63] 라이샤워 대사는 1962년 2월 16일 국무부에 전보를 보내, 소콜러브 등의 이 제안에 따라 각각 8명으로 구성된 5개 지방 팀의 인선에만 생산성본부가 관여하게 하고, 지방 팀에 관해서는 다양한 노조들로부터 주로 앞날이 유망한 젊은 노

동운동가들을 선정하게 할 것 등을 권고했다.[64]

소콜러브 제안의 핵심은 생산성본부의 관여를 줄임으로써 방미 프로그램 참가자의 다양성을 확보하자는 것이었다. 이를 위해 두 나라 노조들의 교류 촉진을 중심에 두었다. '미국 노조들이 노조 대회 기간 등 최선의 시기를 골라 5~8명씩의 산별 팀을 다양하게 초대한다. 반대로 미국 노조들도 1년에 20명의 대표를 일본에 파견해 상대방과 교류한다. 생산성본부가 인선과 실행을 주관하는 5개 지방 팀(팀당 8명)은 젊은 노동운동가들을 주축으로 일상적으로 진행한다.'[65] 이런 소콜러브의 제안은 국무부와 노동부의 승인을 얻은 반면, 생산성본부와 결합한 전노의 강한 반발을 불러왔다. 다키타 전노 의장은 3월 2일 국무부 극동국의 로버트 키니 노동고문과의 회담에서 "노동 교류 프로그램의 모든 참가자들은 일본생산성본부가 선정해야 한다."고 말하고, 소콜러브의 제안은 현실적으로도 현명하지 못하다고 비판했다. 물론 키니는 주일 대사관의 방침을 적극적으로 옹호했다.[66]

1962년 7월 1일 시작된 1962회계연도의 노동교육 프로그램으로 미국을 방문한 산별 팀의 구성을 보면 전노가 조직 재편을 통해 만든 동맹회의同盟会議 산하 전섬동맹이 5명, 전노련 5명, 전금동맹과 조선총련이 5명이었고, 총평 산하 국철노조가 8명, 탄노 5명, 전체와 전전통 8명, 철강노련 6명이었다. 그리고 중립노련 산하 전기노련이 6명으로, 전체적으로 총평의 비중이 높아졌다. 그 외 방미 팀은 동맹회의의 지도부 팀 8명, 5개 지방 팀 각 8명이었다. 전체적으로 총평과 동맹회의 파견자 수가 거의 같았다(〈표 4-1〉 참조).

그리고 8월에는 은퇴한 소콜러브를 대신해 AFL-CIO의 폴락이 해외공보국의 노동고문으로 일본에 왔다. 폴락은 일본에 오기 전인 7월 15일의 라디오 방송에서 "총평 노조들 중에는 미국 노조운동과 이해를

표 4-1 | 미·일 노동 교류 프로그램에 따른 일본 노조 지도자들의 미국 방문자 수 (1962~68년)

연도	총평	전노/동맹	중립노련	신산별	기타	계
1962년	39	38	6	2	4	89
1963년	25	22	2	0	8	57
1964년	26	23	3	0	1	53
1965년	24	21	5	1	5	56
1966년	13	21	6	4	6	50
1967년	17	19	8	0	0	44
1968년	15	19	3	0	3	40
계	169	163	33	7	27	389

자료 : 労働省編, 『資料労働運動史昭和43年』, 労務行政研究所, 1971年, p. 777.

넓히려고 노력하는 조직들이 적잖이 있다."고 말하면서, 이 프로그램을 통해 총평을 위시한 일본 노조들이 AFL-CIO과 긴밀한 관계가 되기를 희망한다는 뜻을 표명했다.[67] 폴락은 AFL-CIO의 직책을 일시적으로 떠났지만 사실상 그 대표로서 노조 교류를 중심으로 하는 방미 프로그램을 추진했다.

그사이에 케네디 정권은, 안보 분쟁이 한창이던 1960년 6월 11일 아이젠하워 정권이 채택한 NSC6008/1을 대체할 대일 정책 문서를 작성하고자 했다. 그리하여 "일본에 관한 정책과 활동의 가이드라인"이라는 제목의 국무부 문서가 1962년 3월 결정되었다. 이 문서는 사회당 정권의 등장[할 가능성]에 대한 강한 우려를 드러냈다. '자민당 대신 정권을 획득할 가능성이 있는 것은 사회당뿐인데, 급진적인 사회주의혁명을 추구할 뿐만 아니라 중소 두 나라에 기운 중립주의를 내세우고 있다. 만일 사회당 정권이 성립되면 미·일 관계는 악화되고, 나아가 아시아 나라들을 급격하고 결정적으로 공산주의 진영으로 기울게 할 것이다. 그러므로 당장은 온건한 보수 정권을 지속시킬 필요가 있다. 하지만 1960년 총선에서 야당의 득표가 1958년보다 3.7퍼센트 증가한 데서 보듯이, 그것이 불가능한 날이 이윽고 올지 모른다. 이제 보수 세력의 지배가 당연히 계속될 것이라고는 볼 수 없다. 그렇다면, 그런 날에 대비해, 자민당 정권의 붕괴를 늦추면서 사회당을 조금씩 온건화하는 것이 극히 중요한 과제다.'

이런 인식에 기초해, 이 문서는 구체적인 방침으로 "보수 세력의 지지를 유지해 가면서, 야당인 사회주의정당과 그 노동조합의 지지자들 속에 온건한 경향을 키워 갈 것"을 주장했다. 그리고 다음의 세 가지 방안을 제시했다. 첫째, 전노와 민사당에 호의적인 관심을 보낼 것. 둘째, 민간자금에 의한 프로그램을 촉진하는 한편 대규모의 노동 교류 프로그램을 계속해, 공산주의자들을 제외한 총평과 전노 등의 노조 지도자들을 미국과 서구의 노조 지도자들과 폭넓게 접촉할 수 있게 할 것. 셋째, 서구 나라들의 사회주의자들이 사회당과 민사당에 더 관심을 가지도록 해서, 접촉을 강화하도록 촉진할 것.[68] 이 구체적 방침을 보면 분명 전노에 대한 강한 배려를 엿볼 수 있다. 그러나 사회당 온건화의 필요성을 강조한 배경 설명 부분과 함께 읽으면, 미국 정부가 아이젠하워 정권 시기에 전노를 일방적으로 편들었던 것과 달리, 총평을 중시하는 방침으로 전환했음을 알 수 있다. 실제로 둘째 방안으로 열거된 방미 프로그램은 총평을 주 대상으로 한 것이었다.

미국의 이런 방침에 대해서 강한 비판이 가해지기도 했다. 일본공산당의 기관지 『아카하타』는 "일본의 노조를 노리는 케네디·라이샤워의 손길"이라는 제목의 특집 기사를 1962년 10월 9일부터 6회에 걸쳐 실어, 케네디 정권이 총평을 표적으로 반공 공작을 하고 있다고 비난했다.

2년 전 안보 투쟁에 대한 '반성'은 어디 가고 …… 어떻게 하든 일본의 통일전선을 분열시켜 공산당의 영향력을 끊어 낸다는 목적을 위해서는 전노가 아니라 총평을 살살 어르고 달래며 환대해 공산당과 분리시키겠다는 미국 국무부의 '정책 전환'이 사실은 작년 가을부터 일본 노조 간부를 대거 초대한 배경이다.[69]

하지만 미국 정부가 공산당의 공격보다 심각하게 여긴 것은 긴밀한 관계인 재계, 자민당, 동맹회의(전노) 등의 불만이었다. 방미 프로그램의 변경은 총평에 대한 지지를 의미하는 것이 아니냐는 우려가 그것이었다. 물론 오해였지만, 미국 대사관은 총평의 온건화 촉진과 동맹회의와의 우호 관계 유지를 어떻게 양립할지를 두고 골머리를 앓고 있었다.[70]

그런데 이 새로운 노동 교류 프로그램이 시작된 1962년 7월 1일과 같은 날 실시된 참의원 선거의 결과는 총평의 온건화 필요성을 한층 더 키웠다. 9월 21일에 라이샤워 대사가 국무부에 보낸 보고서는 다음과 같이 분석했다. '사회당·민사당·공산당의 세 혁신계 정당들은 중의원 선거에서는 1946년 21.6퍼센트에서 1960년 39.2퍼센트로, 참의원 선거에서는 1947년 26.0퍼센트에서 1962년 44.9퍼센트로 득표율이 크게 늘었다. 이는 조직노동자, 지식층, 사무 노동자, 젊은 층, 도시 생활자 등의 증가가 만들어 낸 불가피한 변화다. 이런 경향을 볼 때, 1969년에는 혁신정당들이 자민당을 능가하는 득표율을 기록하게 될 것이다. 신안보조약이 1970년에 기한이 끝난다는 점에 주목하면서, 자민당 정권을 계속 지지하는 한편 좌익 정당들의 주요 부분을 온건화해, 적어도 현재 수준의 대미 협조가 유지될 수 있도록 해야만 한다.'[71] 이시다 히로히데는 그 3개월 뒤 『중앙공론』 1963년 1월호에 논문 "보수정당의 비전"을 발표해, 산업구조의 변화에 따라 1968년에 사회당의 득표율이 자민당을 추월할 것으로 예상하고, 자민당은 노동헌장을 작성해 노동자를 끌어들이지 않으면 안 된다고 주장했는데, 미국 대사관 역시 같은 생각이었다.

2. 노동조합 교류의 진전

총평과 국제자유노련의 관계 강화

안보 투쟁 이후 총평은 한편으로는 서방측 노조들과의 교류를 더욱 중시하는 태도였으나, 다른 한편으로는 오타 의장이 1960년 12월부터 이듬해 2월까지 소련을 방문하는 등 세계노련 및 그 산하 노조들과의 교류도 활발하게 진행했다. 오타는 프라하의 세계노련 본부를 방문했고, 동독에서는 FDGB(자유독일노동총동맹)과 함께 "총평과 FDGB의 형제적 친선은 이미 확고하며, 두 나라 노동자계급의 요망에 기초해 이를 더욱 발전시킬 것을 선언한다."라는 공동성명을 발표했다. 베를린장벽 건설로 긴장이 고조되는 와중에 세계노련과 FDGB는 1961년 9월 22~24일 동베를린에서 '대독對獨평화조약 체결과 서베를린 문제 해결을 쟁취하고 전쟁 도발에 반대하기 위한 국제 노조 대표자회의'를 개최했다. 총평이 파견한 스즈키 세이이치 국제부장은 의장단의 일원으로 참석해 동서 베를린 경계선을 봉쇄한 동독을 지지하는 결의안에 찬성했다. 스즈키는 회의 종료 후 FDGB 기관지의 취재에 응해, 동독 노동조합과의 우호 관계를 강조하고 미국과 서독을 강하게 비판했다.[72]

이런 총평의 행동은 국제자유노련과 마찰을 일으켰다. 국제자유노련의 베쿠 서기장은 10월 6일 총평의 오타 의장에게 서한을 보내 스즈키 국제부장의 언동이 총평의 적극적 중립 방침과 모순될 뿐만 아니라, 미국 방문을 마치고 돌아오는 길에 국제자유노련 본부를 방문한 오이데 부의장이 서독의 DGB와 우호 관계를 맺고 싶다고 한 발언과도 모순된다고 비난했다. 오타는 11월 2일 답신을 보내 다음과 같이 설명했다. '총평이 스즈키 국제부장을 파견한 것은 ① 베를린 위기 와중에 적

극적 중립의 방침을 회의에 반영시켜 모든 군사 계획에도 반대하고, ②
완전 군축을 목표로 모든 나라의 핵실험에 반대하고, ③ 동독과 서독을
승인해 베를린을 비무장 도시로 하며, ④ 중국을 국제연합에 가입시킨
다는 4원칙을 실현하려는 것이었다. FDGB의 기관지 기사가 오해를
불러왔다면 그것은 유감이다.' 하지만 베쿠는 이런 설명을 납득하지 못
해 11월 10일에 다시 오타 의장에게 서한을 보내 '국제자유노련이 총
평을 오해하고 있다는 것은 전혀 사실이 아니다. 일방적으로 공산주의
진영에 가담해 총평이 중립 방침을 위배한 것이 맞지 않은가?'라고 반
론했다.[73]

국제자유노련의 엄중한 비판을 접하자, 총평의 이와이 사무국장은
11월 27일 열린 제18회 임시대회에서 "자유노련·세계노련과의 관계
는 적극적 중립이라는 군사적 세계 평화의 관점에서 바라보는 중립 문
제와는 다소 의미가 다른 것으로, 총평은 두 국제조직에 대해 조직적으
로 중립의 입장을 취한다."라고 말했다. 국제정치에서의 군사적 중립
과 국제 노동운동에서의 조직적 중립을 구별한 것이다. 이는 스웨덴의
LO 등과 같이 동서 양 진영에서 자신의 나라는 중립을 지킨다는 방침
을 내세우면서도, 국제자유노련과 협력할 여지는 남겨 두려는 의도인
듯했다. 또 총평은 12월 4일 열린 세계노련 제5회 대회에 노구치 가즈
마 부의장, 스즈키 국제부장 등 3명을 참관인으로 파견했는데, 동베를
린 회의 때와는 달리 신중한 자세를 취했다. 이와이는 의장단의 일원으
로 선출된 노구치에게 곧바로 사임하라고 전보를 보냈고, 노구치도 소
련의 핵실험을 부득이한 것이라고 한 사이앙 서기장의 보고에 대해, 총
평의 방침에 반하는 것이므로 지지할 수 없다고 발언했다.[74]

오타는 1962년 1월 10일 베쿠에게 답신을 보냈다. 이 서한에서 그
는 일본 노동자들은 생활수준 향상을 위해 사회주의를 바라고 있다고

지적하면서, 신중한 어투로, 미국에 편중된 무역 구조를 바꾸기 위해 공산주의 나라들과의 무역이 필요하고, 주일 미군 기지가 일본을 전쟁에 말려들게 할 위험이 있다는 두 가지 점을 상세히 설명하고, 그래서 적극적 중립이라는 방침을 취하고 있다고 말했다. 그리고 국제자유노련이 세계 평화와 노동자 생활수준 향상을 위해 담당하고 있는 역할에 경의를 표했다. 이에 대해 베쿠는 1월 25일 답신을 보내, 오타의 주장에 서로 받아들이지 못할 것은 전혀 없고, 나아가 국제자유노련의 견해와 대립되는 것도 전혀 없다고 단언했다. 공산주의와 달리 사회주의는 국제자유노련 가입 노조들의 다수가 내세우는 바이고, 안전보장 정책과 국제무역 정책도 여러 가입 노조들의 자유로운 판단에 맡기고 있다고 베쿠는 설명했다.[75] 이 다섯 통의 왕복 서한들을 통해 총평과 국제자유노련은 어느 정도 서로를 이해하게 되었다.

이 무렵 이와이 사무국장은 1월 하순에 중국, 2월 상순에는 서독으로의 해외 출장을 생각하고 있었다. 그러나 중국 방문은 건강상의 이유로 1월 22일 갑자기 취소되었다. 이미 1961년을 거치면서 총평과 중국의 관계는 냉각되고 있었다. 1월에 일본에 온 중화전국총공회의 대표단은 미국 제국주의에 대한 비판을 공동성명에 담자고 주장했으나, 총평은 이를 거부했다. 8월 6일부터 열린 제7회 '원수폭 금지 세계대회'에서도 중국을 지지하는 일본공산당은 원수폭 금지 운동을 미국 제국주의를 반대하는 높은 수준의 정치 운동으로 발전시켜야 한다고 주장했으나, 총평은 사회당과 함께 인도주의적 입장의 폭넓은 국민운동이 되어야 한다고 주장했다. 그 뒤 총평과 중화전국총공회의 교류는 일시적으로 중단되었다. 따라서 이와이의 방중 취소는 정치적 고려에 따른 것으로 여겨졌다.[76] 한편, DGB의 초청에 의한 서독 방문은 당초 예정대로 이루어졌다. 동베를린을 방문한 경험이 있는 이와이에게 번영하는 서베를린을 보여 주어 총평의 이해를 깊게 하자는 것이 DGB의 의도이기도 했다. 2월 10일 이와이는 서독으로 출발했다.[77]

이와이가 이끄는 총평 대표단은 서독을 방문한 뒤 브뤼셀의 국제자유노련 본부에 들렀다. 부재중인 베쿠 서기장 대신에 스테판 니진스키 서기차장이 이들을 맞았다. 1962년 2월 20~21일의 회담에서 이와이는 세계노련을 비판하는 한편, 전년 8월의 제17회 대회 이후 총평 내에서 국제자유노련에 대한 오해가 많이 사라져 자유롭고 민주적인 국제 노조운동에 참가하자는 분위기가 커지고 있다고 말했다. 이와이의 말에 따르면 오타 의장의 출신 조직인 합화노련 및 사철총련 등은 올해 대회에서 국제자유노련 가입을 검토할 전망이고, 국제자유노련 가입 조직인 탄노의 하라 시게루, 전광의 하라구치 유키타카, 전체의 다카라기 후미히코 위원장 등은 최근의 모임에서 이런 경향을 촉진하기 위해 최대한 영향력을 발휘하기로 합의했다는 것이다. 니진스키는 국제정치에서의 중립과 국제 노동운동에서의 중립을 준별해야 한다고 강조하고, 총평이 공산당 정권이 지배하는 세계노련을 선택해서는 안 된다고 말했다. 이와이는 공산당 계열의 노동조합을 유연하게 대해야 한다고 반론했으나, 어느 쪽이냐고 묻는다면 국제자유노련을 택하겠다는 인상을 니진스키에게 던져 주었다.

총평은 그 전년인 1961년 중반, ILO 제87조 비준 투쟁과 관련해 국제자유노련과 그 산하 노조들, 그리고 국제 산별 조직의 지도자들을 일본에 초대하기로 계획하고, 전노·신산별·중립노련에 협력을 요청하고 국제자유노련에도 그 뜻을 전달했었다. 이와이는 니진스키에게 이 계획에 대해 설명했다. 이와이는, 당초 여기에 찬성했던 전노는 총평과 세계노련의 관계를 이유로 일본을 떠나기 전날 이를 거부했으므로 지금 정식으로 초대할 수는 없으나, 최대한 전노를 설득해 3월에 열릴 국제자유노련 집행소위원회까지는 정식 초대장을 보내겠다고 말했다. 이런 설명에 대해 니진스키는 개인이 아니라 조직 앞으로 초대장을 보내는 것이 좋겠다, 초대의 목적을 명확히 하면 어떻겠느냐는 등 호의적으로 조언했다. 이 자리에 동석한 아시아 지역 조직의 마파라 서기장도 이 계획에 긍정적인 반응을 보이고, 특히 전국 중앙 조직들 간의 협력을 환영했다. 이틀에 걸친 이와이와 니진스키의 회담은 우호적이고 차분한 분위기에서 진행되어 양쪽 모두 크게 만족했다.[78]

국제자유노련은 3월 12일 집행소위원회를 열었다. 이미 2월 20일에 작성된 안건[79]은 일본 노동조합의 요청에 따라 1962년 봄 국제자유노련 단독으로 혹은 국제 산별 조직들과 공동으로 사절단을 파견하는 문제를 검토해 달라는 것이었다. 그러나 전노가 반대 입장을 고수하고 있어서 사절단 파견은 현실적으로 곤란해[80] AFL-CIO의 유럽 대표 브라운도 반대했고 베쿠 서기장도 그 가능성을 부정할 수밖에 없었다. 그러나 이 소위원회는 탄노가 전탄광과 손잡고 전개하고 있는 석탄 정책 전환 투쟁에 대한 지원을 계속하고, 일본 노조들과의 교류를 촉진하겠다고 결정했다.[81] 물론 교류 확대의 대상에는 총평이 포함되어 있었다. 베쿠는 3월 6일 세계노련과 긴밀한 관계인 총평의 협력 요청을 받아들이지 말 것을 주장하는 전노의 와다 서기장에게 서한을 보내, 총평 지도자들이 공산주의자들에게 비판적인 자세를 보이고 있어서 조만간 세계노련 및 그 가입 노조들과의 관계를 유지하는 것이 위험한 일임을 느끼게 되리라고 지적해, 전노의 완강한 태도를 암암리에 비판했다.[82]

5월 18일, 총평 산하 11개 노조들은 '국제조직(ICFTU·ITS) 가입노조 연락회의'를 결성했다. 참여 조직은 국제자유노련ICFTU 소속의 전광·전체·탄노·일방노·도시교통, 국제 산별 조직ITS에만 가입한 국철노조·국철동력차노동조합◆·일본교통공사노조, 그리고 ITS 가입을 추진 중인 전일통·사철총련·합화노련 등이었다. 의장은 전광의 하라구치 위원장, 사무국장은 전체의 아키야마 미노루 공투부장이 맡았다. 중립계인 일본항공승무원노조도 참관인으로 참가했다. 그 [창립]취지서는, 세계노련이 주로 공산주의 나라들의 노조로 구성되고 자본주의 나라의 노동자들은 거의 들어 있지 않음을 지적하고, 노동자의 권리와 임금, 노동조건이라는 노조운동의 구체적 과제들을 해결하려면 국제자유노련과 국제 산별 조직에 가입해야 한다고 말하고 있었다. 이를 위한 연대 조직으로 '연락회의'를 결성한다는 것이었다.[83] 의장에 취임한 하라구치는 미국 대사관과의 회담에서 세계노련을 지지하는 반주류파에 맞서 총평의 국제자유노련 지향을 강화하겠다는 결의를 표명했다.[84]

전체의 다카라기 위원장, 전광의 하라구치 위원장, 총평의 이와이 사무국장, 국제자유노련 도쿄 사무소의 오쿠라 소장 등 네 사람은 일찍부터 이 조직의 필요성에 대해 의논해 왔었다. [이미] 1960년 9월 8일의 4자 모임에서는 전노 산하 국제자유노련 가입 노조들이 서로 긴밀하게 의견을 조정하는 데 비해 총평 측 가입 노조들은 상호 연계가 없어서, 어떻게든 연락 조직이 필요하지 않느냐는 의견들이 있었다.[85] 1961년 12월 11일의 모임에서 하라구치는 국제자유노련에 통일된 방침을 전하기 위해서도, 또 총평 내부에서 자신들의 주장을 실현해 가기 위해서도, 총평 산하 가입 노조들은 더 긴밀하게 의견을 조율해야 한다고 역설했다. 이에 대해 이와이는 세계노련에 맞서 최대한 많은 총평 노조들을 자유롭고 민주적인 국제 노동운동에 참가시켜야 하지만, 두

◆ 국철기관차노동조합(기노)이 1957년 국철동력차노동조합(동노)으로 이름을 바꾸었다.

국제조직 사이에서 중립을 지킨다는 기존 방침을 변경하기는 어려우니 국제자유노련 자체보다는 국제 산별 조직들에 가입시키기가 쉬울 것이라고 말했다.[86] 이와이는 다카라기와 하라구치가 주도하는 연락회의의 설치를 받아들였다.

국제자유노련을 지지하는 다카라기와 하라구치는 오타와 이와이가 이끄는 총평 주류에 속하면서도, 중립주의를 주창하는 주류파 내에서 독특한 위치에 있었다. 한편으로는 다카노가 이끄는 총평 반주류파가 있고, 다른 한편으로는 전노가 있는데, 총평 주류파는 좌우의 이 양대 세력에 맞서면서 오랫동안 결속을 유지해 왔다. 하지만 오타와 이와이가 공산당과의 공동 투쟁을 선언한 1959년 6월 16일의 '게로ㅜ恩 담화' 이래 그 내부에 심각한 균열이 발생했다. 그리고 이는 사회당의 에다 서기장이 구조개혁론을 주창하면서 걷잡을 수 없게 되었다.[87] 오타는 개량주의에 빠질 위험이 크다며 구조개혁론을 비판했고 이와이도 이에 동조했는데, 다카라기와 하라구치는 구조개혁론을 지지했던 것이다. 또 석탄 정책 전환 투쟁 중이었던 탄노의 하라 시게루 위원장도 구조개혁론을 옹호했다. 다카라기와 하라구치 등은 연락회의를 설치할 때처럼, 오타와 이와이를 끌어들여 총평을 국제자유노련으로 이끄는 한편, 개량 문제를 마르크스주의의 틀 내로 적극 수용하는 구조개혁론을 지지함으로써 [지지 기반을 확대해] 사회당 정권을 수립한다는 목표를 가지고 있었다.[88]

그 뒤 8월의 제19회 총평 대회를 앞두고 총평의 온건화를 촉진할 두 가지 움직임이 있었다. 하나는, 총평 산하 탄노와 총동맹 산하 전탄광의 요청에 따라 국제자유노련과 국제광부연맹이 석탄 정책 전환 투쟁을 지원하기 위해 4명의 합동조사단을 7월 13일부터 27일까지 일본에 파견한 것이다. 조사단이 작성한 보고서는 공동 투쟁을 지지하면서도 전탄광보다는 탄노에 호의적인 평가를 담고 있었다. 다른 하나는, 원수폭 금지 운동을 둘러싼 총평과 중국의 대립이 8월 1일의 제8회 원수폭 금지 세계대회를 계기로 돌이킬 수 없게 치달은 것이다. 총평과 사회당은 인도적 입장에서 모든 나라의 핵실험에 반대하고 대회 기간 중에 실시된 소련의 핵실험에도 항의하자고 주장했으나, 미국 제국주의와의 투쟁을 주장하는 일본공산당과 중국 등 일부 외국 대표들은 공산주의 나라들의 핵실험은 평화를 위한 것이라는 입장을 굽히지 않아, 이 대회는 혼란 속에서 폐막되었다. 그 뒤에도 입장을 통일하려는 노력이 있었지만 양자의 차이가 커서 이 대회를 계기로 원수폭 금지 운동은 분열되고 말았다.[89]

8월 24일 열린 총평의 제19회 대회에서는 이와이가 독일에 방문했을 당시 초대한 빌리 리히터 DGB 회장이 국제자유노련 부회장의 격려사를 들고 참석했다. 과거 국제자유노련이 세계노련이나 그 가입 조직들과는 자리를 함께하지 않았음을 생각할 때, 이번 참석이 갖는 의미는 중요했다. 총평 역시 관례와 달리 리히터의 인사말을 외빈 축사의 맨 앞에 배치했다.[90] 그리고 이 대회에서 채택된 운동방침은 국제자유노련과 세계노련에 대해 조직적으로 중립적 입장을 취하면서도, "국제 경쟁이 격화되면서 한 나라 노동자들의 노동조건이 다른 나라 노동조건에 직접 영향을 미치는 경향이 강화되고 있다", "일본은 서구 자본주의 나라들로부터 신기술을 받아들였으므로, 그 나라들의 파업 전술, 임금 투쟁, 합리화 반대 투쟁 등의 경험을 산업별로 배워 나갈 필요가 있다."는 두 가지 이유에서 "자본주의 나라들의 노동운동과 교류·연대를 깊이 한다."라고 밝혔다. 이는 연락회의의 취지서에 담긴 인식과 일치한다. 그리고 이 운동방침에서는 미국 제국주의라는 용어가 삭제되었다.[91]

국제금속노련의 대일 활동과 케리의 일본 방문

이처럼 안보 투쟁 이후 총평의 국제자유노련 접근은 뚜렷이 진전되었으나 한계 또한 그에 못지않았다. 국제자유노련과 세계노련에 대한 조직적 중립 방침은 여전히 유지되었기 때문이다. 총평 내부에서는 반공주의를 내세우는 국제자유노련에 대한 뿌리 깊은 저항감이 있어서, 당장은 일괄 가입을 기대할 수 없었다. 연락회의를 결성하는 과정에서 이와이가 말한 대로, 총평 산하 산별 조직들도 정치 문제를 중시하는 국제자유노련보다는 경제문제에 중점을 두는 국제 산별 조직에 가입하기가 더 용이했다. 따라서 기술혁신과 무역자유화 등을 배경으로 총평의 서방측 노조들과의 교류는 산하 산별 조직들이 국제 산별 조직에 가입하는 모습으로 진행되었다. 즉 전일통과 사철총련은 각각 1962년 5월의 제17회 대회와 8월의 제26회 대회에서 국제운수노련 가입 문제를, 합화노련은 8월의 제25회 대회에서 국제석유노련 가입 문제를 검토하고 조직 내 토론 과정을 거치기로 결정했다.[92] 그리고 이 문제에 가장 큰 관심을 보인 것은 8백만 조합원을 가진 최대의 국제 산별 조직인 국제금속노련이었다.

국제금속노련이 대일 활동에서 중점을 둔 것은 총평의 철강노련과 (총평과 가까운) 중립노련 산하 전기노련이었는데, 그중에서도 전미철강노조를 통해 철강노련과 교류하는 쪽을 먼저 택했다고 앞서 말한 바 있다. 그런데 트랜지스터 라디오의 대미 수출이 증대함에 따라, 전기노련의 노구치 가쓰이치 부위원장은 1960년 8월 4일 국제금속노련을 통해 미국국제전기노조의 제임스 케리 위원장에게 전기 산업의 노동조건과 무역 문제를 놓고 도쿄에서 협의하고 싶다는 뜻을 전달했다.[93] 국제금속노련의 그래델 서기장과 단넨버그 서기차장은 다시 케리에게 서한을 보내 저임금 수출 문제를 해결하기 위해서나 공산당의 영향력을 약화시키기 위해서도 전기노련과 좋은 관계를 맺어 국제금속노련에 가입시킬 필요가 있고, 여기에 적극성을 보이는 전기노련 내부 세력들을 지원하도록 초대를 받아들이자고 요청했다.[94] 케리도 제너럴 일렉트릭이 도시바에 출자하는 문제를 언급하면서 전기노련과의 교류에 전향적인 태도를 보였다.[95]

1961년 4월 14일 국제금속노련의 단넨버그 서기차장, 미국국제전기노조의 조지 콜린스 회장 대리, 미국국제기계공노조의 루돌프 포플 국제부장으로 구성된 대표단이 전기노련의 초대로 일본에 왔다. 이로써 전기노련과 국제금속노련, 특히 미국국제전기노조와의 교류가 시작된 것이다. 그리고 귀국을 앞둔 4월 26일, "어떤 형태의 전체주의와 식민주의에도 반대한다", "자유로운 국제무역의 원칙을 고수한다", "상호 이해 증진을 위해 계획적으로 교류를 진행한다", "국제 공정 노동 기준에 도달하기 위해 각 노동조합은 다양한 노조 활동을 통해 노동조건의 개선에 전력을 다하고, 국제적인 무역정책, 다시 말해 완전고용과 사회적 진보를 목표로 해야 할 정책을 기획하고 적용하는 데서 GATT와 ILO 등과 같은 국제적 기관이 노동자의 이익을 위해 노력하도록 영향력을 행사하고자 노력한다." 등을 주창하는 공동성명을 발표했다.[96] 전기노련은 임금과 노동조건 개선에 국제적 압력을 이용하기 위해 국제 공정 노동 기준에 찬성한 것이다.

단넨버그는 5월 8일에 열린 국제금속노련 중앙위원회에서 방일 보고를 통해, 총평이 정치투쟁에서 경제투쟁으로 전환하고 있고 이 흐름이 당분간 계속될 전망이라고 강조했다. 중립주의 방침이 유지되더라도 실천 활동은 지원할 수 있으리라는 게 단넨버그의 생각이었다.[97] 이를 뒷받침하듯, 국제금속노련과 일본의 금속노조들의 교류는 이후 급속히 진전되었다. 5월 9일부터 로마에서 열린 국제금속노련 제19회 대회에서는 전기노련의 다케하나 유키치 위원장, 철강노련의 미야타 요시지 서기장, 신산별 산하 전기금全機金의 세키노 다다요시 위원장 등 3명이 국제금속노련 일본 사무소의 세터 소장과 함께 참석했다. 또 국제금속노련과 전미철강노조의 대표가 9월 25일 철강노련 10주년 기념식 및 제21회 대회에 참석하고, 10월 5일에는 노구치 부위원장이 이끄는 전기노련 대표단이 미국국제전기노조의 초대로 미국으로 떠났다. 그리고 10월 30일에는 영국조선기계노조의 대표단이 중립노련 산하의 전조선과 총동맹 산하 조선총련의 초대로 일본에 왔다.[98]

국제금속노련의 대일 활동은 1962년에도 계속되었다. 2월 13일에 전미철강노조 대표단이 철강노련의 초대로 방일한 데 이어, 5월 26일 미국국제전기노조의 케리 위원장이 전기노련의 10주년 기념식 및 제10회 대회에 참석하기 위해 일본에 왔다. AFL과 통합하기 전 오랫동안 CIO의 서기장을 지낸 케리는 전미자동차노조의 월터 루더 회장의 뒤를 이어 CIO 계열의 대표적 지도자로서 AFL-CIO의 부회장 및 산업별 노조 부문의 서기장, 국제금속노련 회장 대리라는 지위에 있었다. 원래 전미철강노조도 CIO의 가입 조직이었다. 흥미로운 것은 케리가 공산주의자들과 협력 관계에 있다가 결별한 전력을 지녔다는 사실이다. 1940년대 말, 세계노련을 분열시키고 국제자유노련의 결성을 주도한 것, 또 CIO 산하로서 공산당이 지배하던 최대의 산별 조직인 전미전기노조를 분열시켜 미국국제전기노조를 결성한 것도 케리였다. 전기노련의 10주년 기념식 및 제10회 대회에는 세계노련의 '금속기계노동조합 인터내셔널'의 대표도 초대되었다. 케리는 AFL-CIO의 대표가 세계노련의 대표와 자리를 함께 하는 것은 일본에서 최초임을 알면서도 이를 감히 받아들인 것이다.[99]

338

케리는 한 가지 방안을 냈다. 케네디 대통령에게 전기노련 앞으로 메시지를 보내 달라고 요청한 것이다. 이는 극히 이례적인 일이나, 두 사람 모두 매사추세츠주에 기반을 둔 명사로서 전부터 친밀한 관계였다. 케네디는 상원 의원이 되기 전부터 미국국제전기노조의 공산주의자에 대한 투쟁을 지원했고, 또 노조는 대통령 선거 등에서 케네디를 지원해 오고 있었다.[100] 케리는 방일 직전인 5월 21일 대통령의 친동생인 로버트 케네디 법무장관을 만나 대통령의 메시지를 부탁했고, 흔쾌한 대답을 얻었다.[101] 그 내용은, 미국국제전기노조와 일본 전기노련이 미·일 양국 최대의 전기 산업 노동조합일 뿐만 아니라 모두 공산주의 세력의 지배를 물리친 역사가 있다고 강조하고, 전기노련 결성 10주년을 축하하는 한편, 미·일 양국의 우호와 친선을 다지기 위해 두 노동조합의 교류가 촉진되기를 희망한다는 취지였다.[102] 앞서 2월 4일 일본에 와서 총평 등 노동 4단체 지도자들과 회담했던 케네디 법무장관[103]은 케리에게 일본의 노동 정세에 관한 정보와 조언을 제공했다.[104]

5월 28일 전기노련 10주년 기념식에 참석해 인사말을 한 케리는 대통령의 메시지를 낭독한 뒤, 1950년대 중반 웨스팅하우스의 156일 파업을 언급하면서, 미국국제전기노조와 전미자동차노조 등 공산주의자들을 축출한 CIO 계열의 노조들이 얼마나 전투적인지를 역설했다. 그리고 크렘린[소련]에게 조종당하는 공산당 계열의 노조들은 노동자의 생활수준 향상에는 무관심한 채로 거짓 전투성만 보일 뿐이라고 비판하고, 미국국제전기노조가 발전하면서 소수파로 전락한 전미전기노조가 기회주의적으로 일본 전자 제품의 수입에 반대하고 있다고 비난했다. 그는 나아가 실업·자동화·무역 등의 문제에서는 국제 노동운동을 통해서만 효과적으로 대처할 수 있다고 지적하고, 제너럴 일렉트릭과 도시바의 자본 관계 등을 예로 들면서 미국국제전기노조와 일본 전기노련의 제휴를 강화해야 한다고 역설했다. 공산주의 세력에 대항하기 위해서만이 아니라 국제 공정 노동 기준을 실현하기 위해서도, 국제자유노련과 국제금속노련의 역할이 중요하다는 것이 케리의 주장이었다.[105]

케리는 일본에 머무는 중에 국제 공정 노동 기준의 중요성을 강조했다. 그는 방일 목적을 질문받을 때마다, 무역에 대해 협의하고 일본 노조의 임금 인상 투쟁을 지원하고 싶다고 말했다. '일본의 임금이 생산성과 이윤에 비해 극히 낮아 대미 수출을 증가시키고 미국의 실업 문제를 악화시킨다. 예컨대 일본의 4대 전기 제품 제조업체들의 평균임금은 미국의 약 4분의 1인데 종업원 1인당 이윤은 미국에서 가장 실적이 좋은 GE와 같은 수준이다. 이는 임금 인상의 여지가 충분하다는 뜻이다.' 케리는 국제 공정 노동 기준을 이용해 생산성 및 이윤에 어울리는 수준으로 임금을 올리려면 일본의 경영자들에게 압력을 가해야 한다고 말했다.[106] '그러려면 일본 최대의 전국 중앙 조직인 총평의 협력이 불가결하다. 게다가 보수적인 AFL계와 달리 전투적인 CIO계는 총평에 대한 저항감이 상대적으로 작다.' 케리는 "AFL계의 일부는 '적극적 중립'에는 아직 의혹을 가지고 있지만, 루더를 위시해 절대 다수는 총평을 이해하고 있다"라고 말했다.[107]

케리는 겨우 닷새 일본에 머물렀지만, 그 성과는 결코 작지 않았다. 미국 대사관이 국무부에 보고한 바에 따르면, 케네디의 메시지를 포함해 케리의 인사말은 반주류파 대의원들의 비판을 받기도 했지만 전체적으로 호의적으로 받아들여졌다. 또 케리는 전기노련뿐만 아니라 총평과 전노의 지도자들과도 회담을 거듭했다. 케리의 방일은 두 나라 노동조합이 밀접하게 결합되게 한 획기적 사건이었다고 미 대사관은 평가했다. 최대의 구체적 성과는 전기노련의 국제금속노련 지향성을 강화시킨 것이다. 전기노련은 제10회 대회에서 국제금속노련과의 관계를 강화하자고 주창했다. 그리고 그 직후 미국 대사관과의 회담에서 다케하나 전기노련 위원장은 1~2년 내에 국제금속노련에 가입할 뜻을 밝혔다.[108] 케리는 6월 19일 국제금속노련의 그래델 서기장에게 서한을 보내, 전기노련의 집행위원과 관련 노조 대표들이 조정위원회를 구성해 국제금속노련 가입 방법과 절차를 검토하게 한 것을 방일의 가장 중요한 성과로 보고했다.[109]

케리는 일본 체재 중 전기노련의 다케하나 위원장을 미국에 초대했다. 전기노련의 대표단은 1962회계연도부터 시작된 국무부의 대일 노동 교류 프로그램으로 미국을 방문해, 9월 14일 열린 미국국제전기노조 제10회 대회에서 다케하나 위원장이 연설했다. 다케하나는 국제금속노련 및 미국국제전기노조와의 교류 진전을 언급한 뒤, 경영자의 개입과 공산당의 지배 모두를 반대한다고 밝혔다. 이 연설의 초점은 일본의 저임금 문제에 있었다. 다케하나는 일본의 임금을 서독 수준까지 올려 미국과 서구 나라들의 임금 인상을 더 촉진하고 싶다고 말했다.[110] 그리고 10월 5일 발표된 전기노련과 미국국제전기노조의 공동선언은 첫 항목에서 국제 공정 노동 기준을 실현하고자 노력하겠다고 주장했다.[111] 전기 산업 노조들의 이런 교류 진전과 더불어 철강노련과 전미철강노조의 관계도 한층 긴밀해졌다. 몬마 요시노부 위원장 등 철강노련의 지도자 3명이 전미철강노조의 제11회 대회에 참석하기 위해 8월 23일 미국을 방문하는 등 국제금속노련과의 관계 강화에 나섰다.[112] 그러던 중 전미자동차노조의 월터 루더 회장이 11월 15일에 일본에 오게 된다.

루더 방일 준비와 전노

루더의 방일은 직접적으로는 전노의 와다 서기장이 1960년 11월 9일 보낸 초대장이 계기가 되었다. 와다는 전노가 산하 자동차노련과 함께 전미자동차노조의 지도자 몇 명을 이듬해 봄에 초대하고 싶다고 말하고, 그때에는 전노 외에 다른 노조들과 교류할 기회도 마련하겠다고 제안했다.[113] 1953년 닛산 쟁의에서 패배한 뒤 일본 자동차산업의 노동조합은 사분오열 상황에 있었다. 총평 산하 유력 산별 조직이었던 전자동차는 쟁의 과정에서 발생한 부채를 처리하는 문제를 둘러싸고 내부 대립이 격화되어 1954년 12월 1일 열린 임시대회에서 해산할 수밖에 없었다. 이에 대해 조합원의 다수를 장악한 '닛산 제2 노조'는 1955년 1월 23일 판매와 부품 등 관련 기업의 노조들과 함께 자동차노련을 결성하고 이듬해 전노에 가입했다. 자동차노련은 산별노조라고 자칭했으나 도요타 등은 가입하지 않았고, 기본적으로는 닛산그룹의 틀에 국한되었다. 도요타·이스즈·히노 등은 1962년 1월 28일에 '전국자동차'를 결성해 어느 전국 중앙 조직에도 가입하지 않고 중립에 서기로 했다.

일본 자동차 노조들이 결집하기를 바란 루더는 와다의 제안에 전향적인 입장을 보였으나, 일정이 바쁘다는 이유로 방일을 반년 정도 연기해 9월 말이나 10월 초로 하자고 1961년 3월 14일의 서한에서 요청했다.[114] 하지만 이번에는 전노의 사정이 여의치 않아, 와다는 5월 19일 다음 해로 연기하자는 편지를 보냈다.[115] 이는 루더도 은연중 바라던 일이었다. 그 전부터 전노만의 초대에 의한 방일을 마땅치 않아 했던 루더는 그 직전인 5월 9일 로마에서 열린 국제금속노련 제19회 대회에서 국제금속노련의 그래델 회장과 단넨버그 서기차장, 세토 일본 사무소장, 전기노련의 다케하나 위원장, 철강노련의 미야타 서기장, 전기금의 세키노 위원장 등과 만나 전국 중앙 조직 소속과 상관없이 여러 노조들의 공동 초대로 방일하고 싶다는 뜻을 전하고 동의를 구했다. 방일 연기로 이에 필요한 시간을 벌 수 있게 된 것이다.[116] 국제자유노련의 니진스키 서기차장도 여러 노동조합의 공동 초대에 의한 방일에 찬성하며 오쿠라 도쿄 사무소장을 통해 협력할 것을 약속했다.[117]

국제금속노련 로마 대회에 참석하고 귀국한 일본 노조 지도자들은 루더를 공동으로 초대하기 위한 작업에 들어갔다. 산하 조직인 철강노련의 미야타 요시지 서기장의 의사 타진에 따라 총평의 이와이 사무국장은 7월 14일 루더에게 서한을 보내 기쁜 마음으로 그렇게 하겠다는 뜻을 전했다.[118] 신산별과 중립노련도 공동 초대에 적극적으로 동의했다. 그러나 전기노련의 다케하나 위원장으로부터 이야기를 들은 전노의 와다 서기장은 신중한 태도를 보여 즉답을 피했다.[119] 와다는 8월 26일 루더에게 서한을 보내, 생각을 바꿀 것을 강하게 요구했다. 이 편지에 따르면, 와다가 전미자동차노조 앞으로 초대장을 보낸 것은 과거 반미적이고 파괴적인 방침을 취한 결과 심각한 분열에 빠진 일본의 자동차 노조들을 자유롭고 민주적인 중앙 조직인 전노를 중심으로 통일시키려는 의도였다. 모든 전국 중앙 조직들의 공동 초대라는 형식은 이런 목적과 맞지 않는다고 그는 강조했다. 그리고 전노의 단독 초대라고 해도 전노 말고 다른 노조들과 회담할 수 있는 기회를 만들겠다고 말하며, 그렇게 하도록 재고할 것을 강하게 요청했다.[120]

하지만 루더가 공동 초대를 원하는 이상, 전노는 타협할 수밖에 없었다. 와다는 국제금속노련 일본 사무소의 세토 소장에게 루더가 전미자동차차노조만이 아니라 AFL-CIO의 대표로서 방일한다면, 공동 초대에 참여할 수 있다고 전했다.[121] 루더는 이를 받아들여 결국 여러 직함으로 방일하겠다고 했다. 즉 AFL-CIO 부회장 및 산별노조부문 회장, 전미자동차노조 회장, 국제금속노련 자동차부 회장, 국제자유노련 부회장 등이었다.[122] 그리고 총평의 이와이 사무국장, 전노의 와다 서기장, 신산별의 오치아이 에이이치 서기장, 중립노련의 다케하나 의장, 국제자유노련의 오쿠라 도쿄 사무소장, 국제금속노련의 세토 일본 사무소장, 이 6명이 '환영준비위원회'를 구성하고 1962년 4월 14일 첫 회의를 가졌다.[123] CIO의 회장이었던 루더는 AFL 회장 출신으로 AFL-CIO 회장인 조지 미니와 더불어 미국 노동계의 거두였다. 크게 주목받은 그의 첫 방일은 일본의 모든 전국 중앙 조직들을 '환영준비(실행)위원회'로 모이게 했을 뿐만 아니라, 국제자유노련 및 국제금속노련으로 묶어 내고 있었다.

앞서 여러 차례 말했듯이, 반공주의의 입장에서 전노를 지지하는 미니와는 달리, 루더는 노동 전선 통일을 촉진하는 관점에서 총평의 온건파를 중시하는 국제자유노련의 대일 정책을 지지하고 있었다. 국제자유노련은 이 때문에 루더의 방일에 큰 기대를 걸었다. 베쿠 서기장은 8월 1일 루더에게 서한을 보내 다음과 같이 말했다. "1962년도의 운동 방침을 시작으로 총평은 국제자유노련과 국제 산별 조직들에게 호의적으로 변하고 있다. 특히 '국제조직(ICFTU·ITS) 가입노조연락회의'의 결성은 중요한 의미를 지닌다. 전노는 총평의 방침 전환에 회의적인 입장을 보이고 있으나, 국제자유노련은 총평의 이런 바람직한 변화를 촉진해야 한다고 생각한다. 국제자유노련은 전노가 완강한 태도를 바꾸어 국제자유노련을 지지하는 총평 산하 노조들과 협력하고 노동 전선 통일에 매진하기를 기대하고 있다."[124] 베쿠의 서한을 받은 루더는 8월 23일 답장을 보내, 국제자유노련의 목표를 달성하기 위해 온 힘을 다하겠다고 말했다.[125]

전노가 노동 전선 통일에 소극적인 태도를 고수한 것은 강경한 반공주의적 입장에 더해 내부의 조직 문제와도 관련이 있었다. 전노의 다키타 의장은 9월 14일 미국 대사관의 울리히 스트라우스 부노동관과 회담해, "첫 단계는 전노와 총동맹의 통일이고, 이것이 달성되면 처음으로 총평과의 통일을 제대로 검토할 수 있을 것"이라고 말했다.[126] 결성 이후 전노는, 가입 조직이면서도 그 위상은 전노와 마찬가지로 전국 중앙 조직인 총동맹과의 조직 경쟁으로 골머리를 앓고 있었다. 구체적으로 보면, 새로 가입을 희망하는 조직을 전노에 직접 가입시킬지, 총동맹 밑에 둘지를 둘러싸고 심각한 마찰이 일어나고 있었다. 그래서 전노에서 총동맹을 분리시켜 그 총동맹과 전노가 대등한 관계에 서고, 여기에 전관공全官公을 더해 세 조직이 통합한 중앙 조직을 발족시켰다. 바로 1962년 4월 26일 출범한 '동맹회의'였다. 의장에는 해원조합의 나카치 구마조 조합장, 의장 대리에는 전노련의 가타야마 다케오 회장, 사무국장에 총동맹의 아마이케 세지 총주사総主事가 각각 선임되었다. 그러나 동맹회의 산하 전노와 총동맹의 조직 경쟁은 이 단계에서도 해소되지 않고 있었다.

그럼에도 동맹회의의 결성은 전노와 국제자유노련의 관계를 수정할 계기가 되었다. 1954년 결성 당시 전노는 국제자유노련에 일괄 가입하려 했으나, 총평 산하 가입 조직들의 반대로 좌절되어, 잠정적으로 산별 조직들이 개별적으로 가입하는 방식을 채택했다. 전노 산하의 총동맹은 전국 중앙 조직이면서도 예외적으로 산별 조직으로 간주되어 일괄 가입했다. 그런데 동맹회의가 출범해 전노와 총동맹이 대등한 조직이 되었으므로, 전노의 와다 서기장은 9월 29일 국제자유노련의 베쿠 서기장에게 서한을 보내 산별 조직들의 개별 가입은 변칙적이고 실무적으로도 번잡한 일이므로 1963년 1월 1일부터 일괄 가입하고 싶다고 말했다. 그리고 총평 및 그 산하 산별 조직들과의 관계에 대한 국제자유노련의 우려를 완화하기 위해 "전노는 전노 외의 다른 노조들이 국제자유노련에 직접 가입하는 것을 환영하며, 결코 이를 가로막지 않겠다고 약속한다", "국제자유노련에 가입한 일본 노조들의 복잡한 상황이 완전히 해결될 때까지 전노는 국제자유노련과의 관계에서 중앙 조직으로서의 특권적 지위를 주장하지 않는다."라고 덧붙였다.[127]

이 무렵에는 전노의 일괄 가입에 유리한 분위기가 조성되고 있었다. 총평 산하 국철노조·사철총련·일교조가 탈퇴하고 전노의 조직이 확대되면서, 국제자유노련의 가입 조합은 총동맹을 포함한 전노의 6개 산별 92만 명, 총평은 5개 산별 49만8천 명으로 역전되었다. 영국 대사관이 관찰한 바에 따르면, 1962년 5월 18일 연락회의가 결성된 이유 중 하나가 전노에 비해 열세였던 총평이 국제자유노련에 영향력을 강화하기 위해서였다. 전광·전체·탄노·일방노·도시교통의 5개 산별 조직들은 산업별 국제조직에 가입한 국철노조·전체·일본교통공사노조의 3개 산별 조직 38만2천 명을 더해 전노와 거의 비등한 세력을 결집하고, 여기에 신규 가입 조직들을 더해 전노에 맞서려 했다. 그리고 단기적으로는, 은퇴를 앞둔 니시마키 도시오의 국제자유노련 집행위원 자리를 차지하려 했다.[128] 그러나 전노 측이 조직적 우위를 배경으로 강경한 태도를 보임에 따라 총평이 양보할 수밖에 없었고, 결국 7월 5일 열린 국제자유노련 제7회 대회에서 전노의 와다 서기장이 집행위원으로 선임되었다.[129]

그렇더라도 전노가 루더 방일의 단초를 마련했음에도 그로 말미암아 불리한 입장에 몰리게 된 것은 명백한 사실이고, AFL과 CIO의 통합을 이루어 낸 루더는 과거 밀라드와 마찬가지로 국제자유노련 본부의 뜻에 따라 노동 전선의 통일을 제안하리라고 예상되었다. 따라서 10월

7일 전노의 다키타 의장은 와다 서기장과 함께 기자회견을 열어 "통일의 최저 강령은 공산주의와 절연하겠다는 지도 방침을 명확히 하는 것이다."라고 지적하고, 총평에 "세계노련과 확실히 단절할 것"을 요구하고, 총평이 이 조건을 진지하게 고려한다면 전노도 노동 전선 통일에 나서고 싶다고 말했다. 이에 대해 총평의 이와이 사무국장은 "[전노의 제안은] AFL-CIO의 루더 부회장이 와있는 동안, 전부터 노동 전선 통일에 소극적이었던 단체가 전노라는 이미지를 만회하려는 것으로 보인다."라고 분석하고, "공산당, 세계노련과 일체의 교류를 끊으라는 데는 찬성할 수 없다."고 말했다. 하지만 기본적으로는 호의적인 반응을 보였고, 따라서 다키타 담화는 의도와는 달리 노동 전선 통일의 분위기를 고조시켰다.

다키타 담화에 가장 적극적인 반응을 보인 것은, 총평과 전노 사이에서 전부터 노동 전선 통일의 필요성을 주장해 온 신산별이었다. 신산별은 10월 18일 열린 제14회 대회에서 노동 전선 통일을 명기한 운동방침을 채택하고, 노동조합주의를 확고히 하고 공산당을 배제하는 조건을 제시했다.[130] 그 이틀 전인 10월 16일, 루더 환영준비위원회의 일원이기도 한 오치아이 서기장은 루더에게 방일을 위한 정보와 조언이 담긴 편지를 보냈다. '전노는 총평의 방침 전환에 회의적이다. 그러나 총평의 변화는 기술혁신과 경제성장의 진전, 안보·미이케 투쟁에 대한 반성 등 지도자들의 예상을 뛰어넘는 정세 변화에 기인한 것이다. 공산권과의 관계 등을 둘러싸고 애매한 태도도 있지만, 총평의 규모와 영향력을 생각하면 그것[총평의 방침 전환]을 적극적으로 촉진해야 한다. 중요한 것은 그 결과 노동 전선 통일의 조건이 성숙해 가리라는 점이다. 과거에 통일에 소극적이었던 전노조차도 다키타 담화에서 보듯이 더는 반대할 수 없게 되었다. 공산당과 맞서면서 노동조합주의를 확립하려는

총평 주류파를 지원해 노동 전선 통일을 추진하지 않으면 안 된다.'[131]

노동 전선 통일을 바라는 국제자유노련도 10월 19일의 "총평 및 국제자유노련과 국제 산별 조직 가입 노조의 지도자들에 대한 각서" 등 다양한 정보를 루더에게 보냈다. 이 문서들을 보면, 국제자유노련이 "총평에서 가장 신뢰할 수 있는 인물"로 평가한 것은 전체의 다카라기 위원장인데, 그는 총평 지도자들 중 예외적으로 전노와 양호한 관계를 맺고 있었다. 이에 비해 전광의 하라구치 위원장은 전노와 마찰하고 결단력이 부족하다는 이유로 좀 낮게 평가되었다. 총평 지도자들 중에는 부주의한 발언으로 전노의 불신을 사고 있는 오타 의장보다는 이와이 사무국장이 높은 평가를 받았다. 이와이는 만사에 신중하고 총평의 단결을 중시해 국제자유노련과 세계노련 사이에서 조직적 중립을 주장하고 있으나, 굳이 묻자면 국제자유노련을 선택할 것으로 생각되고 있었다. 전노에서는 달변이고 유능하지만 총평에 강경한 태도를 지닌 와다 서기장보다는, 총평도 신뢰하고 노동 전선 통일에 적극적인 다키타 위원장에 대한 기대를 표시했다.[132] 국제자유노련은 10월 31일 다시 서한을 보내 다키타 담화에서 나타난 노동 전선 통일의 움직임을 루더에게 알렸다.[133]

루더의 방일과 그의 제안

전미자동차노조의 월터 루더 회장은 친동생인 빅터 루더 국제부장 등 3명과 함께 11월 15일 일본에 왔다. 그 비용은 국무부의 미·일 노동 교류 프로그램에서 충당했다. 그럼 점에서 루더의 방미는 전미자동차노조, AFL-CIO, 국제금속노련, 국제자유노련의 4개 노동조직들뿐만 아니라 미국 정부도 깊이 관여한 일이었다. 하네다 공항에 도착한 루더는 '환영실행위원회'의 이와이 총평 사무국장, 와다 전노 서기장, 오치아이 신산별 서기장, 다케하나 중립노련 의장의 마중을 받았고, 다음 날부터 즉시 정력적으로 일정을 소화했다. 4개 전국 중앙 조직들과 금속 및 자동차산업 노조들과의 협의, 사회당·민사당의 간부들, 오하시 다케오 노동장관, 라이샤워 대사, 일경련 수뇌부 등과의 회담 외에도 닛산 옷파마追浜공장 등 여러 공장의 견학, 일본노동협회 등에서의 강연 등 간사이関西 지역까지 움직였다. 신문사의 취재 요청에도 적극적으로 응해 그의 동향은 널리 보도되었다. 그리고 루더는 11월 24일 환영실행위원회와 공동성명을 발표하고 다음 날 귀국길에 올랐다.[134]

일본에 오기 전 루더의 발언 가운데 가장 주목받은 것은 노동 전선 통일 문제였다. 일본 도착 후의 기자회견에서 루더는 "일본의 노동단체들에 대해 전선 통일을 하라는 등의 조언을 할 생각은 없다."고 하면서도, "우리의 경험에 비추어 보면 임금 등의 요구에 관해 노동 전선이 통일되면 강력한 투쟁이 가능하다는 것은 의심의 여지가 없다."고 말하는 등 신중한 표현을 써가며 노동 전선 통일의 중요성을 강조했다. 하지만 전노를 포함한 동맹회의는 11월 16일의 회담에서 총평은 내부에 공산주의자들이 있고 세계노련과 교류하고 있다고 지적하면서 노동 전선 통일은 불가능하다고 역설했다. 이에 대해 루더는 정치 문제는 뒤로 미루고 임금 문제 등에서 공동 투쟁을 통해 신뢰를 키우도록 설득했으나, 동맹회의가 이를 납득하지 않아 양자의 대화는 평행선을 그었다. 국제자유노련 도쿄 사무소의 오쿠라 소장은 간단한 그림을 그리며 (〈그림 4-1〉 참조) 동맹회의는 총평에서 국제자유노련 및 국제 산별 조직 가입 노조들을 떼어내려 하고 있으나, 그게 아니라 다수파인 중립주의 세력까지 포함하는 노동 전선 통일이 필요하다고 말했고, 루더는 이에 전적으로 동의했다.

그림 4-1 | 국제자유노련 도쿄 사무소 오쿠라 소장의 총평에 대한 전략

전노가 생각하는 분단선 ▼	오쿠라가 생각하는 분단선 ▼	
30퍼센트	50퍼센트	20퍼센트
친親국제자유노련 세력	중립주의자들	공산주의자 및 그 동조자들
총평		

자료 : Okura to Becu, February 28, 1963, ICFTU Archives, Box 3540, IISH.

루더가 임금 문제를 통한 노동 전선 통일을 주장한 배경에는 당연히 일본의 저임금을 타파하려는 목적이 자리 잡고 있었다. 루더는 [일본] 도착 후 기자회견에서 "일본의 임금은 분배율에 있어 서구 나라들과 큰 격차가 있다."고 말하고, 11월 20일 오하시 노동장관과의 회담에서 는, 미국의 섬유 노동자들이 일본의 저임금 수출로 생활을 위협받고 있 기에 불만이 커지고 있다고 지적하고, 지금처럼 사업자들이 협정을 맺 는 방식이 아니라 전국 단일의 최저임금제도를 실시하라고 요청했다. 이는 총평의 주장과 완전히 일치한다. 11월 16일에 있었던 오타 의장 등 총평 간부들과의 회담은 전투적으로 임금 투쟁을 전개해야 한다는 데 의견이 일치하는 등 매우 우호적인 분위기였다. 신문 대담에서도 오 타가 "노동자의 임금을 올려 국내시장을 확대해야만 한다. 특히 일본 의 생산력이 유럽과 같은 수준이 되었음에도 임금은 3분의 1이라는 것 은 이상한 일이다."라고 말하자, 루더는 "오타 씨의 말에 동감이다."라 고 화답하고, 이익의 공평한 분배로 내수를 확대해 기술혁신과 대량생 산에 기반을 둔 국제경쟁력 강화를 지향해야 한다고 강조했다.[135]

일본의 저임금 수출 저지는 루더와 AFL-CIO뿐만 아니라 미국 정부 의 방침이기도 했다. 앞서 말했듯이 AFL-CIO의 뜻에 따라 미국 정부 는 1961년 11월 2일 열린 제1회 미·일무역경제 합동위원회에서 임금

에 대한 공동 조사를 요구해 공동선언에 포함시키는 성과를 거두었다. 그런데 1962년 3월 23일의 미국 측 제안에 대해 일본 측은 산업과 공장 단위의 조사 등을 받아들일 수 없다며 강력히 저항해,[136] 6월 13일의 협의에서 다음과 같은 역제안을 내놓았다. 두 나라 상호 이해의 촉진과 무역 확대를 목적에 넣고, 조사 방법을 먼저 검토한 뒤 미·일 정부가 각각 조사한 뒤 자료와 의견을 교환하며, 개별 기업은 조사 대상에서 빼고 현지 합동 조사도 하지 말자는 내용이었다. 통산성을 위시해 일본 정부는 저임금을 이유로 대미 수출에 제약이 가해질까 봐 우려하고 있었다.[137] 일본 측의 강한 반대에 직면한 미국 측은 6월 13일의 제안을 수용하기로 하고, 루더의 방일 직전인 11월 9일 이를 통고했다. 1년에 걸쳐서야 비로소 문턱을 넘자는 합의가 이루어진 것이다.[138]

일본 정부의 이런 태도에 불만이 컸던 이와이 사무국장은 11월 16일 루더와의 회담에서 미국 정부의 공동 임금 조사 요구에 대해 일본 정부가 보인 부정적인 태도를 비판했다. 그러자 루더는 노조들이 협력해 임금 조사를 실시하면 어떻겠느냐고 제안했다. 오타 의장도 대찬성이었다. 루더는 같은 날 동맹회의·신산별·중립노련과의 회담에서도 같은 취지의 제안을 했다. 그리고 이후 4개 중앙 조직과의 협의를 진행시키면서 다음과 같은 구상을 밝혔다. '즉 임금 및 기타 조건들을 조사하기 위해 국제적인 임금조사센터를 설치한다. 준비위원회는 일본의 4개 노동단체 대표 각 1명, 루더, 유럽 노조 대표 2명으로 하고 일본에 사무소를 두며, 사무국장은 일본인으로 한다. 이를 모체로 하여 미·일·유럽 노조들이 정식으로 센터를 설립한다. 경비는 참가 조직들이 능력에 따라 나누어 낸다. 철강·자동차·조선 등 금속 산업에서 먼저 시작하고, 점차 확대해 간다.'

이 임금공동조사센터의 직접적인 목적은 일본 노조의 임금 인상 투쟁 지원이었다. 임금과 비용, 생산성 등에 관한 정보는 노조의 교섭력을 높이는 데 필수적이고, 최저임금제도와 사회보장제도를 확충하라고 정부에 요구하는 데도 이롭다는 것이 루더의 생각이었다. 그러나 그 밖에도 추가로 두 가지 목적이 함께 있었다. 하나는 일본의 노동 4단체를 임금 문제를 중심으로 협력시켜 노동 전선 통일을 촉진한다는 것이다. 다른 하나는 센터를 운영하면서 일본의 노조들을 서방 측 노조들과 결합시킨다는 것이다. 루더의 이런 제안은 중요한 전략적 의미를 지녔다고 할 수 있다. 단지 이는 사전에 준비된 제안이 아니라 애매한 점도 여럿 있었다. 국제자유노련과 국제금속노련의 관계도 그중 하나였다. 이에 대해 루더는 귀국 후에, 총평과의 관계를 원활하게 하기 위해 금속 산업을 조사하는 단계에서는 국제금속노련만 참가하고, 이후 센터의 운영이 순조로워 대상이 확대되면 국제자유노련을 참가시키자고 제안했다.[139]

그러나 이 제안은 노동 4단체 모두의 지지를 얻지는 못했다. 앞서 말했듯이 총평은 쌍수를 들어 환영했고, 신산별과 중립노련도 적극 지지했다. 일본 저임금의 실상을 알려 국제적인 압력에 힘입어 임금 인상을 추진하려 한 것이다. 1963년 춘투에서 "유럽 수준의 임금"이라는 슬로건이 나붙었는데, 이 역시 임금 투쟁을 국제적인 시각에서 전개한다는 자세를 보여 준 것이었다. 하지만 동맹회의는 센터를 설치하는 데 난색을 보였다. 전노의 다키타 의장이 "임금 공동 조사라 하지만, 자칫 미국과 유럽의 일부 경영자들에게 일본 제품이 수입되는 것을 억제할 구실로 이용될 수 있다."라고 말했듯이, 임금의 국제 비교는 어려운 일이고 다른 나라들의 보호주의를 강화할 위험이 있다는 것이 주된 이유였다. 또 루더는 미국 정부의 대표자로서 이런 제안을 하는지 의혹을 받기도 했다. 같은 이유로 일본 정부와 경영자들도 강하게 반대하는 입장이었다. 동맹회의의 비판적인 태도가 이를 반영했다고도 한다.

하지만 루더의 절대적 권위 앞에서 동맹회의는 센터 구상에 반대할 수 없었다. 그래서 전노의 와다 서기장이 공동성명에는 구체적 내용은 생략하고 원칙만을 밝히자고 건의하는 데 그쳤다. 11월 24일에 발표된 공동성명은 두 나라 노조들의 교류 추진, ILO 조약 제87조의 비준 촉구와 더불어 센터 설립에 대해서는 다음과 같이 말했다. "미·일 양국 노조들이 공동 조사센터를 설치하고 임금을 중심으로 노동 경제에 대해 국제적 조사를 함께 실시할 것", "조사센터의 조직과 방법에 대해서는 일본의 노조들이 각각 내부적으로, 그리고 상호 간에 더 협의할 필요가 있으므로, 루더의 귀국 후에도 연락을 계속하면서 최대한 빨리 결론을 내리도록 노력할 것", "일본의 노동 4단체가 협의해 연락 창구 기관을 설치할 것" 등이었다. 사무국장의 인선과 조사 방법 등 구체적인 내용을 결정하는 과정에서 동맹회의가 저항하리라고 예상되었으나, 임금공동조사센터의 설립에 대해 그럭저럭 합의가 이루어졌다.

루더가 돌아가고 약 1주일이 지난 12월 3일, 제2회 미·일무역경제 합동위원회가 워싱턴에서 열렸다. 임금 공동 조사가 정식 의제는 아니었지만, 일본의 오하시 노동장관과 미국의 윌라드 워츠 노동장관의 12월 4일 회담의 중요 협의 사항이었다. 워츠는 대법관이 된 골드버그의 후임으로 차관에서 장관으로 승진했었다. 이 자리에서 오하시는 경제성장으로 일본의 임금이 상승해 서구 수준에 접근하고 있고 섬유·철강·화학 등에서는 영국을 능가하고 있다고 말하며, 일본의 저임금을 비판한 루더를 노골적으로 비판했다. 루더로부터 임금공동조사센터에 관한 이야기를 듣고 있었던 워츠는 일본의 저임금 실태가 미국 노동계와 산업계의 비판처럼 심각한 것이 아님을 인정하지만 무시할 수는 없다는 점에 대해 이해를 구했다. 그리고 노조의 조사는 그 성격상 한계가 있을 수밖에 없어서 미국에서는 양국 정부의 공동 조사를 요구하는 의견이 강하다고 말했다. 양자는 일본 정부의 제안에 따라 조사를 실시하고, 그 방법을 검토할 전문가를 파견하며, 부가급도 조사 항목에 포함시키라는 내용에 합의했다.[140] 루더의 제안이 미·일 양국 정부를 압박하게 된 것이다.

임금 문제에 못지않은 루더의 방일 성과가 국제금속노련의 조직화가 진전된 것이었다. 방일 직전인 10월 20일에 국제금속노련 일본 사무소의 세토 소장이 루더에게 보낸 문서에 따르면, 금속노동자 250만 명 중 약 97만 명이 11개 산업별 조직들에 가입해 있고, 산별 소속이 없는 조합원이 약 20만 명이었다. 11개 산업별 조직들은 총평 산하 철강노련(15만7천 명)과 전국금속(15만 명), 동맹회의 산하 전금동맹(15만4백 명)과 자동차노련(5만7천 명), 조선총련(4만3천 명), 중립노련 산하 전기노련(23만3천 명)과 전조선(7만4천 명), 전전선全電線(2만 명), 차량노련(1만4,500명), 신산별 산하 전기금(3만4,500명), 무소속의 전국자동차(4만 명)였다. 중립노련은 총평의 강한 영향력 아래에 있었으므로 총평 계열이 65만 명, 동맹회의 계열이 25만 명이라고 세토는 분석했다. 이들 중에서 철강노련·전금동맹·자동차노련·조선총련·전기노련·전기금·전국자동차가 국제금속노련을 선호하고, 전국금속과 전조선이 세계노련에 가까운 입장이었다.[141]

전기노련의 다케하나 위원장, 철강노련의 미야타 서기장, 전기금의 세키노 위원장 3명은 1961년 5월 9일부터 로마에서 열린 국제금속노련 제19회 대회에 참석했을 때 이미 국제금속노련에 가입하는 데 뜻을 모았다. 미야타가 가입 추진에 앞장선 목적은 두 가지였다. 첫째, 무역·자본의 자유화에 따라 서방측 노조들과 국제 연대를 가져야만 임금과 노동조건을 개선할 수 있다고 인식했다. 국제금속노련 로마 대회 당시 미야타는 국제 공정 노동 기준의 개념을 처음으로 알게 되었다고 한다. 둘째, 다카노파가 강한 영향력을 지닌 철강노련의 체질을 개선해 노동조합주의를 정착시키려 했다. 앞서 말했듯이 미야타는 야하타제철노조의 우파인 맹우회의 지도자였다.[142] 그리고 철강노련·전기노련·조선총련·전기금·전금동맹·전국자동차·자동차노련 등의 주요 인물들이 1962년 초부터 비공식 간담회를 가지면서 검토를 진행해, 5월의 케리 방일을 거쳐 10월 루더의 환영 준비 모임에서 국제금속노련 가입에 대체로 합의하기에 이르렀다.[143]

그 와중에 일본에 온 루더는 11월 18일 다카노의 출신 조직인 전국금속 등을 제외한 금속 산업 노조들과 가진 간담회에서, 철강·자동차·전기·조선 등 부회部會 조직으로 구성된 협의회를 설립하고, 이를 통해 국제금속노련에 일괄 가입할 것을 제안했다. 이 제안은 간담회 참가자 전원 일치의 합의를 얻었고, 국제금속노련 일본 사무소의 세토 소장이 잠정적으로 사무국장을 맡아 조직과 인선 작업을 구체화하기로 결정되었다. 공산주의 세력을 배제한 금속 노동 전선 통일을 목표로 하는 국제금속노련의 방침이 수용되어 실현을 앞두게 된 것이다. 이 협의회는 임금공동조사센터와 밀접히 연계해 운영하기로 했는데, 따라서 마찬가지로 동맹회의의 비판을 피할 수 없었다. 조직력이 우위에 있는 총평 철강노련과 중립노련 산하 전기노련이 협의회의 주도권을 장악하는 것을 인정하지 못한 동맹회의는, 산하 전금동맹과 조선총련 등의 협의회 가입 신청을 보류시키고 협의회를 형식적 조직으로 만들 심산이었다. 이런 문제가 있었지만, 루더가 방일하면서 국제금속노련의 조직화가 크게 진전한 것이 사실이다.

3. IMF-JC와 동맹의 결성

국무부 방미 프로그램과 미·일 정부의 임금 조사

　루더의 방일을 성공적이라고 평가한 주일 미국 대사관[144]은 총평의 온건화를 더욱 촉진하기 위해 노동 교류 프로그램을 전보다 더 많이 활용하고자 했다. 그러려면 일본생산성본부가 인선에 개입하는 것을 줄일 필요가 있었다. 1963년 1월 29일 찰스 파스 문화홍보담당 공사가 국무부에 보낸 서한에 따르면 생산성본부의 노동부는 동맹회의가 장악하고 있었다. 그래서 1962회계연도 파견자의 약 절반인 40명의 지방 팀 인선에서, 생산성본부는 중립계 노조들은 포함하려 하면서 총평, 특히 그중에서 동맹회의 대항 세력들은 철저히 배제하려 했다. 이는 총평을 우경화해 AFL-CIO 등 서구 노조들과 긴밀한 관계로 이끌려는 미국 정부의 방침에 반하는 일이었다. 그래서 1963회계연도에는 방미시찰단 오리엔테이션에 생산성본부를 참여시키더라도, 인선은 미국 대사관이 직접 노조들과 협의해야 한다는 것이 파스의 의견이었다. 그는 총평과 동맹회의의 참가자를 전년과 비슷한 비율로 하더라도, 총평 주류파의 참가자를 늘리자고 생각했다.[145]

　그렇지만 미국 대사관은 총평의 온건화를 꾀하면서도 동맹회의에 대한 지원을 멈추지는 않고 있었다. 동맹회의는 기존의 제2 노조 공작에서 벗어나 기존 [기업별] 단위 노조의 집행부를 장악해 총평에서 탈퇴시키는 전술을 채택하고 있었는데, 그 첫 성공 사례로서 쇼와전공昭和電工 시오지리鹽尻노조가 1962년 12월 23일 합화노련을 탈퇴했다. 합화노련은 총평 의장 오타가 이끌었던 산별 조직이다. 그 직후 동맹회의와 긴밀한 관계였던 민사당이 동맹회의 지도부 몇 명의 방미를 미국 대사관에 요청해 왔다. 이는 분열 작업의 성공 보상이었음이 분명했지만, 대사관은 합화노련 내부의 민주화 운동을 촉진한다는 이유로 호의적인 반응을 보였다. 조합원이 1천6백 명인 시오지리노조의 동향은 쇼와전공의 나머지 조합원 1만1,500명에게 큰 영향을 주리라고 예상한 것이다. 그러나 그 지도부를 방미 프로그램에 참여시키면 총평 주류를 온건화하려는 목적을 저해할 가능성이 있었다. 그래서 미국 대사관은 정부 자금보다는 민간 노조들의 교류를 활용하자고 국무부에 제안했다.[146]

그렇기는 하나 미국의 대일 노동정책의 중심축인 국무부의 방미 프로그램은 1963회계연도를 앞두고 총평을 더욱 중시하는 방향으로 변하기 시작했다. 3월 7일에는 이 프로그램을 원활하게 실시하는 데 꼭 필요한 AFL-CIO의 동의를 구하기 위해 애버렐 해리먼 극동담당 국무차관보가 AFL-CIO의 미니 회장과 회담했다. AFL-CIO 국제부에서 주일 대사관의 홍보·문화 교류국에 파견된 폴락은 이 자리에서 미니 회장에게 다음과 같이 설명했다. '총평의 온건화 경향이 뒤집힐 가능성을 부정할 수는 없으나, 온건화를 촉진하기 위해 노동 교류 프로그램을 활용하는 것은 가치 있는 도박이라 생각된다. 방미 프로그램 인선을 독점해 온 동맹회의는 화를 내고 있으나, 주일 대사관은 이제 자립성을 확보해야만 한다. 예컨대 총평의 대표적인 온건파 조직인 전체全遞는 다카라기 위원장이 20만 명의 조합원을 이끌고 국제자유노련과 국제우편전신전화노련 모두에 가입하고 있다. 이를 무시하고 2만 명에 불과한 제2 노조를 지원하는 것은 비현실적이다. 하지만 동맹회의에 대해서도 조합원 수에서 앞선 총평과 균등하게 방미할 수 있게 배려하려 한다.' 이런 설명에 대해 미니는 완전히 동의했다.[147]

폴락이 AFL-CIO의 동의를 얻고 일본으로 돌아간 뒤, 미국 대사관은 최종 협의를 통해 방미 파견과 관련된 실무는 일본생산성본부에 위탁하지만 인선을 비롯한 실질적 작업은 전적으로 미국 대사관이 진행하기로 결정했다.[148] 6월 20일 국무부는 생산성본부의 실무 역할을 이유로 총평이 참가를 거부하지 않도록 주의해 달라는 조건을 제시하고 서야 대사관의 안에 동의했다.[149] 이리하여 생산성본부는 국무부 방미 프로그램의 인선 작업에서 완전히 배제되었다. 그리고 7월 1일 시작된 1963회계연도에는 국노, 사철총련, 합화노련, 규슈철강, 간사이지역, 임금조사, 여성, 문화센터 등 총평의 8개 팀, 그리고 동맹회의 역시 전섬동맹, 전노련, 전금동맹, 전화동맹, 지도부, 조사부장, 여성, 문화의 8개 팀이 각각 미국에 파견되었다. 그 밖에 자동차노련과 전국자동차를 포함한 자동차관계 노조 팀도 미국을 방문했다. 이들 중 가장 중시되었던 것이 국제자유노련 가입을 검토 중이던 사철총련과 합화노련 팀이었다.

국무부는 1963회계연도 파견 계획을 확정한 뒤 주일 대사관에 전보를 보내, 방미 프로그램의 장기 계획을 짜서 대일 노동정책의 전체 틀 속에 배치하라고 요구했다.[150] 주일 대사관은 이에 따라 "미·일 노동 교류 프로그램의 정책적 측면"이라는 문서를 작성해 10월 8일 송부했다. 이 문서는 일본을 자유주의 진영에 결합시키기 어렵게 하는 최대의 잠재적 위협이 노동조합이라고 지적하고, 노조를 온건화 시켜 그 내부에서 민주적 세력이 힘을 키우게 하는 것이 노동 교류 프로그램의 목표임을 천명했다. 그리고 그 핵심 대상을 총평 주류파로 설정했다. 이들이 앞으로도 총평을 주도하리라고 예상됨에도 아직껏 직접 접촉이 없었기 때문이다. 또 인선은 대사관이 맡고, 양국 노조의 교류를 촉진할 수 있는 방법으로 진행한다. 요컨대 이 문서는 총평의 온건화를 중시한 기존의 방침을 재확인한 것이었다.[151] 주일 대사관은 이를 토대로 1964회계연도의 파견 계획을 작성해 10월 18일 발송했다.[152]

미국의 이런 대일 노동정책에 대해 총평과 동맹회의는 대조적인 반응을 보였다. 제3회 미·일무역경제 합동위원회에 참석하기 위해 일본에 온 윌라드 위츠 노동장관은 1964년 1월 26일 라이샤워 대사와 함께 노동 4단체의 간부들과 회담했다. 존 굿이어 참사관의 보고에 따르면 약 2년 전 골드버그 노동장관을 만났을 때와 비교하면 총평의 오타 의장은 일본의 저임금 문제에 더 많은 시간을 할애했다. 이데올로기적인 혹은 정치적인 발언은 삼가고, 허물없는 태도로 대화를 즐겼다. 그리고 루더의 방일을 높이 평가하면서 미국의 노조 지도자들이 더 많이 일본을 방문하게 해달라고 요청했다. 노조 교류에 대한 오타의 적극적인 자세는 미국 노조의 전투성에 대한 높은 평가의 반영이었던 듯하다. 이에 대해 동맹회의의 나카치 의장, 산하 조직인 전노의 다키타 의장 등은 미국이 총평에 접근하면서 진짜 친구를 무시한다고 비난하는 한편, 오타와는 달리 루더의 임금공동조사센터와 미국 노조 지도자들의 방일에 대해서는 언급하지 않았다. 동맹회의는 총평이 노동 교류 프로그램에서 이익을 보고 있다고 생각했다.[153]

6월 10일의 미국 대사관 보고서가 지적했듯이, 미국 정부가 총평을 중시하는 방침을 수립한 배경에는 1961년 이래 총평의 온건화가 계속되고 있다는 인식이 자리 잡고 있었다. 총평이 일본 최대의 전국 중앙조직인 이상, 총평의 온건화는 미국의 최우선 과제였다. 단지, 이 보고서도 주목하고 있었듯이, 1962년부터 1년 동안 총평의 조합원은 412만3,218명에서 419만1,683명으로 불과 1.7퍼센트 증가한 데 비해, 조직 재편을 거친 동맹회의의 조직 증가는 총평을 능가하고 있었다.[154] 하지만 동맹회의는 여전히 총평보다 열세였다. 영국 대사관의 정보에 따르면, 미국 대사관은 다음과 같이 전망하고 있었다. '총평이 온건화되면서 동맹회의와 총평의 차이는 희석되고 있었다. 그리고 장기적으로는 총평이 급진파와 온건파로 나뉘고, 동맹회의는 총평 온건파에 흡수될 것이다.' 영국 대사관이 보기에, 총평 온건파에 대한 미국 정부의 기대는 너무 낙관적이었다.[155]

미국 정부는 루더의 방일 이후 한편으로는 국무부의 방미 프로그램을 통해 총평을 더욱 온건화하려 했고, 다른 한편으로는 일본 정부와의 임금 공동 조사도 추진했다. 그러나 전자는 동맹회의의 반대에, 후자는 일본 정부와 경영자들의 저항에 직면하고 있었다. 1963년 4월 8~11일, 두 나라의 노동 부처 전문가들로 구성된 '미·일 임금조사 공동작업 그룹' 회의가 워싱턴에서 열렸다. 이미 개별 기업에 대한 조사를 단념한 미국 측은 몇몇 산업을 조사하자고 주장했지만, 일본 측은 이에 반대했다. 서구 나라들의 무역 제재 구실과 일본 노조들의 임금 투쟁 근거로 이용될 우려가 있다는 것이 주된 이유였다. 또 보고서 작성에 대해서도, 미국 측은 두 나라 임금을 함께 분석해 비교해야 한다고 주장했으나, 일본 측은 두 나라가 각각 자국 자료를 분석해 같이 제시하면 된다고 말했다.[156] 10월 11일의 회의에서도 일본 측은 수출산업 경영자들의 반대를 이유로 산업 조사를 거부했다.[157]

1963년 11월 22일 케네디 대통령이 암살당하고 존슨 정권이 들어선 뒤, 1964년 1월 27일 제3회 미·일무역경제합동위원회가 열렸다. 28일 일본의 오하시 노동장관과 미국의 워츠 노동장관의 회담에서 임금 조사가 의제로 상정되었다. 그러나 산업 조사를 둘러싸고 의견이 격돌해 성과 없이 끝났다.[158] 예상외의 강력한 반발에 직면한 미국 정부는 그 이상의 마찰을 피하기 위해 산업 조사를 뒤로 미루고 이미 정보 교환이 끝난 일반적인 자료를 이용한 분석을 실시해, 보고서의 일부만 공동으로 집필하자고 요구하기로 결정한 뒤 이를 주일 대사관에 지시했다.[159] 전년도 10월 11일의 회의에서 산업 조사가 빠진 임금 공동 조

사는 "햄릿이 빠진 『햄릿』"이라고 비난했던 미국 정부로서 매우 큰 양
보였다. 그럼에도 일본 정부는 양국의 임금수준 비교가 담긴 결론의 공
동 집필을 계속 반대했다. 하지만 미국 정부는 일본 정부의 지연 전술
에도 불구하고 이후에도 임금 공동 조사를 계속 요구해 갔다.[160]

임금공동조사센터 설립

두 나라 정부의 이런 움직임과 더불어, 월터 루더가 제안한 미·일·
서유럽 노조들의 임금공동조사센터 설립도 추진되고 있었다.[161] 루더
가 귀국한 지 약 반년이 지난 1962년 12월 12일, 루더 환영실행위원회
는 해산 모임을 가졌는데, 여기에서 공동성명의 내용을 재확인하고 센
터 설립 가능성을 타진해 가기로 합의했다.[162] 하지만 예상한 대로 동
맹회의는 이에 소극적이었다. 신산별의 오치아이 서기장이 미국 대사
관에 전한 바에 따르면, 동맹회의 내에서는 임금과 노동조건이 열악한
중소기업 노조들이 많은 총동맹이 강력히 반대하고, 무역마찰의 당사
자인 전섬동맹 출신의 다키타 의장도 비판적이었다. 공동성명의 서명
자로서 비교적 적극적이었던 전노의 와다 서기장도 센터를 조기 설립
하는 데 난색을 표하며 루더의 의도를 불신했다. 국제금속노련 일본 사
무소의 세토 소장의 설명에 따르면, 동맹회의가 소극적 자세를 취한 이
면에는 일본 정부와 경영자들의 압력이 있었다. 미국 대사관은 이런 정
보들을 종합해 전통적인 기업의식이 동맹회의에 영향을 미치고 있다
고 분석했다.[163]

총평·동맹회의·중립노련·신산별의 노동 4단체가 협의한 결과 센터
설립을 위한 간담회를 설치하는 데 합의해, 1963년 3월 4일 첫 회의가
열렸다. 센터 설립을 놓고 루더와 미니 사이에 의견 대립이 있다는 정

보를 받은 동맹회의의 아마이케 사무국장은 공동성명에 서명한 루더가 전미자동차노조 회장과 AFL-CIO 부회장 중 어떤 자격이었는지의 문제를 제기해 이 자리에서도 구체적인 논의가 진전되지 못하게 가로막았다.[164] 따라서 간사 자격이었던 신산별의 오치아이 서기장은 간담회의 대표로서 3월 8일 루더에게 서한을 보내 이 점을 질의하고 AFL-CIO와 국제자유노련의 지지를 얻었는지 여부를 물었다.[165] 그는 그 나흘 뒤 루더에게 개인적 서신을 보내 동맹회의의 의도에 대해 다음과 같이 설명하고 신중한 대응을 요청했다. 동맹회의가 AFL-CIO의 협력을 센터 설립의 전제 조건으로 삼는 것은 미니가 이끄는 AFL 계열과 긴밀한 관계이기 때문이고, 국제자유노련과의 협력을 주장하는 것은 동맹회의가 그 가입 조직들의 주류임을 자임하고 있기 때문이다.[166]

이런 의혹과는 별도로 동맹회의의 주장 자체는 정당했다. 일본의 4개 중앙 조직이 참가하는 한, 미국의 전국 중앙 조직인 AFL-CIO, 그리고 각 나라 전국 중앙 조직들의 조직인 국제자유노련의 협력을 요구하는 것은 당연했다. 총평을 포함한 간담회 구성원들이 전원 일치 의견으로 루더에게 서한을 보낸 것도 그래서였다. 그러던 중 루더는 3월 11일 열린 국제자유노련 집행위원회에 출석해 센터 설립에 대해 설명하고 협력을 요청했다. 베쿠 서기장도 루더의 발언에 적극 찬성했다. 이어 집행위원회는 센터 설립을 지지하기로 하고, 산하 전국 중앙 조직들과 국제 산별 조직들에도 협력을 요청하기로 결의했다.[167] 앞서 말했듯이, 귀국 직후 루더는 금속 산업을 조사하는 단계에서는 국제금속노련만 참가시키고 조사 대상이 확대되면 국제자유노련을 참가시킨다고 구상했으나 그 입장을 바꾼 것이다. 어떻든 이 결정으로 국제자유노련의 태도는 분명해졌다.

루더는 국제자유노련 집행위원회 당시 전노의 와다 서기장과 회담해 이런 우려를 해소하려 애썼다. 전노를 포함한 동맹회의의 주된 우려는 이 센터가 노동 전선 통일의 도구로 이용되지는 않을까, 일본 제품의 수입 규제 수단이 되지는 않을까였다. 따라서 루더는 전자에 대해서는 진의를 감추면서 이를 부정하고, 후자에 대해서는 일본의 임금을 개선하는 동시에, 오해에 기초한 저임금 비판을 불식시키는 것이 센터의 목적이라고 말했다.[168] 그리고 루더는 3월 26일 오치아이에게 답신을 보내 전미자동차노조 회장 자격으로 센터 설립을 주창했고, 전미자동차노조와 AFL-CIO의 산별노조 부문, 국제자유노련의 정식 승인을 이미 얻었다는 점, AFL-CIO의 미니 회장이 전향적인 자세를 보여 다음 집행위원회에서 협의할 예정이라는 점 등을 알리고, 지금 미·일 양국 정부의 공동 조사가 시작되려 하지만 이는 경영자들의 뜻에 영향을 받을 수밖에 없는 이상, 노조의 임금조사 실시가 필요하다고 역설했다.[169]

3월 29일 센터 설립준비 간담회 2차 회의가 열렸다. 이 자리에서 전노의 와다 서기장은 국제자유노련의 결정 및 루더와의 회담 결과를 보고했다. 그리고 미·일·서유럽 공동으로 센터를 설립하고, 잠정적으로 활동 시간은 3년으로 하며, 일본은 3분의 1의 경비를 부담할 것 등이 결정되었다.[170] 단, AFL-CIO의 정식 결정은 아직 이루어지지 않았다. 그래서 와다는 4월 8일 AFL-CIO의 미니 회장에게 서한을 보내 총평 내부에 AFL-CIO와 손잡는 것을 비판하는 의견이 존재한다고 지적한 뒤 센터에 참가하도록 요청했다.[171] 국제자유노련도 4월 17일 AFL-CIO 앞으로 자금 출연과 협력을 요청하는 서한을 발송했다.[172] 5월 18일 열린 AFL-CIO 집행위원회는 와다의 요청에 따라 특별기금에서 5백 달러를 센터 설립기금으로 전노 앞으로 보내기로 결정하고 5월 27일 이를 보냈다.[173] 이로써 AFL-CIO의 지지가 확정되어, 센터 설립을 위한 국제적 구도가 대체로 정돈되었다.

남은 문제는 국제금속노련이었다. 2월 24일 열린 국제금속노련 집행위원회는 일본의 노동 4단체의 입장이 분명해질 때까지 결정을 미루기로 했다.[174] 따라서 빅터 루더는 9월 11일 열린 중앙위원회에서 다음과 같이 역설했다. "일본을 위협하는 것은 공산주의와 잘못된 중립주의만이 아니다. 일본의 노동조합에 대한 또 하나의 위협은 경영자가 기업별 노조를 자기 이익의 도구로 이용하고 있는 사실이다. 일본에는 생산성본부가 존재하지만 경영자들과 몇몇 노조로 구성된 이 본부는 유감스럽게도 너무 오래 미국 정부의 지원을 받아 왔다. 일본생산성본부는 경영자들이 지배하며, 지극히 보수적인 노동조합운동을 조장하고 있다." 따라서 "우리는 당연하게도 자동차·전기·조선 산업의 임금수준에 관심을 가지고 있는데, 이들 산업의 노동자들은 기술·임금·경제에 관한 정보가 없어 경영자들에게 맞서지 못하고 있다." 그는 이렇게 지적하면서 임금공동조사센터 설립에 협력할 것을 호소했다.[175]

일본에서도 새로운 문제가 생겼다. 4월 17일 열린 전노 중앙집행위원회는 총평의 영문 팸플릿 『이것이 총평이다』가 사실을 왜곡하고 전노를 중상 비방하고 있다고 비판하고, 센터 설립준비 간담회 참석을 중단했다. 하지만 오치아이 간사 등이 국제적 책임을 강조하고 총평도 전노의 설득에 나서서,[176] 총평은 유감을 표하고 전노도 6월 26일 중앙집행위원회에서 이를 받아들였다. 그리고 8월 23일 제3회 간담회가 열렸고, 이어 10월 14일의 제6회 간담회까지 다음과 같은 계획이 확정되었다. '사업 기간은 3년으로 하고 그 이후는 다시 협의한다. 우선 금속부터 조사를 실시한다. 준비위원회의 구성은 일본이 4~5명, 미국 1~2명, 유럽 2명으로 한다. 경상 경비는 미·일·서유럽이 3분의 1씩 분담하며, 연간 2천7백만 엔(7만5천 달러)이 필요할 것으로 예상했다. 일본의 월 분담금은 총평 40만 엔, 동맹회의 25만 엔, 중립노련 7만 엔, 신산별 3만 엔으로 한다.' 그러나 전노의 다키타 의장은 그 사이에도 미국 대사관의 실버버그 노동관에게 여전히 열의는 없다고 말하고 있었다.[177]

소극적 자세를 고집하는 동맹회의를 으르고 달래면서 겨우 어느 정도 합의를 이룬 간담회는 10월 17일 오치아이 간사의 명의로 국제자유노련의 베쿠 서기장, AFL-CIO의 미니 회장, 전미자동차노조의 루더 회장 3명에게 서한을 보내 이를 보고했다.[178] 이를 환영한 루더는 전미자동차노조의 첫해 분담의 절반인 6,250달러를 곧바로 송금하고 사전 의논을 위해 오치아이를 미국에 초대하고 싶다고 제안했다.[179] 그러나 동맹회의는 집요하게 저항했다. 11월 26일의 제7회 간담회에서는 루더의 초대장에 오치아이가 '간사'가 아니라 '의장'이라고 적힌 것을 꼬집어 간담회의 대표 자격으로 파견할 수는 없다고 주장하고, 또 12월 6일의 제8회 간담회에서는 루더와 베쿠가 임금공동조사센터를 노동 전선 통일의 수단으로 본다는 발언을 거듭하고 있다며 이의를 제기했다. 하지만 오치아이는 간담회 일원으로서 개인 자격으로 1964년 1월 4일 미국을 방문해, AFL-CIO 및 산하 노조들과 의견을 교환했다. 그리고 1월 8일에는 해리먼 정치담당 국무차관보와 회담해 센터의 설립을 높이 평가한다고 치하받았다.[180]

동맹회의는 일본 준비위원회의 발족을 앞두고 최후의 저항을 시도했다. 즉 전노의 와다 서기장은 오치아이가 미국 방문 중이던 1월 9일 루더에게 서한을 보내, 전미자동차노조가 책임지고 AFL-CIO는 지지·후원에 머무는지, 아니면 AFL-CIO가 미국의 노조를 대표해 책임지는 것인지를 명확히 해달라고 요구했다. 또 센터의 설립을 실현하기 위해 그것이 노동 전선 통일과는 무관하다고 강조하면 좋겠다고 요청했다.[181] 와다는 미니 회장의 여자 조카인 어네스트 리 AFL-CIO 국제부 차장에게도 이 서한을 동봉해 질문했다.[182] 리는 1월 23일의 답장에서

AFL-CIO는 이 프로젝트에 협력하겠지만 그 책임을 지거나 운영에 참가하지는 않는다고 밝히고, 루더가 이끄는 산별노조 부문이 자금을 제공한다고 알고 있다고 말했다.[183] 와다의 의심대로 루더와 미니 사이의 균열이 분명해진 것이다. 1월 22일의 제9회 간담회에서 일본준비회의 발족이 결정되었으나, 1월 31일의 제10회 간담회에서는 이를 연기할 수밖에 없었다.

2월 4일 간담회에 참가한 노동 4단체의 대표들은 연명으로 미니와 루더에게 서한을 보내, AFL-CIO가 책임지고 센터 운영에 참가할 것임을 명확히 해달라고 요구했다.[184] 오치아이 간사는 2월 6일 개인적으로 루더에게 편지를 보내 동맹회의가 혼란을 조성하고자 의도적으로 시시콜콜 문제를 제기하고 있다고 비판하면서, 꾹 참고 2월 4일의 서한에 답장을 보내 달라고 부탁했다.[185] 따라서 루더는 2월 20일 미니와 회담해 다음과 같은 두 가지 합의를 이끌어 냈다. "AFL-CIO는 도쿄에 설치될 국제노동조합임금센터에 참가하고 전면적으로 협력하지만, 이 프로젝트의 관리 혹은 운영을 책임지지는 않는다", "AFL-CIO는 국제자유노련 및 일본·유럽의 노조 대표들과 함께 활동할 정책위원회의 위원들, 그리고 이 프로젝트에 협력할 스태프들을 임명한다."[186] 그리고 미니는 루더의 요청에 따라 3월 2일 오치아이에게 편지를 보내, 운영과 관리를 책임지지는 않지만 센터에 참가하고 협력한다는 AFL-CIO의 방침을 밝히고, 참가를 부정한 리의 답신 내용을 정정했다.[187]

국제금속노련은 이에 앞서 1월 23일 열린 집행위원회에서 센터 설립을 위한 일본 내의 움직임을 긍정적으로 평가해, 2년 한정으로 연간 5천 달러를 부담하는 동시에 기술적 지원도 제공하기로 결정했다.[188] 국제자유노련도 3월 2일 열린 집행위원회에서 빅터 루더 서기장의 제안에 따라 국제 연대기금에서 1만 달러를 긴급 지원하기로 결정했다.

그와 동시에 가입 노조들과 국제 산별 조직들에게 자금 제공 등 협력을 요청할 권한을 베쿠 서기장에게 부여했다.[189] 이 회의에 출석했던 빅터 루더는 베쿠와 더불어 전노의 와다 서기장과 회담하고, 미니와의 회담 내용을 설명한 2월 20일 루더의 편지를 제시하면서 AFL-CIO가 이 센터에 참가할 것을 약속했다. 그리고 4월 2일 이런 요지를 명기한 서한이 월터 루더의 명의로 간담회에 발송됨으로써, 동맹회의가 요구한 일본 준비위원회 발족의 전제 조건들은 최종적으로 정리되었다.[190] 임금 공동조사센터 설립을 위한 일본 준비위원회는 6월 16일에 발족했고, 이후 검토를 거쳐 운영위원회 설치를 결정했다. 운영위원은 총평 3명, 동맹회의 2명, 신산별과 중립노련 각각 1명, AFL-CIO 2명, DGB·스칸디나비아·국제자유노련·국제금속노련 각각 1명씩 배정되었다. AFL-CIO의 방침에 따라 센터의 관리와 운영의 책임은 일본의 노조들이 구성하는 이사회가 맡고, 운영위원회는 조사의 내용과 방법, 자금계획 등 기술적 측면을 지원하는 자문기관에 머문다는 것이 준비위원회의 구상이었다.[191] 그러나 월터 루더는 10월 19일 준비위원회 사무국장인 와다 전노 서기장에게 서한을 보내, 운영위원회를 자문기관이 아니라 정책 결정 기관으로 할 것을 요구하고, AFL-CIO는 발언은 하되 책임 지지는 않아도 된다고 주장했다.[192] 1965년 1월 25일 열린 국제준비회의와 28일의 소위원회에서는 빅터 루더 등 외국 대표들의 주장에 따라, 운영위원회를 국제위원회로 이름을 바꾸고 정책 결정 기관의 위상을 부여했다. 그리고 1월 30일 임금공동조사센터가 정식으로 설립되었다.[193]

IMF-JC의 결성

1962년 11월 15일 일본에 온 월터 루더는 임금공동조사센터의 설립을 주창하는 동시에 국제금속노련의 일본 조직화 사업을 진척시켰다. 이는 모두 일본 노조들을 노동 전선 통일, 임금과 노동조건의 개선, 서구 노조들과의 결합에 나서게 하려는 것이었다. 방일 중인 11월 18일 금속 산업 노조들과의 간담회를 통해 협의회를 구성해 국제금속노련에 일괄 가입한다는 합의를 이끌어 낸 루더는 귀국 후인 12월 12일 국제금속노련의 그래델 서기장에게 편지를 보내, 일본협의회의 설립 추진을 환영하고 가입을 요청하는 문서를 준비해 달라고 부탁했다.[194] 한편 일본 국내에서는 전기노련·철강노련·조선총련·전기금·전국자동차 등의 간부들이 1963년 1월 16일을 시작으로 2월 13일, 3월 22일, 4월 22일, 5월 8일 등에 걸쳐 간담회와 간사회를 거듭 열어, 1963년 가을에 일본협의회 결성준비회를 구성하고 1964년 3월에는 일본협의회를 결성한다는 것 등을 결정했다. 이처럼 루더의 귀국 후에 국제금속노련은 일본 조직화를 위한 움직임을 급속히 진행하고 있었다.[195]

그러던 중 국제금속노련은 5월 10일 그래델 서기장과 세토 일본 사무소장의 연명으로 'IMF-JC(가칭)' 결성을 주창하는 성명을 발표하며 다음과 같이 주장했다.

국제무역의 자유화, 거대 자본의 국제적 기술제휴가 세계의 선진 공업국들의 공통의 경향이 되어 간다면, 노동조건의 산업별 국제 기준 설정 운동은 지극히 중요한 의의를 지니게 될 것이 분명합니다. 이미 유럽 공동시장에서는 국경을 넘어선 노동조건의 동일화가 구체적인 과제가 되고, 사회보장의 개선, 직업교육에 이르기까지 협력을 강화하는 움직임이 활발하게 진행 중입니다.

두말할 것도 없이, 참된 노동조합운동이란 이데올로기와 사상의 차이를 토론하는 것이 아니라, 현실적인 입장에서 노동자의 생활과 권리의 옹호, 임금과 노동조건 등을 구체적으로 해결할 의무를 지닌 것이라 생각합니다. 그런 까닭에 일본 노동운동의 중심인 금속 산업 노동자들은 국제금속노련을 통해 국제 연대의 틀에 참여하는 것이 당연한 귀결이라고 생각합니다.

무역자유화·자본자유화에 따른 국제적 상호 의존의 진전을 배경으로 일본의 노동조합들은 서구와 결합되어 갔다.

그래델과 세토의 제창에 따라 중립노련 산하의 전기노련은 5월 29일 열린 제11회 대회에서 "국제금속노련 가입 문제는, 철강·조선·자동차 등 국내 금속 부문 산별 조직들의 동향 혹은 다른 산업의 주요 산별 조직들의 국제적 제휴의 상황을 감안하면서 IMF-JC에 참여한다."는 운동방침을 결정했다. 이에 대해 공산당과 가까운 노조들은 국제금속노련의 방침에 구속당할 우려가 있고, 세계노련의 금속기계노동조합 인터내셔널과의 관계를 훼손한다는 등의 이유로 수정안을 제출했다. 하지만 이 수정안은 소수의 찬성만 얻어 부결되었다. 일본협의회 결성에서 중심 역할을 해온 전기노련의 결정이 지닌 의미는 컸다. 그 뒤 동맹회의 산하의 조선총련과 자동차노련, 무소속의 전국자동차가 5월에서 9월에 걸쳐 각각 국제금속노련 가입 방침을 결정했다. 이미 전년도에 국제금속노련 가입을 결정한 신산별의 전기금도 7월 19일 열린 제14차 대회에서 이 방침을 재확인했다.

이에 대해 총평 반주류파의 거점이자 다카노 전 사무국장의 출신 조직인 전국금속은 9월 29일 열린 제14회 대회에서 IMF-JC를 "국제자유노련, 특히 미국 AFL-CIO의 일본판"으로 단정하고, 이를 배격한다는 방침을 밝혔다. 중립노련 산하이면서 좌파의 영향력이 강한 전조선·전

전선·차량노련도 7~9월에 걸쳐 국제금속노련 가입에 소극적인 방침을 결정했다. 그 와중에 가장 주목받은 것이 전기노련 다음으로 규모가 큰 총평 철강노련이었다. 운동방침을 결정할 당시 철강노련 집행위원회는 국제금속노련 가입에 대해 10 대 10으로 의견이 갈려 분명한 입장을 낼 수 없었다. 9월 25일의 제27회 대회에서는 "조직적 검토 과제로 한다." 는 정도에 머물렀다. 미야타 서기장을 중심으로 한 우파가 가입을 강력히 추진했으나 좌파는 이에 완강하게 반대했다. 따라서 철강노련은 충돌을 피해 야하타제철이 독자적으로 일본협의회 참가를 결정하는 등 가능한 단위 노조들만 국제금속노련에 가입하는 것으로 했다.

좌파들만 IMF-JC를 비판한 것은 아니다. 동맹회의에 참여하고 있던 총동맹 산하의 전금동맹은 5월 28일 열린 제13회 대회에서 "지금까지와 마찬가지로 앞으로도 협의회 단위로 가입하는 것은 배제하고 산별 조직 단위로 가입할 것을 주장해 간다."는 방침을 정했다. 전금동맹이 일본협의회 참가를 거부한 데는 몇 가지 이유가 있었다. 첫째, 이미 국제금속노련 가입을 신청했지만 보류당한 경험이 있었다. 둘째, 규약상으로도 산별 조직 단위로 가입하는 것이 가능하고, 미국과 마찬가지로 일본도 이를 인정받아야 한다는 주장이었다. 셋째, 일본협의회의 결성은 금속 노동 전선을 통일하려는 책동이라는 비판이었다. 이 중에서 가장 결정적인 이유가 세 번째였다. 국제금속노련 가입을 지향한다는 공통점만으로 기본적인 운동의 방향성을 무시하고 전국 중앙 조직을 가로질러 일본협의회를 설립하는 것은, 금속 산업 노동조합 결집의 민주적 방법이 아니라는 것이었다. 전노 산하 자동차노련은 물론, 같은 총동맹 산하 조선총련과 비교해도 보수적인 전금동맹은 총평에 맞서는 동맹회의의 방침을 충실히 따르고 있었다.

한편, 반공주의 관점에 서서 노동 전선의 분열은 어쩔 수 없다고 동맹회의에 대해 국제금속노련도 비판적이었다. 앞서 말했듯이, 빅터 루더는 9월 11일 열린 국제금속노련 중앙위원회에서 "국제금속노련은 총평·동맹회의·신산별의 노조 지도자들이 냉전 문제는 제쳐 두고 기본적인 경제·노동조합 문제에 집중하게 해야 한다."고 말하면서, "일본생산성본부는 경영자들이 지배하고 있어서 지극히 보수적인 노조운동을 조장하고 있다."고 지적했다. 그리고 경영자들과 그들이 지배하는 생산성본부에 대항해 임금과 노동조건을 개선하려면 임금공동조사센터 설립에 더해 금속 노동자들의 조직화를 추진해야 한다고 말했다. 루더 형제는 일본의 생산성 향상이 필요하다고 인정하면서도 노동자의 생활수준 향상이 그에 뒤처지고 있다는 사실에 매우 초조해했다. 일본의 저임금 수출에 위협을 느낀 국제금속노련은 동맹회의는 생산성본부를 통해 경영자들에게 종속된 보수적 노조이고, 전투적인 총평의 방향이 바람직하다고 생각했다.

이 발언 도중에 루더는 "경영자들이 기업별 노조를 자기 이익의 도구로 이용하려 한다."라고 경고했다.[196] 하지만 일본협의회 설립을 추진한 철강노련의 미야타 서기장은 야하타제철노조의 우파 맹우회의 지도자로서 체질적으로 기업주의적인 인물이었다. 미야타는 국제금속노련 가입에 온 힘을 다한 이유를 다음과 같이 회상했다.

일본의 경제 상황, 산업과 기업이 본격적인 국제 시대를 맞아, 무역·자본의 자유화에서 초래되는 여러 문제들이 일본 노동운동에 커다란 영향을 미칠 것이다. 이럴 때, 국제적 노동운동이 확보해 온 여러 권리들 ― IMF 로마 대회에 참가해 처음으로 ILO의 국제 공정 노동 기준을 알았다 ― 을 일본에서도 확보하려면, 권리와 노동조건의 국제 비교가 경영자들을 설득할 강력한 재료가 될 것이다. 이를 위해 IMF와 국제 연대를 해야 한다고 뼈저리게 느꼈다.[197]

미야타는 1961년 국제금속노련 제19회 대회에 참석해 기업 논리를 중시하면서도 이를 넘어서는 시각을 확보하고, 국제 연대를 통해 임금과 노동조건을 향상시키고자 국제금속노련 밑으로 금속 노조들을 대산별로 결집시키려 노력한 것이다.

금속 산업 노조들의 정기 대회가 끝나고 입장이 제출된 11월 1일 열린 간사회는 1964년 1월 20일에 일본협의회 결성 준비회를 발족시키기로 결정한 동시에, 철강노련·전기노련·조선총련·자동차노련·전기금·전국자동차의 6개 산별 조직의 대표를 그 준비 간사로 선정했다. 이로써 일본협의회 결성을 위한 움직임도 본격화되기 시작했다. 이에 따라 국제금속노련은 12월 15일 그래델 서기장, 단넨버그 서기차장, 세토 일본 사무소장 세 사람 연명으로 'IMF-JC(가칭)' 결성을 다시 주창하고, 가입에 소극적인 노조들의 오해를 풀기 위해 전국금속의 비판을 반박하면서 미국 노조는 특별 대우 대상이 아니라 어디까지나 대등한 관계라는 점을 강조했다. '일본협의회 결성 준비위원회'는 예정대로 1964년 1월 20일 제1회 모임을 가지고 4월 24일, 5월 16일에도 계속 모여, 일본협의회에 장애를 초래할 전금동맹의 단독 가입을 인정하지 않을 것을 다시 확인했다.[198]

5월 16일 그라델 서기장과 단넨버그 서기차장이 참석한 가운데 IMF-JC 결성대회가 개최되었다. 전기노련·조선총련·전국자동차·전기금의 4개 산별 조직, 그리고 철강노련 산하의 야하타제철과 나카야마제강의 두 단위 노조, 도합 6개 조직 38만 명이 정식으로 가입했다. 자동차노련·신新미쓰비시중공업·니혼강관·스미토모住友금속·고베제강 등 9개 조직 16만 명은 참관인으로 참가했다. 전체 조합원은 54만 명이었다. 의장에는 전기노련의 후쿠마 도모유키 부위원장, 사무국장에는 국제금속노련 일본 사무소의 세토 소장이 선임되었다. 대회선언에서는 "일본의 전체 노동운동은 국제적으로는 통상의 자유화, OECD 가입, 국제 공정 노동 기준의 확립, 국내적으로는 개방경제하에서의 임금 문제와 노동시간 단축, ILO 조약 비준, 최저임금제도 등 모두 중대한 과제들에 직면하고 있습니다. 이 과제들 중 어느 하나도 국제적으로나 국내적으로나 한 조직, 한 단체 혹은 한 나라로서는 효과적으로 해결할 수 없는 정세라는 사실은 두말할 나위가 없습니다."라고 주장하고, 국제금속노련 및 가입 노조들과의 연대로 임금과 노동조건을 향상시키자고 제안했다.

그런데 전금동맹의 비판은 일본협의회가 발족한 뒤에도 계속되어, 전금동맹의 기관지 9월호는 "보기에 따라서는 전금동맹을 무너뜨리려는 행위로 보일 정도다."라고까지 말했다. 동맹회의는 10월 20일 동맹 결성대회에 제출한 운동방침(안)을 발표했는데, 이때 와다 서기장은 다음과 같은 발언을 통해 국제운수노련과 비교해 국제금속노련을 비판했다.

원래 산별 국제조직은 그 강령과 규약을 승인하면 어디에나 가입할 수 있는 것이다. 가입은 어디까지나 각 산별이 개별적으로 한다. 그럼에도 국제금속 노련의 경우는 가입하고 싶다는 일본의 산별에 가입하지 말라고 발목을 잡고, 하나의 전국 중앙 조직을 먼저 만들고는 거기에 들어가 일괄 가입하라는 방식을 취하고 있다. 이는 국내 조직에 대한 간섭이며, 국제운수노련 등은 그렇게 하지 않고 있다.

11월 11일 열린 동맹의 결성대회는 조선총련 등의 반대에도 불구하고 이런 내용을 담은 운동방침을 결정했다. 동맹회의 및 그 후신인 동맹의 IMF-JC 비판 입장은 명확했다.

이에 비해 7월 20일 열린 총평 제26회 대회에서는 이 문제가 전혀 거론되지 않았다. 물론 IMF-JC의 결성으로 총평도 큰 문제를 안게 되었다. 국제자유노련과 세계노련에 대한 조직적 중립 입장에 저촉될 뿐만 아니라, 철강노련 및 전기노련 등 총평과 중립노련 소속 노조들로 구성된 금속공투가 해체될 위험에 직면한 것이다. 그럼에도 총평은 겉으로는 조용한 자세를 취했다. 그럼으로써 실제로는 이와이 사무국장이 철강노련의 미야타 서기장에게 철강노련의 국제금속노련 가입뿐만 아니라 일본협의회 결성에 대해서도 동의한다는 뜻을 전한 것이었다.[199] 전년에 전일통이 국제운수노련에 가입한 데 이어, 합화노련이 7월 10일 열린 제30회 대회에서 국제석유화학노련 가입을 결정하는 등 총평 주류파는 국제 산별 조직에 대해 여전히 우호적인 자세를 취하고 있었다. 덧붙여 말하자면, 이와이는 국제금속노련 가입 조직들이 대규모 파업을 전개하는 전투성을 지녔음에 주목해, 이것이 일본에 바람직한 영향을 줄 것이라고 기대하고 있었다.[200]

일본협의회는 5월 16일 출범한 뒤 기관지 발행과 지방조직 정비를 진행하는 한편, 국제금속노련 일괄 가입 준비도 진행했다. 5월 27일 전기노련 제12회 대회를 시작으로 산하 각 산별 조직들이 각각 대회를 열어, 일본협의회를 통한 국제금속노련 가입을 결정했다. 그 외에도 참관인으로 가입한 자동차노련과 무소속의 혼다기연本田技研노조도 같은 결정을 했다. 이에 따라 일본협의회는 10월 30일 제2회 임시협의위원회(=대회)를 열어 일괄 가입 신청을 만장일치로 결의했다. 그리고 11월 24일 국제금속노련 중앙위원회는 일본협의회의 가입을 전원 일치로 승인했다.[201] 다음 날인 11월 25일부터 나흘 일정으로 열린 국제금속노련 제20회 대회에 40명의 대표단을 이끌고 참석한 후쿠마 의장은 가입 승인에 감사의 뜻을 표하고, 일본의 임금을 유럽 수준으로 높여

가겠다는 결의를 밝혔다. 이리하여 국제금속노련의 일본 조직화는 국제자유노련과 이 문제를 처음 협의한 이래 11년 반, 일본 사무소 개소 이래 7년 반 만에 드디어 실현된 것이다.

전노의 국제자유노련 일괄 가입과 동맹의 결성

IMF-JC 설립 과정에 맞서서 진행된 것이 전노의 국제자유노련 일괄 가입이었다. 앞서 말했듯이 1954년 4월 22일 결성된 전노는 국제자유노련 일괄 가입을 헌장에 명기하고 곧바로 가입을 신청했다. 그러나 총평의 일괄 가입을 바라는 국제자유노련은 이를 거부하고 산별 조직을 개별적으로 가입시키는 방식을 잠정적으로 채택했다. 전국 중앙 조직이지만 전노 산하로 들어간 총동맹도 산별 조직으로 취급되어 일괄 가입했다. 그로부터 8년 후, 전노는 총동맹 및 전관공과 동등한 입장에서 동맹회의를 결성했다는 이유로 1962년 9월 29일 국제자유노련에 일괄 가입을 다시 신청했다. 이에 따르면 이미 국제자유노련에 가입한 전섬동맹·해원조합·전노련·자동차노련·전영연의 5개 산별 외에 전특정·우정노·신국노·전교노全交勞의 4개 산별이 전노를 통해 새로 가입하게 된다. 당시 전노는 국제자유노련의 우려를 완화하기 위해 전국 중앙 조직으로서의 특권적 지위를 주장하지 않고 전노 외의 노조들이 국제자유노련에 가입하는 것을 막지 않겠다고 약속했다.[202]

전노의 신청을 받은 국제자유노련은 1963년 2월 12일, 일본의 가입 노조들에 서한을 보내 의견을 물었다. 전노 산하 5개 산별과 총동맹은 이를 지지했으나, 총평 산하 가입 노조들은 반대 의견을 밝혔다. 예컨대 전광의 하라구치 위원장은 3월 6일 베쿠 서기장에게 보낸 서한에서 전노 산하의 신규 가입 노조들은 총평에서 분열해 결성된 제2 노조들로 총평 산하 노조들과 경쟁하고 있고, 따라서 국제자유노련과의 관계 강화를 추구하는 총평 내부의 움직임에 악영향을 미칠 것이라는 이유로, 전노의 일괄 가입을 승인하지 말라고 요청했다.[203] 도시교통 역시 국제자유노련 도쿄 사무소의 오쿠라 소장을 통해 제2 노조의 가입을 승인하면 국제자유노련이 일본의 노조운동 분열을 장려한다는 인상을 줄 것이라고 주장했다.[204] 여기에서 제2 노조로 지탄의 대상이 된 것은 전체에서 분열한 전특정과 우정노, 국노에서 분열한 신국노, 사철총련에서 분열한 전교노였다. 특히 전특정과 우정노의 전신 조직인 전우노는 1956년에 국제자유노련 가입을 신청했다가 거부되었을 뿐만 아니라 전체와 통합하라는 권고를 받은 경우였다.

3월 11일에 열린 국제자유노련 집행위원회에 사무국이 제출한 의안은 총평 산하 가입 노조들의 의견을 기본적으로 지지하는 내용이었다. 즉 산별의 개별 가입은 잠정적인 방식에 불과해 전노의 일괄 가입 신청은 올바른 방향이라고 지적하는 한편, 제2 노조 문제를 거론하면서 전노에 일괄 가입을 강하게 요구하지 말도록 요청하자는 내용이었다. 동시에 일본 노조의 가입 방식을 재검토할 권한을 서기장에게 주자는 내용도 있었다.[205] 집행위원으로 참석한 전노의 와다 서기장은 이에 강력히 반발했다.[206] 3월 11일 와다와 베쿠의 회담이 있었는데, 여기에서 와다는 이 문서의 내용을 전달하면 전노 산하 5개 산별은 국제자유노련을 탈퇴할지 모른다고 말했다. 제2 노조 문제는 그들이 정식 심사를 거쳐 전노에 가입한 이상 아무 문제도 없다고 말하고, 또 산별 조직의 개별 가입이라는 변칙적인 방식은 정상화해야 한다고 역설했다. 이 문제가 논의된 3월 13일의 집행위원회에서도 와다는, 태도는 다소 부드러워졌으나, 전노의 일괄 가입이 거부되면 회비 납부를 중단하겠다고 반쯤 협박하듯 했다.

와다의 강한 반발에 부딪힌 베쿠는 집행위원회 정회 중에 와다와 만나 차기 집행위원회까지 고위 대표단을 일본에 파견할 테니, 즉시 결정하자고 강하게 주장하지 말도록 요청했다. 그리고 재개된 집행위원회에서 베쿠는 전국 중앙 조직의 가입을 원칙으로 하는 규약에 맞는 지속적인 방식을 찾기 위해 회장과 서기장을 포함한 대표단을 일본에 파견하고, 그 보고에 기초해 다음 집행위원회에서 협의하자고 제안했다. 이는 일종의 지연 전술이었다. 따라서 와다는 사절단의 목적을 가입 방식의 정상화라고 명시하고, 차기 집행위원회에서 최종적으로 결정한다는 두 가지를 강하게 요구했다. 하지만 이에이야 회장 등 다른 참석자들은 결정 시한을 못 박아서는 안 된다고 반론을 폈다. 특히 영국 TUC의 앨프리드 로버츠는 총평의 바람직한 경향을 훼손해서는 안 된다고 말했다. 이에 대해 와다는 지난 9년의 실적을 놓고 볼 때 총평이 국제자유노련에 일괄 가입할 전망은 당분간 없다고 반론을 폈으나, 결국 베쿠의 수정안이 채택되었다.[207]

국제자유노련 집행위원회가 지연 전술을 쓴 것은 전노의 큰 불만을 샀다. 전노는 1963년 4월 17일의 중앙집행위원회에서, 1월에 발간된 총평의 영문 팸플릿 『이것이 총평이다』가 전노에 대해 경영자를 맹종해 저임금과 대량 해고를 받아들이고 제2 노조 [설립] 공작을 하고 있다며 비난했다고 문제를 제기해, 납득할 만한 답변이 없는 한 총평과의 공동 행동을 모두 중단한다고 결정했고, 임금공동조사센터 설립준비간담회 등을 보이콧했다. 사실 이 팸플릿은 1960년에 만든 『총평의 입각점立脚点』을 약간 수정한 것으로, 기바타 고이치 국제부장도 그 사실을 잘 알고 있었다. 총평에 의해 국제자유노련 일괄 가입을 저지당한 데 분개한 기바타가 이를 구실로 삼았다는 것이 미국 대사관의 인식이었다. 사실 전노의 와다 서기장은 4월 24일 굿이어 참사관에게 총평 산하 가입 조합들의 거짓말 때문에 국제자유노련의 집행위원회가 최종 결정을 미루었다고 비판하고, 그 때문에 중앙위원회에서 총평과의 관계를 수정했다고 말했다. 와다의 분노는 특히 전광의 하라구치 위원장을 향했다.[208]

총평과 전노의 대립은 6월 5일 시작된 ILO 총회 이사 선거로도 파급되었다. 총평은 하라구치를 이사 후보로 내세웠으나 전노를 포함한 동맹회의는 이를 거부해 와다를 추천하고, 단일화도 거절했다. 총동맹의 가미니시 마사오 주사에 따르면, 동맹회의가 하라구치를 거부한 것은 전노의 국제자유노련 일괄 가입을 그가 저지했기 때문이라는 것이다. 전노의 기바타 국제부장은 하라구치가 거짓을 진짜로 믿게 만드는 능력이 있는 자로, 국제자유노련에 대해서도 총평이 일괄 가입을 검토하고 있는 듯이 발언해 전노의 일괄 가입을 방해했다고 비난하면서, 그를 "교활한 여우"라고 매도했다. 그만큼 하라구치에 대한 동맹회의의 증오는 뿌리 깊었다. 그리고 이 ILO 이사 선거에서 하라구치를 기피하는 동맹회의를 지원한 것이 AFL-CIO의 미니 회장이었다. 미니는 와다의 입후보를 철회하도록 동맹회의에 요구하는 한편, AFL-CIO 출신인 루돌프 포플 노동자 측 부의장을 통해 국제자유노련의 후보자 리스트에서 하라구치의 이름을 삭제시켰다. 그 결과 하라구치는 이사 선거에서 낙선하고, 간신히 최하위로 부이사에 선임되었다.[209]

AFL-CIO 내에서도 미니를 중심으로 하는 AFL계는 전노의 국제자유노련 일괄 가입에 찬성이었다. 미니의 조카인 어네스트 리 국제부 차장은 국제자유노련 집행위원회 직후인 3월 28일 로스 국제부장에게 보낸 각서에서 전노의 요구가 논리적으로 타당하다고 평가했다. '국무부와 노동부, 그리고 AFL-CIO의 일부는 총평이 바람직한 방향으로 변하고 있고, 전노의 일괄 가입을 인정하면 총평과 그 산하 가입 노조들이 멀어질 것이라고 주장할지 모른다. 하지만 AFL-CIO가 의논을 회피하고 국제자유노련이 기회주의적 태도를 취하면 전노와 총동맹이 비판하고 나설 것이다. 게다가 그런 비판은 공산주의자들에게 공격의 빌미를 주어 국제자유노련에 대한 불신을 야기할 것'이라고 리는 주장했다.[210] 앞서 말했듯이 국무부의 방미 프로그램 인선 작업에서 생산성본부를 배제하는 데 미니도 동의하는 등 AFL계도 1960년대 들어서는 총평의 온건화가 필요하다고 인정했다. 하지만 이는 어디까지나 전노를 포함한 동맹회의와의 관계를 훼손하지 않는 범위 내에서의 일이었다.

10월 14일 국제자유노련의 이에이야 회장, 베쿠 서기장, 아시아 지역 조직의 마파라 서기장으로 구성된 대표단이 일본에 왔다. 대표단과 회담한 총평과 그 국제자유노련 가입 노조들은 일본 노동조합운동 전체가 국제자유노련과의 관계를 강화하는 방향으로 나아가는 와중에 전노의 일괄 가입은 도움이 되지 않는다고 지적했다. 그리고 제2 노조들이 전노를 통해 국제자유노련에 가입하는 것은 묵과할 수 없고, 그렇게 되면 총평 산하 가입 노조들의 다수는 국제자유노련에 남아 있기 힘들 것이라고 말했다. 한편, 동맹회의와 그 산하 국제자유노련 가입 노조들은 제2 노조 문제는 사실무근의 트집이라고 비판하고, 일괄 가입이 인정되지 않으면 회비 납부를 중단할 수도 있다고 은연중 압박했다. 대표단은 전노·총동맹·전관공이 곧 통합할 예정이라고 하니 그때까지 일괄 가입을 보류하자고 제안했으나, 동맹회의는 그것은 별개의 문제라고 일축하고 전노의 일괄 가입을 인정하지 않으면 통합 후에도 가입 신청을 하지 않겠다고 말했다. 딜레마에 빠진 대표단은 10월 22일 일본을 떠나면서 가진 기자회견에서 집행위원회에 보고서를 제출할 때까지 입장 표명을 미루겠다고 말했다.

그런데 기자회견의 질의응답에서, 산별 조직 단위의 개별 가입이라는 1954년의 결정은 잠정적인 조치이기에 전노의 일괄 가입에 반대할 이유는 없다고 하면서도, 결론은 노동 전선 통일이라는 관점에서 신중하게 내려야 할 것이라고 말했다. 대표단은 아무래도 총평에 호의적이었던 것이다.[211] 실제로 대표단의 비서로 참가한 국제자유노련 본부의 서기 호리이 에쓰로가 마무리한 11월 2일의 보고서 원안은 1954년의 개별 가입 방식은 역사적 역할을 다했고, 규약에 따르면 전국 중앙 조직의 가입을 막을 이유가 없다고 단언해, 일견 전노의 가입을 완전히 정당화했다. 하지만 전노는 수개월 내에 해산해 동맹회의로 단일화될 예정이니, 일본의 노조들이 더 큰 합의에 이를 수 있도록 다소 시간을 두자는 것이 최종 결론이었다. 그리고 전노의 가입 신청은 보류하고, 서기장이 가입 방식을 수정해 전국 중앙 조직이 가입할 길을 튼 뒤, [전노 해산 이후] 동맹회의에 가입을 요청하자는 권고 사항을 덧붙였다.[212] 아시아 지역 조직의 마파라 서기장도 이 원안의 결론과 권고를 전적으로 지지했다.[213]

전노의 와다 서기장은 11월 15일 열린 AFL-CIO 제5회 대회에 참석했다. 베쿠 서기장은 와다를 만나 전노의 일괄 가입을 거부한다는 뜻을 전하고 동맹회의로 단일화된 뒤 다시 신청하면 어떻겠느냐고 제안했다.[214] 그러나 와다는 이를 거절했을 뿐만 아니라, 미니 회장과의 면담에서 국제자유노련이 전노의 일괄 가입을 받지 않으면 산하 가입 노조들을 탈퇴시키겠다고 하는 등 강경한 입장을 누그러뜨리지 않았다. 와다의 이런 태도는 당연히 베쿠에게도 전달되었다. 동맹회의를 지지하는 미니는 와다에게 전면적인 지원을 약속하는 한편, 월터 루더에게 전노의 요구는 도리에 맞는 만큼 국제자유노련도 받아들여야 한다고 말하는 등 영향력 행사에 나섰다. CIO계를 이끄는 루더는 미니에게 신중한 태도를 요구했다.[215] 하지만 AFL-CIO에서는 CIO 출신 로스 국제부장이 11월 9일 사망하고 후임으로 러브스톤이 들어서는 등, 국제부에서 AFL계의 영향력이 커지고 있었다. 전노 자신도 영문판 『전노 뉴스』 등을 통해 자기주장의 정당성을 전 세계에 호소하고 있었다.[216]

12월 2일의 집행위원회를 앞둔 11월 25일, 대표단의 보고서가 최종 완성되었다. 호리이의 원안과는 달리 전노의 일괄 가입 신청을 원칙적으로 수리하라고 권고하는 내용이었다. 그런 방침에 이른 이유는 결론의 단서 부분에 적혀 있었다. 첫째, 일본 노조의 가입 방식을 규약과 일치시켜야 할 때가 되었다는 판단이다. 전국 중앙 조직이 가입하는 것을 원칙으로 하는 규약의 구속력은 컸다. 둘째, 단일화 이후 동맹회의가 국제자유노련에 일괄 가입을 신청하리라는 보증이 없을 뿐만 아니라, 전노의 가입 신청을 거부하면 그렇게 되지 않을 가능성이 크다는 이유였다. 원안은 전노가 아니라 동맹회의의 가입을 권고하자는 지연책이었으나, 동맹회의가 강경한 자세를 보이면서 이 원안은 부정되었다.[217] 베쿠 서기장과 니진스키 서기차장은 시간이 걸리더라도 총평의 일괄 가입을 실현시키고자 했지만,[218] 총평보다 조합원 수가 많은 전노 산하의 가입 노조들이 탈퇴하면, 국제자유노련은 두말할 나위 없이 큰 타격을 받을 것이었다. 따라서 규약의 원칙으로 돌아갈 수밖에 없었다.[219]

케네디 대통령의 암살로 미국 집행위원들이 참석할 수 없어서, 12월 2일의 국제자유노련 집행위원회는 연기되어 1964년 3월 2일에 열렸다. 베쿠는 총평의 일괄 가입을 위해 산별 조직 개별 가입 방식을 채용했음에도 1954년 이후 총평의 조합원은 감소했다고 총괄하고, 전노가 다른 노조들의 가입을 막지 않겠다고 약속했음을 상기시키면서 전노의 일괄 가입 승인을 제안했다. 집행위원회는 이를 승인하고, 전국 중앙 조직 가입 방식으로 변경하기 위한 조치를 취하도록 서기장에게 지시했다.[220] 이에 베쿠는 3월 23일 다시 일본에 왔다. 그는 가입조합연락위원회에 전노의 일괄 가입은 4월 1일부터 발효되고 1954년의 각서는 이로써 무효라는 것, 전처럼 개별 가입을 원하는 산별 조직들의 권리는 보장된다는 것, 연락위원회를 대체할 연락 기관을 설치한다는 것 등의 내용을 담은 각서를 체결하라고 요청했다. 전노의 가입을 반대했던 총평의 산하 조직들도 이 제안에 반대하지 않아, 연락 기관 부분만 제외하고는 합의가 이루어졌다. 3월 27일 연락위원회는 이 각서에 조인했다.[221]

전노와 총동맹은 11월 10일 각각 해산하고, 11일에는 '동맹'의 결성대회가 열렸다. 7월 6일에 있었던 동맹회의와 AFL-CIO의 공동성명에 따라, 미니 회장이 러브스톤 국제부장과 함께 결성대회에 맞추어 처음 일본에 왔다. 미니는 동맹과의 사전 협의에 따라 움직여, 총평 오타 의장과의 회견도 동맹의 양해를 얻어 이루어졌다. 그리고 러브스톤은 동맹의 기바타 국제국장에게 AFL-CIO와 일본 노조들의 교류는 모두 동맹을 창구로 해서 진행하고 싶다고 말했다. 양자의 관계는 이로써 확고해졌다.[222] 이에 비해 국제자유노련의 베쿠 서기장은 바쁘다는 이유로 동맹 결성대회에 불참했다. 그뿐만 아니라 전달된 메시지에서 그는 동맹의 결성을 환영하면서도, 완전한 노동 전선 통일이 달성되지 못하는 한 일본의 노조들은 약한 교섭력을 극복하지 못할 것이라고 지적하고, 노조들 사이의 분쟁과 조합원 쟁탈전에서 벗어날 것을 당부했다.[223] 11월 30일 열린 국제자유노련 집행위원회는 11월 19일 제출된 동맹의 일괄 가입 신청을 승인했고, 이는 1965년 1월 1일부로 발효되었다.[224]

결론

사회민주주의의
선택지

서방측에 결합한 일본의 노동조합

우선 이 책의 논지를 요약하자. 가장 중요한 것은, 냉전기 [미국의] 대일 노동정책은, 반공산주의라는 틀 내에서 두 가지 접근 방식이 경합하고 있었다는 사실이다. 미국의 두 전국 중앙 조직인 AFL과 CIO의 대립이 그 전형이었다. AFL은 비타협적 반공 투쟁을 방침으로 내세워, 공산주의자들이 주도하는 노동조합 중앙 조직을 분열시키는 공작과 우파 노조운동의 육성을 상투적인 수단으로 삼았다. AFL이 보기에 중립주의자들은 공산주의 동조자들에 불과했다. 이에 비해 CIO는 공산주의 세력에 대항하려면 우선 노동자들의 생활수준을 향상시켜야 한다고 보았다. 따라서 생산성 향상을 위해 경영자들과 협력하는 한편, 노동 전선의 통일을 실현해 노동조합의 교섭력을 높이려고 시도했다. CIO의 인식에 따르면, 노동 전선의 통일에 있어서 중요한 것은 임금과 노동조건 개선을 위한 전투성의 확보이며, 중립주의자들은 서방측으로 견인하고 또 협력해야 할 대상이었다. 이런 의미에서 CIO의 반공주의는 비교적 온건했다. 이처럼 사회민주주의 성격을 지니는 CIO의 접근 방식은 TUC, DGB 등 서유럽의 주요 노조들, 나아가 국제자유노련 및 국제금속노련의 지지를 받았다.

시간을 돌이켜 구체적으로 살펴보자. 제2차 세계대전 후 처음 일본 노동조합운동의 주도권을 장악한 것은 공산당이었다. 강경한 반공주의를 내세운 AFL은 이에 대해 강한 위기감을 가지고 킬렌을 일본에 파견했다. 총사령부 노동과장으로 취임한 킬렌은 노동교육에 중점을 두고 공산당의 노조 지배에 대항하는 민주화 운동(민동)을 지원했다. 하지만 그는 국가공무원법 개정에 반대하다가 사임할 수밖에 없었다. 이와 더불어 총사령부에서 AFL의 영향력은 급속히 떨어졌다. 그 대신 총사령부 노동과에서 주도적 역할을 맡게 된 것이 CIO 출신의 부라티 노동관계·교육계 계장이었다. 킬렌은 공산당 주도의 노동조합을 분열시키려 했으나, 부라티는 민동파 노조들을 결집시켜 통일된 전국 중앙 조직을 결성하려 노력했다. 나아가 공산당뿐만 아니라, 경영자들과 유착한 총동맹 우파도 배제하고, 전투적인 중앙 조직을 설립할 것을 목표로 했다. 그러나 1950년에 반공주의를 기조로 설립된 총평은 한국전쟁의 발발을 배경으로 좌경화로 치달아 동서 양 진영으로부터의 중립을 내세우고, 서방측 국제 노동 조직인 국제자유노련에 일괄 가입한다는 기존 방침을 부결시켰다. 총평이 중립주의를 취하자, 두 접근 방식의 대립은 전보다 더욱 심해졌다. AFL이 먼저 나서서 아시아 주재 대표 자격으로 디버랄을 일본에 보냈다. 일본에서 디버랄이 쓴 활동 비용은 CIA가 AFL의 자유노동조합위원회에 제공한 자금에서 나왔다. 공화당의 아이젠하워 정권도 반공주의 노동조합운동 육성을 대일 정책의 기본으로 삼아, 총평의 분열과 전노의 결성(1954년)을 배후에서 지원했다. AFL과 미국 정부는 전노의 국제자유노련 일괄 가입을 지지하고, 전노의 출판 활동에 자금을 지원했다. 전노에 대한 지원 중 가장 컸던 것은 미국 정부의 생산성 프로그램으로, 이를 통해 많은 전노의 지도자와 활동가 들이 미국을 방문했다. 하지만 총평의 조합원 수가 전노를 크게 앞서고 있었으므로, 미국 정부는 공산당 지지 경향이 강했던 다카노에 맞서서 총평 사무국장으로 출마한 이와이 아키라에게 기대를 걸었다. 그러나 다카노에 압승한 이와이는 세계노련 및 그 가입 노조들과 교류를 계속해, 총평의 중립주의는 바뀌지 않았다. 따라서 아이젠하워 정권은 기시 내각의 총평에 대한 강경책을 지지했다. 이에 비해 국제자유노련은 총평을 서방측으로 끌어들이려는 노력을 계속하면서, 총평 중심의 노동 전선 통일을 주창했다.

1955년 AFL과 CIO가 통합해 AFL-CIO가 결성되고 그 속에서 AFL 계가 인사人事 등에서 주도권을 장악했지만, 대일 정책은 CIO계가 주도했다. 생산성 프로그램도 한 요인이 되어 일본의 국제경쟁력이 강화되고, 이에 따라 섬유를 비롯해 전기·철강 등에 이르기까지 미·일 무역마찰이 확대되었다. 실업 문제의 악화를 이유로 보호주의로 나아가는 것은 냉전 전략을 위해서도, 국제경제를 위해서도, 그리고 미국의 국익에도 도움이 되지 않는다. 따라서 국제적인 공정 노동 기준을 설정해 일본의 임금과 노동조건을 끌어올리고 노동비용을 높임으로써 무역마찰을 완화하는 길밖에 없었다. 이를 실현하려면 크게 두 가지 방법이 있었다. 하나는 GATT와 ILO를 이용하는 방법이고, 다른 하나는 일본에서 통일된 전투적 노동운동을 육성하는 방법이었다. 후자가 바로 CIO의 접근 방식이었다. 그리고 AFL-CIO는 CIO의 주도하에 국제 공정 노동 기준이라는 개념을 채택해, 국제자유노련 및 국제금속노련과 민주당의 케네디 정권도 이를 받아들이도록 만들었다. 제2차 세계대전전부터 일본의 사회적 덤핑을 경계해 온 영국의 TUC도 이런 움직임에 동조했다.

총평과의 대화를 시도한 케네디·라이샤워 노선이 등장한 데는 이런 배경이 있었다. 케네디 정권은 미·일무역경제합동위원회에서 일본 정부가 임금 공동 조사 실시에 동의하도록 만들었고, 동시에 생산성 프로그램을 중지시키고 전노보다 총평을 중시하는 새로운 방미 프로그램을 시작했다. 이 프로그램의 일환으로 1962년 CIO의 전 회장이자 전미자동차노조 회장인 월터 루더가 일본에 왔다. 국제 공정 노동 기준을 실현하겠다는 목표를 세운 루더는 총평이 중심이 된 노동 전선 통일을 부추기는 한편, 미·일·서유럽 노조들이 참여하는 임금공동조사센터를 설립하자고 제안했다. 그리고 루더의 방일이 계기가 되어, 총평 산하 철강노련 및 총평과 가까운 중립노련 산하 전기노련이 중심이 되어 1964년에는 IMF-JC가 설립되었다. 대산별로의 결집을 통해 금속 노동자들의 생활수준 향상을 꾀한다는 목표를 내건 IMF-JC의 출범은, 서방측 국제조직인 국제금속노련과 결합했을 뿐만 아니라 노동 전선이 통일되는 기폭제였다는 점에서, 총평 결성 이후 CIO 프로젝트가 맺은 또 다른 결실이었다.

같은 해인 1964년 전노가 국제자유노련 일괄 가입을 승인받았다. 그 전까지 국제자유노련은 전노가 아닌 총평의 일괄 가입을 추진하고 있었다. 그러나 생산성운동을 배경으로 전노가 두드러지게 조직을 발전시켰고, 국제자유노련 가입 조합원 수에서도 전노가 총평을 앞서게 되었다. 그리고 AFL계가 주도권을 쥔 AFL-CIO의 지원 하에 전노는 산하 노조들의 탈퇴까지 들먹이며 강경하게 압박한 결과, 국제자유노련은 중립주의를 고집하는 총평의 일괄 가입을 단념하고 전노의 일괄 가입을 승인했다. 그리고 같은 해 전노는 동맹으로 재편되고, 이듬해 동맹이 전노를 대신해 국제자유노련에 일괄 가입한다. 결성 후 동맹은 한국노동조합총연맹과 협정을 맺어 교류하고, 남베트남노동총동맹 지원에도 나서는 등,[1] 아시아에서 반공주의 노동조합운동을 육성하기 위해 AFL-CIO와 손잡고 나섰다. 1965년의 한일 국교 정상화 및 베트남 전쟁을 둘러싼 미·일 양국 정부의 협력 관계를 뒷받침했던 동맹은 미국과의 유착과 강경 반공주의라는 두 측면에서, 동유럽의 노조들과 적극적으로 교류한 TUC나 DGB 등 서유럽의 주류 노동조합들과는 달랐다. AFL-CIO에 편향된 동맹의 이런 태도는 AFL-CIO가 국제자유노련에서 탈퇴했을 때도 그대로 드러났다. 미니 등 AFL 계열이 주도하는 AFL-CIO의 운영에 비판적이었던 CIO의 전 회장 월터 루더가 이끌던 전미자동차노조는 서론에서 말했던 CIA 자금 제공 의혹 등을 비난하며 1968년 AFL-CIO를 탈퇴하고 독자적으로 국제자유노련 가입을 신청했다. AFL-CIO는 그 이전부터 동서유럽 교류에서 나타난 공산주의에 대한 유화적인 태도 및 국제 연대기금 운영 등과 관련해 서유럽 노조들이 주도하는 국제자유노련에 강한 불만을 가지고 있었다. 그런데 함 부이터 서기장이 전미자동차노조의 가입 신청에 호의적인 태도를 보이자, 이것이 결정적인 계기가 되어 이듬해인 1969년 국제자유노련 탈퇴를 천명한 것이다.[2] 이 과정에서 동맹은 국제자유노련을 탈퇴하지는 않았지만 기본적으로 AFL-CIO의 입장을 계속 지지했다.[3]

노동 전선 통일 운동에서 연합의 결성으로

이 책의 논지에서 볼 때, IMF-JC의 성장은 더욱더 중요한 의미가 있다. IMF-JC 결성 당시 가장 큰 문제는 주도권을 쥔 철강노련이 가입하지 않고 야하타제철 등 몇몇 산하 노조들만 참가한 것이었는데, 철강노련은 1966년 2월 17일 열린 제33회 임시대회에서 최종적으로 가입을 결정했다. 이로써 IMF-JC 가입 조합원 수는 1백만 명을 넘어섰고, 일본의 주축 산업인 철강·전기·자동차·조선의 중추적 노조들의 결집체가 되었다. 그리고 IMF-JC는 1967년 춘투에 즈음해 '임금투쟁연락회의'를 설치하고 임금의 대폭 인상을 요구하는 운동을 전개해 춘투의 분위기를 주도해 갔다.[4] 이 'JC 춘투'를 주도한 철강노련의 미야타 요시지 서기장은 우파이기는 하지만 임금을 비롯해 노조 본연의 경제투쟁에는 적극적으로 나섰다. 그는 고도성장하는 경제와 그에 따른 노동력 부족을 배경으로 큰 폭의 임금 인상을 요구해 뚜렷한 성과를 거두었다.[5] 이 흐름은 유류파동에 따른 경제 위기로 춘투가 '경제 정합성론'◆으로 후퇴한 1975년까지 이어졌다.

IMF-JC에 대해 기업주의적 우편향 조직이라는 비판이 당시부터 있었다. 총평의 오타 의장이 "그 노조들의 간부들은 임금 인상에 적극성이 없다. IMF 가입은 임금 인상이 아니라 반공 이데올로기와 결부된 것이다."라고 지적해, 반공주의와 더불어 전투성 결여를 공격한 것이 대표적 사례였다.[6] 철강노련의 미야타 서기장 자신도 "철강 시장에서는 IMF 가입 노조가 아니면 쫓겨난다고 할 만큼 강력한 노조다. 자동차 등도 [IMF가 아니라면] 퇴출될지 모른다는 우려가 있다."고 말해, 무역에서의 기업 이익을 위해 IMF-JC를 결성했음을 밝힌 바 있다.[7] 또 경영자 조직인 일본철강연맹의 스치야 스토무 노동부장도, "철강노련의 IMF 가입을 환영하지 않는 경영자는 아직 없을 것이다. 첫째는 이데올로기 문제다. 국제금속노련은 확실하게 반공을 내세우고 있다. 여기에 가입해 경제 측면에서 결합하는 것은 대단히 바람직한 일이다. …… 둘째는 일본 철강업의 국제적 지위 향상과 관련된다. IMF 가입을 통해 저임금 노동을 사용한다는 국제적 비판에도 반박할 수 있다."고 말했다.[8]

그러나 국제금속노련의 오토 브레너 회장이 "일본 노동조합의 근대적 노조 활동이 강화됨으로써 서구의 임금수준에 근접해 갈까 봐 경영자들은 두려워하고 있다."라고 말했듯이,[9] 국제금속노련은 IMF-JC가 결성되었다고 해서 일본에 대한 압력을 약화시키지는 않았다. 경영자 측이 IMF-JC를 환영했기 때문에 오히려 IMF-JC는 큰 폭의 임금 인상을 실현할 수 있었다고도 말할 수 있다. 국제금속노련의 국제적 압력은 임금 인상에서 최대의 교섭 소재가 되었기 때문이다. "만일 일본의 경

◆ 일본 경제와 기업 경영이 허용하는 범위 내에서 임금 인상을 추진한다는, 일종의 '운동 자숙론'이다.

영자들이 국가이익의 관점에서 국제 무대에서 유리한 지위에 서고 싶다면, 우선 국내 노동조건을 국제 수준까지 올리고 이후 노조의 협력을 얻어 외국 노동조합들의 이해를 구하는 것 외에 다른 길이 없습니다. 이것이야말로 전 세계 금속노동자들이 배워 온 바입니다. 자본만 앞장선다고 해서 치열한 국제 경쟁에서 이길 수 없습니다."[10] 이것이 바로 국제 공정 노동 기준을 따르는 사고방식이다. 앞서 미야타의 발언도 이런 맥락에서 파악되어야 할 것이다.

IMF-JC는 대산별 조직, 기업을 넘어선 폭넓은 조직이지만, 그뿐만 아니라 기존의 전국 중앙 조직들을 횡단하는 조직이어서, 노동 전선 통일의 기폭제가 될 가능성이 있었다. 결성 이듬해인 1965년의 활동 방침은 "JC로서도 노동 전선이 통일되어 가는 흐름 속에서 금속 산업의 결집체가 흔들림 없이 대산별 조직으로 성장하기를 바라고 있습니다. 일반적으로 말해 기간산업의 대산별 조직들이 확립되고, 그 위에 통일된 전국 연합체가 구성된다면 좋겠다고 생각합니다."라고 주장했다.[11] IMF-JC가 구체적인 노동 전선 통일 전망을 가지고 있었다는 사실은 세토 이치로의 다음과 같은 발언에서 잘 드러난다. 즉 1966년 10월 21일 미국 대사관의 로버트 페이퍼 노동관 대리를 만난 그는, "일본의 노동 전선 통일은 생각보다 빨리 실현될 것"이라는 전망을 제시하고, "JC는 통일 과정에서 촉매 역할을 하는 동시에 통일체에 참가할 것"이며, "노동 전선 통일은 일본사회당과 민주사회당의 통일을 불러올 것"이라고까지 말했다.[12]

이런 관점에서 IMF-JC를 높이 평가한 것은 총평 산하의 유력한 산별 조직이었던 전체의 다카라기 후미히코 위원장이었다. 『월간 노동문제』 1967년 2월호에 실린 그의 글 "노동 전선 통일과 사회당 정권 수립을 위하여"[13]는 "ITS(국제 산별 조직)의 활동이 국제적으로 크게 발전하고 있는 지금, 총평·동맹·신산별·중립노련 산하의 금속 관련 노조들 및 무소속의 금속노조들이 하나의 조직체로 결집한 것은, 일본 노동운동 전체의 중요 과제인 노동 전선 통일의 입장에서 볼 때, 그 기반인 대산별 조직을 재편성하는 방향으로 금속 노동자들이 앞장서 전진한다는 자세로 올바르게 평가되어야 한다."라고 하여 IMF-JC에 대한 지지를 밝히고, 이에 기반을 둔 노동 전선 통일을 주장했다. 그리고 "정당 문제에서 IMF-JC의 방침은 사회당·민사당에 대해 중립이며 정당과 적극적으로 관계하지 않는다는 입장이나, 그렇다 해도 이 정당들과 관계를 단절할 수는 없고, 노동 전선 통일이 달성된 기반 위에서 사회당·민사당의 통합으로 새로운 사회당 정권이 수립될 것을 기대하고 있음이 분명하다."고 지적했다.

다카라기의 이 글은 제1차 노동 전선 통일의 출발점으로 알려져 있다. 그는 "4개의 전국 중앙 조직의 틀을 벗어나, 그들 산하의 노조들과 무소속 독립노조들을 모아 각각 대산별로 통합해 정리해야만 한다."라고 산업별 정리를 주장하면서, "제2 노조 만들기만을 노조운동의 사명이라고 생각하는 동맹 내의 일부 조직들, 오로지 사회당과 공산당의 통일전선만을 기대하는 총평 내부의 일부 조직들은 당연히 이 노동 전선 통일에 찬성하지 않을 것"이라 하면서, 좌우 양극단을 배제할 것을 주장했다. 이 점에서 그는 갓 결성되었을 당시의 총평과 유사한 형태의 노동 전선 통일을 제안한 것이었다. 이는 다카라기가 전광의 하라구치 위원장과 더불어 총평 내부에서 장기간에 걸쳐 국제자유노련을 지지해 왔다는 것과도 부합한다. 밀라드 제안에서 볼 수 있듯이, 총평 결성 이후 국제자유노련은 일관되게 산업별 조직에 입각한 노동 전선 통일을 지지하고 행동해 왔기 때문이다. 그리고 국제자유노련 본부는, 가입 조직인 동맹과의 관계 때문에 공식적으로 밝히지는 않았지만, 다카라기의 제안에 주목하고 있었다.[14] 즉 다카라기의 제안은 갑자기 돌출한 것이 아니라 이런 역사적 흐름 위에서 나타난 것이었다.

흥미롭게도 다카라기의 글은 "노동 전선 통일 자체가 혁신정권 수립의 최대 기반이 된다."고 해 노동 전선 통일의 연장선상에서 사회당과 민사당의 통일, 그리고 정권의 획득을 주장하고 있었다. "북유럽 나라들의 혁신정당들은 여전히 집권하고 있고, 또 서독과 벨기에 등 많은 나라들에서도 사회당이 조만간 집권하리라는 새로운 전망을 열어 가고 있다."는 지적에서 보이듯이, 그의 주장의 배경에는 서구 사회민주주의 정당에 대한 높은 평가가 자리 잡고 있었다. 다카라기는 에다 사부로의 지지자로 알려져 있다.[15] 서유럽 사회민주주의를 모델로 삼아 에다를 중심으로 사회당과 민사당을 통일시켜 정권을 획득한다는 전망이 그의 노동 전선 통일 주장에 담겨 있었다. 서구 노조들이 주류를 이룬 국제자유노련과의 관계가 긴밀했던 다카라기는 에다보다도 먼저 마르크스주의에서 벗어나 사회민주주의를 재평가할 수 있었다.[16] 다카라기의 제안에서 시작된 제1차 노동 전선 통일 운동은 전후 일본에서 사회민주주를 실현할 가장 큰 기회였다 하겠다.

IMF-JC가 결성된 충격을 전국 중앙 조직까지 파급시키려 한 노동 전선 통일 운동의 중심에는 IMF-JC의 핵심 지도자인 미야타 철강노련 서기장(이후 위원장)이 있었다. 그리고 그는 다카라기 및 하라구치와 연락을 취하면서 사전 작업을 진행해, 1970년 11월에 '통일간사회', 1972년 3월 29일에는 '통일연락회의'를 발족시켰다.[17] 그러나 의회 민주주의와 정치 파업의 관계 등을 둘러싸고 총평이 강경한 태도를 고수해, 통일연락회의는 이듬해 7월 13일 사실상 해산을 면치 못하게 된다. 동맹의 제2 노조 공작에 따라 민간 대기업의 노조들이 차례로 탈퇴한 결과, 총평의 주력은 국제경제의 영향이 거의 없는 관공노조들과 중소기업 노조들로 이루어져 있었다. 총평의 조직 구성이 이런 이상, 국제금속 노련을 위시한 국제 산별 조직들의 대일 활동은 커다란 한계에 봉착했다. 그 와중에, 베트남전쟁 등을 배경으로, 총평은 1960년대 중반부터 다시 좌경화해 세계노련 산하 노조들과의 교류를 강화하고 있었다.[18] 게다가 국철노조·국철동력차노동조합의 생산성운동 반대 투쟁의 승리로 관공노조의 위세가 커지고 있었다. 그러면서 총평은 동맹과 통일하는 데 힘을 쏟지 않았다.

총평은 1975년 춘투와 '파업권 파업'◆에서 패배한 뒤 기존 방침을 바꾸어 국제자유노련을 위시한 서방측 노조들과의 제휴를 중시하면서,[19] 노동 전선 통일에도 적극성을 보이기 시작했다. 그리고 이 제2차 노동 전선 통일 운동은 1989년 11월 21일 연합(일본노동조합총연합) 결성으로 최종적인 결실을 맺었다. 그런데 이 시점에 이르기까지 노동조합은 조직률이 낮아지는 등 그 역량이 크게 후퇴해 왔다. 특히 IMF-JC는 통일적인 전국 중앙 조직과 사회민주주의 정권의 뒷받침도 없는 상태에서 1975년 춘투에서 경제 정합성론을 채택했고, 이를 계기로 임금 인상 자제를 거듭했다. IMF-JC 산하 노조들은 유류파동 위기에 따른 고도성장의 종언을 맞아, 기존의 전투성을 상실하고 기업주의 색채에 물들어 갔다. 그럼에도 초대 연합 회장에 취임한 야마기시 아키라 전전통(정보노련) 위원장은 다카라기 노선을 계승해 사회당·민사당 양당의 결집에 의한 정권 획득을 목표로 했다. 하지만 IMF-JC 산하 산별

◆ '공공기업체 등 노동조합협의회'(공노협)를 중심으로 전개한, 법으로 금지된 공공 부문 노조의 파업권을 회복하기 위한 파업 투쟁. 특히 1975년 11월 26일부터 12월 3일에 걸쳐 국철노조를 중심으로 강력한 파업 투쟁이 전개되었으나 패배했고, 이후 국철은 본격적인 '민영화' 단계로 들어갔다.

조직들의 소극적 자세 등 사회민주주의 세력을 결집하는 데 실패하고 실의에 젖어 퇴진할 수밖에 없었다.[20] 그리고 연합 자체도 조합원 수의 감소에 시달리며 영향력을 잃어 갔다.

사회민주주의의 선택지

그런데 여기에서 다시 주목해야 할 것은 다카라기가 제안해 시작된 노동 전선 통일 운동이 미국 정부의 지지를 받고 있었다는 사실이다. 미국 대사관의 하워드 로빈슨 노동관이 1971년 3월 4일 작성해 아민 마이어 대사의 승인을 얻은 보고서는, 1960년대 대일 노동정책을 돌이켜 보면서 다음과 같이 말하고 있다.

> 과거 10년간 미국의 정책 목표는 비非마르크스주의적이고 민주적인 통일된 노동조합 중앙 조직의 성장을 장려하는 데 맞추어졌다. 즉 (a) 국제 문제를 놓고 정치적 시위를 조직하기보다는 경제적인 목표를 추구하는 노조. (b) 자민당이 선거에서 패배할 경우, 이를 대신해 정부에 참여할 능력이 있는 강력하면서도 비마르크스주의적이고, 동시에 미국과 긴밀한 관계를 맺을 야당의 선거 기반이 될 수 있는 노조.

그리고 이 문서는 "민간 노조의 지도자들은 비마르크스주의적인 새로운 좌파 야당을 결성한다는 궁극적 목표 아래 일본 노조운동을 재편하려는 중요한 역할을 하고 있다."라고 지적하고 있다.[21] 즉 미국은 서방 지향의 통일적 전국 중앙 조직을 설립해, 이를 기반으로 정권 담당 능력을 갖춘 사회민주주의 정당의 결성에 기대를 걸고 있었던 것이다.

이는 극히 중요한 사실이다. 미국이 전후 일본의 보수 지배를 지탱해 왔다는 것은 일반적인 인식이다. 총사령부가 사회당이 주도하는 중도 연립내각에 대한 지지를 철회하고,[22] 요시다 시게루가 이끄는 자유당과 긴밀한 관계를 구축한 이후, 특히 냉전하에서 미국 정부는 보수세력을 육성하고 보수 정권을 안정시키고자 온 힘을 기울였던 것은 분명한 사실이다. 그 정점을 이룬 것이 1955년의 자민당 결성이었다. 미국은 일본사회당의 집권을 저지하기 위해 방위 분담금 교섭 등 여러 기회를 통해 보수 통합을 부추겼고, 이는 결국 자민당 결성으로 최종 결실을 맺었다.[23] 그리고 그 뒤에도 미국은 자민당 정권을 배후에서 지원하고 CIA를 통해 비밀 자금을 댔다고 알려져 있다.[24] 그러나 지금까지의 분석을 통해 분명해졌듯이, 미국 정부는 자민당 정권이 아닌 다른 선택지를 부정했던 것이 아니며, 노동조합에 대해서도 반드시 적대적이지 않았다. 미국은 어디까지나 공산주의와 중립주의를 거부했을 뿐, 서방 진영을 지향하는 사회민주주의는 미국의 냉전정책이 허용하는 범위 안에 있었다.

게다가 미국은 반反노동자적인 자유경쟁 자본주의라는 이미지와 반대로, 전투적이고 통일적인 노동조합 전국 중앙 조직의 결성을 뒤에서 밀었다. 이는 선진 공업국으로서의 국제경제적 위치 때문이었다. 임금과 노동조건의 수준이 상대적으로 낮은 나라들과 경쟁에 처한 미국은 국내 산업과 고용을 지킬 방법을 고민하고 있었다. 자유무역주의를 내세우는 미국이 보호주의를 채택할 수는 없었기 때문이다. 따라서 미국은 후발 자본주의국가의 임금과 노동조건을 개선해 노동비용을 높이기 위해 노조운동을 육성하려 했다. 노동조합은 저임금 수출을 꾀하는 후발 자본주의국가의 정부와 경영자들에 대한 저항력이 될 수 있다고 기대한 것이다. 이런 정책은 특히 일본을 주요 대상으로 했다. 총사령부는 노동조합의 조직화를 장려하고 총평을 결성해 노동 전선 통일을 도모했다. 이런 생각을 기조로 하는 케네디·라이샤워 노선을 배경으로 전미자동차노조의 월터 루더 회장이 IMF-JC의 결성을 촉진했고, 그 연장선상에서 진행된 노동 전선 통일 운동을 미국이 지원한 것도 그런 이유에서였다.

미국은 노조운동 육성 외에도 일본의 임금 및 노동조건 향상을 위해 다양한 시도를 진행했다. 그중 가장 직접적인 방법은 민주당의 케네디 정권이 일본 정부에 임금 공동 조사를 요구한 것이었다. 전미자동차노조의 루더 회장도 이에 보조를 맞추어 미국·일본·서유럽 노조들이 함께 임금공동조사센터를 설립하자고 주창했다. 일본 측이 강하게 저항해 충분한 성과를 거두지는 못했지만, 미국이 노·정 일체로 이런 압력을 가한 것은 주목할 만한 사실이다. 그리고 일본의 저임금에 대한 문제 제기는 공화당 정권에서도 마찬가지였다. 아이젠하워 정권은 일본의 GATT 정식 가입 당시 관세를 인하하는 대신 최저임금제 도입을 요구해 이를 검토하겠다는 약속을 받아 냈다. 후발 자본주의국가의 수출 공세에 맞서 고용을 지키는 것이 미국의 국익이었기 때문이다. 실제로 기시 내각 때 최저임금법이 도입되었다. 주로 국내적 요인에 따른 도입이었다고 해도, 미국 군정하에서 노동기준법이 제정된 것과 마찬가지로 미국의 압력은 무시할 수 없는 요인으로 작동했다.

나아가 미국은 일본에 개별적 압력을 가하는 데 그치지 않고, GATT 규정 속에 공정 노동 기준 조항을 넣으려고 했다. 국제적으로 공정한 노동의 기준을 설정해 부당한 저임금과 열악한 노동조건을 바탕으로 수출하는 나라들을 규제하려 한 것이다. 이를 실현하는 일은 특히 어려웠다. 예컨대 임금만 하더라도 물가수준, 부가급 등을 가미한 실질임금이 기준이 되어야 하는데, 이를 국제 비교하거나 공정하다고 인정될 기준을 설정하기란 매우 어려운 일이었다. 문제의 성격을 봤을 때 GATT

보다는 ILO에서 다뤄야 하지 않느냐는 비판도 있었다. 저임금과 열악한 노동조건은 생산성을 떨어뜨려 장기적으로는 국제경쟁력을 약화시키므로, 사회적 덤핑이라고 비판하는 것은 초점을 잘못 잡았다는 이론적인 반론도 있었다. 이와 관련해서는 특히 비교 우위의 관점에서 저임금과 열악한 노동조건을 무기로 할 수밖에 없는 후발 자본주의국가들이 강력히 반발했다. 그렇지만 국제 공정 노동 기준이라는 개념은 미국의 노동자와 경영자에게만 이익을 주자는 것이 아니라 수출국 노동자들의 생활수준도 높이자는 것이 장점이었다. 일종의 '개방적 국익'이라는 개념인 셈이다.

이렇듯 냉전하에서도 미국은 일본에 다양한 압력을 가했고, 따라서 일본에는 보수 지배가 아닌 다른 정치적 선택지도 존재했다. 물론 미국은 자민당 정권을 지원하고 재계가 주도하는 생산성운동도 후원했다. 중립주의를 내건 총평을 분열시키려는 공작도 진행했다. 그러나 다른 한편으로는 임금과 노동조건을 향상시킬 다양한 방법을 강구하고, 그 일환으로 중립주의자들을 포함한 노동 전선 통일을 지지했다. 이를 기반으로 서방측 지향의 사회민주주의 정당이 결성되기를 바라기도 했다. 미국, 특히 민주당 정권하에서 미국이 일본에 가한 압력은 사회민주주의적인 성격을 띠었다고 말할 수 있다. 게다가 미국만 그런 압력을 가한 것이 아니었다. 제2차 세계대전 전부터 앞장서서 사회적 덤핑을 비판해 온 영국은 정부와 노동계가 일체가 되어, 일본 노동자들의 생활수준 향상을 위해 통일된 전투적 전국 중앙 조직이 결성되도록 뒤에서 지원했다. 국제자유노련 및 국제금속노련을 위시한 국제 산별 조직들, 그리고 미국의 CIO와 영국의 TUC 등도 모두 같은 방침이었다.

글로벌 사회민주주의의 가능성

오늘날 다국적기업과 투기자본(헤지펀드)으로 상징되는 자유로운 경제활동이 국경의 벽을 넘어 급속히 진전되고 있다. 미국 정부와 국제통화기금 등 국제기관들은 이를 뒷받침하기 위해 '워싱턴 콘센서스'를 기축으로 국가 규제의 완화, 국영기업의 민영화, 큰 폭의 감세 등을 위시해 '작은 정부'를 지향하는 신자유주의를 채택하도록 세계 각국을 압박하고 있다. 미국 주도의 이런 세계화(글로벌리제이션)의 결과, 빈부 격차의 확대 등 다양한 문제가 발생하고 있으나, 세계 각국은 임금과 노동조건을 끌어내리는 '바닥을 향한 경쟁'에 몰두해 노동조합운동을 억압하고 불안정 고용을 확대해 노동자의 생활수준을 악화시키고 있다. 하지만 이런 상황에서 국내에서만 대응하려 해서는 경제 침체와 국민 생활의 악화를 막을 수 없다. 그러나 세계정부는 존재하지 않고, 국제적인 틀 속에서 이를 막아내기란 결코 쉽지 않다.

따라서 글로벌 자본주의의 전개에 맞서 어떻게 글로벌 사회민주주의를 구축할지가 커다란 세계적 관심사가 되어 있다. 데이비드 헬드가 제시한 해답은 글로벌 거버넌스(지구적 지배 구조)의 개혁이다. 국제통화기금, 세계은행, WTO, ILO, 국제연합 등 국제주의적인 국제기관들을 강화하는 동시에 민주화함으로써 평등·공정성·환경 등의 목표를 위해 각 나라들 사이에 의견을 조율하고 시장에 대한 규제를 강화하자는 것이 그 주요 내용이다. 요컨대 경제의 글로벌화에 맞서 정치와 법·제도의 글로벌화를 시도하자는 전략이다. 그리고 이 전략을 뒷받침할 세력으로서 사회민주주의 전통을 존중하면서 지역 통합을 추진하는 EU 나라들, 미국의 자유주의 그룹들, 자유롭고 공정한 무역 규범을 요구하는 개발도상국들, 평등과 환경 등의 가치 실현을 목표로 하는 국제적인 비

정부조직NGO및 비영리조직NPO 등이 거론되고 있다. 글로벌 사회민주주의를 구축하면서, 반미주의에 빠지기보다는 미국의 자유주의 세력을 중시해야 한다고 헬드는 강조한다.[25]

필자 역시 미국의 국익 중에는 사회민주주의 요소들도 자리 잡고 있고, 민주당과 노동조합 등의 자유주의 세력들이 그 주체가 될 수 있다고 생각한다. 미국 정부는 이 책에서 분석된 1960년대 중반 이래, 그리고 1995년 GATT를 대신해 WTO가 발족한 이후에도, 국제 공정 노동 기준을 실현하려 노력해 왔다. 그 배경에는 심각한 실업 문제에 직면한 AFL-CIO가 보호주의로 기울면서도 계속해서 그것을 요구해 왔다는 사실이 있다. WTO의 국제 공정 노동 기준 채택은 개발도상국들의 반대 등에 가로막혀 아직 실현되지 않고 있다.[＊] 하지만 미국과 캐나다, 멕시코 세 나라가 1992년 조인한 NAFTA는 미국의 요구에 따라 노동에 관한 보완 협정이 추가되어, 최저임금 등이 이행되지 않으면 무역 규제가 따른다는 점이 명기되어 있다.[26] 유럽 국가들도 국제 공정 노동 기준을 강력히 지지한다. 선진국의 보호주의를 은폐하는 수단에 불과하다며 비판하는 목소리도 있으나, 국제적인 틀을 설정해 임금과 노동 조건을 지탱함으로써 '바닥을 향한 경쟁'을 막으려는 시도로서 적극적으로 평가해야 할 것이다.

또 '바닥을 향한 경쟁'을 멈추게 하려면 국제 공정 노동 기준을 위한 서구 나라들의 노력뿐만 아니라 노동조합의 국제 연대도 중요하다. 글로벌화가 초래하는 부정적인 측면에 대항하기 위해 국제 노동운동은

[＊] 이는 지금도 마찬가지이다. ILO, ITUC(국제노동조합총연합) 등에서 계속 요구하고 있음에도 여전히 WTO 협약으로 수용되지 않고 있다.

급속히 재편되고 있다. 구체적으로 살펴보면, 국제자유노련은 2000년 국제 산별 조직 및 'OECD 노동조합 자문회의'와 함께 '글로벌 유니온' 이라는 틀을 만들었다. 2006년 10월에는 국제자유노련과 기독교 계통의 국제노련이 참가해 153개 나라 304개 조직, 1억6,800만 명을 포괄하는 ITUC를 결성했다. 일본의 연합도 여기에 가입해 있다. 이제는 이름만 남아 있을 뿐인 세계노련을 제외하면 국제 노동운동의 유일한 대표체인 ITUC의 발족과 더불어 국제자유노련 및 국제노련 산하의 국제 산별 조직들도 정리·통합이 예정되어 있다. 글로벌 유니온의 틀도 2001년 1월에 '글로벌 유니온 평의회'로 강화되었다.

ITUC는 결성대회에서 채택한 프로그램(강령)의 초두에 '글로벌화의 변혁' 항목을 넣고, "글로벌화를 근본적으로 변혁해 일하는 남녀, 실업자, 가난한 남녀를 도울 것"을 천명했다. 그리고 "WTO의 규범에 노동자 권리 조항들을 넣고, 그에 따라 각 나라들 간에 거래되는 상품과 서비스는 핵심 노동 기준을 준수해 제조·판매되어야 한다는 의무를 부과하도록 활동해야 한다. 이 조항들은 보호주의에 반대하고 개발을 지지함으로써 개방적인 세계적 무역 시스템에서 사회적 공정성을 확보할 중요한 수단이다."라고 강조했다.[27] 여기서 핵심 노동 기준이란 글로벌 시장에서 준수해야 할 최소한의 국제 노동 기준으로, ILO가 1998년에 정한 4개 분야 8개 조약을 말한다. 즉 결사의 자유 및 단결권·단체교섭권(제87조, 제98조), 강제 노동 금지(제29조, 제105조), 아동노동 폐지(제138조, 제182조), 차별 금지(제100조, 제111조) 등이다. 이를 WTO 등의 무역 규범에 넣는 것이 현재 국제 노동운동이 내세우는 최대의 전략 목표 중 하나다.

빈부 격차가 확대되는 등 세계적으로 심각한 문제들을 일으키고 있는 글로벌 자본주의에 맞서기 위해서는, 공정한 글로벌화를 지향하는 국제적 노동조합운동과 선진국 정부들이 이니셔티브를 가질 수 있는 지에 달려 있다는 점을 이 책에서 말하고자 했다. 일본의 경우를 보면 연합은 이런 움직임에 적극적인 태도를 보이고 있으나, 일본 정부는 개발도상국을 배려한다거나, 미국이 보호주의로 치닫는 것을 우려한다는 이유로 그다지 전향적인 태도를 보이지 않는 듯하다. 하지만 저임금을 무기로 [국제시장에] 대두하는 나라들과 '바닥을 향한 경쟁'을 할 수는 없다. 물론 보호주의도 피해야만 한다. 그렇다면 일본 정부는 WTO의 다자간 무역협정 교섭 및 양자 간 자유무역협정을 통해 무역자유화를 추진하는 한편, 개발도상국들에 적극적으로 경제원조를 제공하고 연합과 협력해 노동조합을 육성하는 등 개발도상국의 임금과 노동조건 향상을 꾀하는 동시에, 서구 나라들과 보조를 맞추어 무역 규범 속에 핵심 노동 기준을 담고자 노력해야만 한다. 그리고 그런 '개방적 국익'에 입각하려는 노력 속에서 글로벌 사회민주주의의 가능성도 열리게 되지 않을까?

지은이 후기

   정치학자로서 인물 중심의 역사를 좋아하지 않는 나로서도 역사를 만들 힘을 지닌 지도자에게 매료되는 바가 있다. 『타임』이 20세기 세계에서 가장 중요한 1백 인 중 하나로 꼽았던 월터 루더도 그런 사람이다. 사회주의자였다가 프랭클린 루스벨트의 뉴딜 정책에 대한 열렬한 지지자로 변신한 루더는 전미자동차노조를 이끌고 임금과 노동조건을 향상시키려 노력하는 한편, 사회적 노동운동을 내세우며 복지·주택·교육 등의 개선을 주창하고 시민권 운동에도 적극 참여해 '백인 마틴 루터 킹'으로 불렸다. 루더가 이끈 CIO 계열은 AFL-CIO에서는 소수파에 머물러, 전미자동차노조는 불가피하게 AFL-CIO를 탈퇴하고 루더도 비행기 사고로 뜻하지 않은 죽음을 맞았다. 그런데 그로부터 사반세기가 지난 1990년대 중반, AFL-CIO는 조지 미니 이래 이어져 온 보수적 노선과 결별하고 사회적 노동운동을 채택하는 역사적 전환을 이루었다. 그리고 어제 실시된 대통령 선거에서 존 F. 케네디의 재현이라고도 일컬어지는 버락 오바마가 승리를 거두었다.

   미국의 자유주의 세력에 대한 일본에서의 평가는 대체로 좋지 못하다. 한편에는 노동조합이 미치는 영향력이 큰 민주당은 보호주의적이어서 오히려 공화당이 더 일본에 우호적이라는 인식이 있다. 또 다른 편에는 민주당·공화당의 차이는 별로 없고, 미국은 세계 각국에 약육강식의 자유경쟁을 강요해 노동자들을 억압한다는 비판이 있다. 그렇지만 적어도 현재 미국의 자유주의 세력은 보호주의자도, 그렇다고 자유방임주의자도 아니다. 예컨대 오바마는 한국과의 자유무역협정FTA에 대해 자유무역주의를 옹호하는 동시에 노동 관련 조항이 누락되었다고 비판하고 있다. 이런 접근 방식은 루더의 공정 노동 기준이라는 생각을 잇고 있고, 공정한 글로벌화를 추구하는 것이라고 볼 수 있다. 오늘날 세계공황 이후 가장 심각하다는 세계적 금융 위기로 말미암아 신자유주의의 한계가 분명해졌다. 이에 시장경제의 효율성을 인정하면서도 공정성의 관점에서 이를 규제할 국제적 틀을 구축하라는 요구가 존재한다. 유럽을 넘어서는 글로벌 사회민주주의를 구현할 가능성을 타진하려면 미국, 특히 그 자유주의 세력에 대한 재평가를 피할 수 없다.

이 책은 2년 동안 유학한 성과다. 2003년 9월부터 영국의 런던 정치경제대학교LSE의 산토리·도요타연구소STICERD에, 2004년 9월부터 미국 하버드 대학교의 라이샤워 일본연구소에 각각 1년씩 객원연구원으로 머물렀다. 재닛 헌터Janet Hunter, 이안 니시Ian Nish, 앤드루 고든Andrew Gordon 교수들을 위시해 두 기관의 관계자들에게 감사드리고 싶다. 또 이 분야의 권위자인 앤서니 커루 교수의 직접 지도를 받았고, 세계 각지 문서관의 자료 담당자들로부터는 연구자들 사이의 국제적 연대가 무엇인지 배울 수 있었다. 이 유학은 릿쿄立教 대학 법학부의 허가와 국제문화회관의 니도베新渡戶장학금大和日英基金, 릿쿄 대학의 연구장려조성금(해외연수파견)의 지원으로 가능했다. 그리고 연구를 진행하면서 노동문제연구센터의 연구조성(2004년도)과 과학연구비보조금(2005~07년도, 若手研究(B), 과제번호 17730110)을 받을 수 있었다. 관계자 분들께 감사드린다.

이 책을 집필하는 과정에서 발표한 관련 논문 및 에세이는 다음과
같다.

① "冷戦期アメリカの対日労働政策: 反共産主義と社会民主主義の相克", 坂野潤治·新
藤宗幸·小林正称弥編, 『憲政の政治学』, 東京大学出版会, 2006.
② "労働組合の戦後日米関係史(上·中·下)", 『生活経済政策』, 4月·5月·6月(2005).
③ "ケネディ·ライシャワー路線の背景: 日米貿易摩擦と公正労働基準", 『法学雑誌』, 大
阪市立大学, 第54巻 第2号(2007).
④ "底辺への競争: 公正なグローバル化で脱却を", 『朝日新聞』, 2007年12月8日.
⑤ "Incorporating Japanese Labor into the Free World: Cold War Diplomacy
and Economic Interdependence, 1949–1964," *Labor History*, Vol. 49, No.
2, 2008.

이 글들을 발표하도록 권유한 분들, 특히 생활경제정책연구소의 오
가와 마사히로小川正浩, 아사히신문사의 도네다키 마사아키刀祢館正明, 와세
다 대학의 시노다 도루篠田徹 세 분에게 감사드리고 싶다. 또 릿쿄 대학
법학부 정치학과의 여러 분들에게도 항상 큰 지적 자극을 받고 있다.
그중에서 연구 분야도, 연구실도 가까운 사사키 다쿠야佐々木卓也, 오가와
아리요시小川有美 두 분 교수로부터는 항상 배우고 있다. 유감스럽게도
노동 관련 저서의 출판 사정은 매우 어렵다. 그럼에도 이와나미쇼텐은
이 책의 학술적·사회적 의의를 이해해 출판의 결단을 내려 주었다. 특
히 편집부의 사토 쓰카사佐藤司 씨에게는 큰 신세를 졌다. 이 책은 2008
년도 릿쿄 대학 출판조성금을 얻어 간행되었다. 심사해 준 분들을 위시
해 관계자 분들에게도 감사드린다. 끝으로 이 책을 가능하게 한 2년 동
안의 유학은 연구뿐만 아니라 인생에서도 둘도 없는 기회였다. 런던에

서 좋은 시간을 함께해 주고, 보스턴의 케임브리지에서 생활할 수 있도록 일본에서 뒷받침해 준 아내에게, 우리의 방식이 아님을 잘 알면서도, 이 자리를 빌려 감사의 마음을 전하고 싶다.

2008년 11월 5일
나카키타 고지

옮긴이 후기

　이 책은 역자가 번역·출간하는 세 번째 일본 노동운동 소개서이다. 2009년에 출간한 기노시타 다케오의 『일본 노동운동의 새로운 도전 : 21세기 일본의 노동운동론』(노동의지평)은 일본 노동운동의 과거·현재·미래에 대한 총괄적인 입문서다. 이 책에서 저자는 1945년 이후 일본 노동운동사를 개괄하고, 1990년대 이후의 장기 불황과 2000년대 들어 본격화된 '신자유주의'의 흐름 속에서 일본의 노동자들과 노동운동이 처한 괴로운 상황을 분석한 뒤, 21세기 들어 기존의 기업별노조 틀 밖에서 새롭게 전개된 비정규직·청년·여성·지역(커뮤니티) 노동운동의 성장에서 힘을 얻어 일본 노동운동의 21세기를 전망해 보고 있다.

　두 번째로 소개한 신카와 도시미쓰의 『일본 전후 정치와 사회민주주의 : 사회당·총평 블록의 흥망』(후마니타스, 2016)은 전후 일본 노동 정치를 총평과 사회당을 중심으로 분석한 책이다. 여기에서 저자는 총평이 일본 사회당과 강력한 '정치 블록'을 형성함으로써 성립된 이른바 '1955년 체제'의 구조, 1980년대 말에서 1990년대 중반에 걸쳐 총평이 몰락하고 사회당도 조락함으로써 일본이 '총보수화'의 국면에 들어서게 된 경과, 이를 초래한 일본 노동운동, 노동 정치의 내부 모순을 치밀하게 분석하고 있다.

　이번에 소개하는 세 번째 책인 나카키타 고지의 저서는 일본 전후 정치의 구도가 확립된 결정적인 시기라 할 수 있는 1945~64년의 20

년 동안 일본의 노동운동을 둘러싸고 전개된 치열한 국제적 노동 정치의 과정을 분석한 것이다. 패전국 일본을 접수한 맥아더 점령군 사령부의 노동정책, 한국전쟁으로 촉발된 냉전 구조 심화의 영향, 세계노련과 국제자유노련의 대립 속에서 격화된 일본 노동운동의 내부 갈등, 미국의 정권 교체에 따른 대일본 노동정책의 변화 및 미국 행정부들(국방부·국무부·노동부·CIA 등) 사이 및 그 내부의 온건 좌파와 강경 우파의 갈등, 소련의 AUCCTU, 미국의 AFL과 CIO, 영국의 TUC, 그리고 국제금속노련 등 국제 산별 조직들과 같이 국제적 영향력을 가진 거대 노조들의 일본 노동운동의 향방을 둘러싼 각축전, 그 속에서 진행된 일본 노동운동의 세력 재편(노동 전선 통일)을 둘러싼 격심한 헤게모니 투쟁, 자민당 정권과 경단련을 중심으로 한 총자본의 노동 포섭 전략 등, 국제적·국내적·구조적·정세적 요소들이 복잡하게 어우러지며 빚어낸 일본 노동 정치의 드라마가 파노라마처럼 펼쳐져 있다.

이 드라마의 재구성을 위해 저자는 일본 및 해외(주로 미국과 영국)의 노동 자료 아카이브에 보관된 원자료들을 치밀하게 수집해 분석했다. 따라서 이 책의 서술을 위해 동원된 자료의 대부분은 2차, 3차 자료가 아니라 1차 원자료들이다. 이 작업을 위해 저자가 어떻게 고군분투했을지 짐작이 가고도 남는다. 2008년 국제학술지인 『노동사』*Labor History* (Vol. 49, No.2)에 같은 주제로 발표한 논문으로 2009년 '최고 논문상'을 수상했다 하니, 그 노력의 일부 보답은 되었을지 모르겠다.

역자는 오래전부터 한국의 노동운동은 서구 못지않게 일본의 경험에서 배울 바가 많다고 생각해 왔다. 냉전 체제의 질곡과 미국 주도 동아시아 질서로의 편입, 뒤늦은 산업화와 압축적 경제성장, 노동에 대한 전근대적 인식과 국가주의적 통제의 유산, 그리고 무엇보다도 기업 단위의 파편화된 노동 체제 등 두 나라 노동운동은 다른 대륙 어느 나라의 노동운동과도 다른 특징들을 공유해 왔다. 그러면서 그들은 우리보다 한발 앞서 노조운동과 노동 정치 운동을 치열하게 모색했고, 많은 성과도 있었으나 결국 실패와 좌절에 이르기도 했다. 우리 노동운동 역시 한발 늦게 비슷한 궤적을 그려 왔다고 한다면 그들의 성공과 실패의 역사 속에서 우리가 타산지석으로 배울 바가 적지 않을 것이다. 게다가 그들의 역사 속에는 우리는 겪어보지 않은, 혹은 다른 방식으로 겪고 있거나 앞으로 또 다른 형태로 겪게 될지 모를 경험들도 다수 포함되어 있다.

예컨대 한국의 노동운동은 앞으로 일본과 유사한, 혹은 일본과는 다른 방식으로 노동운동 전선 재편의 요구에 점점 더 직면하게 될 것이라고 본다. 노동운동 내부의 조건도 있고, 정치 정세의 변화, 국제적 요구의 증폭 등 여러 요인들이 함께 작동할 것이다. 노동운동이 이런 상황에 어떻게 주체적으로 대응할 것인가에 따라, 그 결과는 달라질 것이다. 노동 정치 역시 마찬가지다. 민주노동당을 거쳐 통합진보당에 이르기까지, 정치 세력화를 위한 십수 년의 노력은 이미 참담한 실패로 귀결되었다. 하지만 노동운동이 존속하는 한 노동 정치에 대한 필요는 여전하고 요구도 계속될 것이다. 산별노조 건설 운동 역시 마찬가지로, 그동안의 노력은 좋게 말해도 절반의 성공, 엄격하게 말하면 사실상 실패로 귀결되고 있다. 그럼에도 불구하고 기업별노조 체제를 극복하지 못하는 한, 노동운동의 미래는 없다. 또 한 가지, 한국의 노동운동은 아직껏 국제 연대 노동운동의 주변부 위치를 벗어나지 못했다. 그 가장 큰 이유는 한국의 노동운동이 변화하는 국제적 정치경제 정세 및 국제 노동에 상응한 원칙과 전략을 가지고 있지 못하기 때문이다. 자본의 국제화, 생산 입지의 지구화 전략에 대응할 원칙과 전략의 부재는 노동운동으로 하여금 일자리와 일감 확보를 위한 수세적 방어 투쟁에 매몰되게 하고, 나아가 기업주의나 국가주의에 휘둘려 '생산성, 경쟁력'의 자본 이데올로기에 사로잡히게 만든다.

이런 여러 문제들에 대해 일본 노동운동의 경험은 여전히 여러 점에서 타산지석의 교훈을 줄 수 있을 것이다. 이 책, 그리고 앞의 책들이 그 관문 역할을 해주기를 기원한다. 성공으로부터 배우기는 쉽지만, 그것은 자칫 실용과 편의주의를 낳기 십상이다. 실패로부터 배우는 것은 괴로운 일이지만, 그 고통은 반성과 각오로 이어질 수 있을 터이다.

이 책을 역자에게 처음 소개해 준 분은 일본 지바千葉 상과대학의 김원중 교수님이다. 감사드린다. 후마니타스는 느린 작업 속도에 대한 인내심만 유지하면 역시 좋은 편집과 제작으로 보답하는 출판사다. 이번에도 윤상훈 씨가 편집을 맡아 주었다. 필자인 나카키타 교수는 역자의 연락을 받자마자 이 책의 번역을 흔쾌히 허락했고, 이와나미쇼텐의 담당자에게 바로 연락해 신속하게 판권 계약을 맺게 해주었다. 번역 중 의문 사항에 대해서도 신속하고 정확하게 답변을 보내 주었고, 한국어판 서문도 성심껏 작성해서 보내 주었다. 깊이 감사드린다.

2017년 8월
역자

후주

서론 ㅣ 일본 노동 정치의 국제 관계사

1 *Los Angeles Times*, May 22, 1966.

2 *Los Angeles Times*, May 7, 1967.

3 *News from UAW*, May 7, 1967. Reuther Collection, Box 370, Folder 19, RL.

4 Victor G. Reuther, *The Brothers Reuther and the Story of the UAW: A Memoir*, Boston: Houghton Mifflin Company, 1976, pp. 411-427. 오히려 이 회고록에서는 자금을 받은 장소와 사람에 대해 브레이든의 증언을 인정하는 듯이 표현되고 있다.

5 Thomas W. Braden, "I'm glad the CIA is 'immoral'," *Saturday Evening Post*, May 20, 1967.

6 *New York Times*, May 9, 1967.

7 Anthony Carew, "The American Labor Movement in Fizzland: The Free Trade Union Committee and the CIA," *Labor History*, Vol. 39, No. 1, 1998.

8 러브스톤에 대해서는 다음의 좋은 평전이 있다. Ted Morgan, *A Covert Life: Jay Lovestone: Communist, Anti-Communist, and Spymaster*, New York: Random House, 1999. 브라운에 대해서는 다음을 보라. Ben Rathbun, *The Point Man: Irving Brown and the Deadly Post-1945 Struggle for Europe and Africa*, London: Minerva Press, 1966.

9 냉전의 구조에 대한 간결한 정리는 다음을 보라. 高橋進, "冷戰", 『世界大百科事典』, 平凡社, 1988. 냉전 후 냉전의 역사 연구 동향에 대해서는 다음의 연구가 풍부한 시사를 담고 있다. 田中孝彦, "冷戰史硏究の再檢討-グローバル·ヒストリーの構築にむけて", 一橋大学法学部創立50周年記念論文集刊行会編, 『変動期のおける法と國際関係』, 有斐閣, 2001.

10 John Lewis Gaddis, *The Long Peace: Inquiries into the History of the Cold War*, Oxford: Oxford University Press, 1987. 일본어 번역본은 ジョン·L·ギャディス(五味俊樹ほか訳), 『ロング·ピース: 冷戰史の証言「核·緊張·平和」』, 芦書房, 2002.

11 이런 관점의 통사通史로서는 石井修, 『国際政治史としての20世紀』, 有信堂, 2000.

12 坂本義和, "日本における国際冷戦と国內冷戦", 『岩波講座 現代6 冷戦-政治的考察』, 岩波書店, 1963.

13 프랑스에 대해서는 Stephen Burwood, *American Labor, France and the Politics of Intervention, 1945-1952: Workers and the Cold War*, Lewiston: Edwin Mellen Press, 1998. 이탈리아에 대해서는 Ronald L. Filippelli, *American Labor and Postwar Italy, 1943-1953: A Study of Cold War Politics*, Stanford: Stanford University Press, 1989.

14 Peter Weiler, "The United States, International Labor, and the Cold War: The Breakup of the

World Federation of Trade Unions," *Diplomatic History*, Vol. 5, No. 1, 1981.

15 Anthony Carew et al., *The International Confederation of Free Trade Unions*, Bern: Peter Lang, 2000, pp. 165-199, 559-560.

16 앞의 주들에 인용된 문헌 외에 다음 문헌들도 중요하다. Peter Weiler, *British Labor and the Cold War*, Stanford: Stanford University Press, 1988; Federico Romero, *The United States and the Trade Union Movement, 1944-1951*, Chapel Hill: The University of North Carolina Press, 1992; Denis MacShane, *International Labor and the Origins of the Cold War*, Oxford: Clarendon Press, 1992; Hugh Wilford, "American Labor Diplomacy and Cold War Britain," *Journal of Contemporary History*, Vol. 37, No. 1, 2002.

17 Carew, "The American Labor Movement in Fizzland."

18 CIO에 관한 연구서로는 Robert H. Zieger, *The CIO, 1935-1955*, Chapel Hill: The University of North Carolina Press, 1995. 일본어 문헌으로는 長沼秀世, 『アメリカの社会運動-CIO史の研究』, 彩流社, 2004가 있으나, 공산당계 노동조합의 추방 이후 CIO와 AFL의 차이를 과소평가한 점은 불만이다. 이 두 책은 모두 CIO가 AFL과 통합한 1955년에서 분석을 끝내고 있다. 하지만 월터 루더 및 전미자동차노조에 관해서는 다음과 같이 다수 연구가 있어서 1955년 이후에 대한 분석도 이루어지고 있다. Anthony Carew, *Walter Reuther*, Manchester: Manchester University Press, 1993; Nelson Lichtenstein, *The Most Dangerous Man in Detroit: Walter Reuther and the Fate of American Labor*, New York Basic Books, 1995; Kevin Boyle, *The UAW and the Heyday of American Liberalism, 1945-1968*, Ithaca: Cornell University Press, 1995; John Barnard, *American Vanguard: The United Auto Workers during the Reuther Years, 1935-1970*, Detroit: Wayne State University Press, 2004.

19 미국의 노동관 프로그램에 대해서는 노동장관이 직접 집필한 다음의 논문을 참고할 수 있다. Martin P. Durkin, "The Labor Attaché," *Foreign Service Journal*, Vol. 30, No. 9, September, 1953. 또 국제문제담당 노동차관을 지낸 필립 카이저의 회상록도 흥미롭다. Philip M. Kaiser, *Journeying Far & Wide: A Political and Diplomatic Memoir*, New York: Charles Scribners Sons, 1992.

20 Charles S. Maier, *In Search of Stability: Explorations in Historical Political Economy*, Cambridge: Cambridge University Press, 1987, Chapter 3.

21 Anthony Carew, "The Politics of Productivity and the Politics of Anti-Communism: American and European Labor in the Cold War," *Intelligence and National Security*, Vol. 18, No. 2, 2003.

22 Anthony Carew, "Conflict within the ICFTU: Anti-Communism and Anti-Colonialism in the 1950s," *International Review of Social History*, Vol. 42, No. 2, 1996.

23 국제금속노련 등 국제자유노련과 제휴 관계에 있는 국제 산별 조직들은 ITSInternational Trade Secretariat로 불렸으나, 2002년에 GUFGlobal Union Federation로 바뀌었다.

24 필자의 다음 책 역시 이런 인식에서 쓰인 것이다. 中北浩爾, 『1955年体制の成立』, 東京大学出版会, 2002.

25 대표적인 연구로서 兵藤釗, 『労働の戦後史 上·下』, 東京大学出版会, 1997; 渡辺治,

『'豊かな社会'日本の構造』, 労働旬報社, 1990, 第3章; 新川敏光,

『戦後日本政治と社会民主主義–社会党·総評ブロックの興亡』, 法律文化社, 1999, 第3章.

26 이 책에서 저자는 일본의 노동 정치사가 국제적 요인만으로 설명할 수 있다고 주장하려는 것이 아니다. 국내적 요인에 큰 비중을 두지 않은 것은 기존 연구가 풍부하게 존재하기 때문일 뿐이다.

27 하지만 몇몇 중요 연구가 있다. Hugh Williamson, *Coping with the Miracle: Japan's Unions Explore New International Relations*, London: Pluto Press, 1994(ヒュ·ウィリアムソ, 戸塚秀夫監訳, 『日本の労働組合–国際化時代の国際連帯活動』, 緑風出版, 1998)은 일본 노동조합의 대외 활동을 개괄하고 있다. 그러나 1차 사료를 사용한 심층 분석은 아니어서, 학문적으로는 부족한 점이 있다. 이 분야의 가장 본격적인 연구는 다음 저작일 것이다. 小笠原浩一, 『労働外交·戦後冷戦時代における国際労働提携』, ミネルヴァ書房. 이 연구는 이 책과 거의 같은 시기를 대상으로 전섬동맹을 중심으로 '아시아 섬유 노동자 지역 조직' 결성 과정을 검토하고 있다. 그러나 노동조합에 국한해 정부 분석이 빠진 것, 미국 노동조합을 내부 이견이 없는 통일체인 양 묘사한 것, 영국의 영향력을 과대평가한 것 등 적잖은 문제점을 안고 있다. Lonny E. Carlile, *Divisions of Labor: Globality, Ideology, and War in the Shaping of the Japanese Labor Movement*, Honolulu: University of Hawaii Press, 2005는 냉전 등의 국제 정세를 배경으로 일본·독일·프랑스·이탈리아의 노동조합운동이 유사한 성격으로 전개되었음을 밝힌 뒤, 상호 비교를 시도한 야심 찬 연구이다. 그러나 노동조합 및 정부의 국제적 관계를 1차 사료를 통해 실증적으로 분석한 이 책과는 방법론상으로 다르다.

28 전후 노동조합운동사에 얽힌 사실관계를 확인하려면 다음의 문헌들이 편리하다. 労働省編, 『資料労働運動史』, 労務行政研究所, 各年版; ものがたり戦後労働運動史刊行委員会編, 『ものがたり戦後労働運動史』全10巻, 教育文化協会, 1997~2000. 이 책 역시 많은 점에서 이 두 가지 문헌에 의존하고 있다는 점을 미리 말해 두고 싶다.

제1장 | 총평의 결성과 좌경화

1 점령기 미국의 대일 노동정책에 대해 지금의 통설을 형성한 연구서로는 다음을 참조. 竹前栄治, 『戦後労働改革』, 東京大学出版会, 1982; 遠藤公嗣, 『日本の占領と労資関係政策の成立』, 東京大学出版会, 1989.

2 竹前, 『戦後労働改革』, 37-55.

3 『労働戦線』, 1947.4.1., 4.8., 4.15.; 『労働』, 1947.4.11.

4 Morgan, *A Covert Life*.

5 *Special Bulletin*, April, 1946.

6 *Special Bulletin*, August, 1946.

7 *International Free Trade Union News*, Vol. 1, No. 3, December, 1946. 자유노동조합위원회의 기관지인 *Special Bulletin*은 이때부터 그 제목을 *International Free Trade Union News*로 바꾸었다.

이 기관지는 '조지 미니 기념문서관'과 하버드 대학교 '리타우어Littauer도서관'이 소장하고 있다.

8 Starr to Supreme Commander for the Allied Powers, "Report of Marc Starr, Workers' Education Consultant," September 30, 1946, Lovestone Papers, Box 245 HIA.

9 Woll to McArthur, December 11, 1946, Lovestone Papers, Box 245 HIA.

10 McArthur to Woll, January 7, 1947, Lovestone Papers, Box 245 HIA.

11 Cooley to Secretary of War, "Reply to Letter from Matthew Woll," January 7, 1947. Lovestone Papers, Box 245 HIA.

12 Green to Starr, January 15, 1947, Lovestone Papers, Box 245 HIA.

13 Woll to McArthur, February 28, 1947, Lovestone Papers, Box 245 HIA.

14 *International Free Trade Union News*, Vol. 1, No. 3, December, 1946.

15 킬렌에 대해서는 다음 문헌 참조. Howard B. Schonberger, *Aftermath of War: Americans and the Remaking of Japan, 1945-1952*, Kent: Kent State University Press, 1989, Chapter 4.
일역본으로는 ハワード・B・ションバーガー(宮崎章訳), 『占領 1945-1952』, 時事通信社, 1994, 第4章. 단, 숀버거의 분석은 AFL과 CIO의 방침의 차이를 인정하지 않는 문제점을 보인다.

16 Woll to Killen, March 3, 1947, Lovestone Papers, Box 245 HIA.

17 Schonberger, *Aftermath of War*, pp. 119-120.

18 Cohen to Starr, February 7, 1947, Lovestone Papers, Box 245 HIA.

19 Killen to Burke, May 6, 1947, IBPSPMW Records, 1947, P83-264, WHS.

20 セオドア・コーエン(大前正臣訳), 『日本占領革命 下』, TBSブリタニカ, 1983, 110-111.

21 Killen to Woll, July 24, 1947, Lovestone Papers, Box 247 HIA.

22 Killen to Lovestone, April 23, 1947, Lovestone Papers, Box 247 HIA.

23 中北浩爾, 『経済復興と前後の政治』, 東京大学出版会, 1998, 第1章, 第2章.

24 Memorandum by Stanchfield for Killen, "Comment and Recommendation for Counteracting Communist Activities in the Labor Movement," May 27, 1947, ESS(H)-02567, GHQ/SCAP Records.

25 Memorandum by Marquat for Chief of Staff, "Program for Counteracting Communist Activities in the Japanese Labor Movement," June 27, 1947, ESS(H)-02572, GHQ/SCAP Records.

26 Killen to Green, May 26, 1947, Lovestone Papers, Box 247 HIA.

27 コーエン, 『日本占領革命 下』, 249.

28 Killen to Woll, July 24, 1947, Lovestone Papers, Box 247 HIA. 『労働戦線』, 1947.6.17.

29 Minutes of the Meeting of the Executive Council, American Federation of Labor, September 8-13, 1947, MECAFL, Reel 13.

30 Report of Proceedings of the Sixty-sixth Convention of the American Federation of Labor,

October 6-16, 1947, pp. 419-426, 454-455, 684-685. AFL과 CIO, AFL-CIO 대회의 의사록은 모두 조지 미니 기념문서관에 소장되어 있다.

31 Killen to the International Labor Relations Committee, American Federation of Labor, "Observations and Suggestions Concerning the Development of Free Trade Unions in Japan," Green Papers, Reel 5.

32 Meeting of International Labor Committee, November 11, 1947, Green Papers, Reel 5.

33 Kaiser to the Undersecretary, Department of Labor, November 10, 1947, RG 174, Entry 44, Box 3, NA.

34 Killen to Green, June 4, 1948, Green Papers, Reel 5.

35 Memorandum by Romer to Chief, ESS/LAB, August 6, 1948, Burati Collection, Box 1, Folder 7, RL.

36 『総同盟五十年史 第3卷』, 総同盟五十年史刊行委員会, 1968, 423-428.

37 "労働教育大会講演集", 『兵庫県労働時報』, 1948.9., 3-29.

38 Killen to Woll. May 13, 1948, RG 18-3, Box 35, Folder 29, GMMA.

39 Free Trade Union Committee Meeting, May 27, 1948, RG 18-3, Box 35, Folder 29, GMMA.

40 Lovestone to Killen, June 9, 1948, Lovestone Papers, Box 247 HIA.

41 Killen to Lovestone, July 19, 1948, Lovestone Papers, Box 247 HIA.

42 Memorandum of Conference by Romer, June 28, 1948, Burati Collection, Box 1, Folder 15, RL.

43 中北, 『経済復興と前後の政治』.

44 1948년 6월 22일의 맥아더 서한과 정령 201호에 대해서는 竹前, 『戦後労働改革』의 제4장 제3절과 遠藤, 『日本の占領と労資関係政策の成立』의 제4장 참조. 킬렌 자신의 경과 설명은 다음 문헌 참조. "Mr. Killen's Remarks on the Denial of Collective Bargaining and Strike Rights of Japanese Government and Public Employees," enclosed with JMA to MG, September 9, 1948, 894.504/9-948, RDOS, IAJ, 1945-1949, Reel 24.

45 Killen to Zempel, July 21, 1948, RG 174, Entry 44, Box 3, NA.

46 Meeting International Labor Committee, September 9, 1948, Green Papers, Reel 5.

47 Kaiser to the Secretary, September 8, 1948, RG 174, Entry 44, Box 3, NA.

48 Gibson to the Secretary, Department of the Army, September 16, 1948, RG 174, Entry 44, Box 3, NA.

49 Meany to Kaiser, October 5, 1948, RG 174, Entry 44, Box 3, NA; Woll to Tobin, December 14, 1948, RG 174, Entry 44, Box 3, NA; Ross to Tobin, December 22, 1948, RG 174, Entry 44, Box 3, NA.

50 Meeting International Labor Committee, September 9, 1948, Green Papers, Reel 5.

51 Report of Proceedings of the Sixty-Seventh Convention of the American Federation of Labor, November 15-22, pp. 338-340.

52 Memorandum by Romer to Chief, ESS/LAB, August 6, 1948, Burati Collection, Box 1, Folder 7, RL.

53 Free Trade Union Committee Meeting, October 7, 1948, RG 18-3, Box 35, Folder 29, GMMA.

54 Hosoya to Lovestone, December 30, 1948, RG 18-3, Box 40, Folder 26, GMMA;「労働」, 1949.4.8.

55 Woll to McArthur, May 3, 1949, Lovestone Papers, Box 263, HIA.

56 Hosoya to Lovestone, September 26, 1948, RG 18-3, Box 40, Folder 26, GMMA.

57 Lovestone to Hosoya, May 26, 1949, RG 18-3, Box 40, Folder 26, GMMA.

58 Hosoya to Lovestone, June 27, 1949, RG 18-3, Box 40, Folder 26, GMMA.

59 Lovestone to Hosoya, July 5, 1949, RG 18-3, Box 40, Folder 26, GMMA; Lovestone to Hosoya, September 26, 1949, RG 18-3, Box 40, Folder 26, GMMA.

60 CINCFE to Department of Army, April 23, 1949, ESS(A)-00752, GHQ/SCAP Records; Memorandum of Conversation, May 9, 1949, 894.5043/5-949, RDOS, IAJ, 1945-1949, Reel 25; Memorandum by Amis for Marquat, May 31, 1949, ESS(B)-16686, GHQ/SCAP Records; SCAP to Department of Army, June 5, 1949, ESS(A)-00752, GHQ/SCAP Records.

61 Edgar to Flanagan, September 21, 1949, RG 18-1, Box 27, Folder 7, GMMA.

62 1949년 10월 27일의 AFL 국제노동관계위원회에서도 일본 노동조합에 대한 CIO의 영향력 증대에 대한 우려가 제기되었다. Meeting International Labor Committee, October 27, 1949, AFL Records, Series 8, File A, Box 17, WHS.

63 부라티에 관한 연구 논문으로는, John Price, "Valery Burati and the Formation of Sohyo during the U. S. Occupation of Japan," Pacific Affairs, Vol. 64, No. 2, Summer 1991.

64 Message to the American Federation of Labor from Matsuoka, October 9, 1947, Green Papers, Reel 5; Message from Matsuoka, October 24, 1947, Green Papers, Reel 9; Message from Matsuoka, September 24, 1949, Green Papers, Reel 12.

65 Memorandum to Chief, Labor Relations and Education Branch by Burati, "Council of All-Japan Labor Unions," February 15, 1949, ESS(B)-16618, GHQ/SCAP Records.

66 労働省編,『資料労働運動史 昭和24年』, 労務行政研究所, 1952年, 369-397.

67 Memorandum of Conversation, May 9, 1949, 894.5043/5-949, RDOS, IAJ, 1945-1949, Reel 25.

68 中北,『経済復興と前後の政治』, 243-263.

69 Carew et al., The International Confederation of Free Trade Unions, pp. 167-184. 여기에서는 TUC 및 CIO가 세계노련의 분열을 끝까지 피하려 했다고 지적하고, 세계노련의 분열이 냉전의 격화에 따른 단선적인 결과만은 아니라고 서술되고 있다.

70 같은 책, pp. 189-199.

71 Allison to Rusk, August 30, 1949, 894.5043/8-3049, RDOS, IAJ, 1945-1949, Reel 25; DA(OUSFE) to SCAP, September 2, 1949, ESS(A)-00750, GHQ/SCAP Records.

72 Swayze to Allison, August 29, 1949, 894.5043/8-2949, RDOS, IAJ, 1945-1949, Reel 25.

73 '아시아노동총동맹'에 대해서는 LAB 13/651. PRO에 관련 자료들이 남아 있다.

74 CSCAD ICO to SCAP, March 12, 1949, ESS(B)-16688, GHS/SCAP Records: Memorandum for Marquat by Hepler, March 15, 1949, ESS(B)-16688, GHS/SCAP Records; SCAP to Department of Army, March 18, 1949, ESS(B)-16688, GHS/SCAP Records.

75 Memo for Record, "Attendance of Japanese Delegation at London Conference to Organize New Free World Trade Union Organization," September 6, 1949, ESS(A)-00750, GHQ/SCAP Records. 총사령부는 6월 29일 열린 세계노련 제2회 대회, 11월 16일 열린 세계노련 '아시아·오세아니아 노동조합회의'에 일본 대표의 참가(출국)를 허락하지 않았다. 그 때문에 전노련은 국제자유노련 결성대회에 일본 대표 참가(출국)가 허가된 것에 강력히 항의했다. 『労働戦線』, 1949年7月7日, 11月24日, 12月8日.

76 Memorandum for Marquat by Amis, October 10, 1949, Burati Collection, Box 7, Folder 16, RL.

77 이하 '자유세계 노동조합연맹 가맹 준비촉진위원회'에 대해서는 労働省編, 『資料労働運動史 昭和24年』, 417-421.

78 Amis to Zempel, October 21, 1949, RG 174, Entry 44, Box 3, NA.

79 Burati to Ross, October 7, 1949, Burati Collection, Box 2, Folder 8, RL.

80 Memorandum for Marquat by Amis, October 10, 1949, Burati Collection, Box 7, Folder 16, RL.

81 Okura to Tewson, October 4, 1949, TUC Papers, MSS. 292/919.131/1, MRC.

82 Minutes of Meeting of Working Committee, Preparatory International Trade Union Committee, September 21-22, 1949, TUC Papers, MSS. 292/919.11/1, MRC.

83 Ross to Tewson, October 13, 1949, TUC Papers, MSS. 292/919.131/1, MRC: Memo for File, October 14, 1949, ESS(D)-13205, GHQ/SCAP Records.

84 Burati to Ross, October 7, 1949, Burati Collection, Box 2, Folder 8, RL.

85 Sullivan to Allison, October 11, 1949, 894.5043/10-1149, RDOS, IAJ, 1945-1949, Reel 25.

86 Sullivan to Allison, October 14, 1949, 894.5043/10-1449, RDOS, IAJ, 1945-1949, Reel 25.

87 Burati to Ross, October 7, 1949, Burati Collection, Box 2, Folder 8, RL.

88 Amis to Zempel, October 21, 1949, RG 174, Entry 44, Box 3, NA.

89 Okura to Tewson, October 18, 1949, TUC Papers, MSS. 292/919.131/1, MRC.

90 Amis to Sullivan, November 9, 1949, RG 174, Entry 44, Box 3, NA.

91 『総同盟五十年史 第3卷』, 570-589.

92 "Report of Conference with Sodomei Delegation in Mr. Burati's Office," December 2, 1949, Burati Collection, Box 7, Folder 16, RL.

93 이상의 경과에 대해서는 총동맹의 기관지 『労働』(1949年11月25日, 12月16日)에 보도되어 있다. 거의 정확한 내용이다.

94 "Estimate of Travel Expense of Japanese Trade Union Representatives to New Free World

Federation of Trade Unions, London, England," ESS(B)-16504, GHQ/SCAP Records.

95 Memorandum for Chief of Staff by Faires, "Attendance at Free World Conference of Trade Unions," November 21, 1949, ESS(A)-02204, GHQ/SCAP Records.

96 이하. 총평의 결성에 이른 과정에 대해서는 労働省編, 『資料労働運動史 昭和25年』, 労務行政研究所, 1952年, 365-373. 여기에 사용되었다고 생각되는 원자료는 労働政策研究·研修機構, 『高野実文書』, 高野編, ファイルⅣ-(1), 民主化運動(2), ICFTU(ファイル26)에 포함되어 있다.

97 "Notes of a Conference Conducted by the Labor Division of the Economic and Scientific Section of General Headquarters, Supreme Commander for the Allied Powers, on 2nd, 3rd and 4th February, 1950," by Matthews, February 9, 1950, FO 371/84050, PRO.

98 Gascoigne to FO, March 1, 1950, FO 371/84050, PRO.

99 Hosoya to Lovestone, March 25, 1950, Deverall Papers, Box 17, Folder 3, ACUA.

100 Lovestone to Deverall, March 16, 1950, Deverall Papers, Box 17, Folder 3, ACUA: Lovestone to Deverall, April 12, 1950, Deverall Papers, Box 17, Folder 4, ACUA: Lovestone to Deverall, April 19, 1950, Deverall Papers, Box 17, Folder 3, ACUA: "May Day 1950 Greeting to the Free Trade Union Membership of Japan and Their Valiant Leaders: Komakichi Matsuoka, Etsuo Kato, Matsuta Hosoya and Hundred of Other Free Trade Unionists from Richard L-G Deverall, Representative in India of the Free Trade Union Committee of the American Federation of Labour," May 1, 1950, Deverall Papers, Box 17, Folder 3, ACUA.

101 Lovestone to Hosoya, April 3, 1950, Deverall Papers, Box 17, Folder 3, ACUA: Lovestone to Romer, June 8, 1950, Deverall Papers, Box 17, Folder 4, ACUA.

102 Romer to Lovestone, June 3, 1950, Deverall Papers, Box 17, Folder 4, ACUA.

103 Memorandum to Marquat by Burati, "Deverall Propaganda," June 3, 1950, ESS(B)-16510, GHQ/SCAP Records.

104 "Item 9 of the Agenda: First Interim Report of the ICFTU Delegation to Asia and the Far East," ICFTU Executive Board, November 9-11, 1950, ICFTU Archives, Box 5, IISH.

105 Lovestone to Deverall, March 28, 1950, Deverall Papers, Box 17, Folder 3, ACUA; Lovestone to Oldenbroek, May 3, 1950, ICFTU Archives, Box 3139, IISH.

106 Oldenbroek to Lovestone, May 6, 1950, ICFTU Archives, Box 3139, IISH.

107 Oldenbroek to Deverall, June 24, 1950, Deverall Papers, Box 17, Folder 4, ACUA.

108 Lovestone to Oldenbroek, July 10, 1950, ICFTU Archives, Box 3139, IISH: Lovestone to Oldenbroek, August 11, 1950, Deverall Papers, Box 17, Folder 4, ACUA.

109 Burati to Potofsky, June 12, 1950, Burati Collection, Box 1, Folder 12, RL; Memorandum for Marquat by Burati, "Additional Information on International Confederation of Free Trade Unions Labor Mission," June 17, 1950, Burati Collection, Box 2, Folder 8, RL; Burati to Oldenbroek, June 20, 1950, Burati Collection, Box 2, Folder 8, RL; Burati to Sullivan, August

14, 1950, Burati Collection, Box 1, Folder 12, RL.

110 Burati to Sullivan, August 14, 1950, Burati Collection, Box 1, Folder 12, RL.

111 『総評』, 1950年7月15日.

112 "Subject: ICFTU Delegation," July 20, 1950, Burati Collection, Box 2, Folder 8, RL.

113 Report of Third Meeting of Executive Board, November 9-11, 1950, ICFTU Archives, Box 7, IISH.

114 Gibson to the Under Secretary of State, March 31, 1949, 894.5043/3-3149, RDOS, IAJ, 1945-1949, Reel 25.

115 "Status Report on Student and National Leader Travel Program," July 27, 1949, ESS(C)-02944, GHQ/SCAP Records.

116 Zempel to Hepler, July 28, 1949, ESS(C)-02944, GHQ/SCAP Records.

117 "Leadership Training Program," September 16, 1949, ESS(E)-06344, GHQ/SCAP Records.

118 "Report of First Labor Mission to America and General Plans for Utilization of Knowledge Acquired," July 29, 1950, ESS(E)-06348, GHQ/SCAP Records.

119 Memorandum for Marquat by Amis, "Status of Mr. Muto, President of New General Council in Relation to Industrial Relations Mission to United States," July 15, 1950, Burati Collection, Box 1, Folder 12, RL.

120 Montford to Carthy, September 19, 1950, TUC Papers, MSS, 292/952/3, MRC.

121 Matthews to Amis, May 23, 1950, ESS(B)-16612, GHQ/SCAP Records; Memorandum for Marquat by Amis, "Labor Mission to England(United Kingdom Project),"

122 Gascoigne to FO, July 25, 1950, FO 371/84052, PRO.

123 高野実, 『イギリス労働組合に学ぶ』, 雄文社, 1951, 5.

124 "Visit of Members of the Cotton Board Delegation to Japan," by Matthews, May 23, 1950, FO 371/84052, PRO.

125 Takano to Tewson, September 8, 1951, TUC Papers, MSS.292/952/4, MCR.

126 Memorandum by Amis, "Labor Relations and Education Program for 1950," February 1, 1950, Burati Collection, Box 6, Folder 5, RL.

127 "Notes of a Conference Conducted by the Labor Division of the Economic and Scientific Section of General Headquarters, Supreme Commander for the Allied Powers, on 2nd, 3rd and 4th February, 1950," by Matthews, February 9, 1950, FO 371/84050, PRO.

128 나중에 국제자유노련의 대표로서 일본에 온 CIO 산하 미국합동운수노조의 타운센트 위원장은 케리 CIO 서기장에게 보낸 서한에서 "총평의 조직은 CIO와 매우 유사하게 진행되고 있다."고 말했다. Townsend to Carey, August 7, 1952, CIO-STO Collection, Box 123, Folder 1, RL.

129 竹前, 『戦後労働改革』, 312-314.

130 [노동조합의] 산업별 정리를 매개로 부라티와 다카노를 연결한 것은 노동성의 가이테 신고 노동조합과장

이었다고 한다. 占領体制研究会, 『マック書簡·レット·パージ·産業別解体等

中労委飼手事務局長述』(1954.11.9.), 17-18.

131 Burati to Sullivan, May 9, 1950, Burati Collection, Box 2, Folder 8, RL.

132 Burati to Takita, June 23, 1950, Burati Collection, Box 6, Folder 14, RL.

133 Memo for the Record, "Visit to Mr. Burati of Investigating Committee from Sodomei Re:
Tokuda Case," October 16, 1950, Burati Collection, Box 6, Folder 14, RL.

134 "Report to the Cotton Textile Trade Unions on a Visit to Japan, May 1950," by Thornton,
August, 1950, TUC Papers, MSS. 292/952/2, MRC.

135 Burati to Sullivan, August 22, 1950, Burati Collection, Box 1, Folder 12, RL.

136 『総同盟五十年史 第3巻』, 637-744.

137 Memo for Record, "Conference with Mr. Takano Monday, 4 December 1950," undated,
Burati Collection, Box 6, Folder 14, RL: Memo for Record, "Conference with Mr. Minoru
Takano-23 December 1950," December 28, 1950, ESS(B)-16512, GHQ/SCAP Records.

138 Memo for Mr. Burati by Nakawaki, "Situations at the Takada Plant of the Dai Nippon Cotton
Spinning Company. Mr. Yanagimoto's Report," December 15, 1950, Burati Collection, Box 6,
Filder 14, RL.

139 全繊同盟史編集委員会編, 『全繊同盟史 第2巻』, 全国繊維産業労働組合同盟, 1965, 第8章.

140 中北, 『経済復興と前後の政治』, 277-278.

141 같은 책, 279.

142 같은 책, 292.

143 같은 책 291-292. Memorandum for Marquat by Burati, "Labor Leaders to Confer with
Dulles," June 13, 1950, Burati Collection, Box 1, Folder 7, RL; Labor Division Monthly Report
for June 1950, ESS(B)-01344, GHQ/SCAP Records.

144 『総評』, 1950.8.5.; 労働省編, 『資料労働運動史 昭和25年』, 212-216.

145 레드 퍼지에 대한 우수한 연구로는 三宅明正, 『レッド·パジーとは何か』, 大月書店, 1994.

146 Memorandum for Marquat by Burati, "Program Against Communists in Japanese Labor,"
June 27, 1950, ESS(B)-01347, GHQ/SCAP Records. 노동과는 8월 18일에 지방 민사부民事部
사령관들과 모임을 가지고 이 방침을 제시했다. 이 자리에서 애미스 노동과장은 '모든 공산주의자들을
해고할 필요는 없고, 일부 말썽꾼들을 제거하는 것으로 족하다. 그럴 경우에도 인권 침해를 이유로 하는
등 민주적인 방법으로 해야 한다.'고 역설했다. 부라티도 제2 노조를 결성하기 보다는 민주적인 투표를
통해 공산당의 노조 지배를 뒤집기 바라며, 그것이 불가능한 경우에 한해서 제2 노조 결성을 추진해야
한다고 강조했다. Memorandum for Record, "Discussion by Mr. Amis at Region C. O.'s
Meeting," August 18, 1950, ESS(B)-16621, GHQ/SCAP Records. 단, 공산당 관계자들을
노동위원으로 임명하지 않도록 한 조치는 실제로 이루어진 듯하다. 占領体制研究会, 『進駐軍の労働政策
元労政局長来才二郎』, 1954.7.9., 35-36.

147 Memorandum for Marquat by Burati, "Summary of PMemorandum 'Program Against Communists in Japanese Labor'," June 28, 1950, ESS(B)-01342, GHQ/SCAP Records.

148 Memorandum for Marquat by Amis, "Dissolution of Zenroren," September 1, 1950, ESS(E)-13570, GHQ/SCAP Records.

149 Burati to Sullivan, September 6, 1950. Burati Collection, Box 1, Folder 12, RL.

150 中北,『経済復興と前後の政治』, 292-293.

151 Burati to Sullivan, August 14, 1950. Burati Collection, Box 1, Folder 12, RL.

152 Memo for Record, "Stand of Various Labor Leaders on Peace Treaty," January 16, 1951, ESS(B)-16528, GHQ/SCAP Records.

153 Memo. "More about Labor's Attitude towards the Peace Treaty," January 21, 1951, ESS(B)-16528, GHQ/SCAP Records; Memorandum for Marquat by Amis, "Labor Leaders Meet Mr. Dulles," February 8, 1951, ESS(B)-16523, GHQ/SCAP Records.

154 『総評』, 1951年2月5日, 15日.

155 新産別二十年史編纂委員会,『新産別の二十年 II』, 新産別, 1970年, 233-247.

156 Burati to Oldenbroek, March 17, 1951, ICFTU Archives, Box 3545, IISH.

157 『総評』, 1951年3月15日.

158 Burati to Oldenbroek, March 17, 1951, ICFTU Archives, Box 3545, IISH.

159 Burati to Sullivan, May 10, 1951. Burati Collection, Box 1, Folder 13, RL.

160 Burati to Ross, May 10, 1951. Burati Collection, Box 1, Folder 13, RL.

161 Memorandum for Marquat by Burati, "Alleged Statements at Sohyo Meeting on 21 May 1951," May 24, 1951, Burati Collection, Box 7, Folder 13, RL; Memorandum for Marquat by Burati, "Statements at Sohyo Meeting on 21 May 1951," May 28, 1951, Burati Collection, Box 7, Folder 13, RL; Burati to Ross, June 7, 1951, Burati Collection, Box 7, Folder 13, RL; Burati to Sullivan, June 7, Burati Collection, Box 7, Folder 13, RL; 『総評』, 1951.5.25.

162 Memo for Record by Ihrig, "Trend of Japanese Government Labor Policy," July !0, 1951, ESS(B)-16520, GHQ/SCAP Records.

163 Ikehara to Burati, July 22, 1951, Burati Collection, Box 1, Folder 13, RL.

164 労働省編,『資料労働運動史 昭和26年』, 労務行政研究所, 1952, 247-257.

165 Labor Division Monthly Report for June 1951, ESS(C)-02600, GHQ/SCAP Records; Memorandum, "Opposition within Sohyo to Official Position on the "Three Principles"," September 13, 1951, ESS(D)-00296, GHQ/SCAP Records.

166 『総評』, 1951年8月31日;『総同盟』, 1951年9月1日.

167 Memorandum for Ryder by Ihrig, "Communist Countermeasure Committee Meeting of 13 July," July 13, 1951, ESS(B)-16530, GHQ/SCAP Records; Memorandum by Amis, "Sohyo Over-all Peace Appeal," August 18, 1951, ESS(E)-00195, GHQ/SCAP Records.

168 Report, ICFTU Second World Congress, July 4-12, 1951, Littauer Library, Harvard University.

169 労働省編, 『資料労働運動史 昭和27年』, 労務行政研究所, 1953, 1021.

170 Labor Division Monthly Report for July 1951, ESS(C)-02600, GHQ/SCAP Records.

171 Okura to Burati, August 24, 1951, Burati Collection, Box 1, Folder 13, RL.

172 Ikehara to Burati, July 22, 1951, Burati Collection, Box 1, Folder 12, RL. 이케하라(결혼 전의 본성은 나카가와, 이후 아리타有田) 후지에 대해서는 占領体制研究会, 『マック書簡・レッド・パージ・新産別解体等 中労委飼手事務局長述』, 1954年11月19日, 21-22; 有田ふじ, "占領下の労働省で働いた思い出"(労政会編, 『労政回顧録』, 労務行政研究所, 1988).

173 中北, 『経済復興と前後の政治』, 302-304.

174 Oldenbroek to Burati, April 16, 1951, ICFTU Archives, Box 3545, IISH.

175 Oldenbroek to Mutto, August 14, 1951, ESS(B)-16645, GHQ/SCAP Records.

176 "Resolution on Japan," ICFTU Executive Board, November 9-11, ICFTU Archives, Box 3526, IISH.

177 Oldenbroek to Yoshida, May 18, 1951, ESS(D)-01649, GHQ/SCAP Records.

178 Oldenbroek to Affiliated Organizations in Countries which are Members of the Far Eastern Commission, May 18, 1951, ICFTU Archives, Box 3526, IISH.

179 USPOLAD, Tokyo to Department of State, July 13, 1951, No. 77, RG 469, Entry 421, Box 8, NA.

180 Teramoto to Oldenbroek, June22, 1951, RG 469, Entry 421, Box 8, NA.

181 『総評』, 1951年6月8日.

182 Ikehara to Burati, June 8, 1951, Burati Collection, Box 1, Folder 13, RL.

183 Takano to Oldenbroek, June 5, 1951, FO 371/92715, PRO.

184 "Agenda Item 4: General Secretary's Report," ICFTU Executive Board, July 2-3, 1951, ICFTU Archives, Box 8, IISH.

185 Earle to Oldenbroek, July 26, 1951, ICFTU Archives, Box 3526, IISH; 『総評』, 1951年7月13日.

186 강화조약에 노동 조항을 삽입하는 문제는 국무부 극동국의 노동고문으로 부라티의 친구이기도 한 설리번이 초안 작성 과정에서 추진했다. 베르사유 조약이 많은 금지 사항들을 담고 있었음에도 위반 행위들을 저지하지 못했다는 역사적 경험으로 인해 강한 반대론이 제기되어, 결국 실현되지는 않았으나, 강화조약 초안에 노동 조항을 삽입하는 문제는 국무부 내부에서도 많은 지지를 얻고 있었다. 또 AFL과 미국 노동부도 찬성이었다. Kaukonen to Arnow, "Japanese Peace Treaty," August 10, 1951, RG, 174, Entry 44, Box 3, NA.

187 Memorandum to Governments Participating in the San Francisco Conference on a Peace Treaty for Japan, September 1, 1951, ICFTU Archives, Box 3526, IISH.

188 Woodcock to Morrison, July 2, 1951, FO 371/92715, PRO.

189 『サン`フランシスコ会議議事録』, 外務省, 1951, 337. 강화회의를 방청한 총평 산하 화학동맹의
야마하나 히데오 위원장은 "감명 깊은 영국 외무장관의 발언"이라는 글을 기고했다. 『総評』, 1951.9.21.

190 San Francisco to Foreign Office, November 8, 1951, No. 1, LAB 13/568, PRO.

191 Clutton to Younger, September 19, 1951, No. 316, LAB 13/568, PRO.

192 Tokyo to Foreign Office, November 27, 1951, No. 1684, FO 371/92716, PRO.

193 Foreign Office to Tokyo, December 7, 1951, No. 1418, FO 371/92716, PRO.

194 Denning to Scott, January 5, 1952, FO 371/99536, PRO; USPOLAD, Tokyo to the Depart-
ment of State, July 26, 1952, No. 1065, 894.062/1-2652, RDOS, IAJ, 1950-1954, Reel 28.

195 Oldenbroek to Yoshida, February 16, 1952, FO 371/99536, PRO.

196 Woodcock to Eden, April 1, 1952, FO 371/99536, PRO; Woodcock to Eden, May 5, 1952, FO
371/99537, PRO.

197 Eden to Woodcock, May 20, 1952, FO 371/99537, PRO.

198 Mason to Diack, June 4, 1952, FO 371/99537, PRO.

199 "Agenda Item 4: General Secretary's Report," ICFTU Executive Board, June 26-27, 1952,
ICFTU Archives, Box 8, IISH; Diack to Calvert, July 11, 1952, FO 371/99537, PRO; Heron to
Greenhough, July 17, 1952, LAB 13/569, PRO.

200 1952년 2월 15일의 총평 평의원회에서는 "(자유노련의) 가입조합협의회는 총평 국제부와 하나가
되었다."라는 보고가 올라왔다. "第8回評議員会議事録"(労働政策研究·研修機構, 『総評資料』, F400-029).

201 Report Of First Meeting Interim Regional Activities Fund Committee, October 29, 1951,
ICFTU Archives, Box 811, IISH; Oldenbroek to Green, February 20, 1952, ICFTU Archives, Box
3526, IISH.

202 Second Report of the Regional Fund Committee, June 4-6, 1952, ICFTU Archives, Box 815,
IISH; Revised Project on Mission to Japan, ICFTU Regional Fund Committee, June 4-6, 1952,
ICFTU Archives, Box 814, IISH.

203 Ballew to Sullivan, December 5, 1951, RDOS, IAJ, 1950-1954, Reel 28; Ballew to Sullivan,
January 21, 1952, RDOS, IAJ, 1950-1954, Reel 28.

204 Ballew to Burati, January 31, 1952, Burati Collection, Box 8, Folder 3, RL; Ikehara to Burati,
March 20, 1952, Burati Collection, Box 8, Folder 3, RL.

205 Tokyo to Secretary of State, July 22, 1952, No. 298, 894.062/7-2252, RDOS, IAJ,
1950-1954, Reel 28.

206 Ikehara to Burati, April 22, 1952, Burati Collection, Box 8, Folder 3, RL; Ikehara to Burati,
April 29, Burati Collection, Box 8, Folder 3, RL; Tokyo to the Secretary of State, May 14, 1952,
No. 64, 894.062/5-1452, RDOS, IAJ, 1950-1954, Reel 28.

207 Tokyo to Secretary of State, May 27, 1952, No. 271, 894.062/5-2752, RDOS, IAJ,
1950-1954, Reel 28.

208 Ballew to Sullivan, June 17, 1952, RDOS, IAJ, 1950-1954, Reel 28.

209 労働省編, 『資料労働運動史 昭和27年』, 1034.

210 Nishimaki to Oldenbroek, August 17, 1952, ICFTU Archives, Box 3545, IISH.

211 『総評』, 1950年7月11日.

212 Townsend to Oldenbroek, July 25, 1952, ICFTU Archives, Box 3533, IISH.

213 Haraguchi to Burati, October 27, 1952, Burati Collection, Box 8, Folder 3, RL.

214 Memorandum of Conversation, March 28, 1952, 894.062/3-2852, RDOS, IAJ, 1950-1954, Reel 28; Lovestone to Pearl, April 14, 1952, Green Papers, Reel 17.

215 Department of State to Tokyo, July 11, 1952, No. 191, 894.062/7-1152, RDOS, IAJ, 1950-1954, Reel 28.

제2장 | 전노의 결성과 생산성운동의 개시

1 労働省編, 『資料労働運動史 昭和27年』, 962, 983-988.

2 Mungat to Krane, August 1, 1952, ICFTU Archives, Box 3533, IISH.

3 Oldenbroek to Townsend, August 16, 1952, ICFTU Archives, Box 3533, IISH.

4 Mungat to Krane, August 9, 1952, ICFTU Archives, Box 3526, IISH; Okura to Krane, August 26, 1952, ICFTU Archives, Box 3526, IISH.

5 Tokyo to the Department of State, November 14, 1952, No. 752, 894.06/10-1652, RDOS, IAJ, 1950-1954, Reel 28.

6 Tokyo to the Department of State, November 14, 1952, No. 957, 894.062/11-1452, RDOS, IAJ, 1950-1954, Reel 28.

7 Ikehara to Burati, November 2, 1952, Burati Collection, Box 8, Folder 3, RL.

8 "Note on Project AS/org/3, Willard Townsend's Mission to Japan," ICFTU Regional Fund Committee, September 25-26, 1952, ICFTU Archives, Box 815, IISH; "Item 7(g) of the Agenda: Third Report of the Regional Fund Committee," ICFTU Executive Board, December 1-5, 1952, ICFTU Archives, Box 817, IISH.

9 "Agenda Item 7(g): Report on Japan," ICFTU Executive Board, December 1-5, 1952, ICFTU Archives, Box 18, IISH.

10 Minutes, ICFTU Executive Board, December 1-5, 1952, ICFTU Archives, Box 21, IISH.

11 Memorandum of Conversation, December 9, 1952, 894.062/12-952, RDOS, IAJ, 1950-1954, Reel 28.

12 Tokyo to the Department of State, November 12, 1952, No. 931, 894.062/11-1252, RDOS, IAJ, 1950-1954, Reel 28.

13 労働省編, 『資料労働運動史 昭和27年』, 989-990. 니시마키는 민노련 결성의 결정은 국제자유노련 집행위원회에 참석하기 위해 도쿄를 떠난 뒤에 이루어졌다고 말했다. Colosimo to Townsend, February 2, 1953, RG 18-2, Box 14, Folder 1, GMMA.

14 Tokyo to the Department of State, March 5, 1953, No. 1771, 894.062/3-553, RDOS, IAJ, 1950-1954, Reel 28.

15 Ikehara to Okura, December 10, 1952, ICFTU Archives, Box 3526, IISH: Tokyo to the Department of State, Decembar16, 1952, No. 1121, RG 84, Entry 2828A, Box 7, NA.

16 Nishimaki to Oldenbroek, January 9, 1953, ICFTU Archives, Box 3543, IISH.

17 Haraguchi to Mungat, January 20, 1953, IICFTU Archives, Box 3546, IISH: Haraguchi to Oldenbroek, January 29, CFTU Archives, Box 3527, IISH: Haraguchi to ICFTU, February 9, 1953, ICFTU Archives, Box 3527, IISH.

18 Minutes, ICFTU Regional Fund Committee, February 9-10, 1953, ICFTU Archives, Box 818, IISH.

19 이들은 이를 부라티에게 보고했다. Okura to Burati, March 14, 1953, Burati Collection, Box 8, Folder 4, RL; Ikehara to Burati, May 19, 1953, Burati Collection, Box 8, Folder 4, RL.

20 "Agenda Item 9: General Secretary's Report on Activities," ICFTU Executive Board, July 1-2, 1953, ICFTU Archives, Box 22, IISH: Haraguchi to Oldenbroek, July 11, 1953, ICFTU Archives, Box 3231, IISH.

21 Minutes, CFTU Executive Board, December 1-5, 1952, ICFTU Archives, Box 21, IISH.

22 Haraguchi to Oldenbroek, March 24, 1953, ICFTU Archives, Box 3527, IISH; Mungat to Oldenbroek, March 30, 1953, ICFTU Archives, Box 3527, IISH.

23 Tokyo to the Department of State, December 16, 1952, No. 1121, RG 84, Entry 2828A, Box 7, NA.

24 Mungat to Oldenbroek, April 1, 1953, ICFTU Archives, Box 3527, IISH.

25 이하, 労働省編, 『資料労働運動史 昭和28年』, 労務行政研究所, 1955年, 937-942.

26 Walter Reuther to Takano, March 23, 1953, Reuther Collection, Box 293, Folder 11, RL.

27 労働省編, 『資料労働運動史 昭和28年』, 928, 937-939.

28 Haraguchi to Oldenbroek, June 19, 1953, ICFTU Archives, Box 3527, IISH.

29 Haraguchi to Oldenbroek, July 11, 1953, ICFTU Archives, Box 3546, IISH.

30 이 회의의 기록은 "Note on the ITS Discussions on Japan," undated, ICFTU Archives, Box 3527, IISH.

31 Carew et al., The International Confederation of Free Trade Unions, pp. 211-212.

32 "Note on the ITS and Japan," March 23, 1953, ICFTU Archives, Box 3527, IISH.

33 1952년 ILO의 금속공업노동위원회에서 국제금속노련의 앨프리드 단넨버그 서기와 접촉한 것은 조선총련 서기장이자 총동맹 총주사인 고가 아쓰시였다. IMF·JC10周年史編纂委員会, 『IMF·JC

10年の歩み』, 全日本金属産業労働組合協議会, 1976年, 21. 다만 국제금속노련이 일본에서 조직화에 나선 계기를 제공한 것은 어디까지나 1953년 국제자유노련의 작업이었는데, 정사正史인 위의 책은 이 사실을 지적하지 않고 있다.

34 Krane to Mungat, April 3, 1953, ICFTU Archives, Box 3231, IISH.

35 Oldenbroek to Victor Reuther, April 21, 1953, ICFTU Archives, Box 3527, IISH.

36 Minutes, IMF Central Committee, July 15 and 16, 1953, CIO-WO Collection, Box 72, Folder 3, RL.

37 Haraguchi to Okura, August 14, 1953, ICFTU Archives, Box 3527, IISH: "Delaney & Minroren," September 27, 1953, Deverall Papers, Box 20, Folder 1, ACUA.

38 Minutes, IMF Extended Advisory Board, October 19 and 20, 1953, CIO-WO Collection, Box 72, Folder 1, RL.

39 Burati to Victor Reuther, October 29, CIO-WO Collection, Box 73, Folder 14, RL: Victor Reuther to Burati, November 6, 1953, CIO-WO Collection, Box 73, Folder 14, RL.

40 Minutes, IMF Central Committee, March 1-3, 1954, CIO-WO Collection, Box 72, Folder 6, RL.

41 労働省編, 『資料労働運動史 昭和28年』, 942-947, 1105-1140.

42 같은 책, 898-911.

43 Taylor to Sullivan, June 11, 1953, RG 84, Entry 2828A, Box 37, NA.

44 Haraguchi to Krane, October 9, 1953, ICFTU Archives, Box 3456, IISH: "Report on Mission to Asia and the Far East," ICFTU Regional Fund Committee, November 26-28, 1953, ICFTU Archives, Box 27, IISH.

45 Minutes, ICFTU Executive Board, November 30-December 4, 1953, ICFTU Archives, Box 30, IISH.

46 Minutes, ICFTU Executive Board, May 24-29, 1954, ICFTU Archives, Box 36, IISH: Haraguch to Oldenbroek, May 12, 1954, ICFTU Archives, Box 3543, IISH.

47 Haraguch to Oldenbroek, June 8, 1954, ICFTU Archives, Box 3547, IISH.

48 Oldenbroek to Miyanohara, August 12, 1954, ICFTU Archives, Box 3547, IISH.

49 Miyanohara to Oldenbroek, September 4, 1954, ICFTU Archives, Box 3528, IISH.

50 Oldenbroek to Miyanohara, September 14, 1954, ICFTU Archives, Box 3547, IISH.

51 Oldenbroek to Miyanohara, August 12, 1954, ICFTU Archives, Box 3547, IISH.

52 Krane to Unione Italiana del Lavoro, September 23, 1954, ICFTU Archives, Box 3547, IISH.

53 Minutes, ICFTU Executive Board, November 24-28, 1954, ICFTU Archives, Box 38, IISH.

54 Tokyo to the Department of State, October 29, 1954, No. 545, 894.062/10-2954, RDOS, IAJ, 1950-1954, Reel 29.

55 총평의 이런 움직임은 1955년 들어 다카노 사무국장이 베이징 메이데이에 참가하는 등 한층 강화되었다. 『総評』, 1955年1月21日, 3月11日, 18日, 4月1日, 22日, 29日, 5月27日.

56 Morgan, A Covert Life, Chapter 15.

57 『労働パシフィク』, 1952年9月; Deverall Papers Box 27, Folder 5, ACUA; Deverall to Lovestone, September 11, 1952, Deverall Papers, Box 24, Folder 1, ACUA; Deverall to Lovestone, June 30, 1954, Deverall Papers, Box 24, Folder 4, ACUA.

58 Deverall to Lovestone, "Weekly Report 29th June through 6th July 1952," July 6, 1952, Deverall Papers, Box 26, Folder 3, ACUA.

59 Deverall to Lovestone, August 22, 1952, Deverall Papers, Box 24, Folder 1, ACUA.

60 Calvert to Greenhough, December 7, 1953, LAB 13/766, PRO.

61 Minutes, ICFTU Executive Board, December 1-5, 1952, ICFTU Archives, Box 21, IISH.

62 Deverall to Meany, July 18, 1952, RG 1-27, Box 54, Folder 35, GMMA; Calvert to Greenhough, October 7, 1952, FO 371/99537, PRO.

63 Sullivan to Allison, November 25, 1952, 894.06/11-2552, RDOS, IAJ, 1950-1954, Reel 28; Carwell to Hawley, January 21, 1953, CUSSDJ, 1947-1956, Reel 27.

64 Tokyo to the Department of State, November 12, 1952, No. 931, 894.062/11-1252, RDOS, IAJ, 1950-1954, Reel 28.

65 Tokyo to the Department of State, November 14, 1952, No. 957, 894.062/11-1452, RDOS, IAJ, 1950-1954, Reel 28.

66 Deverall to Green, July 25, 1952, RG 1-27, Box 54, Folder 35, GMMA.

67 Deverall to Meany, July 28, 1952, RG 1-27, Box 54, Folder 35, GMMA; Deverall to Lovestone, July 31, 1952, Deverall Papers, Box 24, Folder 1, ACUA.

68 Deverall to Woll, "Weekly Activities Report to 3rd August 1952," August 3, 1952, Deverall Papers, Box 26, Folder 3, ACUA.

69 Deverall to Woll, "Weekly Activities Report up to 20th July 1952," July 20, 1952, Deverall Papers, Box 26, Folder 3, ACUA; Deverall to Lovestone, September 1, 1952, Deverall Papers, Box 24, Folder 1, ACUA.

70 Lovestone to Murphy, August 22, 1952, RG 84, Entry 2828A, Box 7, NA.

71 Murphy to Lovestone, September 4, 1952, RG 84, Entry 2828A, Box 7, NA; Ballew to Sullivan, October 7, 1952, RG 84, Entry 2828A, Box 7, NA.

72 1952년 8월경, 머피 대사는 총사령부 노동과장을 지낸 킬렌을 노동관에 기용하고 애썼으나 실현되지 못했다. 당시 킬렌과 디버랄의 불화가 그 원인의 하나였다. Young to Murphy, August 18, 1952, RG 84, Entry 2828A, Box 7, NA; Rider to Murphy, August 18, 1952, RG 84, Entry 2828A, Box 7, NA; Murphy to Sullivan, August 21, 1952, RG 84, Entry 2828A, Box 7, NA; Murphy to Young, August 27, 1952, RG 84, Entry 2828A, Box 7, NA.

73 Wilford, "American Labour Diplomacy and Cold War Britain," pp. 50-52.

74 Lovestone to Deverall, March 2, 1953, Deverall Papers, Box 24, Folder 2, ACUA.

75 Minutes, CIO International Committee, November 12, 1953, RG 18-2, Box 7, Folder 24, GMMA.

76 Berger to Sullivan, May 27, 1953, 894.062/5-2753, RDOS, IAJ, 1950-1954, Reel 28.

77 Lovestone to Deverall, May 11, 1953, Deverall Papers, Box 24, Folder 2, ACUA; Lovestone to Deverall, June 9, 1953, Deverall Papers, Box 24, Folder 2, ACUA.

78 FRUS, 1952-1954, Vol. 14, p. 1450.

79 "Progress Report on NSC125/2 and 125/6," October 27, 1954, DUSPJ, 7, Vol. 8.

80 Memorandum of Conversation, October 29, 1953, RG 84, Entry 2828A, Box 37, NA; Sullivan to Taylor, October 30, 1953, RG 84, Entry 2828A, Box 37, NA; FRUS, 1952-1954, Vol. 14, p. 1549.

81 欧米局, "ニクソン副大統領の動静に関する件", 1953年11月16日(外務省戦後外交記録, 『米国要人本邦訪問関係 ニクソン副大統領関係』, リールA-0141); Tokyo to the Department of State, December 28, 1953, RG 84, Entry 2828A, Box 37, NA.

82 "新木大使発岡崎大臣宛電報", 1953年12月18日, 第1531号(外務省戦後外交記録, 『米国要人本邦訪問関係 ニクソン副大統領関係』, リールA-0141).

83 "Estimate of Internal Communist Threat to Japan," February 7, 1954, CUSSDJ, 1947-1956, Reel 27.

84 "Communist Influence in the Japanese Trade Union Movement," February 4, 1954, CUSSDJ, 1947-1956, Reel 27.

85 FRUS, 1952-1954, Vol. 14, pp. 1617-1619.

86 Deverall to Lovestone, "Monthly Round-up Report 1st-31st January 1954," January 31, 1954, Deverall Papers, Box 26, Folder 5, ACUA.

87 Tokyo to the Department of State, January 30, 1953, No. 1482, 894.062/1-3053, RDOS, IAJ, 1950-1954, Reel 28.

88 자유노동위원회의 집행위원회 앞으로 보낸 보고서에서 디버랄은 다음과 같이 말했다. "AFL은 비非공산주의적이고 민주적인 일본 노동조합 중앙 조직인 전노의 결성을 전면적으로 지원했다." Deverall to Lovestone, June 30, 1954, Deverall Papers, Box 24, Folder 4, ACUA.

89 労働省編, 『資料労働運動史 昭和28年度』, 934-936. 『労働』, 1953年 7.1, 10.1, 12.11. 총동맹의 공식 가입 신청은 1954년 1월 12일 국제자유노련 도쿄 사무소에 제출했다. Haraguchi to Oldenbroek, January 13, 1954, ICFTU Archives, Box 3556, IISH.

90 Ross to Potofsky, December 11, 1953, RG 84, Entry 2828A, Box 7, NA; Oldenbroek to Bolle, March 24, 1954, ICFTU Archives, Box 3535, IISH; Minutes, ICFTU Executive Board, November 30-December 4, 1953, ICFTU Archives, Box 30, IISH.

91 Deverall to Lovestone, November 22, 1953, Deverall Papers, Box 26, Folder 5, ACUA; Deverall to Brown, January 31, 1954, Deverall Papers, Box 20, Folder 2, ACUA; Brown to

Deverall, February 20, 1954, Deverall Papers, Box 20, Folder 2, ACUA.

92 Minutes, ICFTU Emergency Committee, March 1–3, 1954, ICFTU Archives, Box 350, IISH.

93 Wada to Oldenbroek, February 15, 1954, ICFTU Archives, Box 3556, IISH.

94 Bolle to Oldenbroek, February 14, 1954, ICFTU Archives, Box 3556, IISH.

95 Bolle to Oldenbroek, February 14, 1954, ICFTU Archives, Box 3556, IISH; Bolle to
   Oldenbroek, February 24, 1954, ICFTU Archives, Box 3535, IISH; Bolle to Oldenbroek, March
   4, 1954, ICFTU Archives, Box 3535, IISH; Tokyo to the Department of State, March 4, 1954,
   No. 1245, RG 84, Entry 2828A, Box 37, NA.

96 Haraguchi to Oldenbroek, March 24, 1954, ICFTU Archives, Box 3535, IISH; Deverall to
   Brown, February 25, 1954, Deverall Papers, Box 20, Folder 2, ACUA.

97 Haraguchi to Oldenbroek, March 24, 1954, ICFTU Archives, Box 3535, IISH; Deverall to
   Brown, February 25, 1954, Deverall Papers, Box 20, Folder 2, ACUA.

98 Bolle to Oldenbroek, March 18, 1954, ICFTU Archives, Box 3535, IISH.

99 Okura to Krane, "Mr. Bolle's Report," undated, ICFTU Archives, Box 3535, IISH.

100 Bolle to Oldenbroek, April 4, 1954, ICFTU Archives, Box 3535, IISH.

101 Haraguchi to Oldenbroek, April 21, 1954, ICFTU Archives, Box 3542, IISH.

102 Berger to Sullivan, April 30, 1954, 894.062/4-3054, RDOS, IAJ, 1950-1954, Reel 29.

103 Bolle to Oldenbroek, March 27, 1954, ICFTU Archives, Box 3535, IISH.

104 Haraguchi to Oldenbroek, May 12, 1954, ICFTU Archives, Box 3543, IISH.

105 Wada to Oldenbroek, May 12, 1954, ICFTU Archives, Box 3556, IISH.

106 Bolle to Oldenbroek, May 12, 1954, ICFTU Archives, Box 3535, IISH; "Agenda Item 13(a):
   Brief Interim Report on the Trade Union Situation in Japan, Submitted by M. C. Bolle," ICFTU
   Executive Board, May 24-29, 1954, ICFTU Archives, Box 33, IISH.

107 Deverall to Brown, May 19, 1954, Deverall Papers, Box 20, Folder 4, ACUA; Deverall to
   Meany, May 20, 1954, Deverall Papers, Box 20, Folder 4, ACUA.

108 Sullivan to Berger, May 25, 1954, RG 84, Entry 2828A, Box 37, NA; Sullivan to Taylor, May
   27, 1954, RG 84, Entry 2828A, Box 37, NA.

109 Victor Reuther to Ross, May 19, 1954, CIO-WO Collection, Box 69, Folder 18, RL.

110 Minutes, ICFTU Executive Board, May 24-29, 1954, ICFTU Archives, Box 36, IISH.

111 Lovestone to Deverall, April 1, 1954, Deverall Papers, Box 24, Folder 4, ACUA; Lovestone to
   Deverall, April 5, 1954, Deverall Papers, Box 24, Folder 4, ACUA; Brown to Deverall, June 11,
   1954, Deverall Papers, Box 20, Folder 4, ACUA; Lovestone to Deverall, June 21, 1954,
   Deverall Papers, Box 24, Folder 4, ACUA. 게다가 국무부의 설리번은 브뤼셀로 건너가 올덴브룩 설득
   작업을 벌이기도 했다. Sullivan to Taylor, July 19, 1954, RG 84, Entry 2828A, Box 38, NA;
   Sullivan to Robertson, October 12, 1954, 894.062/10-1254, RDOS, IAJ, 1950-1954, Reel 29.

112 "Agenda Item 9: Applications for Affiliation," ICFTU Executive Board, November 24-28, 1954, ICFTU Archives, Box 36, IISH: "Agenda Item 12(e): Report of the ICFTU Delegation to Japan(October 1954)," ICFTU Executive Board, November 24-28, 1954, ICFTU Archives, Box 36, IISH: Minutes, ICFTU Executive Board, November 24-28, ICFTU Archives, Box 36, IISH.

113 「全労」, 1954年10月15日.

114 Lovestone to Deverall, October 19, 1954, Deverall Papers, Box 24, Folder 3, ACUA: Deveral to Lovestonel, October 25, 1954, Deverall Papers, Box 24, Folder 5, ACUA: Tokyo to Secretary of State, October 8, 1954, No. 854, RG 84, Entry 2828A, Box 38, NA.

115 Lovestone to Deverall, January 20, 1954, Deverall Papers, Box 24, Folder 3, ACUA: Lovestone to Deverall, March 22, 1954, Deverall Papers, Box 24, Folder 3, ACUA: Lovestone to Deverall, April 5, 1954, Deverall Papers, Box 24, Folder 4, ACUA: Lovestone to Deverall, April 7, 1954, Deverall Papers, Box 24, Folder 4, ACUA: Lovestone to Deverall, April 13, 1954, Deverall Papers, Box 24, Folder 4, ACUA: Lovestone to Deverall, April 20, 1954, Deverall Papers, Box 24, Folder 4, ACUA.

116 Deverall to Lovestone, "Weekly Activities Report 3rd-10th January 1954," January 10, 1954, Deverall Papers, Box 26, Folder 5, ACUA: Deverall to Lovestone, April 21, 1954, Deverall Papers, Box 24, Folder 4, ACUA.

117 Deverall to Lovestone, February 4, 1954, Deverall Papers, Box 24, Folder 3, ACUA: Deverall to Lovestone, March 29, 1954, Deverall Papers, Box 24, Folder 3, ACUA.

118 Lovestone to Deverall, April 8, 1954, Deverall Papers, Box 24, Folder 4, ACUA: Deverall to Lovestone, April 23, 1954, Deverall Papers, Box 24, Folder 4, ACUA.

119 Deverall to Lovestone, June 24, 1954, Deverall Papers, Box 24, Folder 4, ACUA: Deverall to Meany, July 1, 1954, Deverall Papers, Box 21, Folder 1, ACUA: Deverall to Lovestone, July 8, 1954, Deverall Papers, Box 24, Folder 4, ACUA.

120 Lovestone to Deverall, June 29, 1954, Deverall Papers, Box 24, Folder 4, ACUA.

121 Deverall to Lovestone, August 9, 1954, Deverall Papers, Box 24, Folder 4, ACUA: Lovestone to Deverall, August 13, 1954, Deverall Papers, Box 24, Folder 4, ACUA: Lovestone to Deverall, August 25, 1954, Deverall Papers, Box 24, Folder 4, ACUA: Lovestone to Deverall, August 31, 1954, Deverall Papers, Box 24, Folder 4, ACUA: Deverall to Takita, September 4, 1954, Deverall Papers, Box 21, Folder 3, ACUA.

122 Deverall to Lovestone, September 4, 1954, Deverall Papers, Box 24, Folder 5, ACUA.

123 Lovestone to Deverall, October 29, 1954, Deverall Papers, Box 24, Folder 5, ACUA: Lovestone to Deverall, November 1, 1954, Deverall Papers, Box 24, Folder 5, ACUA.

124 Lovestone to Deverall, June 29, 1954, Deverall Papers, Box 24, Folder 5, ACUA: Lovestone to Deverall, August 24, 1955, Deverall Papers, Box 24, Folder 6, ACUA.

125 1950년대 중반 미국 해외공보처 및 해외공보국의 대일 활동에 대해서는 藤田文子, "1950年代 アメリカの対日文化政策-概観", 『津田塾大学紀要』, 第35号, 2003年.

126 Taylor to Sullivan, January 25, 1955, RG 84, Entry 2828A, Box 37, NA.

127 USIS, Tokyo to USIA, October 22, 1954, RG 84, Entry 2828A, Box 37, NA; Welsh to Taylor, November 19, 1954, RG 84, Entry 2828A, Box 7, NA; Memorandum of Conversation, June 18, 1955, enclosed with Sullivan to Finn, June 29, 1955, 894.062/6-2955, RDOS, IAJ, 1955-1959, Reel 5.

128 USIS, Tokyo to USIA, December 14, 1954, No. 26, RG 306, Entry 1021, Box 13, NA. 영화 〈히로시마〉에 대해서는 『日教組十年史』, 日本教職員組合, 1958年, 832-838.

129 Embassy/USIS, Tokyo, to Dos/USIA, March 27, 1956, No.858, RG 84, Entry 2828A, Box 58, NA.

130 이하 영미생산성협의회에 대해서는 다음의 문헌을 참조했다. Anthony Carew, *Labor under the Marshall Plan*, Manchester: Manchester University Press, 1987, Chapter 9-11; Anthony Carew, "The Anglo-American Council on Productivity," *Journal of Contemporary History*, Vol. 26, No. 1, 1991; Jim Tomlinson, "The Failure of Anglo-American Council on Productivity," *Business History*, Vol. 33, No. 1, 1991; Nick Tiratsoo and Jim Tomlinson, *Industrial Efficiency and State Intervention: Lanor 1939-51*, London: Routledge, 1933, Chapter 7; Ian Clark, "Institutional Stability in Management Practice and Industrial Relations: The Influence of Anglo-American Council for Productivity, 1948-52," *Business History*, Vol. 41, No. 3, 1999; Rhiannon Vickers, "Understanding the Anglo-American Council on Productivity: Labor and the Politics of Productivity," *Labor History Review*, Vol. 66, No. 2, 2001. 그리고 다음도 참조. 『生産性運動30年史』, 日本生産性本部, 1985年, 44-47.

131 서독과 프랑스의 생산성운동에 대해서는 工藤章, 『西ドイツ生産性向上運動ノート』(東京大学, 『社会科学研究』, 第46巻第1号, 1995年); 原輝史, "訪米生産性向上使節団"(『経営史学』, 第30巻第1号, 1995年).

132 1955년도의 시점에서 유럽 각국의 생산성본부 설립 년도를 보면, 영국 1948년, 터키 1949년, 덴마크 1949년, 오스트리아 1950년, 서독 1950년, 네덜란드 1950년, 트리에스테 1950년, 프랑스 1950년, 벨기에 1951년, 이탈리아 1951년, 스위스 1951년, 그리스 1953년, 스웨덴 1953년, 그리고 아이슬란드와 노르웨이, 포르투갈은 연도 미상이다(『生産性向上ニュース』, 1955年 4月 27日).

133 아시아 지역에서도 일본생산성본부의 주도로 1961년 4월 '아시아생산성기구'가 도쿄에 설립되었다.

134 Maier, *In Search of Stability*, Chapter 3 and 4. 단, '생산성의 정치'는 반드시 순조롭게 진행된 것이 아니라, 나라에 따라 편차가 컸다. Carew, *Labor under the Marshall Plan*, Chapter 12.

135 労働省編, 『資料労働運動史 昭和30年』, 労務行政研究所, 1957年, 512-513.

136 Foreign Operations Administration, Labor Advisory Committee, "Labor Personnel Recruitment Summary," September 9, 1954, CIO-WO Collection, Box 52, Folder 12, RL.

137 Foreign Operations Administration, Labor Advisory Committee, Subcommittee Meeting,

June 15, 1954, CIO-WO Collection, Box 52, Folder 7, RL.

138 Foreign Operations Administration, Labor Advisory Committee, Subcommittee Meeting, May 14, 1954, CIO-WO Collection, Box 52, Folder 6, RL.

139 Victor Reuther to Dulles, February, February 16, 1955, CIO-WO Collection, Box 53, Folder 24, RL.

140 일본의 생산성운동에 관한 연구는 적지 않다. 예컨대 佐々木, 『科学的管理法の日本的展開』, 有斐閣, 1988年, 第5章; 木下順, "日本の生産性向上運動·時論-<訪米>の意味", 国学院経済学, 第37巻第2号, 1989年; 壽永欣三郎, "日本企業の経営管理の近代化ーアメリカの政府機関の活動を中心に", 中央大学, 『商学論叢』, 第36巻第3·4号, 1955年; William M. Tsusui, *Manufacturing Ideology: Scientific Management in Twentieth-Century Japan*, Princeton: Princeton University Press, 1998.

141 『日経連タイムス』, 1949年10月27日.

142 Memorandum for Marquat, "Request for Despatch of U. S. Government Official for Establishment of Productivity Centre in Japan," April 3, 1951, ESS(B)-11390, GHQ/SCAP Records.

143 通商産業省通商産業政策史編纂委員会編, 『通商産業政策史 第6巻』, 通商産業調査会, 1990年, 384.

144 Check Sheet from ESS/DPU to ESS/DPU, February 9, 1951, ESS(B)-11390, GHQ/SCAP Records; Memorandum for Marquat, "Request for Despatch of U. S. Government Official for Establishment of Productivity Centre in Japan," April 3, 1951, ESS(B)-11390, GHQ/SCAP Records.

145 Department of State Instruction to Tokyo, September 1, 1953, No. A-194, 894.00TA/9-153, RDOS, IAJ, 1950-1954, Reel 27.

146 Hemmendinger to Young, "U. S. Technical Assistance to Japan- a Contrast with our Approach to Japan," April 24, 1953, CUSSDJ, 1947-1956, Reel 26.

147 Tokyo to the Department of State, August 21, 1953, No. 813, 894.00TA/9-2953, RDOS, IAJ, 1950-1954, Reel 27.

148 Tokyo to Secretary of State, September 29, 1953, No. 813, 00TA/9-2953, RDOS, IAJ, 1950-1954, Reel 27.

149 Tokyo to the Department of State, February 9, 1954, No. 1150, 894.19/2-954, RDOS, IAJ, 1950-1954, Reel 35.

150 『経済同友』, 1953年12月25日, 『経済同友会十年史』, 経済同友会, 1956年, 374-375.

151 郷同浩平, "生産性向上運動は何を期待しているか"(『労働経済旬』, 1955年報3月上旬), 4. 또 다음도 참조. 中村隆英ほか編, 『昭和史を創る人びと(3)』, 日本経済新聞社, 1992年, 62-64.

152 『経済同友』, 1953年12月25日, 1954年2月25日, 3月25日: Goshi to Haraldson, March 10, 1954, enclosed with Tokyo to the Department of State, March 26, 1954, No. 1330, 894.19/3-2654, RDOS, IAJ, 1950-1954, Reel 35.

153 『経済同友』, 1953年3月25日;『日経連タイムズ』, 1954年3月25日;『経団連週報』, 1954年3月26日.

154 『日経連タイムズ』, 1954年4月15日;『経団連週報』, 1954年4月16日.

155 中山三郎, "日米生産性向上委員会について"(『経営者』, 1954年5月), 36.

156 『総評』, 1954年4月30日.

157 『経済同友』, 1954年1月25日;『経済同友会十年史』, 経済同友会, 1956年, 374-375.

158 『経済同友』, 1954年6月25日;『経済同友会十年史』, 374.

159 Tokyo to the Department of State, February 9, 1954, No. 1150, 894.19/2-954, RDOS, IAJ, 1950-1954, Reel 35; Tokyo to the Department of State, March 26, 1954, No. 1330, 894.19/3-2654, RDOS, IAJ, 1950-1954, Reel 35; Tokyo to Secretary of State, April 13, 1954, No. 2492, 894.19/4-1354, RDOS, IAJ, 1950-1954, Reel 35; Tokyo to Secretary of State, April 30, 1954, No. 2675, 894.19/4-3054, RDOS, IAJ, 1950-1954, Reel 35.

160 McClurkin to Baldwin, April 5, 1954, 794.5MSP/40554, RDOS, IAJ, 1950-1954, Reel 19; Department of State to Tokyo, May 5, 1954, No. 2433, 894.19/4-3054, RDOS, IAJ, 1950-1954, Reel 35.

161 Tokyo to Secretary of State, May 11, 1954, No. 2754, 894.19/5-1154, RDOS, IAJ, 1950-1954, Reel 35; Tokyo to Secretary of State, June 3, 1954, No. 2986, 894.19/6-354, RDOS, IAJ, 1950-1954, Reel 35.

162 Tokyo to Secretary of State, May 11, 1954, No. 3058, 894.19/6-954, RDOS, IAJ, 1950-1954, Reel 35; Department of State to Tokyo, June 11, 1954, No. 2765, 894.19/6-954, RDOS, IAJ, 1950-1954, Reel 35.

163 『経団連週報』, 1954年6月25日; 日本生産性協議会, "第4回委員会報告の件", 1954年6月24日(東京大学経済学部図書館, 『石川一郎文書』, V28, リール 230).

164 "井口大使發岡崎大臣宛電報", 1954年6月12日, 第638号(外務省戦後外交記録, 『吉田総理欧米訪問関係一件』, リールA'035); Memorandum of Conversation, June 11, 1949, 894.00/6-1154, RDOS, IAJ, 1945-1949, Reel 25.

165 Public Papers of the Presidents of the United States: Dwight D. Eisenhower, 1954, Washington D. C.: U. S. Government Printing Office, 1960, p. 587.

166 FRUS, 1952-1954, Vol. 14, pp. 1661-1662.

167 Memorandum of Conversation, June 29, 1954, 894.00/6-2954, RDOS, IAJ, 1945-1949, Reel 25.

168 마이어 조사단과 정부 및 재계와의 회담 기록은 Morrison to Baldwin, July 9, 1954, 794.5MSP/7-954, 49, RDOS, IAJ, 1945-1949, Reel 29. 전노와의 회담 기록은 Taylor to McClurkin, August 5, 1954, 894.00/8-554, 49, RDOS, IAJ, 1945-1949, Reel 26.

169 마이어 조사단의 보고서와 부속 문서는 Report by FOA Survey Mission to Japan Headed by Clarence E. Meyer, entitled "An Economic Program for Japan," enclosed with Stassen to

Dulles, August 5, 1954, 894.00/8-554, RDOS, IAJ, 1945-1949, Reel 26.

170 FRUS, 1952-1954, Vol. 14, pp. 1715-1716.

171 『朝日新聞』, 1954年12月24日.

172 Foreign Operations Administration to Tokyo, August 16, 1954, RG 469, Entry 421, Box 7, NA.

173 Hemmendinger to Allison, June 15, 1954, 894.00TA/6-1554, RDOS, IAJ, 1945-1949, Reel 27.

174 Morrison to Harlan, August 24, 1954, RG 469, Entry 421, Box 7, NA.

175 Foreign Operations Administration, Office of Labor Affairs, "Revised FY 1955 Labor Programs for Underdeloped Areas," August 13, 1954, enclosed with Meskimen to Moyer, RG 469, Entry 421, Box 27, NA.

176 Sullivan to Young, August 19, 1954, 894.00/8-1954, RDOS, IAJ, 1945-1949, Reel 26.

177 Memorandum of Conversation, August 23, 1954, 794.5MPS/8-2354, RDOS, IAJ, 1950-1954, Reel 19.

178 Tokyo to the Department of State, September 24, 1954, 894.00/9-2454, RDOS, IAJ, 1950-1954, Reel 26. 할란은 처음에는 때가 무르익지 않았다는 충고를 받아들여 노조 대표들과는 회담하지 않았었다.

179 민관 협력에 대해서는 이미 합의가 있었다. 즉 생산성본부의 설립을 독자적으로 검토하고 있었던 통산성은 8월 19일 일본생산성협의회와 회담해, 민관 협력을 통한 생산성운동 추진을 제안했다. 협의 결과 생산성본부는 민간단체로서 설립하고 정부가 보조금을 주되, 돈의 사용에 대해서는 제약을 받지 않기로 했다. 通商産業省通商産業史編纂委員会編, 『通商産業政策史 第6巻』, 385; 郷同, "生産性向上運動は何を期待しているか", 5; 『生産性向上ニューズ』, 1955年4月27日.

180 『経済同友』, 1954年9月25日; 郷同浩平, "生産性向上の考え方と計画"(『日労研資料』, 1955年5月11日), 5; 『生産性向上ニューズ』, 1955年4月27日.

181 『朝日新聞』, 1954年9月17日.

182 『生産性向上ニューズ』, 1955年5月27日.

183 『生産性向上ニューズ』, 1955年4月27日.

184 Memorandum of Conversation, September 23, 1954, 794.13/9-2354, RDOS, IAJ, 1945-1949, Reel 15.

185 在米日本国大使館, "日米会談要旨", 1954年11月17日(外務省戦後外交記録, 『日米外交関係雑集 愛知通産大臣訪米(昭和二九年)』, リールA'0152); Visit of Prime Minister Yoshida, Washington, November 8-10, 1954, RG 59, CF 397, Box 61, NA.

186 "共同声明", 1954年11月10日(外務省戦後外交記録, 『吉田総理欧米訪問関係一件』, リールA'0136).

187 Turner to Harlan, February 14, 1955, RG 469, Entry 1264, Box 2, NA.

188 『生産性向上ニューズ』, 1955年4月27日.

189 日本生産性本部編, 『生産性運動10年の歩み』, 日本生産性本部, 1955年, 268.

190 『生産性向上ニューズ』, 1955年4月27日.

191 Tokyo to the Department of State, May 16, 1955, No. 1362, 794.5MSP/5-1655, RDOS, IAJ, 1955-1959, Reel 39.

192 『生産性向上ニューズ』, 1955年4月27日.

193 総評総務部, "第9回幹事会議事録", 1955年5月15日(『1954年度幹事会報告(その1)』[労働政策研究研修機構, 『総評資料』, F403-008]), 53-56; 総評, "生産性増強運動にたいする基本的態度"(『総評調査時報』, 1955年3月).

194 『労働』, 1955年2月11日, 3月11日; 大野信三ほか(座談会), "生産性向上とは"(『全労』, 1955年4月15日, 25日, 5月5日).

195 郷同浩平, "生産性向上の考え方と計画"(『日労研資料』, 1955年5月11日), 5-6.

196 『生産性向上ニューズ』, 1955年5月27日.

197 『労働』, 1955年7月1日.

198 『全労』, 1955年7月5日, 15日.

199 『生産性向上ニューズ』, 1955年7月25日.

200 『労働』, 1955年7月21日, 9月21日; 『生産性向上ニューズ』, 1955年7月25日, 9月25日.

201 『全労』, 1955年8月5日, 9月25日, 11月25日; 『生産性向上ニューズ』, 1955年11月25日.

202 『生産性向上ニューズ』, 1955年4月27日, 6月10日, 7月25日.

203 Winn to Meskimen, June 22, 1955, RG 469, Entry 1265, Box 1, NA; 『生産性向上ニューズ』, 1955年6月25日.

204 Winn to Stander, July 8, 1955, RG 469, Entry 1265, Box 1, NA.

205 그 외에도, 미국대외활동사절단은 노동조합의 생산성운동 참여를 촉진하기 위해 1955 회계연도가 끝나는 1955년 6월 말까지 미국 측 전액 부담으로 노조 대표 12명으로 구성된 노동생산성 팀을 미국에 오게 한다고 결정해 대외활동본부의 승인을 받았다. 그러나 전노의 제2회 대회를 앞두고 있어서 일본생산성본부가 소극적인 태도를 보여, 이는 차기 회계연도로 이월되었다. Tokyo to Foreign Operations Administration, May 7, 1955, RG 469, Entry 421, Box 28, NA; Foreign Operations Administration to Tokyo, May 11, 1955, RG 469, Entry 421, Box 28, NA; Tokyo to Foreign Operations Administration, May 19, 1955, RG 469, Entry 421, Box 28, NA.

206 Tokyo to the Department of State, September 23, 1955, No. 286, 894.062/8-2355, RDOS, IAJ, 1955-1959, Reel 5.

207 山下, 『戦後経営者の群像』, 67.

208 Far East Inspection Trip of Under Secretary Herbert Hoover, 1955, Tokyo, CF 534, DUSPJ, 6, Vol. 8, p. 216.

209 Tokyo to the Department of State, June 28, 1954, No. 1721, 894.062/6-2854, RDOS, IAJ, 1950-1954, Reel 29.

210 Deverall to Lovestone, December 31, 1953, Devrerall Papers, Box 24, Folder 3, ACUA; Deverall to Delaney, January 14, 1954, Devrerall Papers, Box 20, Folder 2, ACUA; Deverall to

Delaney, January 25, 1954, Devrerall Papers, Box 20, Folder 2, ACUA; Deverall to Lovestone, January 31, 1954, Devrerall Papers, Box 24, Folder 3, ACUA.

211 Deverall to Meany, June 3, 1954, Devrerall Papers, Box 20, Folder 4, ACUA.

212 Deverall to Lovestone, June 29, 1954, Devrerall Papers, Box 24, Folder 4, ACUA.

213 Berger to Lovestone, June 4, 1953, RG 18-3, Box 10, Folder 11, GMMA; Berger to Sullivan, January 12, 1954, RG 84, Entry 2828A, Box 37, NA; Taylor to Sullivan, July 22, 1954, 894.062/7-2254, RDOS, IAJ, 1950-1954, Reel 28.

214 Meany to Murphy, June 18, 1954, enclosed with Robertson to Murphy, August 25, 1954, 894.062/7-2354, RDOS, IAJ, 1950-1954, Reel 29; Dulles to Tokyo, June 22, 1954, No. 2840, 894.062/6-2254, RDOS, IAJ, 1950-1954, Reel 29.

215 Tokyo to Secretary of State, June 25, 1954, No. 3232, 894.062/6-2554, RDOS, IAJ, 1950-1954, Reel 29; Tokyo to the Department of State, June 28, 1954, No. 1721, 894.062/6-2854, RDOS, IAJ, 1950-1954, Reel 29.

216 Tokyo to Secretary of State, July 23, 1954, No. 189, 894.062/7-2354, RDOS, IAJ, 1950-1954, Reel 29.

217 Dulles to Tokyo, July 23, 1954, No. 288, 894.062/7-2354, RDOS, IAJ, 1950-1954, Reel 29.

218 Sullivan to Taylor, August 19, 1954, RG 84, Entry 2828A, Box 38, NA.

219 Robertson to Murphy, August 25, 1954, 894.062/7-2354, RDOS, IAJ, 1950-1954, Reel 29; Sullivan to Taylor, September 29, 1954, RG 84, Entry 2828A, Box 7, NA; Sullivan to Taylor, October 27, 1954, RG 84, Entry 2828A, Box 38, NA.

220 Taylor to Sullivan, January 25, 1955, RG 84, Entry 2828A, Box 38, NA.

221 Taylor to Berger, October 20, 1954, Berger Papers, Box 1, Folder 18, GU; Oldenbroek to Taylor, December 23, 1954, ICFTU Archives, Box 3528, IISH.

222 Lovestone to Deverall, January 22, 1954, Deverall Papers, Box 24, Folder 3, ACUA; Lovestone to Deverall, April 13, 1954, Deverall Papers, Box 24, Folder 4, ACUA.

223 Lovestone to Deverall, June 2, 1954, Deverall Papers, Box 24, Folder 4, ACUA; Delaney to Deverall, January 22, 1954, Deverall Papers, Box 24, Folder 3, ACUA.

224 Bolle to Oldenbroek, June 6, 1954, ICFTU Archives, Box 3535, IISH.

225 Haraguchi to Oldenbroek, July 23, 1954, ICFTU Archives, Box 3547, IISH.

226 労働省編, 『資料労働運動史 昭和28年』, 1021-1022.

227 宝木文彦, "国際自由労連の執行委員会"(『官公労報』, 1954年4月).

228 Haraguchi to Mungat, February 18, 1954, ICFTU Archives, Box 3528, IISH; 原口幸隆, "国際自由労連に対する誤解の2,3について"(『官公労報』, 1954年4月).

229 Bolle to Oldenbroek, February 21, 1954, ICFTU Archives, Box 3535, IISH.

230 Haraguchi to Mungat, September 7, 1954, ICFTU Archives, Box 3528, IISH.

231 Krane to Mungat, March 25, 1955, ICFTU Archives, Box 3529, IISH.

232 Sullivan to Benedict, January 25, 1955, RG 18-2, Box 14, Folder 3, GMMA.

233 Vitor Reuther to Oldenbroek, February 22, 1955, CIO-WO Collection, Box 69, Folder 22, RL.

234 Oldenbroek to Vitor Reuther, March 8, 1955, CIO-WO Collection, Box 69, Folder 22, RL.

235 News from CIO, September 27, 1954, CIO-WO Collection, Box 67, Folder 16, RL: "Agenda Notes," February 22, 1954, CIO-WO Collection, Box 56, Folder 17, RL: Burati to Victor Reuther, February 24, 1955, CIO-WO Collection, Box 67, Folder 19, RL: Goodman to Victor Reuther, April 22, 1955, CIO-WO Collection, Box 67, Folder 19, RL: 『総評』, 1954年10月1日.

236 Tokyo to Secretary, March 23, 1955, No. 2352, 794.00/3-2355, RDOS, IAJ, 1955-1959, Reel 25.

237 USIS, Tokyo to the Department of State, April 1, 1955, No. 71, RG 84, Entry 2828A, Box 38, NA.

238 McClurkin to Sebald, April 8, 1955, CUSSDJ, 1947-1956, Reel 33.

239 FRUS, 1955-1957, Vol. 23, pp. 52-62.

240 Memorandum of Conversation, June 18, 1955, enclosed with Sullivan to Finn, June 29, 1955, 894.62/6-2955, RDOS, IAJ, 1955-1959, Reel 5.

241 패배한 다카노는 더욱 좌경화해 이듬해인 1956년 공산당의 비밀당원이 되었다. 高島喜久男, 『戦後労働運動秘史 第2巻』, 第三書館, 1993年, 18-19.

242 Tokyo to the Department of State, August 2, 1955, No. 103, 894.062/8-255, RDOS, IAJ, 1955-1959, Reel 5. 이 문서에 따르면 미국 대사관은 1차 투표의 결과가 대회장에서 발표되기 15분 전에 결과에 대한 정보를 입수했다. 일본 노조에 대한 미국의 이면의 영향력을 보여 주는 사례다.

243 후쿠오카 미국문화센터와 야하타제철노조의 긴밀한 관계에 대해서는, Fukuoka to the Department of State, March 3, 1955, No. 117, RDOS, IAJ, 1955-1959, Reel 5.

244 Sullivan to Robertson, August 1, 1955, 894.062/8-155, RDOS, IAJ, 1955-1959, Reel 5.

245 Tokyo to the Department of State, August 2, 1955, No. 103, 894.062/8-255, RDOS, IAJ, 1955-1959, Reel 5.

246 Okura to Oldenbroek, August 10, 1955, ICFTU Archives, Box 3547, IISH: Ktane to Haraguchi, August 3, 1955, ICFTU Archives, Box 3547, IISH.

247 Benedict to Victor Reuther, September 23, 1955, CIO-WO Collection, Box 67, Folder 20, RL.

248 『労働パシフィック』, 1952年12月, Deverall Papers, Box 27, Folder 5, ACUA: Deverall to Lovestone, "Report from 25th June-28th July 1955," July 28, 1955, Deverall Papers, Box 27, Folder 3, ACUA.

249 Deverall to Lovestone, August 5, 1955, Deverall Papers, Box 24, Folder 6, ACUA: Deverall to Lovestone, August 15, 1955, Deverall Papers, Box 24, Folder 6, ACUA: Deverall to Lovestone, August 18, 1955, Deverall Papers, Box 27, Folder 4, ACUA.

250 Deverall to Lovestone, August 21, 1955, Deverall Papers, Box 24, Folder 6, ACUA: 堅産利忠,

"総評第六会大会傍聴記"(『全労』, 1955年8月5日).

251 Tokyo to the Department of State, August 23, 1955, No. 163, 894.062/8-2355, RDOS, IAJ, 1955-1959, Reel 5.

252 Fujita to Meany, September 9, 1955, RG 1-27, Box 55, Folder 1, GMMA; Meany to Oldenbroek, November 3, 1955, RG 1-27, Box 55, Folder 1, GMMA.

253 Deverall to Lovestone, "Summary Report 1st-28th February 1955: Japan," March 8, 1955, 1955, Deverall Papers, Box 27, Folder 3, ACUA; Deverall to Meany, September 20, 1955, Deverall Papers, Box 27, Folder 4, ACUA.

254 Deverall to Lovestone, August 25, 1955, Deverall Papers, Box 24, Folder 6, ACUA; Deverall to Lovestone, September 8, 1955, Deverall Papers, Box 24, Folder 6, ACUA; Deverall to Lovestone, September 20, 1955, Deverall Papers, Box 24, Folder 6, ACUA; Deverall to Lovestone, October 4, 1955, Deverall Papers, Box 24, Folder 6, ACUA.

255 Lovestone to Deverall, November 1, 1954, Deverall Papers, Box 24, Folder 5, ACUA; Lovestone to Deverall, November 29, 1954, Deverall Papers, Box 24, Folder 5, ACUA.

256 Carew et al., The International Confederation of Free Trade Unions, pp. 243-244; Lovestone to Deverall, August 31, 1955, Deverall Papers, Box 24, Folder 6, ACUA; Lovestone to Deverall, October 3, 1955, Deverall Papers, Box 24, Folder 6, ACUA.

257 Morgan, A Covert Life, pp. 285-289; Lovestone to Deverall, April 11, 1955, Deverall Papers, Box 24, Folder 6, ACUA; Lovestone to Deverall, August 31, 1955, Deverall Papers, Box 24, Folder 6, ACUA.

258 Oldenbroek to Mungat, July 12, 1955, ICFTU Archives, Box 3529, IISH.

259 Minutes, ICFTU Executive Board, December 12-16, 1955, ICFTU Archives, Box 47, IISH.

260 Tokyo to the Department of State, December 13, 1955, No. 498, RG 84, Entry 2828A, Box 38, NA.

261 Tokyo to the Department of State, March 2, 1956, No. 788, 894.062/3-256, RDOS, IAJ, 1955-1959, Reel 5.

262 Tokyo to the Department of State, February 3, 1956, No. 675, 894.062/2-356, RDOS, IAJ, 1955-1959, Reel 5.

263 Tokyo to the Department of State, December 13, 1955, No. 498, RG 84, Entry 2828A, Box 38, NA.

264 Minutes, ICFTU Executive Board, December 12-16, 1955, ICFTU Archives, Box 47, IISH; "Agenda Item 14: Relations of Free Trade Union Organizations with Dictatorship Countries," ICFTU Executive Board, December 12-16, 1955, ICFTU Archives, Box 50, IISH; "Agenda Item 18: General Secretary's Report on Activities," ICFTU Executive Board, July 2-7, 1956, ICFTU Archives, Box 58, IISH.

265 "Agenda Item6(a): Semi-Annual Report Submitted by ARO(1st October 1955 to 31st March 1956," ICFTU Executive Board, July 2-7, 1956, ICFTU Archives, Box 54, IISH; Minutes, ICFTU Executive Board, July 2-7, 1956, ICFTU Archives, Box 60, IISH.

266 Krane to Bauers, March 29, 1956, ICFTU Archives, Box 3529, IISH; Krane to Haraguchi, August 22, 1956, ICFTU Archives, Box 3529, IISH; Okura to Krane, August 27, 1956, ICFTU Archives, Box 3529, IISH.

267 Haraguchi to Oldenbroek, August 10, 1956, ICFTU Archives, Box 3547, IISH.

268 Calvert to Greenhough, September 13, 1956, LAB 13/1044, PRO.

269 Tokyo to Secretary, August 29, 1956, No. 504, 894.062/8-2956, RDOS, IAJ, 1955-1959, Reel 5; Haraguchi to Oldenbroek, September 3, 1956, ICFTU Archives, Box 3547, IISH; Okura to Krane, September 21, 1956, ICFTU Archives, Box 3547, IISH.

270 Haraguchi to Oldenbroek, September 3, 1956, ICFTU Archives, Box 3547, IISH; Wada to Oldenbroek, November 26, 1956, ICFTU Archives, Box 3557, IISH.

271 국제자유노련 도쿄 사무소에 대한 전노의 비판에 대해서는 "国際自由労連"("全労』, 1961年4月) 참조.

272 労働省編, 『資料労働運動史 昭和30年』, 835-840.

273 그동안 국제금속노련은 총동맹 산하 전금동맹과 접촉하고 있었다. 우선 1954년 6월 2일 열린 제37회 ILO 총회에 참석한 아마이케 세지 주사主事가 국제금속노련 본부에 들러 의견을 교환했다. 이를 토대로 10월 25일 열린 ILO 금속공업노동위원회에 참석한 이호리 시게오 부회장이 11월 10일 취리히에서 열린 국제금속노련 제17회 대회에 참관인으로 참가해 연설했다. 그리고 전금동맹은 1955년 3월 15일에 열린 중앙위원회에서 "국제금속노련 가입의 건"을 채택해 가입을 촉진한다는 원칙을 정했다. 단, 국제금속노련 본부는 이호리에 대해서도 다른 금속노조들과 함께 가입조합협의회를 구성하라고 요구했다.
全金同盟史編纂委員会編, 『全金同盟史』, 全金同盟, 1973年, 501-507.

274 Minutes, IMF Central Committee, May 17-18, 1955, IMF Collection, Box 3, IISH; "Secretariat's Remarks on Item 3 of the Agenda, Recruiting and Affiliations," IMF Central Committee, May 17-18, 1955, CIO-WO Collection, Box 72, Folder 12, RL.

275 Victor Reuther to Graedel, August 25, 1955, CIO-WO Collection, Box 71, Folder 21, RL; Graedel tov Victor Reuther, August 30, 1955, CIO-WO Collection, Box 71, Folder 21, RL; Victor Reuther to Graedel, September 9, 1955, CIO-WO Collection, Box 71, Folder 21, RL; Graedel to September 23, 1955, CIO-WO Collection, Box 71, Folder 21, RL.

276 Minutes, IMF Executive Committee, October 16, 1955, IMF Collection, Box 13, IISH; "Memorandum on the Sending of an IMF Representative to Japan," undated, CIO-WO Collection, Box 71, Folder 21, RL.

277 "Report on Japanese Metal Unions," IMF Central Committee, May 22-23, 1956, UAW-IAD Collection, Box 113, Folder 2, RL; Miyazawa to Graedel, May 8, 1956, enclosed with Miyazawa to Victor Reuther, December 12, 1956, UAW-IAD Collection, Box 106, Folder 11, RL.

278 Minutes, IMF Executive Committee, May 21, 1956, IMF Collection, Box 13, IISH; Minutes, IMF Executive Committee, May 22-23, 1956, IMF Collection, Box 3, IISH.

279 전금동맹은 1956년 5월 16일 열린 제6회 대회에서 국제금속노련 가입을 정식으로 결정했다(全金同盟史編纂委員会編,『全金同盟史』, 全金同盟, 1027). 그러나 이 결정은 보류되었다.

280 Minutes, IMF Executive Committee, October 12, 1956, IMF Collection, Box 13, IISH; "Short Survey of the Japanese Trade Union Movement," IMF Executive Committee, October 12, 1956, UAW-IAD Collection, Box 112, Folder 18, RL.

281 Minutes, IMF Executive Committee, September 16 and 20, 1957, IMF Collection, Box 3, IISH.

제3장 ¦ 생산성 프로그램에서 국제 공정 노동 기준으로

1 Tokyo to Secretary of State, May 15, 1957, No. 2624, 894.06/5-1557, RDOS, IAJ, 1955-1959, Reel 5.

2 現代労働行政秘史編纂委員会編,『歴代労相と戦後労働行政秘史』, 労働問題研究会議, 1985年, 181-183.

3 Memorandum of Conversation, August 28, 1958, enclosed with Tokyo to the Department of State, September 11, 1958, No. 319, 894.06/9-1158, RDOS, IAJ, 1955-1959, Reel 5.

4 Tokyo to Secretary of State, May 1, 1957, No. 2458, RG 84, Entry 2828A, Box 58, NA.

5 FRUS, 1955-57, Vol 23, p. 480.

6 같은 자료, p. 492.

7 Oldenbroek to Haraguchi, September 30, 1957, ICFTU Archives, Box 3547, IISH.

8 労働省編,『資料労働運動史 昭和32年』, 労務行政研究所, 1958年, 930-938; "国際運輸労連・国際自由労連共同調査団報告書"(『月間自由労連』, 1958年2月).

9 Tokyo to Secretary of State, November 21, 1957, No. 1400, 894.062/11-2157, RDOS, IAJ, 1955-1959, Reel 5.

10 Calvert to Blumer, December 9, 1957, FO 371/127591, PRO.

11 Tokyo to Secretary of State, November 30, 1957, No. 1472, 894.062/11-3057, RDOS, IAJ, 1955-1959, Reel 6.

12 Minutes, ICFTU Sub-committee, March 17-18, 1958, ICFTU Archives, Box 365, IISH; "Agenda Item 9: Report of the ITF-ICFTU Mission to Japan," ICFTU Sub-committee, March 17-18, 1958, ICFTU Archives, Box 365, IISH. 하라구치 총평 의장은 이미 6월 5일의 제 40회 ILO 총회에서 ILO 조약 제87조 비준을 촉구하는 결의안을 제출한 바 있다. 하지만 이를 위해서는 ILO에서 압도적인 영향력을 가진 국제자유노련의 지원이 불가결했다. 이 결정은 1965년까지 계속된 총평의 ILO 제87조 비준 투쟁에 대한 국제자유노련과 국제 산업별조직들의 지원의 시작이었다.

13 Tokyo to Secretary of State, January 30, 1958, No. 1966, 894.062/1-3058, RDOS, IAJ, 1955-1959, Reel 6.

14 Deverall to Meany, February 23, 1958, Deverall Papers, Box 29, Folder 11, ACUA; Deverall to Meany, February 25, 1958, Deverall Papers, Box 29, Folder 11, ACUA; Deverall to Meany, May 15, 1958, Deverall Papers, Box 29, Folder 13, ACUA.

15 Deverall to Meany, February 23, 1958, Deverall Papers, Box 29, Folder 11, ACUA; Deverall to Meany, July 2, 1958, Deverall Papers, Box 30, Folder 1, ACUA.

16 Lascelles to Lloyd, October 14, 1957, FO 371/127591, PRO; Calvert to Blumer, December 17, 1957, FO 371/127591, PRO.

17 Marsh to Blumer, March 22, 1958, FO 371/133651, PRO; Morgan to de la Mare, May 20, 1958, FO 371/133651, PRO.

18 Morgan to Wilson, May 28, 1958, FO 371/133651, PRO.

19 Morgan to Wilson, June 13, 1958, LAB 13/133651, PRO; Marsh to Wallis, October 3, 1958, FO 371/133649, PRO; Morgan to Calvert, October 6, 1958, FO 371/133649, PRO.

20 労働省編, 『資料労働運動史 昭和33年』, 労務行政研究所, 1959年, 213-226, 658-662.

21 McArthur to Parsons, July 29, 1958, 794.00/7-2958, DUSPJ, 5, Vol 3.

22 Anthony Carew, "Charles Millard, A Canadian in the International Labor Movement: A Case Study of the ICFTU 1955-61," *Labour/Le Travail*, 37, Spring 1996, pp. 125-129.

23 US Information Service, Tokyo to Informatio Agency, March 8, 1957, No. 131, RG 84, Entry 2828A, box 58, NA.

24 労働省編, 『資料労働運動史 昭和32年』, 928-929.

25 "Agenda Item 12: Report on Activities(Relations and Administration)," ICFTU Executive Board, November 4-8, 1957, ICFTU Archives, Box 74, IISH.

26 Okura to Millard, July 8, 1958, ICFTU Archives, Box 3538, IISH; "Draft Report on Mission to Japan, 10 to 30 June 1958," enclosed with Mungat to Millard, August 21, ICFTU Archives, Box 3538, IISH.

27 노동성의 외곽단체가 발간하는 『주간노동』에 따르면 밀라드는 방일 중 "노동 전선 통일을 위해 총평·전노·중립 3자의 공투위원회를 일단 2년 동안 설치하는 것이 어떤가?"라고 제안하고, 6월 28일의 기자회견에서는 "통일 조직은 그것에 찬성하는 사람들만으로 구성할 수밖에 없다."고 말해 "전노를 제외하고라도 통일을 지원할 것"이라는 취지로 발언했다. 『週刊労働』, 1958年6月27日, 7月4日.

28 Wada to Oldenbroek, June 27, 1958, ICFTU Archives, Box 3557, IISH; "オルデンブローク宛和田書簡", 1958年6月28日(労働政策研究·研修機構, 『全労資料』, 366).

29 Tokyo to the Department of State, July 15, 1958, No. 61, RG 84, Entry 2828A, Box 58, NA.

30 Minutes, ICFTU Executive Board, July 3-5, 1958, ICFTU Archives, Box 81, IISH.

31 Geijer and Oldenbroek to All Trade Unions in Japan, January 23, 1959, ICFTU Archives, Box

3529, IISH.

32 Tokyo to Secretary of State, December 31, 1958, G-407, RG 84, Entry 2828A, Box 58, NA.

33 Tokyo to Secretary of State, January 19, 1959, No. G-427, RDOS, IAJ, 1955-1959, Reel 6:
Memorandum of Conversation, January 9, 1959, enclosed with Tokyo to the Department of
State, March 17, 1959, No. 1034, 894.062/3-1759, RDOS, IAJ, 1955-1959, Reel 6.

34 Memorandum of Conversation, March 17, 1959, enclosed with Tokyo to the Department of
State, March 17, 1959, No. 1034, 894.062/3-1759, RDOS, IAJ, 1955-1959, Reel 6.

35 "全労第31回常任執行委員会議事録"(労働政策研究·研修機構, 『全労資料』, 471), 『全労新聞』,
1959年8月25日.

36 Krane to Oldenbroek, February 24, 1958, ICFTU Archives, Box 3538, IISH.

37 Minutes, ICFTU Executive Board, November 30-December 2, December 6 and 10, ICFTU
Archives, Box 97, IISH: "Agenda Item 9(b): Asia and Australasia," ICFTU Archives, Box 97, IISH.

38 C. H. ミラード, "積極的方針で前進せよ"(『月刊自由労連』, 1957年4·5月)도 참조.

39 Lovestone to Meany, April 5, 1957, RG 1-27, Box 56, Folder 19, GMMA.

40 労働省編, 『資料労働運動史 昭和32年』, 911, 943-944, 962-970.

41 労働省編, 『資料労働運動史 昭和32年』, 971-972: 労働省編, 『資料労働運動史 昭和33年』, 985-986:
吉村博行, "AA労働者の統一をめざして"(『世界労働資料』, 第26号, 1958年2月[日本労働政策·研修機構,
『総評資料』, F1712-023]).

42 Tokyo to the Department of State, February 5, 1958, No. 870, 894.062/2-558, RDOS, IAJ,
1955-1959, Reel 6.

43 Memorandum of Conversation, April 23, 1958, enclosed with Tokyo to the Department of
State, May 8, 1958, No. 1343, 894.062/5-858, RDOS, IAJ, 1955-1959, Reel 6.

44 Minutes, ICFTU Sub-committee, March 17-18, 1958, ICFTU Archives, Box 365, IISH.

45 "Agenda Item 22: Proposals from Affiliated Organizations," ICFTU Executive Board, July 3-5,
ICFTU Archives, Box 81, IISH: "Item 25 on the Agenda, The Trade Uion Situation in Japan,"
ICFTU Executive Board, July 3-5, 1958, ICFTU Archives, Box 3530, IISH.

46 労働省編, 『資料労働運動史 昭和33年』, 986-987.

47 労働省編, 『資料労働運動史 昭和33年』, 972-973, 987-989: 労働省編, 『資料労働運動史 昭和34年』,
労務行政研究所, 1961, 1044-1047, 1064-1065.

48 労働省編, 『資料労働運動史 昭和33年』, 934-939.

49 Minutes, ICFTU Executive Board, November 24-28, 1958, ICFTU Archives, Box 87, IISH.

50 Okura to Millard, November 28, 1958, ICFTU Archives, Box 3232, IISH.

51 Minutes, ICFTU Executive Board, June 29-July 4, 1959, ICFTU Archives, Box 92, IISH:
"Agenda Item 8(d): Report on Activities-Asia and Austrialia," ICFTU Executive Board, June
29-July 4, 1959, ICFTU Archives, Box 89, IISH.

52 "Agenda Item 9(b): Asia and Australasia," ICFTU Executive Board, November 30–December 2, 1959, ICFTU Archives, Box 95, IISH.

53 Deverall to Meany, October 20, 1958, Deverall Papers, Box 30, Folder 2, ACUA.

54 "Agenda Item 9(b): Asia and Australasia," ICFTU Executive Board, November 30–December 2, 1959, ICFTU Archives, Box 95.

55 Iwai to Oldenbroek, May 31, 1960, TUC papers, MSS. 292/952/10, MRC.

56 Minutes, ICFTU International Solidarity Fund Committee, June 13 and 4, 1960, ICFTU Archives, Box 861, IISH; "Agenda Item 9(b)(2): Japan," ICFTU Executive Board, June 27–July 2, 1960, ICFTU Archives, Box 99, IISH.

57 Tokyo to Secretary of State, No. 3734, May 18, 1960, DUSPJ, 3, Vol. 7.

58 Wada to Roberts, June 22, 1960, TUC Papers, MSS, 292/952/10, MRC.

59 Minutes, ICFTU Executive Board, June 27–July 1, 1960, ICFTU Archives, Box 103, IISH; "Agenda Item 9(b)(2): Japan," ICFTU Executive Board, June 27–July 2, 1960, ICFTU Archives, Box 99, IISH.

60 労働省編, 『資料労働運動史 昭和35年』, 労務行政研究所, 1962, 420.

61 Tokyo to the Department of State, August 17, 1960, No. 193, 894.062/8-1760, DUSPJ, 3, Vol. 8.

62 Tokyo to Secretary of State, January 25, 1961, No. G-864, 894.062/1-2561, DUSPJ, 1960–1963, Reel 15.

63 Tokyo to the Department of State, June 1, 1960, No. 1433, 894.062/6-160, DUSPJ, 3, Vol. 7. 이와이는 8월 17일 실버버그와의 회담에서 안보 투쟁에 대한 공산권 자금 지원을 부정했다. Tokyo to the Department of State, August 17, 1960, No. 193, 894.062/8-1760, DUSPJ, 3, Vol. 8.

64 Tokyo to Secretary of State, September 7, 1960, No. 786, 894.062/9-760, DUSPJ, 3, Vol. 8.

65 Marsh to Marshall, August 31, 1960, FO 371/150653, PRO.

66 Herter to Tokyo, August 5, 1960, No. A-52, 894.062/8-560, DUSPJ, 3, Vol. 8.

67 Carew, "Conflict within the ICFTU: Anti-Communism and Anti-Colonialism in the 1950s," pp. 174-177. 올덴버그의 성격이나 미니와의 대립 등, 저간의 경위에 대해서는 다음을 참조. ステファン・ニジンスキー(PTTI東京事務所訳, 『国際労働組合運動に生きて—ニジンスキー回想記』, 日本評論社, 1992年, 98-105.

68 "Agenda Item 9(b)(1): Asia," ICFTU Executive Board, November 28–December 2, 1960, ICFTU Archives, Box 103, IISH; "ICFTU Goodwill Mission to Asia, Constitution of Preliminary Report, Japan," undated, ICFTU Archives, Box 3143, IISH.

69 Lovestone to Meany, October 31, 1960, RG 18-3, Box 49, Folder 14, GMMA.

70 Minutes, ICFTU Executive Board, November 28–December 2, 1960, ICFTU Archives, Box 104, IISH.

71 "ICFTU/ITS Mission to Japan," October 7, 1960, Krane Collection, Box 15, Folder 10, RL.

72 1954년 6월 전노가 결성된 시점에서 국제자유노련의 가입 조직은 총평이 6개 산별 96만 명, 전노가 2개 산별 38만 명이었다. 1960년 6월에는 일교조 탈퇴의 결과 총평이 5개 산별 48만 명으로 줄고, 전노가 조직 확대로 6개 단산 88만 명으로 늘어났다. "The Changing Situation of the ICFTU-Affiliated Unions in Japan," undated, TUC Papers, MSS, 292/952/10, MRC.

73 日本生産性本部, 『生産性運動10年の歩み』, 37-237, 『生産性運動30年史』, 176-227.

74 다음 자료에 있는 자동차 시찰단 참가자의 발언 내용 참조. 『生産性視察団帰国後の活動 No.1』, 日本生産性本部, 1956年7月, RG 469, Entry 1266, Box 7, NA.

75 Edwards to Meskimen, March 7, 1956, RG 469, Entry 1263, Box 3, NA.

76 Skagen to Steinbach, June 11, 1956, RG 469, Entry 1264, Box 5, NA.

77 Edwards to Brown, December 18, 1956, RG 469, Entry 1264, Box 3, NA.

78 『生産性新聞』, 1956年7月16日.

79 "The United States Operations Mission to Japan(Background Information, 1955-1959)," June 5, 1959, RG 469, Entry 421, Box 59, NA.

80 日本生産性本部, 『生産性運動10年の歩み』, 155-158, 『生産性運動30年史』, 190-191, 303-308.

81 Goshi to Thibodeaux, December 11, 1957, RG 469, Entry 1263, Box 3, NA.

82 Thibodeaux to Goshi, December 16, 1957, RG 469, Entry 1263, Box 3, NA.

83 Edwards to Meskimen, January 30, 1957, RG 469, Entry 1265, Box 2, NA.

84 Edwards toThibodeaux, "Meeting with Members of 12th All-Labor Team," March 5, 1958, RG 469, Entry 1263, Box 3, NA.

85 日本生産性本部, 『生産性運動10年の歩み』, 170-173, 『生産性運動30年史』, 284-294.

86 労働省編, 『資料労働運動史 昭和34年』, 580-581.

87 Tokyo to International Cooperation Administration, May 19, 1961, RG 469, Entry 421, Box 65, NA. 미국대외활동사절단이 작성한 이 문서와 일본 노동성이 발표한 〈표 3-1〉은 집계 방법이 달라 수치가 일치하지 않는다.

88 Tokyo to International Cooperation Administration, October 29, 1959, RG 469, Entry 421, Box 56, NA: Tokyo to International Cooperation Administration, January 20, 1960, RG 469, Entry 421, Box 65, NA.

89 和田春生, "生産性運動"(師岡武男·仲衛監修, 『証言構成、戦後労働運動史』, SBB出版会, 1991年), 169.

90 日本生産性本部, 『生産性運動10年の歩み』, 175, 『生産性運動30年史』, 284-286, 304-311.

91 Goshi to Thibodeaux, December 11, 1957, RG 469, Entry 1263, Box 3, NA.

92 松崎義, "鉄鋼争議(1957·59年)", (労働争議史研究会編, 『日本の労働争議1945-80年』, 東京大学出版会, 1991年).

93 『日本生産性新聞』, 1956年7月30日.

94 鈴木玲, "戦後日本の鉄鋼産業における協調的企業別労働組合の成立", (『レヴァイアサン』, 冬臨時増刊, 1998年).

95 Memorandum of Conversation, October 23, 1960, RG 84, Entry 2828A, Box 80, NA.

96 Tokyo to the Department of State, May 24, 1957, No. 1273, 894.06/5-2457, RDOS, IAJ, 1955-1959, Reel 5.

97 Tokyo to the Department of State, September 9, 1960, No. 279, RG 174, Entry 50, Box 20, NA.

98 Skagen to Sokolove, April 8, 1958, 894.06/4-858, RDOS, IAJ, 1955-1959, Reel 5.

99 Calvert to Wallis, September 26, 1958, FO 371/133649, PRO. 에드워즈와 전노는 실제로 친밀한 관계였다. 예컨대, 1961년 5월 18일 전노는 귀국하는 에드워즈를 위한 송별 만찬회를 열고 기념품을 전달했다. "全労十五回常任執行委員会議事要録"(労働政策研究・研修機構, 『全労資料』, 781).

100 생산성본부는 1958년 노동부를 설치했으나, 초대 노동부장은 노동성 출신의 다카야마 간이었다. 이 당시 노동부에 대해서는 다음을 참조. "松尾昭二郎氏インタヴュー"(C・E・O・オーラル・政策研究プロジェクト, 『生産性運動オーラル・ヒストリー『労働館編』第1巻』, 政策研究大学院大学, 2003年).

101 Draft Joint Embassy Despatch, "Labor Conditions and Situation in Japan," December 17, 1958, RG 84, Entry 2828A, Box 58, NA.

102 de la Mare to Dalton, January 29, 1959, FO 371/141528, PRO.

103 Bane to Sokolove, June 3, 1959, 894.06/6-359, RDOS, IAJ, 1955-1959, Reel 5; Lodge to Parsons, September 29, 1959, enclosed with Sokolove to Parsons, February 17, 1960, 894.06/2-1760, DUSPJ, 3, Vol. 7.

104 Tokyo to the Department of State, January 19, 1960, No. 847, 894.062/1-1960, DUSPJ, 3, Vol. 7.

105 Tokyo to the Department of State, April 5, 1960, No. 1198, 894.062/4-560, DUSPJ, 3, Vol. 7.

106 Action Memorandum for the Administrator by Fowler, December 14, 1961, RG 469 Entry 421, Box 65, NA; Memorandum of Meeting, April 3, 1961, enclosed with Trezise to Sheppard, April 6, 1961, Entry 421, Box 67, NA.

107 Action Memorandum for the Director by Sheppard, "Continuation of Japanese Labor Exchange Program," undated RG 469, Entry 421 Box 65, NA.

108 Tokyo to International Cooperation Administration, May 18, 1960, RG 174, Entry 50, Box 20, NA.

109 Tokyo to the Department of State, April 5, 1960, No. 1198, 894.062/4-560, DUSPJ, 3, Vol. 7.

110 Action Memorandum for the Director by Sheppard, "Continuation of Japanese Labor Exchange Program," undated RG 469, Entry 421 Box 65, NA.

111 Tokyo to International Cooperation Administration, November 7, 1960, RG 1469 Entry 421, Box 65, NA.

112 Tokyo to the Department of State, November 15, 1960, No. 550, RG 174, Entry 50, Box 20, NA.

113 Department of State to Tokyo, July 11, No. A-12, 894.062/7-1160, DUSPJ, 3, Vol. 7.

114 Tokyo to the Department of State, December 13, 1960, No. 671, 894.062/12-1360, DUSPJ, 3, Vol. 8.

115 Tokyo to Secretary of State, December 15, 1960, No. G-677, 894.062/12-1560, DUSPJ, 3, Vol. 8.

116 Tokyo to International Cooperation Administration, December 24,1960, RG 174, Entry 50, Box 20, NA.

117 Tokyo to Secretary of State, January 3, 1961, No. G-764, 894.062/1-361, CUSSDJ, 1960-1963, Reel 15.

118 Tokyo to Secretary of State, January 11, 1961, No. 1960, 894.062/1-1161, CUSSDJ, 1960-1063, Reel 15: Tokyo to Secretary of State, January 25, 1961, No. 2099, 894.062/1-2561, CUSSDJ, 1960-1063, Reel 15: Tokyo to Secretary of State, January 26, 1961, No. G-873, 894.062/1-2661, CUSSDJ, 1960-1063, Reel 15: Tokyo to Secretary of State, February 14, 1961, No. 2306, 894.062/2-1461, CUSSDJ, 1960-1063, Reel 15.

119 Memorandum for the President by Rusk, "Visit to the United States of Mr. Minoru Takita, President of Japan Trade Union Congress," February 17, 1961, NSF, Box 123, JFKL.

120 Rusk to Tokyo, February 27, 1961, No. 1501, 894.062/2-2761, CUSSDJ, 1960-1963, Reel 15: Rusk to Tokyo, February 28, 1961, No. 1516, 894.062/2-2861, CUSSDJ, 1960-1963, Reel 15.

121 Tokyo to Secretary of State, March 2, 1961, No. 2465, 894.062/3-261, CUSSDJ, 1960-1963, Reel 15.

122 Memorandum of Conversation, February 21, 1961, 894.062/2-2161, CUSSDJ, 1960-1963, Reel 15: Memorandum of Conversation, March 1, 1961, 894.062/3-161, CUSSDJ, 1960-1963, Reel 15: Memorandum of Conversation, March 3, 1961, NSF, Box 123, JFKL.

123 News from the AFL-CIO, March 3, 1961, RG 18-1, Box 28, Folder 9, GMMA.

124 Tokyo to Secretary of State, March 7, 1961, No. 2524, 894.062/3-761, CUSSDJ, 1960-1063, Reel 15: Memorandum for the Record, "Visit to the United States under the Auspices and Direction of International Cooperation Administration," March 15, 1961, 894.06/3-1561, CUSSDJ, 1960-1063, Reel 15: Tokyo to the Department of State, April 10, 1961, No. 1140, 894.062/4-1061, CUSSDJ, 1960-1063, Reel 16.

125 Memorandum of Conversation, March 3, 1961, NSF, Box 123, JFKL: Tokyo to the Department of State, April 10, 1961, No. 1140, 894.062/4-1061, CUSSDJ, 1960-1063, Reel 16.

126 花見忠編, 『貿易と国際労働基準』, 日本労働研究機構, 1997, 23-24. 국제 공정 노동 기준에 대해서는 다음도 참조. Steve Charnovitz, "The Influence of International Labor Standards on World Trading Regime: A Historical Overview," International Labor Review, Vol 126, No. 5,

September-October, 1987; 萬濃正士, "'貿易と労働基準'問題の歴史的経緯"(『海外労働情報月報』, 1994年6月, 7月, 9月, 11月, 1995年4月); 山田陽一, "'社会条項'と国際労働運動"(『労働経済旬報』1994年11月下旬).

127 花見編, 『貿易と国際労働基準』, 26-27; AFL-CIO Executive Council, "Fair Labor Standards in International Trade," February 24, 1959, AFL-CIO ECSR, p. 423.

128 Memorandum for Ridgway by Marquat, "Subsequent Conference with Assistant Secretary of Labor Greasey and Group," March 12, 1952, ESS(E)-13567, GHQ/SCAP Records; Young to Allison, July 1, 1952, 894.06/7-152, RDOS, IAJ, 1950-1954, Reel 28.

129 Allison to Young, July 7, 1952, RDOS, IAJ, 1950-1954, Reel 28.

130 Parsons to Horsey, March 14, 1957, RG 84, Entry 2828A, Box 58, NA.

131 "Japanese Labor Conditions in Relation to Competition in International Trade," February 3, 1953, enclosed with Shurcliff to Zempel, March 16, 1953, RG 174, Entry 44, Box 3, NA.

132 Ockey to Horsey, April 25, 1957, RG 84, Entry 2828A, Box 58, NA.

133 Brain to Calvert, October 13, 1955, LAB 13/1107, PRO.

134 Herter to Tokyo, March 14, 1957, No. 1389, RG 84, Entry 2828A, Box 58, NA; Parsons to Horsey, March 14, 1957, RG 84, Entry 2828A, Box 58, NA.

135 Tokyo to Secretary of State, April 25, 1957, RG 84, Entry 2828A, Box 58, NA.

136 AFL-CIO Executive Council, "International Trade," February 7, 1956, AFL-CIO ECSR, pp. 70-72.

137 Memorandum of Conversation, December 20, 1956, 894.062/12-2056, RDOS, IAJ, 1955-1959, Reel 6.

138 "Background Paper: The Japanese Economy and the Export-Import Situation," by Seligman, February 14, 1957, UAW-IAD Collection, Box 107, Folder 4, RL.

139 Memorandum of Conversation, December 20, 1956, 894.062/12-2056, RDOS, IAJ, 1955-1959, Reel 6.

140 Seligman to Weinberg, February 18, 1957, UAW-IAD Collection, Box 106, Folder 12, RL.

141 Kemsley to Krane, February 20, 1957, ICFTU Archives, Box 3529, IISH; Kemsley to Krane, February 21, 1957, UAW-IAD Collection, Box 106, Folder 12, RL.

142 AFL-CIO Convention, "International Trade," December 1957, AFL-CIO Cinvention and Executive Council International Resolutions, December 1955-August 1966, GMMA.

143 AFL-CIO Executive Council, "Fair Labor Standards in International Trade," February 24, 1959, AFL-CIO ECSR, pp. 423-425.

144 UAW, "Proposal for Fair Labor Standards," IMF Central Committee, October 19-23, 1959, UAW-IAD Collection, Box 113, Folder 17, RL.

145 FRUS, 1958-1960, Vol. 18, pp. 215-216.

146 United States Department of Commerce, Business and Defense Services Administration, "Japanese Electronic Exports to U. S. Grows," April 7, 1960, IUE Records, Box 99, Folder 1, RU.

147 Lasser to Secrest, November 6, 1959, IUE Records, Box 99, Folder 1, RU.

148 "Memorandum on International Fair Labor Standards and Market Disruption Problem," by Ruttenberg and Seidman, undated, UAW-IAD Collection, Box 112, Folder 16, RL.

149 Weinberg to Walter Reuther, February 3, 1960, Reuther Collection, Box 170, Folder 9, RL.

150 "Agenda Item 12: Measures for the Expansion of International Trade," ICFTU Executive Board, November 30–December 2, 1959, ICFTU Archives, Box 96, IISH.

151 Minutes, TUC Economic Committee, November 11, 1959, TUC Papers, MSS, 292/560.1/18, MRC.

152 "Agenda Item 12: Measures for the Expansion of International Trade," ICFTU Executive Board, November 30–December 2, 1959, ICFTU Archives, Box 96, IISH.

153 Minutes, ICFTU Execetive Board, November 30–December 2, 1959, ICFTU Archives, Box 97, IISH.

154 "Agenda Item 13: Report of the Conference on International Fair Labor Standards," ICFTU Executive Board, June 27–July 2, 1960, ICFTU Archives, Box 99, IISH.

155 Minutes, ICFTU Execetive Board, June 27–July 1, 1960, ICFTU Archives, Box 103, IISH.

156 "Agenda Item 8(e): Fair Labor Standards in International Trades," ICFTU Executive Board, October 30November 2, 1961, ICFTU Archives, Box 105, IISH.

157 Minutes, TUC Economic Committee, August 9, 1961, TUC Papers, MSS, 292B/560.1/2, MRC.

158 Minutes, ICFTU Execetive Board, October 30–November 2, 1961, ICFTU Archives, Box 106, IISH.

159 Minutes, IMF Executive Committee, March 18, 1959, IMF Collection, Box 14, IISH.

160 UAW, "Proposals for International Fair Labor Standards," October 19–23, 1959, UAW-IAD Collection, Box 113, Folder 17, RL.

161 Minutes, IMF Central Committee, October 19–23, 1959, IMF Collection, Box 4, IISH.

162 Minutes, IMF Executive Committee, June 3–4, 1960, IMF Collection, Box 14, IISH.

163 "Item 5 of Agenda: Problem of Fair Labor Standards," IMF Central Committee, November 11 and 12, 1960, UAW-IAD Collection, Box 114, Folder 4, RL.

164 Minutes, IMF Central Committee, November 11–12, 1960, UAW-IAD Collection, Box 114, Folder 4, RL.

165 "The IMF's Attitude to the Problem of Fair Labor Standards," IMF Executive Committee, March 16 and 17, 1961, UAW-IAD Collection, Box 115, Folder 18, RL.

166 Minutes, IMF Executive Committee, March 16 and 17, 1961, IMF Collection, Box 15, IISH.

167 "Draft Resolution on International Fair Labor Standards," IMF Congress, May 9-12, 1961, Reuther Collection, Box 446, Folder 2, RL.

168 Minutes, IMF Central Committee, May 8-12, 1961, IMF Collection, Box 5, IISH.

169 "Resolution on International Fair Labor Standards," IMF Congress, May 9-12, 1961, UAW-IAD Collection, Box 112, Folder 13, RL.

170 IMF News in Brief, No. 10, 1961, IUE Records, Box 73, Folder 2, RU: 『国際金属労連ニュース』, 1961年5·6月.

171 Minutes, IMF Central Committee, October 19-23, 1959, IMF Collection, Box 4, IISH.

172 Minutes, IMF Central Committee, November 11-12, 1960, UAW-IAD Collection, Box 114, Folder 4, RL.

173 Carey to Martin, November 25, 1959, IUE Records, Box 89, Folder 33, RU.

174 Minutes, IMF Executive Committee, March 18, 1959, IMF Collection, Box 14, IISH.

175 "Item 3(b) of Agenda: Japan," IMF Central Committee, October 19-23, 1959, UAW-IAD Collection, Box 113, Folder 17, RL.

176 Minutes, IMF Congress, September 17-20, 1957, UAW-IAD Collection, Box 112, Folder 6, RL.

177 1958년 7월 8일 열린 기계부회에 전기노련의 다테야마 도시후미와 전기금의 마쓰우라 마사오, 1960년 3월 24일의 조선부회에 조선총련의 하마구치 사카에와 전조선의 니시카타 신이치로, 11월 28일의 자동차부회에 자동차노련의 미야케 마사루와 시오지 이치로가 참가했다. Minutes, IMF Engineering Conference, July 8 and 9, 1958, UAW-IAD Collection, Box 118, Folder 7, RL: Minutes, IMF Conference of the Shipyard Workers, March 24-26, 1960, UAW-IAD Collection, Box 119, Folder 4, RL: Summary of Proceedings, IMF Automotive Conference, November 28-30, 1960, UAW-IAD Collection, Box 118, Folder 5, RL.

178 IMF News in Brief, No. 15, November 20, 1957, IUE Records, Box 72, Folder 31, RU.

179 Minutes, IMF Executive Committee, February 3 and 4, 1958, UAW-IAD Collection, Box 115, Folder 5, RL.

180 『国際金属労連ニュース』, 1958年5月, 26.

181 Memorandum of Conversation, November 3, 1960, 894.062/11-360, DUSPJ, 3, Vol.8.

182 "USWA Steelworkers Mission to Japan, May 16-June 6, 1960," by Germano and Thornton, RG 18-1, Box 28, Folder 11, GMMA: 『国際金属労連ニュース』, 1960年8月.

183 Calvert to Wallis, March 23, 1960, FO 371/150602, PRO.

184 Calvert to Wallis, April 26, 1960, FO 371/150652, PRO.

1 池井優, "アメリカの対日政策-ライシャワー大使の役割を中心として"(慶應義塾大学, 『法学研究』, 第43巻第7号, 1970年); 同, "ライシャワー大使の役割-戦後アメリカ対日政策の一考察"(細谷千博·綿貫讓治編, 『対外政策決定過程の日米比較』, 東京大学出版会, 1977年); 同, 『駐日アメリカ大使』, 文芸春秋, 2001年, 第4章.

2 Edwin O. Reischauer, "The Broken Dialogue with Japan," *Foreign Affairs*, October, 1960, PP. 11-26.

3 エドウィン·O·ライシャワー(德岡孝夫訳, 『ライシャワー自伝』, 文芸春秋, 1987年, 311-312, 320.

4 라이샤워 대사가 이케다 내각을 지지한 것에 대해서는, 池田真太郎, "池田外交と自民党-政権前半期を中心として"(波多野澄雄編, 『池田·佐藤政権期の日本外交』, ミネルヴァ書房, 2004年).

5 『ライシャワー博士の考え方』, 外交知識普及会, 1961年, 116.

6 "ライシャワー路線と革新陣営"(『エコノミスト』, 1962年11月27日), 7.

7 エドウィン·O·ライシャワー, ハル·ライシャワー(入江昭監修), 『ライシャワー大使日録』, 講談社, 1995年, 41, 45.

8 ライシャワー, 『ライシャワー自伝』, 292-293.

9 Sokolove to Victor Reuther, September 20, 1961, UAW-IAD Collection, Box 107, Folder 15, RL.

10 ライシャワー, 『ライシャワー自伝』, 336, 351.

11 "Meeting with Representatives of Labor Unions," February 9, 1962, Robert Kennedy Papers, Box 6, JFKL.

12 ライシャワー, 『ライシャワー自伝』, 272-273.

13 USIS Tokyo to USIA Washington, August 23, 1961, No. 2, 894.06/8-2361, CUSSDJ, 1960-1963, Reel 15.

14 ヘンリ·ソコロフ, "編集者のことば"(『アメリカの労働問題』, 1961年11月).

15 Treganowan to Wallis, April 21, 1961, LAB 13/1423, PRO.

16 Mayall to de la Mare, May 12, 1961, FO 371/158541, PRO.

17 労働者同志会, "労働運動の前進のために", 1960年1月23日(労働運動研究会編, 『資料労働戦線統一: 総評·同盟から'連合'へ』, 労働教育センター, 1988年).

18 Tokyo to Secretary of State, January 29, 1960, No. G-351, 894.062/1-2960, DUSPJ, 3, Vol. 7.

19 Tokyo to Secretary of State, May 3, 1960, No. G-608, 894.062/5-2360, DUSPJ, 3, Vol. 7.

20 Tokyo to Secretary of State, July 7, 1960, No. G-7, 894.062/7-760, DUSPJ, 3, Vol. 7.

21 日本労働組合総評議会編, 『総評三十年資料集 上巻』, 労働教育センター, 1986年, 401-407.

22 Tokyo to Secretary of State, August 19, 1958, No. 370, 894.062/8-1958, RDOS, IAJ, 1955-1959, Reel 6.

23 Tokyo to the Department of State, September 11, 1958, No. 319, 894.06/9-1158, RDOS, IAJ, 1955-1959, Reel 5.

24 Tokyo to Secretary of State, October 28, 1958, No. G-341, 894.062/10-2858, RDOS, IAJ, 1955-1959, Reel 6.

25 Tokyo to Secretary of State, August 31, 1960, No. 700, RG 84, Entry 2828A, Box 80, NA: Tokyo to the Department of State, September 9, 1960, No. 279, RG 174, Entry 50, Box 20, NA.

26 Tokyo to the Department of State, December 29, 1960, No. 735, RG 174, Entry 50, Box 20, NA.

27 Tokyo to the Department of State, May 17, 1961, No. 1282, 894.062/5-1761, CUSSDJ, 1960-1963, Reel 16.

28 Tokyo to the Department of State, August 3, 1961, No. 94, 894.062/8-361, CUSSDJ, 1960-1963, Reel 16.

29 Tokyo to Secretary of State, August 7, 1961, No. 438, 894.062/8-761, CUSSDJ, 1960-1963, Reel 16.

30 日本労働組合総評議会編,『総評三十年資料集 上巻』, 432-433.

31 『週間労働ニュース』, 1961年7月31日.

32 ライシャワー, 『ライシャワー自伝』, 274.

33 Tokyo to Secretary of State, June 27, 1961, No. G-1657, 894.062/6-2761, CUSSDJ, 1960-1963, Reel 16.

34 Rusk to Tokyo, July 24, 1961, No. 219, 894.062/6-2761, CUSSDJ, 1960-1963, Reel 16.

35 Tokyo to Secretary of State, July 28, 1961, No. 342, 894.062/7-2861, CUSSDJ, 1960-1963, Reel 16.

36 "Sohyo's New Line," August 29, 1961, enclosed with Pollak to Schnitzler, August 31, 1961, RG 1-38, Box 68, Folder 6, GMMA.

37 Pollak to Schnitzler, August 31, 1961, RG 1-38, Box 68, Folder 6, GMMA.

38 Memorandum of Conversation, October 5, 1961, 894.062/10-561, CUSSDJ, 1960-1963, Reel 16.

39 Memorandum of Conversation, December 14, 1961, 894.062/12-1461, CUSSDJ, 1960-1963, Reel 16. 총평의 오이데 부의장은 귀국 후 좌담회에서 "AFL 출신 지도자들은 모두 초고령자들입디다. 그래서 완고하다 할까, 머리가 굳었다는 느낌이었어요."라고 말하는 한편, "CIO쪽 일부 사람들의 생각은 우리와 통하는 점도 있어서, 그건 새로운 발견이었습니다."라고 덧붙였다. 국철노조의 야마다 서기장도, "CIO의 월터 루더 씨를 중심으로 한 사람들의 생각과 운동 방식은 AFL계의 늙어빠진 지도자들의 사고방식과는 크게 달랐다."고 지적했다. 大出俊ほか(座談会), "総評・アメリカを見る"(『月間労働問題』, 1962年1月).

40 Memorandum of Conversation, October 5, 1961, 894.062/10-561, CUSSDJ, 1960-1963, Reel 16.

41 "Japanese Trade Union Leaders and Labour Experts Delegation's Visit to Brussels," October2, 1961, ICFTU Archives, Box 3548, IISH.

42 Arthur M. Schlesinger, jr., *History of American Presidential Elections 1789-1968 Volume 9, 1960-1968*, New York: Chelsea House Publishers, 1985, p. 3475, 3517; AFL-CIO Department of Research, *AFL-CIO Looks at Foreign Trade: A Policy for the Sixties*, Washington D. C.: AFL-CIO, 1961, pp. 138-139, AFL-CIO Papers, Roll 9, JFKL.

43 AFL-CIO Executive Council, "International Trade Policy," February 26, 1961, AFL-CIO-ECSR, pp. 811-814.

44 Memorandum of Conversation, June 20, 1961, RG 59, CF 1914, Box 256, NA.

45 "First Meeting of the Interdepartmental Working Group for the United States-Japan Joint Economic Committee," August 8, 1961, NSF, Box 253, JFKL.

46 "United States-Japan Committee on Economics and Trade, Tokyo, November 2-4, 1961," October 26, 1961, RG 59, CF 1981, Box 266, NA.

47 "A Counter-Proposal for a Continuing United States-Japanese Technical Study on Wage Systems and Productivity in the Two Countries," undated, RG 59, CF 1986, Box 266, NA.

48 Tokyo to the Department of State, November 13, 1961, No. 416, RG 59, CF 1986, Box 266, NA.

49 골드버그에 대해서는 다음 문헌 참조. David L. Stebenne, *Arthur J. Goldberg: New Deal Liberal*, New York: Oxford University Press, 1996; 清水良三, "ケネディ内閣の研究: ゴールドバーグ労働長官"(国士館政大学, 『経論叢第』, 第39号, 1982年), "ゴールドバーグ米労働長官"(『アメリカの労働問題』, 1961年11月).

50 Tokyo to the Department of State, November 17, 1961, No. 439, RG 174, Entry 57-B, Box 1, NA; "全労第三十二回常任執行委員会議事要録"(日本労働政策研究・研修機構, 『全労資料』803), 『全労新聞』, 1961年11月10日.

51 Public Papers of the Presidents of United States, John F, Kennedy 1962, Washington D. C.: United States Government Printing Office, 1963.

52 Walter Reuther to Graedel, February 1, 1962, Reuther Collection, Box 444, Folder 2, RL.

53 Walter Reuther to Goldberg, February 21, 1962, UAW-JAD Collection, Box 52, Folder 28, RL.

54 Goldberg to Walter Reuther, February 21, 1962, UAW-JAD Collection, Box 52, Folder 28, RL.

55 Tokyo to Secretary of State, June 13, 1961, No. 3566, RG 174, Entry 50, Box 20, NA.

56 Memorandum for Crockett by Koren, "Effort to Salvage Japanese Labor Exchange Program," September 5, 1961, 894.062/9-561, CUSSDJ, 1960-1963, Reel 15.

57 Action Memorandum for the Administrator by Fowler, "FY 1962 Program Approval Request-Japanese Labor Exchange Program," December 14, 1961, RG 469, Entry 421, Box 65, NA.

58 Weaver to Bundy, September 13, 1961, NSF, Box 282, JFKL.

59 Hamilton to Secretary of State, November 3, 1961, 894.06/11-361, CUSSDJ, 1960-1963, Reel 15.

60 Memorandum for Coombs by Hamilton, "Japanese Labor Exchange Program," January 9, 1962, RG 469, Entry 421, Box 65, NA.

61 Department of State to Tokyo, December 20, 1961, No. 1576, 894.06/12-2061, CUSSDJ, 1960-1963, Reel 15; Department of State to Tokyo, January 16, 1962, No. 1753, RG 84, Entry 2828A, Box 94, NA.

62 Doherty to the Ambassador, January 18, 1962, RG 84, Entry 2828A, Box 94, NA.

63 Jones, Silverberg and Sokolove to the Ambassador, January 22, 1962, RG 84, Entry 2828A, Box 94, NA.

64 Tokyo to Secretary of State, February 16, 1962, No. 2278, RG 84, Entry 2828A, Box 94, NA.

65 Robinson to Weaver, March 21, 1962, UAW-JAD Collection, Box 107, Folder 6, RL.

66 Memorandum of Conversation, March 2, 1962, 894.062/3-262, CUSSDJ, 1960-1963, Reel 16.

67 Labor News Conference, "Japanese-American Trade Union Exchange Program," July 15, 1962, UAW-JAD Collection, Box 107, Folder 7, RL.

68 Department of State, "Guidelines for Policy and Operations, Japan," March 1962, NSF, Box 124, JFKL.

69 『アカハタ』, 1962年10月9日; Tokyo to the Department of State, November 1, 1962, No. A-512, 794.00/11-162, CUSSDJ, 1960-1963, Reel 5.

70 Tokyo to Secretary of State, September 21, 1962, No. 796, NSF, Box 124, JFKL; Tokyo to the Department of State, October 16, 1962, No. A-492, RG 84, Entry 2828A, Box 94, NA.

71 Tokyo to the Department of State, September 21, 1962, No. 383, 611.94/9-2162, CUSSDJ, 1960-1963, Reel 35.

72 労働省編, 『資料労働運動史 昭和36年』, 労務行政研究所, 1963年, 854-855, 872; 鈴木誠市, "ベルリン国際労働組合会議に出席して"(『月間総評』, 1961年11月); 岩井章・野口一馬・鈴木誠市(座談会), "積極中立とイタリアの意見"(『月刊総評』, 1962年2月).

73 "Agenda Item 11(c): Japan," ICFTU Sub-Committee, March 12-14, 1962, ICFTU Archives, Box 373, IISH.

74 労働省編, 『資料労働運動史 昭和36年』, 855-856.

75 "Agenda Item 11(c): Japan," ICFTU Sub-Committee, March 12-14, 1962, ICFTU Archives, Box 373, IISH; 『総評』, 1962年1月12日, 2月2日.

76 労働省編, 『資料労働運動史 昭和36年』, 854-856, 873.

77 Bonn to the Department of State, March 8, 1962, No. 1231, 894.062/3-962, CUSSDJ, 1960-63, Reel 16.

78 Nedzynski to Becu, February 28, 1962, ICFTU Archives, Box 3548, IISH.

79 "Agenda Item 11(c): Japan," ICFTU Sub-Committee, March 12-14, 1962, ICFTU Archives, Box 373, IISH.

80 Wada to Becu, February 16, 1962, ICFTU Archives, Box 3559, IISH.

81 Minutes, ICFTU Sub-Committee, March 12-13, 1962, ICFTU Archives, Box 373, IISH.

82 Becu to Wada, March 6, 1962, ICFTU Archives, Box 3559, IISH.

83 Okura to Nedzynski, May 25, 1962, ICFTU Archives, Box 3548, IISH; 労働省編, 『資料労働運動史 昭和37年』, 労務行政研究所, 1964年, 867-868, 880-881.

84 Tokyo to Secretary of State, May 25, 1962, No. A-977, CUSSDJ, 1960-63, Reel 16.

85 Okura to Millard, September 8, 1960, ICFTU Archives, Box 3232, IISH.

86 Okura to Nedzynski, December 11, 1961, ICFTU Archives, Box 3548, IISH.

87 岩井章, 『総評とともに』, 読売新聞社, 1971年, 104-105; 太田薫, 『鬪いのなかで』, 青木書店, 1971年, 168-169; 宝樹文彦, 『証言戦後労働運動史』, 東海大学出版部, 2003年, 304-307.

88 하라구치는 1961년 3월 17일 영국 대사관과의 회담에서 구조개혁론 지지를 밝히고 이를 공격하는 오타를 비판하는 한편, 개량주의에 반대하지 않는다고 말했다. 그리고 총평 내부의 극좌 세력을 무력화하면 총평과 전노의 통일도 가능하다고 말했다. 다카라기는 같은 해 5월 4일의 회담에서 경제투쟁을 중시하는 총평의 1961년 운동방침에 대해 설명한 뒤, 사회당이 장차 에다를 총리로 세웠으면 한다고 말했다. Cortazzi to Trench, March 22, 1961, FO 371/158540, PRO; Mayall to de la Marre, May 11, 1961, FO 371/158540, PRO.

89 労働省編, 『資料労働運動史 昭和37年』, 866, 871-876, 901.

90 Nedzynski to Okura, August 16, 1962, ICFTU Archives, Box 3548, IISH; Okura to Nedzynski, September 15, 1961, ICFTU Archives, Box 3548, IISH.

91 日本労働組合総評議会編, 『総評三十年資料集 上巻』, 449.

92 労働省編, 『資料労働運動史 昭和37年』, 868.

93 Dannenberg to Carey, August 4, 1960, ITU Records, Box 73, Folder 2, RU.

94 Graedel to Carey, January 31, 1961, UAW-IAD Collection Box 107, Folder 14, RL; Dannenberg to Carey, February 15, 1961, ITU Records, Box 73, Folder 2, RU.

95 Carey to Dannenberg, November 22, 1960, IUE Records, Box 73, Folder 2, RU.

96 『国際金属労連ニュース』, 1961年5·6月.

97 Minutes, IMF Central Committee, May 8 and 12, 1961, IMF Collection, Box 5, IISH.

98 労働省編, 『資料労働運動史 昭和36年』, 938-941.

99 Seto to Carey, March 26, 1962, IUE Records, Box 74, Folder 25, RU; Silverberg to Carey, April 27, 1962, IUE Records, Box 74, Folder 25, RU; Carey to Silverberg, May 9, 1962, IUE Records, Box 73, Folder 2, RU.

100 James B. Carey, Oral History Transcripts, JFKL.

101 Carey to Robert Kennedy, May 21, 1962, IUE Records, Box 74, Folder 25, RU; Carey to Robert Kennedy, May 24, 1962, IUE Records, Box 74, Folder 25, RU.

102 Message from Presudent John F. Kennedy to Denki Roren on Its 10th Anniversary

Convention, undated, IUE Records, Box 74, Folder 25, RU:

"電機労連結成十周年記念大会にケネディ米大統領からメッセージ"(『アメリカの労働問題』, 1962年6月).

103 "Meeting with Representatives of Labor Unions," February 9, 1962, Robert Kennedy Papers, Box 6, JFKL.

104 Carey to Robert Kennedy, May 24, 1962, IUE Records, Box 74, Folder 25, RU.

105 Address by James B. Carey, 10th Anniversary Convention of Denki Roren, May 28, 1962, IUE Records, Box 44, Folder 26, RU:

"電機労連十周年記念大会におけるIUEケアリー会長の挨拶"(『アメリカの労働問題』, 1962年6月).

106 "Answers to Questions Put to President Carey in Japan," undated, IUE Records, Box 44, Folder 26, RU.

107 『週間労働ニュース』, 1962年5月28日.

108 Tokyo to the Department of State, June 19, 1962, No. 1067, CUSSDJ, 1960-63, Reel 16.

109 Carey to Graedel, June 19, 1962, IUE Records, Box 73, Folder 1, RU.

110 "Address of Yukichi Takehana, President, Denki Roren to the 10th Constitutional Convention of IUE, AFL-CIO," September 14, 1962, IUE Records, Box 121, Folder 19, RU.

111 "Joint Declaration," October 5, 1962, IUE Records, Box 74, Folder 29, RU.

112 労働省編,『資料労働運動史 昭和37年』, 868, 927, 1019.

113 Wada to Walter Reuther, November 9, 1960, Reuther Collection, Box 457, Folder 13, RL.

114 Walter Reuther to Wada, March 14, 1961, Reuther Collection, Box 457, Folder 13, RL.

115 Wada to Walter Reuther, May 19, 1961, Reuther Collection, Box 457, Folder 13, RL.

116 Victor Reuther to Graedel, June 6, 1961, UAW-IAD Collection, Box 107, Folder 14, RL: Walter Reuther to Becu, June 21, 1961, UAW-IAD Collection, Box 107, Folder 14, RL.

117 Nedzynski to Walter Reuther, June 30, 1961, UAW-IAD Collection, Box 107, Folder 14, RL.

118 Iwai to Walter Reuther, July 14, 1961, Reuther Collection, Box 457, Folder 13, RL.

119 Seto to Walter Reuther, July 27, 1961, Reuther Collection, Box 457, Folder 13, RL.

120 Seto to Victor Reuther, August 26, 1961, UAW-IAD Collection, Box 107, Folder 15, RL.

121 Seto to Victor Reuther, October 27, 1961, UAW-IAD Collection, Box 107, Folder 15, RL.

122 Walter Reuther to Seto, February 2, 1961, Reuther Collection, Box 457, Folder 14, RL: Walter Reuther to Wada, February 9, 1962, Reuther Collection, Box 457, Folder 14, RL.

123 Seto to Walter Reuther, March 31, 1962, Reuther Collection, Box 457, Folder 14, RL.

124 Becu to Walter Reuther, August 1, 1962, Reuther Collection, Box 459, Folder 1, RL.

125 Walter Reuther to Becu, August 23, 1962, Reuther Collection, Box 438, Folder 13, RL.

126 Tokyo to the Department of State, September 28, 1962, No. A-425, 894.062/9-2862, CUSSDJ, 1960-63, Reel 16.

127 Wada to Becu, September 28, 1962, ICFTU Archives, Box 3559, IISH.

128 Cortazzi to Hitch, May 24, 1962, FO 371/165032, PRO.

129 木畑公一, 『戦後国際労働運動の軌跡』, 日本生産性本部, 1991年, 66.

130 労働省編, 『資料労働運動史 昭和37年』, 725-732.

131 Ochiai to Walter Reuther, October 16, 1962, Reuther Collection, Box 458, Folder 4, RL.

132 Becu to Walter Reuther, October 19, 1962, ICFTU Archives, Box 3540, IISH.

133 Patteet to Walter Reuther, October 31, 1962, Reuther Collection, Box 458, Folder 3, RL.

134 이하의 내용에 대해서는 별도의 첨언이 없는 한 방일에 관한 루더 자신의 두 건의 보고서, 미국 대사관이 국무부에 보낸 보고서, 국제자유노련 도쿄 사무소의 오쿠라 소장이 본부에 보낸 보고서, 그리고 『国際金属労連ニュース』, 1961年12月, 労働省編, 『資料労働運動史 昭和37年』, 892-896를 인용했다. "Visit to Japan by Walter P. Reuther and UAW Delegation, November 15-25, 1962," Reuther Collection, Box 458, Folder 8, RL; "President Reuther's Report(Partial): Japan," UAW-IAD Collection, Box 108, Folder 13, RL; Tokyo to the Department of State, January 25, 1963, No. A-1034, RG 84, Entry 2828A, Box 113, NA; Okura to Becu, February 28, 1963, ICFTU Archives, Box 3540, IISH.

135 『東京新聞』, 1962年11月22日, Reuther Collection, Box 458, Folder 4, RL.

136 Memorandum of Conversation, March 23, 1962, 894.06/3-2362, CUSSDJ, 1960-63, Reel 15.

137 Memorandum of Conversation, June 13, 1962, 894.06/6-1362, CUSSDJ, 1960-63, Reel 15; Tokyo to Secretary of State, June 14, 1962, No. 3497, RG 84, Entry 2828A, Box 95, NA.

138 Department of State to Tokyo, November 9, 1962, No. A-326, CUSSDJ, 1960-63, Reel 15.

139 Walter Reuther to Graedel, December 12, 1962, Reuther Collection, Box 438, Folder 13, RL; Walter Reuther to Becu, December 13, 1962, Reuther Collection, Box 438, Folder 13, RL.

140 Memorandum of Conversation, December 4, 1962, 894.06/12-462, CUSSDJ, 1960-63, Reel 15.

141 "A Brief Survey of the Trade Union Movement in Japan," by Ichiro Seto, October 20, 1962, enclosed with Victor Reuther to Walter Reuther, October 31, 1962, Reuther Collection, Box 458, Folder 3, RL.

142 宮田義二, 『組合ざっくばらん』, 東洋経済新聞社, 1982年, 131-139.

143 IMF·JC10周年史編纂委員会編, 『IMF·JC10年の歩み』, 28.

144 Tokyo to Secretary of State, November 28, 1962, No. 1330, NSF, Box 124A, JFKL.

145 Tokyo to the Department of State, January 29, 1963, No. A-1064, RG 84, Entry 2828A, Box 113, NA.

146 Tokyo to Secretary of State, December 31, 1962, No. 1552, RG 84, Entry 2828A, Box 95, NA.

147 Memorandum of Conversation, March 7, 1963, LAB/LAB, CUSSDJ, 1963-1966, Reel 22.

148 Tokyo to Secretary of State, June 12, 1963, No. 3035, LAB/1 Japan-US, CUSSDJ,

1963-1966, Reel 22.

149 Tokyo to the Department of State, June 20, 1963, LAB/1 Japan-US, CUSSDJ, 1963-1966, Reel 22.

150 Department of State to Tokyo, August 7, 1963, LAB/1 Japan-US, CUSSDJ, 1963-1966, Reel 22; Department of State to Tokyo, August 23, 1963, No. 490, LAB/1 Japan-US, CUSSDJ, 1963-1966, Reel 22.

151 Tokyo to the Department of State, October 8, 1963, No. A-395, LAB/1 Japan-US, CUSSDJ, 1963-1966, Reel 22.

152 Tokyo to the Department of State, October 18, 1963, No. A-442, LAB/1, CUSSDJ, 1963-1966, Reel 22.

153 Tokyo to the Department of State, February 19, 1964, No. A-931, LAB/1, CUSSDJ, 1963-1966, Reel 23.

154 Tokyo to the Department of State, June 10, 1964, No. A-1524, LAB/2, CUSSDJ, 1963-1966, Reel 23.

155 Tokyo to Foreign Office, February 27, 1964, FO 371/176053, PRO.

156 Department of State to Tokyo, June 27, 1963, No. A-801, LAB11/11, CUSSDJ, 1963-1966, Reel 23.

157 Tokyo to the Department of State, October 16, 1963, No. A-433, LAB11/11, CUSSDJ, 1963-1966, Reel 23.

158 Tokyo to the Department of State, February 12, 1964, No. A-929, LAB11, CUSSDJ, 1963-1966, Reel 23.

159 Tokyo to the Department of State, June 5, 1964, No. A-582, LAB11, CUSSDJ, 1963-1966, Reel 23.

160 "United States-Japan Wage Study," June 21, 1966, Fifth Meeting of the Joint United States-Japan Committee on Trade and Economic Affairs, July 5-7, 1966, RG 59, CF 64, Box 416, NA.

161 이하의 내용은 다음 문헌을 참조했다. 労働省編, 『資料労働運動史 昭和38年』, 労務行政研究所, 1965年, 749-756; 労働省編, 『資料労働運動史 昭和39年』, 労務行政研究所, 1966年, 797-807; 労働省編, 『資料労働運動史 昭和40年』, 労務行政研究所, 1967年, 918-924.

162 Seto to Victor Reuther, December 20, 1962, Reuther Collection, Box 458, Folder 8, RL.

163 Tokyo to the Department of State, February 13, 1963, No. A-1171, LAB11/11, CUSSDJ, 1963-1966, Reel 23; Tokyo to the Department of State, February 21, 1963, No. A-1210, LAB11/11, CUSSDJ, 1963-1966, Reel 23.

164 Tokyo to Secretary of State, March 8, 1963, No. 2080, LAB11/11, CUSSDJ, 1963-1966, Reel 23.

165 Ochiai to Walter Reuther, March 8, 1963, Reuther Collection, Box 459, Folder 2, RL.

166 Ochiai to Walter Reuther, March 12, 1963, Reuther Collection, Box 459, Folder 2, RL.

167 Minutes, ICFTU Executive board, March 11-14, 1963, ICFTU Archives, Box 111, IISH.

168 Wada to Walter Reuther, April 10, 1963, Reuther Collection, Box 459, Folder 3, RL.

169 Walter Reuther to Ochiai, March 26, 1963, Reuther Collection, Box 459, Folder 3, RL.

170 Ochiai to Walter Reuther, April 2, 1963, Reuther Collection, Box 459, Folder 3, RL.

171 Wada to Meany, April 17, 1963, Reuther Collection, Box 459, Folder 3, RL.

172 Becu to Meany, April 17, 1963, Reuther Collection, Box 459, Folder 3, RL.

173 "Contribution to Japanese Trade Union Congress," AFL-CIO Executive Council, May 14, 1963, Reuther Collection, Box 459, Folder 3, RL: Meany to Wada, May 27, 1963, RG 18-1, Box 29, Folder 4, GMMA.

174 Minutes, IMF Executive Board, February 23 and 24, 1963, IMF Collection, Box 15, IISH.

175 Minutes, IMF Central Committee, September 11-13, 1963, IMF Collection, Box 5, IISH.

176 Ochiai to Walter Reuther, March 12, 1963, Reuther Collection, Box 459, Folder 2, RL.

177 Tokyo to Secretary of State, September 3, 1963, No. 696, LAB3/3-2, CUSSDJ, 1963-1966, Reel 22.

178 Ochiai to Becu, Meany and Walter Reuther, October 17, 1963, ICFTU Archives, Box 3579, IISH.

179 Victor Reuther to Ochiai, October 21, 1963, Reuther Collection, Box 459, Folder 2, RL: Walter Reuther to Ochiai, November 5, 1963, Reuther Collection, Box 459, Folder 2, RL: Walter Reuther to Ochiai, November 15, 1963, Reuther Collection, Box 459, Folder 2, RL.

180 Memorandum of Conversation, January 8, 1964, LAB 7, CUSSDJ, 1963-1966, Reel 23.

181 Wada to Walter Reuther, January 9, 1964, Reuther Collection, Box 459, Folder 4, RL.

182 Wada to Lee, January 9, 1964, RG 18-1, Box 29, Folder 4, GMMA.

183 Lee to Wada, January 23, 1964, RG 18-1, Box 29, Folder 4, GMMA.

184 Oki, Wada, Kashiwabara and Amano to Meany and Walter Reuther, February 4, 1964, Box 459, Folder 4, RL.

185 Ochiai to Walter Reuther, February 6, 1964, Reuther Collection, Box 459, Folder 4, RL.

186 Walter Reuther to Meany, February 25, 1964, Reuther Collection, Box 459, Folder 4, RL.

187 Meany to Ochiai, March 2, 1964, RG 18-1, Box 29, Folder 4, GMMA.

188 Minutes, IMF Executive Board, January 23 and 24, 1964, IMF Collection, Box 16, IISH.

189 Minutes, ICFTU Executive Board, March 2-4, 1964, ICFTU Archives, Box 119, IISH.

190 Walter Reuther to Participating Japanese Organizations in Proposed Wage Research Center, April 10, 1964, Reuther Collection, Box 459, Folder 4, RL.

191 Oki, Wada, Takehana and Kashiwabara to Walter Reuther, June 23, 1964, Reuther

Collection, Box 459, Folder 4, RL; Wada to Walter Reuther, August 4, 1964, Reuther
Collection, Box 459, Folder 4, RL; Wada to Walter Reuther, September 21, 1964, Reuther
Collection, Box 459, Folder 4, RL.

192 Walter Reuther to Wada, October 19, 1964, Reuther Collection, Box 459, Folder 4, RL.

193 Ochiai to Becu, February 2, 1965, ICFTU Archives, Box 3581, IISH.

194 Walter Reuther to Graedel, December 12, 1962, Reuther Collection, Box 438, Folder 13, RL.

195 이하 IMF-JC의 결성 및 국제금속노련 가입 과정에 대해서는 다음 문헌을 참조했다.
　IMF·JC10周年史編纂委員会編,『IMF·JC10年の歩み』, 25-51; 労働省編,『資料労働運動史 昭和38年』,
　761-764; 労働省編,『資料労働運動史 昭和39年』, 741-750.

196 Minutes, IMF Central Committee, September 11-13, 1963, IMF Collection, Box 5, IISH.

197 宮田,『組合ざっくばらん』, 137-138.

198 IMF Executive Committee, April 3, 1964, IMF Collection, Box 16, IISH.

199 宮田,『組合ざっくばらん』, 158-159.

200 ものがたり戦後労働運動史刊行委員会編,『ものがたり労働運動史 第6巻』, 240.

201 Minutes, IMF Central Committee, November 24-28, 1964, IUE Records, Box 73, Folder 35, RU.

202 Wada to Becu, September 29, 1962, ICFTU Archives, Box 3559, IISH.

203 Haraguchi to Becu, March 6, 1965, ICFTU Archives, Box 3559, IISH.

204 Okura to Becu, March 1, 1965, ICFTU Archives, Box 3559, IISH.

205 "Agenda Item 6: Appilication for Affiliation(Supplement)," ICFTU Executive Board, March
　11-14, 1963, ICFTU Archives, Box 107, IISH.

206 1963년 3월 6일의 중앙집행위원회에서 전노는 이 문제에 대해 "강한 태도로 임한다."고 결정했다.
　"全労第8回中央執行委員会議事要録"(労働政策研究·研修機構,『全労資料』, 1311).

207 Becu to Okura, March 26, 1963, ICFTU Archives, Box 3559, IISH; Minutes, ICFTU Executive
　Board, March 11-14, 1963, ICFTU Archives, Box 111, IISH.

208 Tokyo to the Department of State, April 26, 1963, No. A-1533, LAB3/3-2, CUSSDJ,
　1963-1966, Reel 22.

209 Tokyo to the Department of State, May 10, 1963, No. A-1605, LAB3/3-2, CUSSDJ,
　1963-1966, Reel 22; Tokyo to the Department of State, September 4, 1963, No. A-38,
　LAB3/3-3, CUSSDJ, 1963-1966, Reel 22.

210 Lee to Ross, March 28, 1963, RG 18-1, Box 27, Folder 13, GMMA.

211 労働省編,『資料労働運動史 昭和38年』, 746-749;
　"全労第三十四回中央執行委員会議事要録"(労働政策研究·研修機構,『全労資料』, 1355);
　"全労第三十五回中央執行委員会議事要録"(労働政策研究·研修機構,『全労資料』, 1357).

212 Horii to Geijer, November 2, 1963, ICFTU Archives, Box 3541, IISH.

213 Mapara to Horii, November 11, 1963, ICFTU Archives, Box 3541, IISH.

214 木畑, 『戦後国際労働運動の軌跡』, 87.

215 Walter Reuther to Becu, November 19, 1963, ICFTU Archives, Box 3559, IISH;

"全労第三十六回中央執行委員会議事要録"(労働政策研究·研修機構, 『全労資料』, 1358);

"全労第三十七回中央執行委員会議事要録"(労働政策研究·研修機構, 『全労資料』, 1359).

216 木畑, 『戦後国際労働運動の軌跡』, 82-91.

217 "Agenda Item 5: Regions and Individual Countries: Reports on Activities and Particular Problems(b) (3)Report of the Mission to Japan," ICFTU Executive Board, December 2-5, 1963, ICFTU Archives, Box 111, IISH.

218 ニジンスキー, 『国際労働組合運動に生きて』, 122.

219 국제자유노련이 전섬동맹 등 전노의 국제 활동을 높이 평가해 일괄 가입을 승인했다고 하는 小笠浩一, 『労働外交』의 평가는 근거가 없는 것이다.

220 Minutes, ICFTU Executive Board, March 2-4, 1964, ICFTU Archives, Box 119, IISH.

221 "Agenda Item No. 4(b): Asia," ICFTU Executive Board, November 30-December 3, 1964, ICFTU Archives, Box 119, IISH.

222 労働省編, 『資料労働運動史 昭和39年』, 883-885.

223 Becu to Nakachi, November 5, 1964, ICFTU Archives, Box 3552, IISH.

224 "Agenda Item 6: Appilication for Affiliation(Supplement 1)," ICFTU Executive Board, November 30-December 3, 1964, ICFTU Archives, Box 120, IISH: Minutes, ICFTU Executive Board, November 30-December 3, 1964, ICFTU Archives, Box 127, IISH.

결론 | 사회민주주의의 선택지

1 『同盟二十三年史 上巻』, 同盟史刊行委員会, 1993年, 469-473.

2 Carew et al., The International Confederation of Free Trade Unions, pp. 323-328.

3 『同盟二十三年史 上巻』, 464.

4 IMF·JC10周年史編纂委員会編, 『IMF·JC10年歩み』, 52-69.

5 千葉利雄, 『前後賃金運動』, 日本労働研究機構, 1999年, 214, 459-419.

6 太田薫, "国際労働運動における総評の立場"(『月間労働問題』, 1965年5月), 77.

7 "国際金属労連加盟の影響"(『朝日ジャーナル』, 1964年9月27日), 11.

8 『鉄鋼調査週報』, 1965年9月13日; 大宮知郎, "IMF-JCの本質と方向"(『月間労働問題』, 1966年2月) 재인용.

9 Minutes, IMF Central Committee, September 22 and 23, 1966, IMF Collection, Box 6, IISH.

10 "一代議員の感想"(『IMF日本協議会』, 1964年12月), 36.

11 "1965年度活動方針案"(『IMF日本協会』, 1965年6月), 9.

12 Tokyo to Department of State, No. A-659, November 11, 1966, LAB3-2, CUSSDJ,

1963–1966, Reel 23.

13 宝木文彦, "労働戦線統一と社会党政権樹立のために"(『月間労働問題』, 1967年2月).

14 "Agenda Item 8: Regions and Individual Countries: Reports on Activities and Particular Problems," ICFTU Executive Board, October 4–6, 1967, ICFTU Archives, Box 145, IISH.

15 다카라기는 1966년 9월 15일 실버버그 노동관과 회담하면서도 에다에 대한 기대를 표명했다. Memorandum of Conversation, September 15, 1966, LAB 3–2, CUSSDJ, 1963–1966, Reel 23.

16 에다가 사회민주주의자임을 자처한 것은 1973년이었다. 杉森康二, "根からの社会民主主義者"(『江田三郎–そのロマンと追想』, 江田三郎刊行会, 1979年), 386.

17 宮田, 『組合ざっくばらん』, 171–191.

18 総評四十年史編纂委員会編, 『総評四十年史 第2巻』, 第一書林, 1993年, 542–546.

19 같은 책, 555–560.

20 中北浩爾, "連合"(佐々木毅編, 『政治改革1800日の真実』, 講談社, 1999).

21 Tokyo to Department of State, No. A–232, March 29, 1971, RG 59, Entry 1613, SNF, 1970–1973, Box 1408, NA.

22 福永文夫, 『占領下中道派政権の形成と崩壊』, 岩波書店, 1997年.

23 樋渡由美, 『戦後政治と日米関係』, 東京大学出版会, 1990年; 中北, "一九五五年体制の成立"; 池田慎太郎, 『日米同盟の政治史』, 国際書院, 2004年.

24 Michael Schaller, Altered State: The United States and Japan since the Occupation, New York: Oxford University Press, 1997, pp. 135–136, 165. 일본어 번역으로는, マイケル・シャラー(市川洋一訳), 『'日米関係'とは何だったのか』, 草思社, 2004年, 237–240, 290–291.

25 David Held, Global Covenant: The Social Democratic Alternative to the Washington Consensus, Cambridge: Polity, 2004. 일본어 번역으로는, デビッド・ヘルド(中谷義和・柳原克行訳), 『グローバル社会民主主政の展望』, 日本経済新聞社, 2005年.

26 花見編, 『貿易と国際労働基準』, 27–31; 小林英夫, 『現代アメリカ労働史論』, 啓文社, 1987年, 159–168.

27 日本労働組合総連合国際局編, 『ITUC: International Trade Union Confederation 国際労働組合総連合』, 日本労働組合総連合会, 2007年.

참고문헌

1. 미간행 자료

1) 미국

(1) National Archives at College Park(NA)

① Record Group 59: General Records of the Department of State
- Entry 1613: General Records of the Department of State Subject Numeric Files, 1970-1973(SNF, 1970-1973)
- Entry 3051B: Lot Files, Conference Files, 1949-1972(CF)

② Record Group 84: Records of the Foreign Service Posts of the Department of State
- Entry 2828A: Japan: Tokyo Embassy Classified General Records, 1952-1963

③ Record Group 174: General Records of the Department of Labor(Bureau of International Labor Affairs)
- Entry 44: Office of Director, General Correspondence, 1953-1957
- Entry 50: Secret Message and Dispatches Concerning Country Assignments, 1958-1961
- Entry 57-B: Assistant Secretary for International Affairs, General Correspondence, 1953-1967

④ Record Group 306: Records of the United States Information Agency(USIA)
- Entry 1021: Office of Research, Country Project Correspondence, 1952-1963

⑤ Record Group 469: Records of U. S. Foreign Assistance Agencies, 1948-1961
- Entry 421: Office of the Deputy Director for Operations, Office of Far Eastern Operations, Japan Subject Files, 1950-1961
- Entry 1263: Mission to Japan, Office of the Director, Subject Files, 1957-1959
- Entry 1264: Mission to Japan, Executive Office, Subject Files(Central Files), 1955-1958
- Entry 1265: Mission to Japan, Executive Office, Classified Subject Files(Classified Central Files), 1953-1958
- Entry 1266: Mission to Japan, Program Office, Subject Files, 1954-1958

(2) John F. Kennedy Presidential Library(JFKL)

- Presidential Papers, National Security Files, 1961–1963(NSF)
- Robert F. Kennedy Attorney General's Papers, 1961–1964(Robert Kennedy Papers)
- American Federation of Labor and Congress of Industrial Organizations Papers(AFL–CIO)
- James B. Carey, Oral History Transcripts

(3) Archives of Labor and Urban Affairs, Walter P. Reuther Library, Wayne State University(RL)

- UAW President's Office: Walter P. Reuther Collection(Reuther Collection)
- UAW Washington Office International Affairs Department: Victor Reuther and Lewis Carliner(1955–63)Collection(UAW–IAD Collection)
- CIO Secretary-Treasurer's Office Collection(CIO–STO Collection)
- CIO Washington Office Collection(CIO–WO Collection)
- Valery Burati Collection(Burati Collection)
- Jay B. Krane(Krane Collection)

(4) George Meany Memorial Archives(GMMA)

- RG 1–27: Office of the President, President's Files, George Meany, 1947–1960
- RG 1–38: Office of the President, George Meany Files, 1940–1980
- RG 18–1: International Affairs Department, Country Files, 1945–1971
- RG 18–2: CIO International Affairs Department, Director's Files, michael Ross, 1945–1955
- RG 18–3: International Affairs Department, Jay Lovestone Files, 1939–1974

(5) Wisconsin Historical Society(WHS)

- American Federation of Labor Records, 1888–1955(AFL Records)
- International Brotherhood of Pulp, Sulphite and Paper Mill Workers Records, 1906–1957(IBPSPMW Records)

(6) American Catholic History Research center and University Archives, the Catholic University of America(ACUA)

- Richard L. G. Deverall Papers(Deverall Papers)

(7) Hoover Institution Archives, Stanford University(HIA)

　- Jay Lovestone Papers(Lovestone Papers)

(8) Special Collections and University Archives, Rutgers University(RU)

　- International Union of Electrical, Radio and Machine Workers, President's Office
　　Records(IUE Records)

(9) Special Collections, Georgetown University(GU)

　- Samuel D. Berger Papers(Berger Papers)

2) 영국

(1) National Archives(PRO)

　- Records of the Foreign Office(FO)
　- Records of the Ministry of Labor(LAB)

(2) Modern Records Center, University of Warwick(MRC)

　- Papers of the Trades Union Papers(TUC Papers)

3) 네덜란드

(1) International Institute of Social History(IISH)

　- International Confederation of Free Trade Unions Archives(ICFTU Archives)
　- International Metalworkers' Federation Collection(IMF Collection)

4) 일본

(1) 外務省 外交史料館

　- 戦後外交記録

(2) 国立国会図書館憲政資料室

　- GHQ/SCAP Records

(3) 労働政策研究研修機構

　-『総評資料』

　-『全国労働資料』

　-『高野実文書』

(4) 東京大学経済学部図書館

　-『石川一郎文書』

2. 마이크로필름

- *Records of the U. S. Department of State Relating to the Internal Affairs of Japan, 1945-1949: Department of State Decimal File 894*, Wilmington: Scholarly Resources, 1986. (*Rdos, IAJ, 1945-1949*)
- *Records of the U. S. Department of State Relating to the Internal Affairs of Japan, 1950-1954: Department of State Decimal File 794, 894, and 994*, Wilmington: Scholarly Resources, 1986. (*Rdos, IAJ, 1950-1954*)
- *Records of the U. S. Department of State Relating to the Internal Affairs of Japan, 1955-1959: Department of State Decimal File 894 and 994*, Wilmington: Scholarly Resources, 1990. (*Rdos, IAJ, 1955-1959*)
- *Confidential U. S. Department of State Central Files, Japan, 1960-January 1963: Internal and Foreign Affairs*, Bethesda: University Publications of America, 1997-1998. (*CUSSDJ, 1960-1963*)
- *Confidential U. S. Department of State Central Files, Japan, Internal Affairs and Foreign Affairs, February 1963-1966*, Bethesda: University Publications of America, 1997. (*CUSSDJ, 1963-1966*)
- *Confidential U. S. Department of State Central Files, Japan, 1947-1956*, Bethesda: University Publications of America, 1990. (*CUSSDJ, 1947-1956*)
- *Minutes of the Executive Council of the American Federation of Labor, 1893-1955*, Bethesda: University Publications of America, 1991-1996. (*MECAFL*)
- *William Green Papers, 1934-1952*, Frederick: University Publications of America, 1986. (*Green Papers*)

3. 간행 자료

- *Foreign Relations of the United States, 1952–1954, Vol. 14, Part 2*, Washington D. C.: United States Government Printing Office, 1985. (*FRUS*, 1952–1954, Vol. 14)
- *Foreign Relations of the United States, 1955–1957, Vol. 23*, Washington D. C.: United States Government Printing Office, 1991. (*FRUS*, 1955–1957, Vol. 23)
- *Foreign Relations of the United States, 1958–1960, Vol. 18*, Washington D. C.: United States Government Printing Office, 1994. (*FRUS*, 1958–1960, Vol. 18)
- 石井修·小野直樹監修,『アメリカ合衆国対日政策文書集成3 日本の国内事情1960年』, 柏書房, 1997年. (*DUSPJ*, 3)
- 石井修·小野直樹監修,『アメリカ合衆国対日政策文書集成5 日米外交防衛問題1958年』, 柏書房, 1998年. (*DUSPJ*, 5)
- 石井修·小野直樹監修,『アメリカ合衆国対日政策文書集成6 日米外交防衛問題1955年』, 柏書房, 1999年. (*DUSPJ*, 6)
- 石井修·小野直樹監修,『アメリカ合衆国対日政策文書集成7 日米外交防衛問題1956年』, 柏書房, 1999年. (*DUSPJ*, 7)
- Gary M. Fink(ed.), *AFL–CIO Executive Council Statements and Reports, 1956–1975, Volume 1*, Westport: Greenwood Press, 1977. (*AFL–CIO–ECSR*)

참고자료

부록 1 | 전국 중앙 조직별 조합원 수의 추이 (1947~93년; 단위 : 천 명)

6월 말	연합	총평	동맹	전노	총동맹	산별회의	신산별	중립노련	전노련	전노협	기타
1947년	—	—	—	—	759	1,146	‥	—			4,363
1948년	—	—	—	—	873	1,228	‥	—			4,432
1949년	—	—	—	—	914	1,020	‥	—			4,721
1950년	—	—	—	—	835	290	55	—			4,713
1951년	—	2,921	—	—	313	47	69	—			2,588
1952년	—	3,102	—	—	219	27	40	—			2,559
1953년	—	3,273	—	—		240	13	39	—		2,338
1954년	—	3,003	—	595	222	13	41	—			2,446
1955년	—	3,094	—	624	237	12	34	—			2,542
1956년	—	3,138	—	662	242	13	36	‥			2,648
1957년	—	3,410	—	782	256	13	38	‥			2,583
1958년	—	3,519	—	795	272	—	40	‥			2,610
1959년	—	3,627	—	825	282	—	40	‥			2,682
1960년	—	3,707	—	922	303	—	41	‥			2,981
1961년	—	3,915	—	1,068	338	—	41	‥			3,153
1962년	—	4,069	1,184	781	430	—	50				3,503
1963년	—	4,170	1,344	906	430	—	49	868			2,900
1964년	—	4,159	1,444	955	463	—	50	915			3,158
1965년	—	4,225	1,655	—		—	60	967			3,270
1966년	—	4,221	1,712	—		—	63	1,010			3,425
1967년	—	4,185	1,764	—		—	67	1,032			3,555
1968년	—	4,192	1,844	—		—	68	1,262			3,498
1969년	—	4,222	1,952	—		—	71	1,332			3,727
1970년	—	4,262	2,047	—		—	72	1,378			3,899
1971년	—	4,224	2,158	—		—	76	1,340			4,069
1972년	—	4,247	2,213	—		—	72	1,373			4,043
1973년	—	4,320	2,263	—		—	70	1,352			4,369
1974년	—	4,426	2,300	—		—	71	1,380			4,573
1975년	—	4,550	2,257	—		—	69	1,359			4,666
1976년	—	4,559	2,203	—		—	66	1,341			4,626
1977년	—	4,535	2,196	—		—	64	1,313			4,597
1978년	—	4,500	2,166	—		—	61	1,305			4,604
1979년	—	4,531	2,141	—		—	63	1,322			4,533
1980년	—	4,522	2,155	—		—	62	1,340			4,582
1981년	—	4,535	2,168	—		—	63	1,386			4,627
1982년	—	4,522	2,187	—		—	64	1,429			4,648
1983년	—	4,478	2,184	—		—	64	1,470			4,806
1984년	—	4,400	2,168	—		—	60	1,502			4,800
1985년	—	4,339	2,154	—		—	60	1,549			4,785
1986년	—	4,268	2,126	—		—	61	1,601			4,784
1987년	—	4,068	2,093	—		—	66	1,643			4,965
1988년	5,308	3,969	—	—			56	—			4,146
1989년	5,445	3,907	—	—			—	—			4,138
1990년	7,614	—	—	—			—	—	835	290	3,896
1991년	7,615	—	—	—			—	—	840	299	3,872
1992년	7,642	—	—	—			—	—	859	296	3,993
1993년	7,819	—	—	—			—	—	856	300	3,944

주 : 기타는 그 외의 상급 단체 및 무가입 조직을 포함. '연합'의 1988년, 1989년 수치는 '민간연합' 시절의 수치임.
자료 : 新代和欣·連合総合生活開発研究所編, 『戦後50年 産業·雇用·労働史』, 日本労働研究機構, 1995年, p. 579.

부록 2 | 국제자유노련 가입 조합의 추이 (1950~65년)

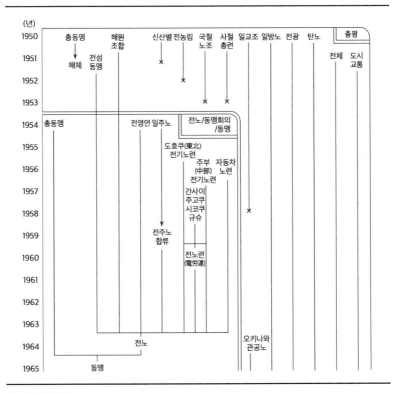

주 : x는 탈퇴를 뜻함.
자료 : 労働省編, 『資料労働運動史』, 労務行政研究所, 各年版에서 저자가 작성.

찾아보기

인명